郭勇健 著

庄子哲学新解

社会科学文献出版社
SOCIAL SCIENCES ACADEMIC PRESS(CHINA)

本书由中央高校基本科研业务费专项资金资助（Supported by the Fundamental Research Funds for the Central Universities）

项目名称：现象学视域中的庄子哲学与美学

项目编号：20720140026

目 录

导论　庄子与《庄子》　　／1
　第一节　庄子其人　　／2
　　1. 庄子者，蒙人也　　／2
　　2. 诋訿孔子之徒；剽剥儒、墨　　／6
　　3. 周尝为蒙漆园吏　　／10
　　4. 与梁惠王、齐宣王同时　　／12
　　5. 其学无所不窥，然其要本归于老子之言；以明老子之术　　／15
　　6. 王公大人不能器之　　／26
　第二节　《庄子》其书　　／29
　　7. 其言洸洋自恣以适己；皆空语无事实　　／29
　　8. 著书十余万言，大抵率寓言也　　／32

第一章　《逍遥游》　　／45
　第一节　小大之辩　　／46
　　1. 北冥与南冥　　／46
　　2. "小大之辩"分析　　／53
　　3. 《秋水》与《逍遥游》　　／57
　第二节　逍遥之人　　／61
　　4. 郭象的逍遥观　　／61
　　5. 支遁的逍遥观　　／68
　　6. 无待与逍遥　　／73

第三节　无用之用　　　　　　　　　　　　／79
　　7. 惠子与庄子　　　　　　　　　　　　　／79
　　8. 无用之用与逍遥之游　　　　　　　　　／84

第二章　《齐物论》　　　　　　　　　　　　／93
第一节　为何齐与如何齐　　　　　　　　　／94
　　1. 时代与人生　　　　　　　　　　　　　／94
　　2. 吾丧我　　　　　　　　　　　　　　　／100
第二节　成心与是非　　　　　　　　　　　／112
　　3. 成心或视角　　　　　　　　　　　　　／112
　　4. 语言的痛苦　　　　　　　　　　　　　／119
第三节　整体视域与终极视域　　　　　　　／131
　　5. 作为整体视域的道　　　　　　　　　　／131
　　6. 作为终极视域的道　　　　　　　　　　／137
　　7. 道的终极性和整体性　　　　　　　　　／143
第四节　齐物与审美　　　　　　　　　　　／147
　　8. 道通为一　　　　　　　　　　　　　　／147
　　9. 守望的距离　　　　　　　　　　　　　／157

第三章　《养生主》　　　　　　　　　　　　／165
第一节　何谓养生　　　　　　　　　　　　／166
　　1. 养生并非养心　　　　　　　　　　　　／166
　　2. 养生并非养神　　　　　　　　　　　　／172
　　3. 养生并非养形　　　　　　　　　　　　／184
第二节　如何养生　　　　　　　　　　　　／191
　　4. 卸下生命的重负　　　　　　　　　　　／191
　　5. 养生的基本原则　　　　　　　　　　　／206

第四章　《人间世》　　　　　　　　　　　　／216
第一节　入世　　　　　　　　　　　　　　／218
　　1. 在入世与出世之间　　　　　　　　　　／218

2. 心斋：本体层与作用层　　　　　　　　　　　　／ 221
　　3. 心斋之心与现象学的纯粹意识　　　　　　　　／ 233
第二节　游世　　　　　　　　　　　　　　　　　　／ 239
　　4. 虚而待物　　　　　　　　　　　　　　　　　／ 239
　　5. 乘物以游心　　　　　　　　　　　　　　　　／ 243
第三节　避世　　　　　　　　　　　　　　　　　　／ 251
　　6. 楚狂人与桃源人　　　　　　　　　　　　　　／ 251

第五章　《德充符》　　　　　　　　　　　　　　　　　／ 260
第一节　不言之教与无言之美　　　　　　　　　　　／ 261
　　1. 不言之教　　　　　　　　　　　　　　　　　／ 261
　　2. 无言之美　　　　　　　　　　　　　　　　　／ 265
第二节　残缺之美与怪丑之美　　　　　　　　　　　／ 269
　　3. 残缺与整全　　　　　　　　　　　　　　　　／ 269
　　4. "形骸之内"与"形骸之外"　　　　　　　　　／ 272
　　5. 形与德　　　　　　　　　　　　　　　　　　／ 278
第三节　审美经验与无情之辩　　　　　　　　　　　／ 283
　　6. 庄子与斯多葛派　　　　　　　　　　　　　　／ 283

第六章　《大宗师》　　　　　　　　　　　　　　　　　／ 291
第一节　天人之际　　　　　　　　　　　　　　　　／ 292
　　1. 真人与真知　　　　　　　　　　　　　　　　／ 292
　　2. 天人相分　　　　　　　　　　　　　　　　　／ 299
　　3. 天人合一　　　　　　　　　　　　　　　　　／ 304
第二节　道成肉身　　　　　　　　　　　　　　　　／ 312
　　4. 目击而道存　　　　　　　　　　　　　　　　／ 312
　　5. 境界形上学　　　　　　　　　　　　　　　　／ 319
第三节　勘破生死　　　　　　　　　　　　　　　　／ 328
　　6. 死亡与哲学　　　　　　　　　　　　　　　　／ 328
　　7. 勘破生死的三个概念　　　　　　　　　　　　／ 334

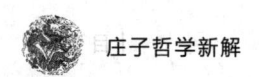

第七章　《应帝王》

第一节　为政之道
    1. "应"的意义　　　　　　　　　　　　/ 348
    2. 有为与无为　　　　　　　　　　　　/ 353

第二节　不测之境
    3. 壶子的境界　　　　　　　　　　　　/ 361
    4. 浑沌的寓言　　　　　　　　　　　　/ 368

结语　从心灵哲学到身体哲学　　　　　　　　　/ 373

| 导论 |
庄子与《庄子》

司马迁写《史记》时，汉武帝刘彻"罢黜百家，独尊儒术"已经过去了大约30年。在汉武帝之前，道家思想是学术的主流。汉高祖刘邦本人就颇有几分道家的气质，他的"帝王师"张良更是史上难得一见的"道家者流"。文帝、景帝这两大皇帝，曹参、陈平这两大丞相都是道家思想的践行者。特别值得一提的是窦太后。她是文帝的皇后、景帝的母亲、武帝的祖母，史家称她是中国最后一位推崇"黄老之学"，强调"无为而治"的统治者。"窦太后好黄老言，不悦儒术"（《汉书·礼乐志》），在她掌权期间，规定皇帝、太子和窦家诸人都要读《老子》，赋道家学说以官方哲学的地位。不过，汉初所信奉的道家思想，乃是"黄老之学"，而非后世的"老庄思想"。

冠盖满京华，斯人独憔悴。庄子的学说，在汉初几乎销声匿迹，在整个汉代数百年间也基本上默默无闻。他的时代还没有到来。因此，虽然司马迁本人相当欣赏道家的学说，甚至被班彪、班固父子讥为"是非颇谬于圣人，论大道而先黄、老而后六经"（《汉书·司马迁传》），然而在《史记》中，司马迁并没有为庄子单独列传，而只是在《老子韩非列传》中附带提及庄子。既是附属性的，自然要简单化了。司马迁惜墨如金，仅分配给庄子少得可怜的两三百字，较之他将孔子纳入"世家"、誉为"至圣"，以及对孔子长篇大论的做法，几有天渊之别。司马迁写道：

> 庄子者，蒙人也，名周。周尝为蒙漆园吏，与梁惠王、齐宣王同时。其学无所不窥，然其要本归于老子之言。故其著书十余万言，大抵

1

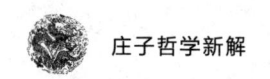

率寓言也。作《渔父》《盗跖》《胠箧》，以诋訾孔子之徒，以明老子之术。《畏累虚》《亢桑子》之属①，皆空语无事实。然善属书离辞，指事类情，用剽剥儒、墨，虽当世宿学不能自解免也。其言洸洋自恣以适己，故自王公大人不能器之。

楚威王闻庄周贤，使使厚币迎之，许以为相。庄周笑谓楚使者曰："千金，重利；卿相，尊位也。子独不见郊祭之牺牛乎？养食之数岁，衣以文绣，以入大庙。当是之时，虽欲为孤豚，岂可得乎？子亟去，无污我。我宁游戏污渎之中自快，无为有国者所羁，终身不仕，以快吾志焉。"

以上就是《史记·老子韩非列传》中关于庄子的全部文字。从司马迁书写传记的做法和文字的内容来看，他显然更重视老子而非庄子，这或许与汉初"黄老"风行的学术氛围有关。到了魏晋时期，庄子突然占据了思想的中心，"老庄"一劳永逸地取"黄老"而代之。魏晋之后，中国的读书人几乎没有不喜欢庄子的。无论他是做文学的还是做哲学的，也无论他是属于儒家的还是属于佛家的。即便是表面上批判庄子，骨子里头也还是喜欢。庄子思想的传人，几乎历代皆有。如魏晋之阮籍、嵇康、陶潜，唐之李白，宋之苏轼，清之曹雪芹……时至今日，我们对《庄子》的阅读兴趣已然不亚于《论语》等儒家经典。然而，除了《庄子》，我们也仅能从司马迁的这寥寥数行中去了解历史上的庄子。

司马迁的描写极尽简略，实则要言不烦，几乎每句都可以琢磨一番，在这不足300字的描述中，至少可以引出8个比较重要的话题。而这8个话题，又可以分为"庄子其人"与"《庄子》其书"两个部分。

第一节　庄子其人

1. 庄子者，蒙人也

"庄子者，蒙人也。"司马迁的这句话写得一清二楚，没有任何歧义，但

---

① 一般认为，《畏累虚》和《亢桑子》是司马迁提到的《庄子》一书的篇名，不过这是司马迁的笔误。今本《庄子》杂篇中有《庚桑楚》，大概就是司马迁所说的《亢桑子》，而《庚桑楚》中有"畏垒之山"的字眼，大概就是司马迁笔下《畏累虚》之由来。

它有一个缺陷，就是不曾写出"蒙"的国属。这种表述，相当于我们现在说某某人是法兰克福人、纽约人、横滨人、上海人，不必特地指明他所属的国家，但是人人都可以意会。想来司马迁也是觉得"蒙"在哪里、属于哪个国家，是不言而喻的。汉代毕竟距先秦不远，故而，要知道庄子到底是哪一国的人，我们也得求助于能够"意会"的汉代学者。能够提供这种帮助的学者有两个。刘向在《别录》中注明庄子为"宋之蒙人"，班固的《汉书·艺文志》也注上"名周，宋人"。于是，庄子的国籍就此确定了，他是宋国人。

宋国是春秋时期的一个强国，"春秋五霸"中就有宋襄王。宋都睢阳，即今河南省商丘县。因此，古蒙城当在今天的河南省商丘县附近。但是，现在的安徽省蒙城县，也被认为是庄子的故乡。蒙城酿造的酒，取名为"庄子酒"。蒙城北郊还有一个"庄子祠堂"，如今乃是旅游胜地，其得名之由来，主要是宋代苏轼的一篇《庄子祠堂记》。苏轼把安徽的蒙城当成《史记》中的"蒙"了。有学者指出："现今之安徽蒙城，汉时称山桑，唐天宝元年始改称蒙城。宋代学者如苏轼、王安石未遑细察，竟将此蒙城认定为庄子故里，亦属疏误。"①这种辨析应当是可以接受的。

但是，宋国只是庄子的出生地，庄子其人的气质与神采，《庄子》一书的文化气息，却不为地域所限，不被宋国所囿。这正如王维是北方人，祖籍山西，而他的诗歌和绘画作品却一派南方气象。宋文化是什么样的呢？要了解一件事物，最好追溯它的由来。西周初期，商纣王的哥哥（"庶兄"）微子启被周公封于商丘，国号为宋，是为宋国的开国之祖。宋是商之后，自然延续了商文化的某些品格。汉代学者有"商尚鬼，周尚文"的说法。"商人信仰鬼神与上帝，带有浓重的宗教气。……和此相关的，是商人好玄理，他们往往重理想胜过于人生之实际。"②

在《庄子》一书中，宗教气息已颇为淡薄。闻一多写过一篇《道教的精神》，认定老庄思想的前身是"古道教"，此"古道教"是相对于东汉以来的"新道教"而言的。闻一多指出："后世的新道教虽奉老子为祖师，但真正接近道教的宗教精神的还是庄子。《庄子》书里实在充满了神秘的思想，这种思想很明显的是一种古宗教的反影。""我们现在也可就宗教思想的立场，

---

① 崔大华：《庄学研究》，人民出版社，1997，第8～9页。
② 钱穆：《庄老通辨》，商务印书馆，2011，第3页。

说庄子的神秘色彩最重，与宗教最接近，老子次之，杨朱最切近现实，离宗教也最远。"①此说别出心裁，不过有些牵强。牵强者有四。①较之道家，注重祭祀和礼仪的儒家，与"古宗教"的连续性更为明显。李泽厚说："'礼'是颇为繁多的，其起源和其核心则是尊敬和祭祀祖先。""它的一个基本特征，是原始巫术礼仪基础上的晚期氏族统治体系的规范化和系统化。"②自李泽厚以来，儒家之礼来自宗教性的原始巫术礼仪的观点，几乎已是共识。即如闻一多，也承认儒家"也是从宗教衍化或解脱而来"，但他同时说，作为儒家源头的宗教"和各古道教截然是两回事"，何以不同？"对于灵魂的承认与否，便是产生儒道两家思想的两个宗教的分水岭"。③这种说法是难以服人的，因为很难想象一个不承认灵魂的原始宗教。②所谓"古道教"既然以"道"为名，则说明"道"的地位已极为崇高，而在道家思想产生之前，这是不可能的。③《庄子》一书固然如闻一多所说，颇有神秘色彩，但在我们看来，"神秘"不过是难以言说或不可言说罢了，就此而言，神秘未必通向宗教。艺术经验是神秘的，爱情也是神秘的，日常生活经验都有几分神秘性。我们将会看到，《庄子》之所以有几分神秘气息，那是由于庄子的哲学之思触及"前语言"的领域，而这种"前语言"的经验，与其说是宗教经验，不如说是艺术经验。④我们知道，宗教赖于信仰，哲学崇尚怀疑，而庄子正是中国哲学史上怀疑主义的宗师。庄子几乎怀疑一切。他怀疑以往的"圣人之言""先王之道"，怀疑流俗的价值观，怀疑道德（仁义），怀疑知识，怀疑理性，怀疑语言，甚至怀疑"不知周之梦为胡蝶与，胡蝶之梦为周与"。

与商文化相比，庄子抑信仰而扬怀疑，轻宗教而重哲学。庄子虽也"好玄理，重理想"，可算是"理想主义者"，但庄子绝非凌虚蹈空的玄想者。刘熙载早已察觉，《庄子》一书是"寓真于诞，寓实于玄"（《艺概·文概》）。庄子的哲学，是立足于现实的哲学；庄子哲学的理想主义，是洞烛了现实之后形成的理想主义。"独与天地精神往来，而不敖倪于万物，不谴是非，以与世俗处。"（《天下》）理想主义和现实主义是庄子哲学精神的双翼。但宋毕竟并不是商，而只是始于商。宋国的文化还有另一副面孔，显得

---

① 《历史动向：闻一多随笔》，北京大学出版社，2008，第110、112页。
② 李泽厚：《中国思想史论》上，安徽文艺出版社，第13、12页。
③ 《历史动向：闻一多随笔》，北京大学出版社，2008，第115页。

过于板滞，不灵活，乃至有点呆气，这在宋人"拔苗助长"（《孟子·公孙丑上》）、"守株待兔"（《韩非子·五蠹》）等著名故事中可见一斑，我们很难将它们与"抟扶摇而上者九万里""独与天地精神往来"这种天马行空的庄子形象联系起来。

一般认为，在文化气息、文字与思想的风格上，《庄子》一书明显带有楚文化色彩。在宋代，便有学者主张庄子是楚国人。乐史《太平寰宇记》载："小蒙故城在县南十五里，六国时，楚有蒙县，俗为小蒙城，即庄子本邑。"朱熹说得更是直截了当："庄子自是楚人，……大抵楚地便多有此样差异底人物学问。"（《朱子语类》卷一百二十五）现代学者中附议此论者，不乏其人。不过他们说的"楚人"，所指并非历史中的庄子，而是作品中的庄子。如朱自清在《经典常谈》中说："庄子名周，宋国人，他的思想却接近楚人。"①现代学者还提供了种种论证，其要点有二。第一，《庄子》中的那些具有神话色彩的故事和充满想象的描写，似与楚国文化有甚深渊源。第二，《庄子》多用楚语。例1：《逍遥游》"蟪蛄不知春秋"，"蟪蛄"是楚语中蝉的名称。例2：《人间世》"迷阳迷阳，无伤吾行"，"迷阳"是楚方言中的一种有刺的野草。

于是，庄子似乎拥有两个国籍。在现实中，他是宋人；在文字里，他是楚人。一些庄子研究者为了弥合其间的距离，提出了一个很有意思的设想：庄子是宋人，但他的祖先是楚人。例如崔大华说："庄子是宋国人，但和楚国文化有很深的关系。……庄子可能是在楚国吴起变法期间，被迫迁移到楚国北陲，最后流落到宋国的楚国公族后裔。"②杨义专门著有《庄子还原》一书，其主旨之一就是论证"庄子是流落到宋国的楚国公族的后裔"。这种观点的提出，至少有助于解释如下两个事实。

其一，《史记·老子韩非列传》载："楚威王闻庄周贤，使使厚币迎之，许以为相。"试问庄子若非"楚国公族的后裔"，楚威王凭什么"许以为相"？仅凭"庄周贤"恐怕是不太可能的。王维《漆园》诗云："古人非傲吏，自阙经世务。偶寄一微官，婆娑数枝树。"王维看得清楚，庄子"自阙经世务"，他的思想不切实际，不能用以经国济世；"偶寄一微官"自是不

---

① 朱自清：《经典常谈》，复旦大学出版社，2004，第97页。
② 崔大华：《庄学研究》，人民出版社，1997，第29页。

妨，主宰国事却难以胜任。能力不够，身份来凑。唯有庄子的"楚国公族后裔"的身份，才能赢得楚威王的延请。

其二，庄子为何对儒家学说持批判态度。这与儒道两家思想的文化背景有关。儒家学说继承和发扬的是周文化。儒家的"大成至圣先师"孔子乃"周之顺民"，"吾从周"是孔子的口头禅。"如有用我者，吾其为东周乎！"（《论语·阳货》）孔子甚至把不复梦见周公视为自己生命衰微的表征："甚矣吾衰也！久矣吾不复梦见周公！"（《论语·述而》）庄子的文化理想与孔子大相径庭。无论他的文化源头是殷商文化还是楚文化，都可以较为顺理成章地说明庄子为何对孔子不以为然，为何要"诋訾孔子之徒"，"剽剥儒、墨"。

2. 诋訾孔子之徒；剽剥儒、墨

"诋訾"首先就是"抵制"，但比抵制犹有过之，还有"轻蔑、诋毁"之意。庄子所处的时代，儒墨两家思想为当世显学，最有势力，庄子对两家均不认同。"剽剥儒、墨"，也就是驳斥、攻击儒家和墨家。而他对儒家、"孔子之徒"颇有不共戴天之势，批判起来，不遗余力，剥皮抽筋，入髓入骨。司马迁指出："世之学老子者则绌儒学，儒学亦绌老子。'道不同不相为谋'，岂谓是邪？"（《史记·老子韩非列传》）日本学者冈仓天心提醒道："应该记住，道教与其正统的后继者——禅宗一样，在精神上代表着南方中国的个人主义的倾向，与北方中国体现于儒教中的集体主义是水火不容的。"[①]林语堂也说："西方人不必再批评孔子，因为单单庄子一个人对他的攻击就已经够严苛了。"[②]在《庄子》中，这本来是白纸黑字、毫无疑义的。然而有人偏要做翻案文章，比如苏轼的《庄子祠堂记》：

谨按《史记》，庄子与梁惠王，齐宣王同时，其学无所不窥，然要本归于老子之言。故其著书十余万言，大抵率寓言也。作《渔父》《盗跖》《胠箧》，以诋訾孔子之徒，以明老子之术。此知庄子之粗者。余以为庄子盖助孔子者，要不可以为法耳。楚公子微服出亡，而门者难

---

① 冈仓天心：《中国的美术及其他》，蔡春华编译，中华书局，2009，第115页。
② 林语堂：《老子的智慧》，陕西师范大学出版社，2004，第10页。

之。其仆操棰而骂曰："隶也不力。"门者出之。事固有倒行而逆施者。以仆为不爱公子，则不可；以为事公子之法，亦不可。故庄子之言，皆实予，而文不予，阳挤而阴助之，其正言盖无几。至于诋訾孔子，未尝不微见其意。其论天下道术，自墨翟、禽滑厘、彭蒙、慎到、田骈、关尹、老聃之徒，以至于其身，皆以为一家，而孔子不与，其尊之也至矣。

苏轼认为，司马迁对庄子"诋訾孔子之徒"的判断，仅仅是"知庄子之粗者"，对庄子的了解过于粗糙，甚而限于皮毛。据他说，庄子的做法乃是"倒行逆施"的权宜之计，或是延续老子"正言若反"的言说方式。因而苏轼主张"庄子盖助孔子者"，"实予，而文不予，阳挤而阴助之"。庄子骨子里头是推崇孔子的，而且"尊之也至矣"。

苏轼之前，就有韩愈怀疑庄子出于儒家，但韩愈之说，其影响力不及苏轼。苏轼之说一出，应者云从。现代学者中，钱穆、郭沫若、钟泰三人最有代表性。钱穆说："今若仅就其粗迹观之，则庄周所持之政治理想，若与孔门儒家相距绝远，但若观之于深微，则庄周思想之于孔门儒家，实有其一番蜕化之痕迹，犹可推寻而得也。"这是复述苏轼，钱穆还在此基础之上推测："若谓庄子思想，诚有所袭于孔门，则殆与颜氏一宗为尤近。"①郭沫若说："《庄子》书中虽然很多地方在菲薄儒家，如像《杂篇》中的《盗跖》、《渔父》两篇更是在痛骂孔子，但那些都是后学者的呵佛骂祖的游戏文字，而认真称赞儒或孔子的地方，则非常严肃。"这也是继承苏轼之说，郭沫若还更进一步，勇于提出创见："韩愈疑庄子本是儒家。出于田子方之门，则仅据《外篇》有《田子方》篇以为说。这是武断。我怀疑他本是'颜氏之儒'。"②钱穆不过猜测庄子近于"颜氏一宗"，郭沫若则直接断定庄子本是"颜氏之儒"。

钟泰也服膺苏轼的观点，主张"庄子之学，盖实渊源于孔子，而尤于孔子之门颜子之学为独契"，这与郭沫若的观点相似，倒也罢了，钟泰还认定庄子思想并不与老子相近："庄子之非神仙家，今之学者或能辨之；若其非道家而

---

① 钱穆：《庄老通辨》，商务印书馆，2011，第136～137、148页。
② 郭沫若：《十批判书·庄子的批判》，转引自冉云飞编《庄子二十讲》，华夏出版社，2009，第70页。

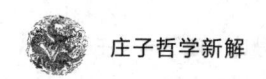

不同于老子，则能辨之者鲜矣。"不同于老子，这应当说很正常。庄子不同于老子，正如孟子不同于孔子。但钟泰说的是"非道家而不同于老子"，在逻辑上就相当于说孟子"非儒家而不同于孔子"，这就走极端了。因此钟泰干脆断言："庄子之为儒而非道，断断然矣。"①

今天看来，苏轼"庄子盖助孔子者"的观点未必经得起推敲，由此延伸而来的"庄子本是颜氏之儒""庄子为儒而非道"的说法也是很成问题的。为什么苏轼的观点与司马迁的观点完全不同呢？倘若借用姚斯（H. R. Jauss）的接受美学的术语，这是由于他们的"期待视野"（Erwartungshorizont）不同。要评判苏轼的观点，有必要了解他的期待视野。或者通俗地说，我们应当将苏轼的观点还原到学术史，还原到当时的知识氛围之中。

唐宋之前，道家和儒家基本上是对立的。汉朝初年就有《诗经》学博士辕固生将《老子》讥为妇孺之见（"此是家人言耳"）。相传班固曾站在儒家的立场上作了一篇《难庄论》，可惜文章已经亡佚。西汉末年的大儒扬雄批评庄子"罔君臣之义，衍无知于天地之间，虽邻不亲也"（《问道篇》）。扬雄不屑于与庄子做邻居，可视为与道家"势不两立"的具体化。儒家对道家如此，道家对儒家也是如此。魏晋时期，道家人物嵇康则主张"非汤武而薄周孔"（《与山巨源绝交书》），提倡"越名教而任自然"（《养生论》）。"名教"即孔孟之道的"礼教"。儒道势不两立，一目了然。但是另一方面，西晋郭象首倡"名教即自然"之说，为填补儒道之间的深沟巨壑埋下伏笔。唐宋以后，中国文化已呈"三教合一"之势，佛、道均合于儒，或者说，儒家学说已然凌驾于，乃至在某种意义上吞并了佛家和道家学说。"儒道两立"正式演变为"儒道互补"，只不过名曰"互补"，其实是以儒为主，以道补儒。在此时代背景下，"以儒解庄"成了宋代学者自然而然的选择，不独苏轼为然。因此在苏轼看来，庄子和孔子之间，决非什么"道不同不相为谋"，反倒是"吾道一以贯之"（《论语·里仁》）——这里的"道"，自然是儒家之"道"、孔子之"道"。"以儒解庄"带来一个有利的后果，那就是儒家可以不必直面庄子的批判，不必感受难以回应庄子之批判的尴尬。然而时至今日，儒家思想丧失了一统天下的功能，我们的"期待视野"又发生了变化，孔子之道，也已不能贯通庄子之道。我们应当还庄子之

---

① 《钟泰学术文集》，上海人民出版社，2012，第 3~4 页。

本来面目，放弃苏轼之说，重拾司马迁之说。

只要面对《庄子》文本，自然就能还庄子一个"诋訾孔子之徒"的本来面目。苏轼以为将《渔父》《盗跖》《让王》《说剑》诸篇判为伪作，即可将庄子罗致于孔子麾下，但是，对儒家思想的批判，不只见于这几篇"伪作"，整部《庄子》中触目皆是。正面驳斥，旁敲侧击，声东击西，挖苦，讽刺，揶揄，……应有尽有，而且往往力透纸背、入木三分。

举例来说，孔子思想的核心，无非"礼"和"仁"。礼是孔子对周文传统的继承，仁是孔子对周文传统的发扬。何谓礼？《荀子·礼论》说："礼者……贵贱有等，长幼有差，贫富轻重，皆有称者也。"何谓仁？《论语·颜渊》中有一个明确的说法：

> 颜渊问仁。子曰："克己复礼为仁。一日克己复礼，天下归仁焉。为仁由己，而由人乎哉？"颜渊曰："请问其目。"子曰："非礼勿视，非礼勿听，非礼勿言，非礼勿动。"颜渊曰："回虽不敏，请事斯语矣。"

礼与仁是连在一起的。礼偏于外，仁偏于内。礼是对人的外在规定，仁则是礼的内化，也就是将礼的外在规范和强制改造为内在的情愿与自觉，所以说"为仁由己"。礼的"内化"或自觉化，从另一方面说，也是礼的权威性和束缚力的深化，即深入对个人的视听言动的规范。"非礼勿视，非礼勿听，非礼勿言，非礼勿动"，安分守己，克己复礼，长此以往，习惯成自然，达到"随心所欲不逾矩"的地步，那就是"仁"。简言之，礼就是社会规范，仁就是自觉而情愿地接受社会规范。但是，凡人都渴望自由自在，怎么可能自觉而情愿地接受规范呢？这就需要在人心中找到"仁"的依据。孔子认为，这个根据就是本能的血亲之爱，天然的血缘情感。具体言之，即孝、悌，"孝悌也者，其为仁之本欤？"（《论语·学而》）以孝悌为仁的根本，孔子便完成了为苦药金鸡纳霜（Quinine）裹上一层糖衣的工作。

然而，庄子对儒家的礼与仁都没有好感：

> 礼者，道之华而乱之首也。（《知北游》）

> 礼者，世俗之所为也；真者，所以受于天也，自然不可易也。故圣

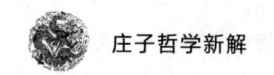

人法天贵真，不拘于俗。 愚者反此。 不能法天而恤于人，不知贵真，禄禄而受变于俗，故不足。 (《渔父》)

大宰荡问仁于庄子。 庄子曰："虎狼，仁也。"曰："何谓也？"庄子曰："父子相亲，何为不仁？"(《天运》)

啮缺遇许由曰："子将奚之？"曰："将逃尧。"曰："奚谓邪？"曰："夫尧畜畜然仁，吾恐其为天下笑。 后世其人与人相食与！"(《徐无鬼》)

孔子重社会生存，庄子重个体生存；孔子重规范，庄子重自由。 在庄子看来，"礼"是道的虚饰和乱的开端。 "礼"是世俗生活的道德规范和政治规范，热衷于礼制和礼教的孔子是一个不折不扣的世俗中人。 "道教徒的诗人"李白也是这么看的："拨乱属豪圣，俗儒安可通。"(《登广武古战场怀古》)而在庄子看来，孔子岂止是"俗人"，甚至是"愚者"。 孔子的"仁"的思想，也并不是自明的和终极的人道原则。 在庄子看来，植根于血亲之爱或血缘情感的"仁"，并不能从根本上区分人与动物。 所谓"虎毒不食子"，虎狼不也服从"仁"的原则吗？ 不仅如此，庄子认为尧汲汲于"仁"，将会导致"后世其人与人相食"的情况。 两千余年之前，庄子就已经先行道出了五四新文化运动时期的"礼教吃人"的判断了。

庄子之后，两千余年来的中国思想史对儒家思想的批判大约有三次：魏晋时期"非汤武而薄周孔""越名教而任自然"，晚明时期主张"不以孔子之是非为是非"(李贽语)，五四运动时期呼吁"打倒孔家店"。 这三次批判的激烈程度或许不亚于庄子，然而就思想之深度而论，可以说从未超过庄子。

3. 周尝为蒙漆园吏

"漆园吏"到底是个什么官职，迄今尚无定论。 顾名思义，"漆园吏"就是漆园的主管官员。 而"漆园"，或说是古地名，庄子曾在此地为官。 但更直白的、可能也更合理的说法大概是种漆树的园子。 这有两个理由。 其一，春秋战国时期，漆器已被广泛使用。 如祭器、武器，均需刷漆，以便保存。 漆树的种植栽培、生漆的生产等漆事的管理，正是漆园吏的事务。 其二，《庄子》中多处提到漆，显得对漆事颇为熟悉，这当与他曾当过漆园吏、管理过漆园有关。 如"漆可用，故割之"(《养生主》)，"待绳约胶漆而固者"，"连连如胶漆纆索"（《骈拇》）。总之，"漆园吏"实在是个微不足道的小官。唐朝诗人杜甫，曾任"右卫率府胄曹参军"，官名很长，其实不大，不过是一个管理盔甲仓库或武器仓库的小官。"漆园吏"与"右卫率府胄曹参军"相似，也是一个小小的"弼马温"。有所不同的是，杜甫管理人类的器具，庄子管理自然界的植物。像漆园吏这样的低级公务员，不可能在大都市上班，却因而增加了与大自然接触的机会。

由于庄子"尝为漆园吏"，所以后人称之为"漆园傲吏"，如晋郭璞《游仙诗》："漆园有傲吏，莱氏有逸妻。"唐张观《过衡山赠廖处士》："未向漆园为傲吏，定应明代作征君。"有时简称"漆园"，如唐李德裕《重忆山居·漏潭石》："常疑六合外，未信漆园书。"

但司马迁只说"周尝为蒙漆园吏"，王维也只说庄子"偶寄一微官"，并没说庄子老死在漆园吏任上。正如陶渊明任彭泽县令仅有80多天，庄子任漆园吏的时间可能并不长。"漆园吏"卸任之后，庄子看来没有再当官，那么他靠什么为生？《庄子》中有一段文字如下。

宋人有曹商者，为宋王使秦。其往也，得车数乘；王说之，益车百乘。反于宋，见庄子曰："夫处穷闾陋巷，困窘织屦，槁项黄馘者，商之所短也；一悟万乘之主而从车百乘者，商之所长也。"庄子曰："秦王有病召医：破痈溃痤者，得车一乘，舐痔者，得车五乘——所治愈下，得车愈多，子岂治其痔邪？何得车之多也？子行矣！"（《列御寇》）

曹商说庄子"处穷闾陋巷，困窘织屦，槁项黄馘"，据此判断，庄子一度靠编织草鞋为生。中国哲人庄子靠织草鞋为生，与荷兰哲人斯宾诺莎靠磨镜片为生，两者交相辉映，共同印证了生命的意义不在于物质的享受，而在于人格的独立和思想的创获。可想而知，卖草鞋的收入着实有限。所以庄子住的是"穷闾陋巷"，相当于贫民窟。食不果腹，忍饥挨饿，乃是常事，所以"槁项黄馘"，大意是瘦骨嶙峋、面有菜色。

人生在世，衣食住行。《庄子》书中提到"食"和"住"，还提到"衣"和"行"。比如，"庄子衣大布而补之，正絜系履而过魏王。魏王曰：'何先生之惫邪？'庄子曰：'贫也，非惫也。士有道德不能行，惫也；衣弊履穿，贫也，非惫也，此所谓非遭时也。'"（《山木》）"庄子衣

11

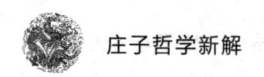

大布而补之，正絜系履而过魏王""衣弊履穿"，是说他衣衫褴褛，连一双草鞋也是破烂不堪的，而这还是他去见魏王的时候。杜甫诗云："计拙无衣食，途穷仗友生"，但是，庄子在"计拙无衣食"时，却没有"友生"可仰仗：

> 庄周家贫，故往贷粟于监河侯。监河侯曰："诺！我将得邑金，将贷子三百金，可乎？"庄周忿然作色曰："周昨来，有中道而呼者。周顾视车辙中，有鲋鱼焉。周问之曰：'鲋鱼来！子何为者邪？'对曰：'我，东海之波臣也。君岂有斗升之水而活我哉？'周曰：'诺，我且南游吴越之王，激西江之水而迎子，可乎？'鲋鱼忿然作色曰：'吾失我常与，我无所处。吾得斗升之水然活耳，君乃言此，曾不如早索我于枯鱼之肆！'"（《外物》）

这个故事，体现了庄子入木三分的讽刺笔法，并且凝结为"枯鱼之肆""涸辙之鱼"两个成语，俗谚"远水不解近渴"或许也应追溯于此[①]，仅仅一个小小的故事，就大大地丰富了汉语，然而庄子穷困潦倒的窘境，却也跃然纸上。

4. 与梁惠王、齐宣王同时

庄子生活的年代，"与梁惠王、齐宣王同时"，而且曾拒绝接受楚威王的聘请。清末以来，很多学者都曾以《史记》的这两个说法为线索，结合《庄子》文本和诸多史实，推测、判定庄子的生卒年代。学者们的说法各式各样，其考证过程又比较复杂，此处从略。大致而言，马叙伦的《庄子年表》从者较众。依此说，庄子生于前369年，卒于前286年。

庄子"与梁惠王、齐宣王同时"，这意味着，他与孟子大致同时。《孟子》的第一句话就是"孟子见梁惠王"。许多学者都注意到，大致生活在同一时期的庄子和孟子，这两位都对后世产生巨大影响的思想家，居然"失之交臂"，从未互相提及。清代刘鸿典说："所不可解者，庄子与孟子同时，孟子之书未尝言庄；而庄子之书亦不及孟。岂天各一方而两不相知与？抑千里

[①] 与之相近的是"远水不救近火"，出自《韩非子·说林上》："失火而取水于海，海水虽多，火必不灭矣，远水不救近火也。"

神交而心相照与？"（《庄子约解·序》）这确实是一个非常奇怪的现象。须知当时是所谓"百家争鸣"的时代，诸子互相辩难，毫不稀奇。孟子和庄子都对当时的学术思想颇为关注，且积极参与辩论。孟子好辩，古今闻名；攻击异端，毫不容情。庄子诋訾孔子之徒，本该是孟子眼里的最大的异端才对。如此重要的对手，为什么孟子要轻易放过？庄子同样辩才无碍。他的《齐物论》，乃是中国哲学史上辩论文章中的一篇奇文。他的《天下》，纵论天下学术，指点江山，激扬文字，却没有只言片语涉及孟子。他要"剽剥儒、墨"，怎么就没有剽剥到孟子？"虽当世宿学不能自解免也"，为何孟子就得以解免了呢？

刘鸿典提出问题，还试图回答问题，他提供了两个假说："岂天各一方而两不相知与？抑千里神交而心相照与？"这两个假说都有学术渊源。前一个假说很可能来自朱熹，后一个假说很可能来自苏轼。后者可以理解为将"庄子盖助孔子者"的命题往前推进了一步。苏轼说庄子和孔子是同道，刘鸿典又说庄子和孟子是知己。然而，"庄子盖助孔子者"的命题本来就成问题，至于"孟子庄子千里神交而心照"的说法，更是不靠谱。"孔曰成仁，孟曰取义"，而庄子是把"仁义"连在一起，一并批判的。例1："彼窃钩者诛，窃国者为诸侯，诸侯之门而仁义存焉。"（《胠箧》）那些偷腰带环钩的人被斩杀，而窃夺了整个国家的反倒成了诸侯，这些诸侯的门面上还打着仁义的招牌。例2："夫播糠眯目，则天地四方易位矣；蚊虻噆肤，则通昔不寐矣。夫仁义憯然，乃愤吾心，乱莫大焉。"（《天运》）糠屑撒到眼睛里，就分不清东西南北；蚊虻叮咬皮肤，便通宵不能入睡。仁义搅扰毒害人心，再也没有比这更大的祸乱了。

再来看看朱熹的观点。的确，关于孟庄何以不曾对话这个问题，早在宋代，朱熹就提供了一种答案：

  李梦先问："庄子、孟子同时，何不一相遇，又不闻相道及，如何？"曰："庄子当时也，无人宗之，他只在僻处自说，然亦止是杨朱之学。但杨氏说得大了，故孟子力排之。"

  或云："庄子都不说着孟子一句？"曰："孟子平生足迹，只齐、鲁、滕、宋、大梁之间，不曾过大梁之南。庄子自是楚人，想见声闻不相接。"（《朱子语类》卷一百二十五）

朱熹的说法影响很大，然而未必合情合理。首先，即便庄子"自是楚人"，孟、庄二人，天各一方，也未必就能"想见声闻不相接"。当时的庄子虽然较为寂寞，恐怕也并非毫无声望，如果当真如朱熹所言，庄子全然"无人宗之，他只在僻处自说"，一点影响力也没有，那么，"庄子衣大布而补之，正絜系履而过魏王"何以可能？而庄子与惠子的密切交往、数度辩论，又何以可能？的确，孟子显于官府，庄子隐于民间，或许由于社会地位的悬殊，使得孟子确实不曾听说庄子及其学说，但如刘鸿典所猜测的"天各一方而两不相知"的情况，基本上是不存在的。孟子或许不知道庄子，但庄子必定知道孟子。且不说庄子"其学无所不窥"，孟子奔走于诸侯之间，声势浩大，气派非凡，"后车数十乘，从者数百人，以传食于诸侯"，"所至每与国君分庭抗礼"（《孟子·滕文公下》），如此显赫，庄子绝无不曾耳闻之理。朱熹之说的缺陷在于，单方面地以"孟子不知庄子"为理由，可以解释为何"孟子之书未尝言庄"，却不能解释为何"庄子之书亦不及孟"。

冯友兰对这个疑团的解答比较理论化、哲学化：

> 庄子之学为杨朱之学之更进步者，则自孟子之观点言之，庄子亦杨朱之徒者。庄子视孟子，亦一孔子之徒。孟子之"距杨、墨"，乃笼统"距"之。庄子之"剽剥儒墨"，亦笼统"剽剥"之。故孟子但举杨朱，庄子但举孔子。非孟子庄子二人，必各不相知也。[①]

这一解释虽非尽善尽美，却也见解不俗。在我们看来，冯友兰之说的解释力当在朱熹之上。孟子确实说过："圣王不作，诸侯放恣。处士横议，杨朱、墨翟之言盈天下；天下之言，不归杨则归墨。杨氏为我，是无君也。墨氏兼爱，是无父也。无父无君，是禽兽也。……杨墨之道不息，孔子之道不著。"（《孟子·滕文公下》）在这段话里，孟子把时代思潮做了一个简洁扼要的归类："天下之言，不归杨则归墨。"因此，假设孟子和庄子对对方的学说均已有所耳闻，那么，在孟子看来，庄子不过是个道家，属"杨朱之徒"，恰如在庄子看来，孟子也不过是个儒家，属"孔子之徒"。归类是为了满足思想化繁为简的需求，也是为了批判的方便。批判一个学派，自然要瞄准该

[①] 冯友兰：《中国哲学史》上，重庆出版社，2009，第186页。

学派的代表性人物,"射人先射马,擒贼先擒王"。在孟子看来,与杨朱相比,庄子不够典型;在庄子看来,与孔子相比,孟子不够典型。其实朱熹说"亦止是杨朱之学。但杨氏说得大了,故孟子力排之",也隐约有这个意思。孟、庄两位思想大师都深通"射人先射马,擒贼先擒王"之理,这就是他们的箭矢都不曾瞄准对方的奥妙所在。

归类是求同,而不是等同。庄子思想和杨朱思想可以归于一类,这是说庄子思想与杨朱思想有着大致相同的理路,却不等于说庄子思想和杨朱思想就是一回事。然而也有一些学者把孟子(和冯友兰)的归类坐实,径直将杨朱和庄子视为一人。这就是"杨朱实即庄周"说,其代表人物有严复和蔡元培。严复说:"尝谓庄周与孟子世当相及,乃孟、庄二氏,从无一言互为评骘,何邪?颇疑'庄'与'杨'为叠韵,'周'与'朱'为双声,庄周即《孟子》七篇中所谓杨朱。"①蔡元培说:"孟子之所谓杨朱,实即庄周。古音庄与杨、周与朱俱相近,有如荀卿之亦作孙卿也。"②这种看法过于务实,其病似在混淆了逻辑与现实,不免有胶柱鼓瑟之嫌。学问要能实能虚,方为上乘。能务实而不能务虚,似乎是清末民初之"红学"的通病。例如,王国维所持的"解脱说",以贾宝玉之"玉"为"欲",蔡元培所持的"反清复明说",将《红楼梦》的别名《情僧录》读为"清憎录",均是如此。屈原在诗歌中爱以美人自喻,但我们并不能因此把屈原视为同性恋者,同样的道理,杨朱思想与庄子思想属于一个类型,但我们不能将杨朱与庄子当成一个人。

5. 其学无所不窥,然其要本归于老子之言;以明老子之术

庄子不仅才高八斗,而且学富五车,所以司马迁说"其学无所不窥"。这一评语可以从《天下》获得证实。《天下》被誉为中国第一篇哲学史论文,一般认为是庄子后学所作,但也有一些学者(如王夫之、张默生、徐复观)主张是庄子自作。"学富五车"这一成语即出于《天下》。庄子说:"惠施多方,其书五车,其道舛驳,其言也不中。"这是贬抑惠子,说他虽然藏书五车之多(或著书五车之多),然而理路驳杂、言辞不当。今天我们用

---

① 严复:《庄子评点·在宥》,载崔大华《庄学研究》,人民出版社,1997,第34页。
② 蔡元培:《中国伦理学史·庄子》,转引自《国学大师说老庄及道家》,云南人民出版社,2009,第50页。

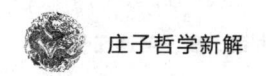

"学富五车"形容一个人学识渊博。庄子无疑是个学识渊博的人。先秦时期的学术，最具影响力者，有儒、墨、道三家，对这三家庄子都深有研究。儒、墨两家是批判的对象，道家则是他接受的对象。

说起道家，我们首先想起杨朱。杨朱并非庄子的别称，而是庄子的前辈。在冯友兰出版于1948年的《中国哲学简史》中，先秦道家哲学的发展分为三个阶段，第一阶段为杨朱，第二阶段为老子，第三阶段为庄子，如此，庄子应为先秦道家哲学的集大成者。虽然司马迁并没有提及庄子之学与杨朱之学的关系，但是，有孟子"天下之言，不归杨则归墨"的论点在先，又有冯友兰道家发展三阶段的观点在后，我们讨论庄子的学术背景，必须先考察杨朱与庄子的关系。

（1）杨朱与庄子

先秦道家当然不止杨朱、老子、庄子三人。庄子之前的道家人物，至少有杨朱、列御寇、魏牟、老聃、关尹等人。大体上属于道家的，还有彭蒙、田骈、慎到等人。但是，道家哲学由杨朱开始，似乎有某种必然性。在"道"字的诸多含义中，首先就是"路"。"道路"，"道"就是"路"。比如老子说："大道甚夷，而民好径。"意思是说，明明大道宽敞平坦，人们却偏偏喜欢走崎岖偏僻的小路。虽然杨朱尚未真正提出"道"的概念，但他的最有名的逸事便与路有关，颇富道家色彩。《荀子·王霸》载："杨朱哭衢涂，曰：'此夫过跬步而觉跌千里者夫！'哀哭之。此亦荣辱安危存亡之衢已，此其为可哀甚于衢涂。"《淮南子·说林训》载："杨子见逵路而哭之，为其可以南可以北；墨子见练丝而泣之，为其可以黄可以黑。"此即"杨朱泣歧路，墨子悲丝染"的由来。

歧路有什么可哭的呢？就实在言，歧路的形成是由于特定的地势，或是源于通向某地的实用目的，这没什么好哭的。杨朱并不是为实在的道路而哭泣，而是为歧路的哲学意味所触动。"歧路"的确是个富有哲学意味的语词。"为其可以南可以北"，说的是选择。选择是艰难的，因为一旦做出选择，就可能"此夫过跬步而觉跌千里者"。差之毫厘，谬以千里；一失足成千古恨。也许一个小小的决定，就从此改变了人的一生。然而人又不得不做出选择，不得不承担选择所带来的后果。人生就是如此。歧路在形而上的意义上，也就是人生的境况、人生的真相。杨朱泣歧，是一种形而上的哭泣，他大概是被人生的真相给震撼了。

| 导论　庄子与《庄子》 |

　　杨朱泣歧体现了他的哲学情怀，也体现了他的生命情怀。人生只有一次，应当郑重其事地对待；生命只有一次，应当倍加珍惜。杨朱是非常关爱生命的。《韩非子·说林下》还记载了杨朱的一个故事。杨朱的弟弟杨布有一天穿白衣出门，路上被雨淋湿了，就脱了白衣换上黑衣，回家时，他的狗竟然不认识主人了，朝他狂吠不已。杨布大怒，想要打它。杨朱说："别打它。你自己还不是一样？假如一条白狗出门一趟，回来变成黑狗，你难道不奇怪吗？"当然，比起动物的生命，杨朱更关心自己的生命。这就是孟子所说的，"杨朱为我"。杨朱希望人人都能重视自己的生命，不要轻易为身外之物而浪费自己的生命，这叫"轻物重生"。把"轻物重生"的观念推至极致，便得出杨朱的著名命题："拔一毛而利天下，不为也。"

　　杨朱的思想就是在今天看来，也有点惊世骇俗。人们通常把杨朱的"为我"理解为极端自私自利的表现。与此相比，人们更倾向于墨家"摩顶放踵以利天下"①，或儒家的"天下兴亡，匹夫有责"。然而实际上，杨朱的观点正是针对墨家和儒家而发。墨家强调的是无我和牺牲，杨朱强调的是为我和贵己；儒家强调的是义务，杨朱强调的是权利，是最起码的个体生命的生存权。没有自我，何来天下？没有权利，谈何义务？道家出于隐士。隐士悠游山林，独善其身，在儒家看来是置家国于度外，视君臣如无物，可谓极端自私，孟子急于剿灭杨朱之言，是不难理解的。然而从道家的角度看，儒家讲"己欲立而立人，己欲达而达人"，非要将仁义之道推广于天下，颇有强制和极权的倾向，反之，"拔一毛而利天下，不为也"，则容许个人生存的权利和自由。因此，没有这种"为我"的自私，也就没有道家了。自霍布斯（Thomas Hobbes）以来，西方伦理学大都已经承认了自私也是人性，"利己主义"（Egoism）乃成为近代伦理学的一大派别。在现代西方的某一派伦理学看来，自私甚至是一种美德。总之，以上所述杨朱的观点，尤其是"轻物重生"的思想、养生的思想、贵己的思想，庄子都以某种方式继承下来，并加以创造性的发展。就此而言，杨朱实为庄子的思想先驱。王博论杨朱与庄子的关系云：

　　　　相对于墨子的兼爱，杨朱主张贵己；因此不同于墨子的舍生取义，杨

---

① "摩顶放踵"一词，究竟何意，历来颇多说法，杨伯峻意译为"磨秃头顶，走破脚跟"，似可接受。

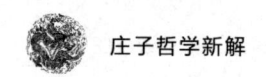

朱主张轻物重生。他最著名的说法当然是"拔一毛而利天下，不为也"，这个经常被曲解的命题，显然针对着墨家"腓无胈，胫无毛"的说法，用以显示生命的重要。在哲学史上，杨朱第一个站在生命的一面突出了生命和外物的矛盾，这使他成为庄子的先驱。但和庄子不同，杨朱仍然是一个游士，他的贵己和墨子的兼爱一样，仍然是提供给君王的一种治国的方法，但治国的话题却早已退出了庄子的心灵。①

这应当是比较准确的判断。

不过，庄子与杨朱的差异，还不仅在于有无治国的思想，更重要的差别在于，虽然都轻物重生，都主张全生避害，都要养生，但是对于生命的态度，庄子和杨朱毕竟有所不同。杨朱始于"为我"，也终于"为我"；庄子也始于"为我"，却未必也终于"为我"。杨朱的确自私，庄子未必也自私。冯友兰指出："早期道家的思想是从自私——即有我——出发，在后来的发展中，'私'字被倒过来，被否定了。"②这是很有见地的看法。王叔岷在《庄学管窥》中也认为，杨朱之学是"为我"，庄子之学是"忘我"，两者不容相混。为什么从"为我"出发会否定"为我"而走向"无我"或"忘我"？那是由于在庄子看来，唯有"忘我"才能真正地实现轻物重生、全生避害的目的。

（2）老子与庄子

较之杨朱，老子与庄子的关系显然更为紧密。儒家"孔孟"并称，道家则"老庄"并称；儒家讲"仁义"，道家讲"道德"。汉语中"仁义道德"连用，如鲁迅在《狂人日记》中写道："我翻开历史一查，这历史没有年代，歪歪斜斜的每页上都写着'仁义道德'几个字。我横竖睡不着，仔细看了半夜，才从字缝里看出字来，满本都写着两个字是'吃人'！"但老庄的"道德"并不是伦理意义上或日常语言中的"道德"，而是形而上学意义上的"道德"，就此而言，老庄的"道德"其实是"超道德""超仁义"的"道德"。司马迁说庄子"其学无所不窥，然其要本归于老子之言"，这是为后世所公认的判断。不过司马迁只说庄子学说归于"老子之言"，并没有具体指明归于"老子之言"的何处。若要狗尾续貂，则毫无疑问，庄子学说的归处，乃是

---

① 王博：《庄子哲学》，北京大学出版社，2011，第4页。
② 冯友兰：《中国哲学简史》，赵复三译，天津社会科学院出版社，2005，第59页。

老子的"道德",或更简洁地说,就是"道"。老子被某些学者恭维为"中国哲学之父",正是由于他提出了"道"这个哲学概念,建立了道的形而上学。如果说,杨朱为庄子提供了某种思想倾向,那么,老子则为庄子提供了形而上学基础。正是"道"的概念,把"老庄"连在一起:

> 老庄所建立的最高概念是"道";他们的目的,是要在精神上与道为一体,亦即是所谓"体道",因而形成"道的人生观",抱着道的生活态度,以安顿现实的生活。①

司马迁又说,庄子著书十余万言,其目的是"诋訿孔子之徒,以明老子之术",这说明庄子的思想渊源远于儒家、近于道家。但司马迁的这种说法容易让人产生这样一个判断:庄子哲学只是老子哲学的注解,有所不同的是,《老子》仅有五千言,《庄子》则用了"十余万言";《老子》是格言体,庄子是散文体。诚然,老庄的共性,非常之明显。例如,老子崇道德,庄子也崇道德;老子讲自然无为,庄子也讲自然无为。与庄子一样,老子也是站在儒家的对立面说话的,要说"诋訿孔子之徒",那么《老子》便已开风气之先了:"大道废,有仁义;智慧出,有大伪;六亲不和,有孝慈;国家昏乱,有忠臣。"(十八章)"失道而后德,失德而后仁,失仁而后义,失义而后礼。"(三十八章)②庄子也说过:"道德不废,安取仁义!性情不离,安用礼乐!"(《马蹄》)老庄思想如出一辙。老子在庄子之前,庄子的思想与老子又是如此相似,于是,庄子模仿老子、复述老子、注释老子,便成了顺理成章的想法。事实上,明代释德清(憨山)就说过:"《庄子》一书,乃《老子》之注疏。"③今人林语堂认为:"老、庄思想的基础和性质是相同的",因此,"了解老子的最好的方法,便是配合庄子来研读",④于是,他的《老子的智慧》一书,便顺理成章地"以庄注老"了。此举对庄子不免有些不公平。须知庄子固然皈依了老子,却也对老子学说有着重要的发展和推

---

① 徐复观:《中国艺术精神》,华东师范大学出版社,2001,第29页。
② 这句话在《韩非子·解老》中被表述为:"失道而后失德,失德而后失仁,失仁而后失义,失义而后失礼。"
③ 憨山:《庄子内篇注》,崇文书局,2015,第1页。
④ 林语堂:《老子的智慧》,陕西师范大学出版社,2004,第9页。

进,将道家哲学带到一个崭新的阶段。大体上,老、庄之关系,可比拟为柏拉图与亚里士多德的关系。亚里士多德师从于柏拉图,在柏拉图学园学习了20年之久,他有一句名言,"吾爱吾师,吾更爱真理",因而并不盲从柏拉图,而是对柏拉图哲学持有批判态度,并最终形成了自己的哲学。一般认为,柏拉图是理想主义者,亚里士多德是现实主义者。

亚里士多德对柏拉图哲学有批判、有超越、有发展,庄子对老子哲学亦然。老、庄哲学之异,其实非常之明显,令人无法视而不见,择其要者,有如下三点。

第一,老子哲学偏于宇宙论,庄子哲学偏于人生论。王国维认为,"探宇宙人生之真理而定教育之理想者,固哲学之事业。"[1]准此,宇宙与人生是哲学的两大课题。衡诸老庄,老子哲学偏于探究宇宙之真理,庄子哲学偏于探究人生之真理。随之而来的,是老子之"道"偏于客观,庄子之"道"偏于主观。比较而言,老子之"道",外在于人,或超越于人;庄子之"道",内在于人,或不离于人。

老子哲学好似古希腊前期的自然哲学(Natural Philosophy),宇宙生成论(Cosmogony)的分量很重。老子的"道",主要意义就是宇宙万物变化的法则。"天下万物生于有,有生于无。"(四十章)"道生一,一生二,二生三,三生万物。"(四十二章)"道冲而用之,或不盈。渊兮似万物之宗。"(四章)……这都是讲宇宙的生成。"天之道,损有余而补不足。"(七十七章)"反者道之动,弱者道之用。"(四十章)"独立而不改,周行而不殆……大曰逝,逝曰远,远曰反。"(二十五章)……这说的都是宇宙万物的运行法则。哲学起源的一个重要表现,就是在变中求不变,在混乱中求秩序,在多中求一。古希腊自然哲学如此,老子哲学亦然。"道"就是千变万化中的不变的法则。"道",作为统治宇宙的法则,同时也是支配人类社会的法则;是自然之法则,也是生活之准则。

在庄子那里,"道"的宇宙论和客观法则的意味已经微乎其微。钱穆《庄老通辨》说,孔子与墨子"两人之立论要旨,可谓重人而不重天。庄子晚出,承接此两人之后,其思想范围,乃始转移重点,以宇宙界为主。《庄

---

[1] 王国维:《教育杂感四则》,载聂振斌编《中国现代美学名家文丛·王国维卷》,浙江大学出版社,2009,第77页。

子》书中论人生，乃全从其宇宙论引演。"①这是一个似是而非的说法。诚然，孔墨两家重人道，而庄子重天道，不过"重天道"可不等于"以宇宙界为主""从宇宙论引演"。在庄子的《逍遥游》中，我们确实体验到一种宏大的宇宙感，因此我们说庄子的文字有一种宇宙境界、宇宙气象、宇宙视野，但"宇宙境界""宇宙气象""宇宙视野"等，都有极强烈的主观意味，都不是宇宙论。

庄子的"道"，更倾向于是部分所赖以存在的整体，或者更准确地说，主要是理解世界的整体视域。"道无所不在。"（《知北游》）"是非之彰也，道之所以亏也。"（《齐物论》）"道术将为天下裂。"（《天下》）"夫道，于大不终，于小不遗，故万物备。"（《天道》）此类说法强调的都是道的整体性。从部分求整体，这也是哲学起源的动因之一。西方传统形而上学大都如此，黑格尔哲学尤为翘楚，而在中国哲学传统中，这一点比较充分地体现于庄子哲学。

第二，老子哲学偏于政治哲学，庄子哲学偏于艺术哲学。班固《汉书·艺文志》说：

> 道家者流，盖出于史官，历记成败、存亡、祸福古今之道，然后知秉要执本，清虚以自守，卑弱以自持。此君人南面之术也。

古代君王坐北朝南，"南面"即"统治"之意。道家学说是"君人南面之术"，也就是说，它是统治术或政治哲学。但是，班固的这个界定很适合老子，却未必适用于庄子。据司马迁说，老子是"周守藏室之史"，正是"史官"；而"君人南面之术"，也正是老子哲学中的一个突出部分。道家学说在汉初被称为"黄老之学"。一般认为，"黄老之学"就是黄帝、老子之学。但所谓"黄帝"当然只是伪托，黄老之学，主要还是老子学说（兼采法家之言）。李长之说："我很怀疑黄老之学的黄、老原先并非指黄帝、老子，而是指张良所见的黄石公。黄石公也不一定真有这个人，却可能是张良所假托的。……黄石公是张良自述的一个神话，当然是他编造的。张良是秦、汉间人，造了这个圯上老人黄石公以后，于是到了汉初，便有'黄老'这

---

① 钱穆：《庄老通辨》，商务印书馆，2011，第118页。

个名称了。后来的'黄老派'也的确是拿兵家的道理而应用在人事上的。"①如何"拿兵家的道理而应用在人事上"？李长之举例道："不但汉高祖时代的张良、陈平、曹参是'黄老派'，就是汉高祖本人讲斗智不斗力，能以退为进，能欲取先予，也是深得黄老三昧的。"②显然，李长之所云"人事"，主要就是政治，纵然是军事也无非是政治的延伸罢了。因此所谓黄老之学，其要义正是"君人南面之术"。何谓"君人南面之术"？就是"有关统治术的行为指南"（葛瑞汉语）。因此接受"黄老之学"的人物，其人生使命，就是辅佐君王；其最高理想，就是做"帝王师"。汉初张良、陈平、曹参等人，乃是这类"道家者流"的代表。总之，班固眼中的"道家者流"，乃是"黄老之学"的实践者，与庄子并无多大关联。

庄子哲学中自然也有政治哲学的维度，《庄子》内七篇中毕竟也有一篇《应帝王》，表达了一种政治理念。但是比较而言，老子的政治哲学是"君王南面之术"，庄子的政治哲学是"内圣外王之道"。"内圣外王之道"这个说法，首出于《天下》："是故内圣外王之道，暗而不明，郁而不发，天下之人各为其所欲焉以自为方。悲夫！百家往而不反，必不合矣！后世之学者，不幸不见天地之纯，古人之大体。道术将为天下裂。"后来儒家把"内圣外王之道"的说法拿去，将它解读为"修身齐家治国平天下"，严重偏离了庄子的本意。如何偏离了呢？例如，儒家思想的社会基础是传统大家族，家就是一个小天下，天下就是一个大家庭，而庄子是根本不讲"齐家"的，至于"治国平天下"，庄子也并不放在眼里。庄子的"内圣外王之道"，更具有个体色彩，更强调自我完成。③如果说，老子的"君人南面之术"侧重无为，那么庄子的"内圣外王之道"则追求无用。"无为"还是为了"无不为"，"无用"也仍然有"无用之用"。但追求无用于社会，追求"独与天地精神往来"的逍遥，使得庄子的哲学视角淡出社会，回归个人；淡出政治，回归生活。英国汉学家葛瑞汉（A. C. Graham）曾比较《老子》与《庄子》："两书的思想也颇为不同，并不是一开始便被划归一类。《庄子》是一部古代著作

---

① 李长之：《司马迁之人格与风格》，天津人民出版社，2007，第6页。
② 李长之：《司马迁之人格与风格》，天津人民出版社，2007，第7页。
③ 由于"内圣外王之道"的说法今天已经被高度儒家化了，所以最好不要用它来说明庄子哲学。待到解读《应帝王》时我们还会面对这个说法，并说明不可用的理由，现在只是暂时性地使用它。

集,为了偏爱私人生活而非社会政治的局外人所著。《老子》虽然也吸引了同一读者群,但却呈现为有关统治术的不同的行为指南。"①葛瑞汉甚至以"反政治的《庄子》"和"讲政治的《老子》"将两者区别开来②,这有些简单化和极端化,尽管如此,葛瑞汉用这种措辞还是可以强化对老庄之异的认识。

庄子淡出政治哲学,趋向艺术哲学。在1966年首次刊行的《中国艺术精神》中,徐复观率先拈出庄子的艺术哲学维度,揭橥庄子之道"实际是一种最高的艺术精神"③,开辟了庄子哲学研究的新路径。艺术哲学也就是传统意义上的美学。日本学者冈仓天心强调:"对亚洲的人生样貌来说,道家的主要贡献是在美学领域。"④李泽厚也曾说:"庄子的哲学是美学。"⑤严谨地说,美学是现代知识体系或教育制度中的一个学科,1750年始在德国呱呱坠地,获得命名,又经过半个世纪,才有谢林和黑格尔的艺术哲学问世,在庄子那里,自然没有美学和艺术哲学。但我们至少可以说,庄子哲学中有明显的美学或艺术哲学的维度。

据班固所言,"清虚以自守,卑弱以自持"是道家思想的基本特征,这其实也是对黄老之学的判断,与庄子哲学关系不是很大。老子哲学,就其作为处世哲学而言,大体上就是柔弱哲学,是所谓"弱者的生存哲学"。老子的思想据说受商容(常枞)的影响:

> 容有疾。老子曰:"先生无遗教以告弟子乎!"容曰:"将语子:过故乡而下车,知之乎?"老子曰:"非谓不忘故耶?"容曰:"过乔木而趋,知之乎?"老子曰:"非谓其敬老耶?"容张口曰:"吾舌存乎?"曰:"存。""吾齿存乎?"曰:"亡。""知之乎?"老子曰:"非谓其刚亡而弱存乎?"容曰:"嘻!天下事尽矣。"(《慎子·外篇》)

《文子·上德》还说:"老子学于常枞,见舌而守柔;仰视屋树,退而目川,

---

① 葛瑞汉:《论道者:中国古代哲学论辩》,张海晏译,中国社会科学出版社,2013,第199页。
② 葛瑞汉:《论道者:中国古代哲学论辩》,张海晏译,中国社会科学出版社,2013,第201页。
③ 徐复观:《中国艺术精神》,华东师范大学出版社,2001,第29页。
④ 冈仓天心:《茶之书》,谷意译,山东画报出版社,2014,第53页。
⑤ 李泽厚:《中国思想史论》上,安徽文艺出版社,1999,第182页。

观影而知持后。"于是我们可以说，老子思想有两大要点："见舌而知守柔，观影而知持后。"《老子》一书中，充满了这类言论："反者道之动，弱者道之用。"（四十章）"天下莫柔弱于水，而攻坚强者莫之能胜，以其无以易之。弱之胜强，柔之胜刚，天下莫不知，莫能行。"（八十章）"将欲歙之，必固张之；将欲弱之，必固强之；将欲废之，必固兴之；将欲夺之，必固与之，是谓微明。柔弱胜刚强，鱼不可脱于渊，国之利器不可以示人。"（三十六章）一方面处处强调"守柔""持后""退让""卑弱"，另一方面，又始终不忘实现"无为而无不为"，"夫唯不争，故天下莫能与之争"，这简直是"以退为进""欲擒故纵"之权谋的活生生的系统表述。

这就使老子哲学颇有几分阴谋学的味道，而老子，甚至被视为一个大阴谋家。朱熹的说法最是一针见血："老子之心最毒。其所以不与人争者，乃所以深争之也。其设心措意都是如此。闲时他只是如此柔伏，遇着那刚强的人，它便是如此待你。"（《朱子语类》卷一百三十七）老子到底是不是一个阴谋家？《老子》是不是一部谋略之书？这也是后世学者喜欢争论的话题。在我们看来，作为一种"君人南面之术"，当然要积极为君王出谋划策，寻求有效的统治手段，因此《老子》讲政治谋略、讲权术，是不可避免的。不过，《老子》毕竟还有较为形而上的一面，从形而上学的角度看，"以退为进""欲擒故纵""柔弱胜刚强"之类说法，主要是用来指点、例示其哲学观点的。汉代陈平的一句话，也可以为老子开脱阴谋家的罪责。《史记·陈丞相世家》载："始陈平曰：'我多阴谋，是道家之所禁。吾世即废，亦已矣，终不能复起，以吾多阴祸也。'"可见，纵然是黄老之学，也并不推崇阴谋。

至于庄子，正如王维诗句所言，"古人非傲吏，自阙经世务。偶寄一微官，婆娑数枝树"，其平生理想，惟愿植几株婆娑之树，"树之于无何有之乡，广莫之野，彷徨乎无为其侧，逍遥乎寝卧其下"（《逍遥游》），远离车马，亲近自然，或悠游山林，或垂钓江湖，既不求裂土封侯，更不图做帝王师，要那些劳什子政治谋略何用？

第三，老子哲学富有官方哲学的性质，庄子哲学则是典型的民间哲学。既然是"君人南面之术"，则《老子》一书所预设的读者，主要就是君王，因而天然地具备了官方哲学的基因。汉初，老子哲学得遂所愿，一度荣升为官方哲学。但是，在随后与儒家学说的斗争中，黄老之学一败涂地，并且从此一蹶不振，随着汉武帝"罢黜百家，独尊儒术"，儒学一劳永逸地占据了官方哲学的位置，长达两千年之久。然而道家败于儒家的历史事实，并不能改变《老子》的官方哲学色彩。与此相对，庄子哲学属于典型的民间哲学。这不仅是由于庄子本人的民间身份，更是由于其哲学本身的民间立场。大体而言，庄子并不对统治者说话，而是对普通人说话。

一般来说，官方哲学作为意识形态，总是僵化的、教条的，民间哲学基于自由思想，往往较有活力。庄子哲学就是一种充满活力的民间哲学。它勇于"诋訾孔子之徒"，批判以正统自居的儒家思想；敢于提出种种"荒唐之言"、奇怪之论；乐于发挥想象，驰骋文字，做超越的形上之思，为中国哲学开辟了一个全新的视野，迄今尚未完全丧失其生命力。就庄子哲学作为民间哲学而言，有个有趣的例子，就是庄子发现了"江湖"这一生存空间，创造了"江湖"一词。如《逍遥游》云：

今子有五石之瓠，何不虑以为大樽而浮于江湖，而忧其瓠落无所容？

《大宗师》云：

泉涸，鱼相与处于陆，相呴以湿，相濡以沫，不如相忘于江湖。

与"江湖"相近的一个词是"江海"，例如："身在江海之上，心居乎魏阙之下。"（《让王》）"就薮泽，处闲旷，钓鱼闲处，无为而已矣。此江海之士，避世之人，闲暇者之所好也。"（《刻意》）庄子发明的"江湖"一词，从此存活于汉语之中，被广为使用，主要有民间、隐居之所、退隐等含义。但在哲学的意义上，庄子用"江湖"概念表达一个独立的生存空间和自由天地。官方哲学关注的是"魏阙"，民间哲学关注的是"江海"；官方哲学居于"庙堂"之上，民间哲学处于"江湖"之远。

在《逍遥游》中，庄子推崇"无用之用"，他认为唯其无用于社会（即远离于政治），才能逍遥自在。一些学者认为，庄子的"无用"从老子的"无为"中演变而来，就思想的历史延续而言，或许确实如此，但思想的来源不等于思想的本质。需要指出的是，老子的"无为"主要还是就统治立论的。老子说："为学日益，为道日损。损之又损，以至于无为。无为而无不为。"（四十八章）老子又说："功成事遂，百姓皆谓：'我自然。'"（十七章）

圣人治国，行无为之治，并非不为，而是功成身退，使百姓根本意识不到他的存在。老子的"无为"颇有政治意味，而庄子的"无用"更接近本来的生活、本真的生命。老子智慧，庄子逍遥。智慧首先是庙堂上的智慧，而逍遥只能是江湖中的逍遥。作为官方哲学，作为"君人南面之术"，老子的智慧首先表现为政治智慧。庄子的逍遥则是生命本身的逍遥。在《逍遥游》中，庄子用来象征和体现逍遥的人物，要么是远离世俗的神人，要么是笑傲江湖的隐士。庄子显然认为，在庙堂上没有逍遥可言，真正的逍遥只存在于江湖之上。

6. 王公大人不能器之

孔孟与庄子的根本区别，正是"庙堂"与"江湖"的分野、"仕"与"隐"的分野。"王公大人不能器之"，"器"也就是"用"。庄子追求"无用"，他的学说不过为了"适己"，如陶渊明，"常著文章自娱，颇示己志，忘怀得失。以此自终"（《五柳先生传》）。无论是陶渊明还是庄子，"王公大人不能器之"，都可谓正中下怀。反之，孔孟则一门心思期待"见用"，期盼王公大人"器之"。因此，无论是孔子还是孟子，都汲汲奔走于诸侯之门，到处兜售自己的学说。孔子的态度颇具代表性："吾岂匏瓜也哉，焉能系而不食？"（《论语·阳货》）"如有用我者，吾其为东周乎！"（《论语·阳货》）"苟有用我者，期月而已可也，三年有成。"（《论语·子路》）孔子求仕之心切，跑官之积极，跃然纸上。有趣的是，儒家一方面低首下心、低声下气，巴望王公大人的器重、起用、提拔，另一方面又自信满满、不可一世，觉得自己是个了不起的人物。如孔子待价而沽：

子贡曰："有美玉于斯，韫椟而藏诸？求善贾而沽诸？"子曰："沽之哉！沽之哉！我待贾者也。"（《论语·子罕》）

孔子自信得可爱："天生德于予，桓魋其如予何？"（《论语·述而》）孟子则自信得近乎狂妄："夫天未欲平治天下也；如欲平治天下，当今之世，舍我其谁也？"（《孟子·公孙丑下》）

儒家的人生理想是"修身齐家治国平天下""学而优则仕"。"学而优则仕"一语，出自《论语·子张》，原为："子夏曰：仕而优则学，学而优则仕。"现在有些学者把"优"读为"悠"即"余裕",把"仕"解为"做事",那么,子夏的意思就是:做事有余裕就要学习,学习有余裕就要做事。但这种解读是很勉强的,也是不到位的。历来"仕"与"隐"相对,"隐"就是"不仕",如果"仕"就是"做事",那么"隐"岂非不做事?陶渊明隐居时,"种豆南山下,草盛豆苗稀。晨兴理荒秽,带月荷锄归。道狭草木长,夕露沾我衣。衣沾不足惜,但使愿无违"(《归园田居·其三》)。这种早出晚归、披星戴月的田园劳作,难道不是"做事"?即使"仕"可以解释为做事,这事也该有特定的政治内涵,也就是"经济",意即经世济民,治理国家。在南朝梁代周兴嗣编的《千字文》中,"学而优则仕"表述为"学优登仕,摄职从政",其意思非常清楚:学习优异或学问优秀才能登上仕途,获取职位,参与朝政。所谓"学而优则仕",也就是俗语所说的"学成文武艺,货与帝王家"。

显然,"出仕",也就是"事君"。之所以把"学而优则仕"奉为天经地义的信条,这是由于儒家有着根深蒂固的君臣观念。子路给出了出仕的理由:"不仕无义。长幼之节,不可废也,君臣之义,如之何其废之。欲洁其身,而乱大伦。君子之仕也,行其义也。"(《论语·微子》)在子路看来,不出仕,不事君,那是"不义"的;放弃了"君臣之义",那是"乱大伦"的。孟子距杨朱时也说过,"杨朱为我,是无君也"。在孟子看来,目中"无君",罪大恶极。扬雄对庄子最大的不满,也是"罔君臣之义"。

如果说儒家一日无君便惶惶无主,甚而"累累若丧家之犬",那么,庄子则把君臣关系视为对自由人性的最大的束缚。《齐物论》指责孔子:"君乎,牧乎,固哉!"整天喊着"君呀","臣呀",浅陋极了。庄子借骷髅之口说:"死,无君于上,无臣于下,亦无四时之事,从然以天地为春秋,虽南面王乐,不能过也。"(《至乐》)这是表达"无君于上"的快乐。王子搜的话,则更进一步表达"君"对生命的桎梏:

> 越人三世弑其君,王子搜患之,逃乎丹穴。而越国无君,求王之搜不得,从之丹穴。王子搜不肯出,越人熏之以艾。乘以王舆。王子搜援绥登车,仰天而呼曰:"君乎君乎!独不可以舍我乎!"王子搜非恶为君也,恶为君之患也。若王子搜者,可谓不以国伤生矣,此固越人之所欲得为君也。(《让王》)

王子搜就是庄子的代言人。王子搜仰天而呼"君乎君乎！独不可以舍我乎！"表达了庄子发自内心的远离政治的希求。庄子自己对庙堂是何等态度，从司马迁"楚威王闻庄周贤"的故事亦可见一斑。庄子说："我宁游戏污渎之中自快，无为有国者所羁，终身不仕，以快吾志焉。"这里的"有国者"，也就是王子搜口中的"君"。在庄子看来，君的存在，严重威胁生命的自由，因此，他宁愿"终身不仕，以快吾志"，宁可在烂泥中打滚，也比被供奉于庙堂之上来得自由自在。这正是："安能摧眉折腰事权贵，使我不得开心颜！"（李白《梦游天姥吟留别》）

拒绝楚威王的故事，在《庄子》中有两个版本。《列御寇》写得比较简略：

> 或聘于庄子，庄子应其使曰："子见夫牺牛乎？衣以文绣，食以刍叔。及其牵而入于大庙，虽欲为孤犊，其可得乎！"

《秋水》的叙述则更有深长意味：

> 庄子钓于濮水，楚王使大夫二人往先焉，曰："愿以境内累矣！"
> 庄子持竿不顾，曰："吾闻楚有神龟，死已三千岁矣，王巾笥而藏之庙堂之上。此龟者，宁其死为留骨而贵，宁其生而曳尾涂中乎？"
> 二大夫曰："宁生而曳尾涂中。"
> 庄子曰："往矣！吾将曳尾于涂中。"

在《秋水》篇的这段文字中，庄子有意突出了一个两难处境："宁其死为留骨而贵，宁其生而曳尾涂中乎？"或者庙堂，或者江湖，非此即彼，别无选择。司马迁对这个故事的重新书写，对庄子设计的两难处境有所淡化。后世儒家进而抹平了这个两难处境，如范仲淹的名句："居庙堂之高则忧其民，处江湖之远则忧其君。"如此，庙堂与江湖的区别，也就微乎其微、若有若无了。然而在庄子看来，这种两难处境是不可化解的。当此两难处境，好比杨朱面临歧路。庄子超过杨朱泣歧路之处在于，他提供了一个明确的价值判断："事君"也就是"死君"。选择了庙堂，意味着死；选择了江湖，意味着生。庄子毫不犹豫地选择了生命、选择了自由，这也就意味着，选择了江湖，舍弃了庙堂。好一个"宁生而曳尾涂中"!

第二节 《庄子》其书

7. 其言洸洋自恣以适己；皆空语无事实

在清代，金圣叹把《庄子》视为"六大才子书"之首，曹雪芹也借妙玉之口说，"文章还是庄子的好"。这都是推崇庄子的文学。庄子是今人所谓"诗人哲学家"，他的哲学是今人所谓"诗化哲学"，易言之，他是用文学形式来表达哲学思想的。在庄子那里，哲学就是文学，文学也是哲学。因此，庄子拥有哲学家和文学家的双重身份。闻一多说得好："实在连他的哲学都不像寻常那一种矜严的，峻刻的，料峭的一味皱眉头，绞脑子的东西；他的思想的本身便是一首绝妙的诗。""文学是要和哲学不分彼此，才庄严，才伟大。哲学的起点便是文学的核心。只有浅薄的、庸琐的、渺小的文学，才专门注意花叶的美茂，而忘掉了那最原始、最宝贵的类似哲学的仁子。无论《庄子》的花叶已经够美茂的了；即令他没有发展到花叶，只他那简单的几颗仁子，给投在文学的园地上，便是莫大的贡献，无量的功德。"[①]如庄子这般文、哲双绝，在中国哲学史上实属绝无仅有，可谓古今奇观，要在西方哲学史上找出一个与庄子相当的人物，只能是柏拉图。柏拉图既是伟大的哲学家，又是杰出的诗人或作家。柏拉图的哲学被直接等同于哲学本身，爱默生（R. W. Emerson）声称："柏拉图就是哲学，哲学就是柏拉图。"[②]柏拉图的哲学作品则被称为"哲学戏剧""哲学小说"，可以文学作品看待，甚至"被古人认为是散文作家中最伟大的一位"[③]。

庄子的文章，除了将哲学与文学融为一体，还有什么特点？司马迁说"其言洸洋自恣以适己"，这只是提纲挈领。"洸洋"就是"汪洋"，大水浩渺；"恣"，放纵不羁，"自恣"和"适己"，就是放任自己的才情，想怎么说就怎么说，只顾自己说得痛快淋漓。苏轼《自评文》中的一段话，可视为"其言洸洋自恣以适己"的注脚：

---

① 《闻一多学术文钞·周易与庄子研究》，巴蜀书社，2003，第78、80页。
② 爱默生：《代表人物》，蒲隆译，三联书店，1998，第29页。
③ 引自陈中梅《柏拉图诗学和艺术思想研究》，商务印书馆，1999，第6页。

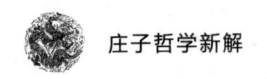

>吾文如万斛泉涌,不择地而出。在平地滔滔汩汩,虽一日千里无难。及其与山石曲折,随物赋形而不可知也。所可知者,常行于所当行,止于不可不止,如是而已矣。

古人喜欢以水喻才,"才华横溢""才思枯竭""文思如涌",都与水有关。庄子才大,犹如汪洋大海,无边无际。苏轼可能稍逊于庄子,却也才如泉涌,无穷无尽。此外,苏轼的文才还有三个特点。第一,不拘时,不择地,随时随地皆可涌出,滔滔不绝,一日千里;第二,操控自如,仿佛掌握着一个无形的水库阀门,想开就开,想关就关;第三,挥洒自如,可以任意曲折,"随物赋形"。这些特点也都为《庄子》所拥有。

黄庭坚和鲁迅的评论,也有助于理解司马迁的这一评价。黄庭坚曾借庄子之文评论王羲之书法:"右军笔法如孟子道性善,庄周谈自然,纵说横说,无不如意。"(《山谷论书》)所谓"纵说横说,无不如意",大体上也就是"洸洋自恣以适己"了。但黄庭坚把孟子的文学才能与庄子相提并论,未免抬举了孟子。鲁迅《汉文学史纲要》评论庄子之文:"汪洋辟阖,仪态万方,晚周诸子之作,莫能先也。""汪洋"就是大水,"辟、阖"就是"开、合",鲁迅说,庄子的文章,才华横溢,恣意挥洒,并且能纵能擒,能放能收。这与"纵说横说,无不如意"的意思差不多。"晚周诸子之作,莫能先也",则认定庄子的文学在先秦诸子中出类拔萃,登峰造极。鲁迅的这句话,应当看作是对庄子文学成就的一语定乾坤、千古而不易的评判。

庄子的文学才能出类拔萃,哲学风格也与众不同。"大抵率寓言也","皆空语无事实",说的是《庄子》的写作方法,以及由于这种写作方法而形成的独特的哲学风格。文学离不开想象和虚构。哲学是理性思维的产物,理性主要表现于计算和推理,计算属于数学的专长,因此,哲学通常被认为是一门推理的学问。一般来说,哲学家是不看重想象的,近代欧洲理性主义哲学家甚至是看不起想象的。例如笛卡尔在《谈谈方法》中说:"不管醒时睡时,我们都只能听信自己理性提供的明证。请注意我说的是理性,并不是想象,也不是感官。"[①]直到美学这门哲学的分支学科兴起之后,想象总算在哲学中拥有一席之地,此后哲学家逐渐意识到,推理也要基于想象。这种情况

---

① 笛卡尔:《谈谈方法》,王太庆译,商务印书馆,2010,第33页。

距今不过两百余年。但是，两千余年之前的庄子，就已经意识到，哲学可以借虚拟的形象或在虚拟的境遇之中得到展示。《庄子》一书表明，哲学未必都以推理的形式而存在，还可以以想象的形式来表达。以想象的形式表达哲学，也就是用叙事的方式做哲学。美国哲学家罗蒂（Richard Rorty）曾有"背弃理论，转向叙述"的主张，而中国哲学家庄子早已这么实践了。当然，《论语》也不推理，《孟子》《荀子》等也不乏想象，而欧洲20世纪的存在主义者也把哲学与小说融为一体。《庄子》与它们的不同，主要就是司马迁所说的，"皆空语无事实"，"大抵率寓言也"。

先看"皆空语无事实"。"空"有空灵、虚灵的意味。这是说庄子哲学的言说超乎事实，不着边际；超乎常识，不滞于物。先看"罔两问景"：

> 罔两问景曰："曩子行，今子止；曩子坐，今子起。何其无特操与？"景曰："吾有待而然者邪？吾所待又有待而然者邪？吾待蛇蚹蜩翼邪？恶识所以然？恶识所以不然？"（《齐物论》）

"景"是"影"，"罔两"是"景外之微阴"。这是"影子的影子"与影子的对话，或是"影子二号"与"影子一号"的对话。这样的对话只有庄子才能想象得出。还有与骷髅的虚拟对话：

> 庄子之楚，见空髑髅，髐然有形。撽以马捶，因而问之，曰："夫子贪生失理而为此乎？将子有亡国之事、斧钺之诛而为此乎？将子有不善之行，愧遗父母妻子之丑而为此乎？将子有冻馁之患而为此乎？将子之春秋故及此乎？"
>
> 于是语卒，援髑髅，枕而卧。
>
> 夜半，髑髅见梦曰："子之谈者似辩士，视子所言，皆生人之累也，死则无此矣。子欲闻死之说乎？"
>
> 庄子曰："然。"
>
> 髑髅曰："死，无君于上，无臣于下，亦无四时之事，从然以天地为春秋，虽南面王乐，不能过也。"
>
> 庄子不信，曰："吾使司命复生子形，为子骨肉肌肤，反子父母、妻子、闾里、知识，子欲之乎？"

31

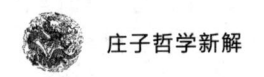

髑髅深矉蹙额曰："吾安能弃南面王乐而复为人间之劳乎！"（《至乐》）

髑髅通过梦境向庄子显现，与庄子对话，好比"魔鬼夜访钱锺书"。庄子特别关注梦。除了髑髅，还有许多事物托梦而来，拜访庄子，探讨哲理。庄子还多次描写梦境、讨论梦境。在中国哲学史上，从来没有一位哲学家像庄子这样对梦充满了兴趣，从来没有一位哲学家像庄子这样热衷于探讨梦这种存在形式。"人生如梦"这个富有哲学色彩的短语就源于庄子。笛卡尔主张，在哲学思考之前，必须怀疑一切，甚至设想整个世界不过是魔鬼的一个骗局。这俨然是"人生如梦"的欧洲版本。梦与哲学有天然的联系，因为梦提示了在现实之外还有另一种存在。探梦理，游梦境，说梦话，岂非"空语无事实"？然而这种探讨对于庄子哲学并不是毫无意义的，甚至可以说，梦，以及类似梦的存在，提供了一条通往庄子哲学的便捷小路。

8. 著书十余万言，大抵率寓言也

司马迁说庄子"著书十余万言，大抵率寓言也"，不过按照庄子自己的说法，他的写作方法或言说方法不只是"寓言"，而是"寓言""重言""卮言"这"三言"。《天下》篇中有一段解读庄子哲学的重要文字：

芴漠无形，变化无常。死与？生与？天地并与？神明往与？芒乎何之？忽乎何适？万物毕罗，莫足以归。古之道术有在于是者，庄周闻其风而悦之。以谬悠之说，荒唐之言，无端崖之辞，时恣纵而不傥，不以觭见之也。以天下为沉浊，不可与庄语，以卮言为曼衍，以重言为真，以寓言为广。独与天地精神往来，而不敖倪于万物，不谴是非，以与世俗处。

《寓言》篇也说：

寓言十九，重言十七，卮言日出，和以天倪。
寓言十九，藉外论之。亲父不为其子媒。亲父誉之，不若非其父者也；非吾罪也，人之罪也。与己同则应，不与己同则反；同于己为是

之,异于己则非之。

重言十七,所以已言也,是为耆艾。年先矣,而无经纬本末以期年耆者,是非先也。人而无以先人,无人道也;人而无人道,是之谓陈人。

卮言日出,和以天倪,因以曼衍,所以穷年。不言则齐,齐与言不齐,言与齐不齐也,故曰言无言。言无言,终身言,未尝言;终身不言,未尝不言。

现代庄学专家张默生主张,《寓言》篇和《天下》篇中藏着理解庄子哲学的钥匙。而这把"钥匙",呈三个齿形,也就是寓言、重言、卮言这三种言说方式。① 此说不无道理。在解读庄子之前,须先弄懂庄子的写作方式和言说方式。

庄子为什么要用"三言"来表达自己的哲学?《天下》篇的说法是"以天下为沉浊,不可与庄语"。"沉"就是沉沦,指大道的沉沦;"浊"就是浑浊,指真理、道理的混乱。庄子眼里的"沉浊之世",相当于西方现代诗人和哲学家的所谓"诸神隐退"的时代。沉浊表现于学术,就是《天下》篇开篇所说的"道术为天下裂"。庄子所处时代的基本特点是:"天下大乱,贤圣不明,道德不一,天下多得一察焉以自好。譬如耳目鼻口,皆有所明,不能相通。"(《天下》)庄子不仅洞察了时代精神,而且洞悉了"人性的弱点",他深知人与人之间难以相通。在这个只能"得其一察"而"不能相通"的真理沉沦的浊世、乱世之中,还要一本正经地讲述"古之道术",其一,已然不合时宜;其二,无异于对牛弹琴;其三,可能危及生命。耶稣不是由于宣扬唯一的真神而被钉上十字架?布鲁诺不是由于坚持日心说而被烧死在罗马鲜花广场?庄子是要活下去的。庄子不怕死,但是不想死。他不仅要"全生",而且要"穷年"。因此,选择"三言",实是迫不得已。

但这只是道出了事情的一个方面。还有一个没有明说的理由,藏于庄子本人的语言哲学之中。庄子的全部哲学,无非就是言说真理,言说"道",然而在庄子看来,道是不能用日常语言去言说的。道,可以践行,可以领悟,可以体验,可以显现,可以直观,就是难以言说,甚或不能言说。在

---

① 张默生:《庄子新释》,新世界出版社,2007,第8页。

《知北游》中，庄子一方面说："夫体道者，天下君子之所系焉"，另一方面强调"道不可言，言而非也"，肯定了"体道"，否定了"言道"。然而既欲著书，便不得不说。为了化解这一矛盾，就要寻求一种特殊的言说方式，"说不可说"。于是庄子发明了"三言"。庄子的语言哲学需要专门考察，我们先看何谓"三言"。

（1）寓言。一般而言，用比喻来形象地说理就叫作"寓言"。比如伊索寓言、拉封丹寓言，用小故事来讲述大道理，其"道理"多半是为人处世的道德教条。儿童不喜说教，形象化的寓言有助于"寓教于乐"。庄子的"寓言"自然也有几分这种意思，但其意义远不限于此。"寓，寄也。以人不信己，故托之他人，十言而九见信也。"（陆德明《释文》）"寓"就是寄寓、寄托，寓言就是寄托他人他物之言。庄子自己也说："寓言者，藉外论之。"《寓言》"藉"就是借，"藉外论之"，也就是借重他人之言。因此，所谓"寓言"，颇有"借他人酒杯，浇自己块垒"之意味。庄子还以做媒之事为喻，说明寓言之妙用。父亲一般是不为儿子做媒的，因为他夸奖儿子的话，必然不如外人的夸奖更加可信。必须注意，"亲父不为其子媒"的比喻，也是为了说理，也将"寓言之妙用"的道理形象化了，但它本身并不是庄子所说的"寓言"。

在现代文学理论中，有作者、叙事者与角色的区分，强调作者未必就是叙事者，而角色的思想言论，也不等于作者的思想言论。不过在《庄子》这里，并不一定服从这一区分。本来，在说理文中，作者与叙述者就是一回事。《庄子》颇有叙事色彩，南宋黄震甚至说："《庄子》固千万世诙谐小说之祖也。"（《黄氏日钞》卷五十五）但《庄子》整体上毕竟属于说理性著作，作为说理文，作者可以在作品中直接现身发表见解。即使是叙事性较强的段落，在《庄子》中，角色也往往就是作者的直接化身。例如庄子忽而化身为许由，忽而化身为孔子，忽而化身为匠石，忽而化身为庖丁。庄子往往通过角色来表达自己的思想。不仅通过人物，他还通过动物、植物、怪物、想象物来说话，如《外物》篇的涸辙之鱼、《逍遥游》篇的无用之树。在西方哲学史上，《柏拉图对话集》也常常"藉外论之"，借苏格拉底之口说自己的话，就此而言，与庄子的"寓言"比较接近的是柏拉图对话，而不是伊索寓言。

（2）重言。庄子的重言，并不是修辞手法中的"重言"。修辞意义的

"重言"，"重"就是"重叠"，重言也就是"叠字"，如"昔我往矣，杨柳依依；今我来思，雨雪霏霏。"这种意义的"重言"，始见于明代方以智的《通雅·释诂》。在《庄子》这里，重言的"重"，就是"重要"的"重"；"重言"也就是为人所重之言，往往是先哲时贤的言论。"所以已言也，是为耆艾。"（《寓言》）五十岁为"艾"，六十岁为"耆"，"耆艾"就是长老，智慧老人。人多少总有尊老敬贤的心理，很容易将耆艾或智慧老人视为真理的化身，这就是"以重言为真"。因此，耆艾或智慧老人的言论一出，足以当场"已言"，即中止争辩。为了中止争辩，有时需要祭起"重言"。当然，庄子同时指出，年纪未必等同于智慧。

这样看来，"重言"大致相当于现在学术论文中的引文。论文作者为了强化论证的力量，往往引经据典，旁征博引。如此，"重言"也就毫无稀奇之处了。但是，还有一种说法，认为重言的"重"也就是"重复"的"重"，亦即援引或摘录。援引或摘录先贤言论，就是"重言"。至于这些先贤是否实有其人，或者就算实有其人，他们是否当真讲过这些话，庄子是不在乎的。事实上，庄子往往为了增加说服力和权威性而假借先贤之言，例如《逍遥游》开篇叙述了"鲲化为鹏"的著名寓言之后，庄子接着说：

《齐谐》者，志怪者也。《谐》之言曰："鹏之徙于南冥也，水击三千里，抟扶摇而上者九万里，去以六月息者也。"

为什么突然冒出一部《齐谐》之书呢？释德清评论道："庄子意谓，鲲鹏变化之说，大似不经，恐人不信，故引此以作证据，谓我此说，非是漫谈，乃我得之于《齐谐》中也。"[①]释德清正确地指出这段话的功能，是引经据典，以增强可信度。然而释德清似乎并没有意识到，别看庄子言之凿凿，其实先秦典籍中根本没有《齐谐》这本书。再如：

儒以《诗》、《礼》发冢，大儒胪传曰："东方作矣，事之何若？"
小儒曰："未解裙襦，口中有珠。"
"诗故有之曰：'青青之麦，生于陵陂。生不布施，死何含珠

[①] 憨山：《庄子内篇注》，崇文书局，2015，第5页。

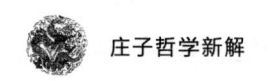

为？'"接其鬓，压其颥，儒以金椎控其颐，徐别其颊，无伤口中珠。（《外物》）

庄子写儒者口中念念有词，引经据典，打着《诗》《礼》的招牌盗墓，讽刺儒者"满口子仁义道德，一肚子男盗女娼"。《诗经》是儒家经典，但是，"青青之麦，生于陵陂。生不布施，死何含珠为？"却不见于《诗经》之中，显然是庄子兴之所至信口编出的。这种信手杜撰、信口开河的情况，在现代学术论文中不可能存在。再则，在庄子笔下，重言与寓言常常交替使用，甚至不分彼此。比如庄子喜欢让孔子出场阐述道家的理论，此时的孔子已然不再是历史上的孔子了。这种情况，在现代学术论文中也是不太可能的。

（3）卮言。"卮言"到底是什么意思，众说纷纭。有人说"卮"即"支"或"支离"的合音，"卮言"就是"支离之言"，散漫不成系统，不过零星心得，并非终极真理，所以后人以"卮言"为自谦之词。如王世贞《艺苑卮言》、孔广森《经学卮言》、金克木《文化卮言》、徐书城《美学卮言》。有人说"卮"是古代的酒器，那么"卮言"也就是说，庄子并不站在特定的立场上发表见解，而是因地制宜，随机言说、随缘立论，往往随说随扫，就像酒杯里的水，随倒随洒。张默生则主张，"卮"是漏斗。

>"卮"是漏斗，"卮言"就是漏斗式的话，这话怎么讲呢？漏斗之为物，是空而无底的，你若向里注水，它便立刻漏下，若连续注，便连续漏，就是江河之水，只要长注不息，它便长漏不息，汩汩滔滔，没有穷尽，几时不注了，它也几时不漏了，而且滴水不存。庄子卮言的取义，就是说，他说的话，都是无成见之言，正有似于漏斗。他是替大自然宣泄声音的，也可说是大自然的一具传音机。①

照这种说法，卮言亦即"自然之言""无成见之言"，这也就是古人所说的"无心之言"。以上三种说法——"支离之言""随机之言""无心之言"，都各有道理，而且并存不悖。一般倾向于认为，卮言就是"无心之言"，无成见之言。正因为是无心、无成见之言，所以能"卮言日出，和以天倪"。

---

① 张默生：《庄子新释》，新世界出版社，2007，第10页。

"日出"就是时常出现,"天倪"就是自然。随机言说,随缘立论,听其自然,合乎自然。正因为是无心、无成见之言,是随说随扫之言,所以"言"也就是"无言","言无言,终身言,未尝言;终身不言,未尝不言。"

"三言"分别解释已毕,还要合而观之。庄子说,"寓言十九",亦即寓言占了三言中的十分之九;司马迁说,"其著书十余万言,大抵率寓言也";近人胡远濬也说,"庄子自别其言有寓、重、卮三者,其实重言,皆卮言也,亦即寓言也"(《庄子诠诂·序例》)。可见,"三言"实可以归于"寓言"。

不过,既然"三言"均可归于寓言,那就说明"三言"颇有相通之处。我们能否说,"三言"均归于"卮言"呢?恐怕也是可以的。如张默生就认为:"要知道庄子全书,无一不是卮言,寓言重言,都在卮言中包含着,所以说是'三位一体'。"①徐克谦也认为:"'寓言'与'重言'是配合'卮言'的两种具体的表现手法,是从属于'卮言'的。"②或许可以说,归于寓言,主要着眼于庄子哲学言说的形式;归于卮言,主要着眼于庄子哲学言说的内容。前面已经引用过的曹商的故事、监河侯的故事、王子搜的故事、骷髅的故事,都可以作为例证。

首先,这四个故事都是非常明显的寓言。寓言是"托之他人",如此容易见信。曹商和王子搜,一是现实人物,一是历史人物;一是宋人,一是越人,都是毫不含糊,有板有眼。就庄子的使用习惯看,寓言不仅"托之他人",而且常常"托之他物",鲋鱼、骷髅等等,都是庄子所寄托者。寄托他物为何容易见信?这是由于寄托于物,其言即成为自然之言,无心之言。"大凡人与人是好争胜的,人与下等动物不一定来争胜,人与下等动物既无所好恶,则下等动物的是是非非,就可得到客观的评价了。既然得到客观的评价,则真理才不至于被淹没。"③寓言又是寄寓于他人之言,鲋鱼、骷髅、王子搜都是庄子所寄托者,鲋鱼、骷髅、王子搜的话,就是庄子自己想说的话。

其次,它们还是重言。鲋鱼和骷髅的故事乃是庄子的虚构,这是毫无疑

---

① 张默生:《庄子新释》,新世界出版社,2007,第11页。
② 徐克谦:《庄子哲学新探》,中华书局,2006,第129页。
③ 张默生:《庄子新释》,新世界出版社,2007,第9页。

问的。事实上到底有没有曹商，有没有王子搜，这也是无可考证的。但是，庄子可以自由地创造某种人物和某些言论，来传达他的思想。这就是重言。尤其是王子搜的仰天而呼："君乎君乎！独不可以舍我乎！"骷髅曰："死，无君于上，无臣于下，亦无四时之事，从然以天地为春秋，虽南面王乐，不能过也。"可谓标准的重言。庄子只是一介草民，毫无社会地位的人物，偏要笑傲江湖，傲视王侯，很可能被视为酸葡萄心理，但这种话一旦由王子搜口中道出，顿时增强了它的说服力。这种话一旦由骷髅道出，已然同时表明了它近乎"荒唐之言"，如此则他人欲加之罪，亦无辞矣。

最后，它们同时也是卮言。无论是卮言的哪一种含义，都可以解释这四个故事。如是"支离之言"，则它们本来就是毫不相干各自独立的事件，仿佛四粒珍珠，四片碎玉；如是"随机之言"，则它们正是某种在特定情境中当场构建的随机之言，好比文学创作，有动于衷，有感于心，信手点化而成；如是"无心之言""无成见之言"，也就是自然之言，或曰寄于自然之言，托于自然之言。那么这四个故事，在风格上，正是"人禀七情，应物斯感，感物吟志，莫非自然"（刘勰《文心雕龙·明诗》），"文章本天成，妙手偶得之。粹然无疵瑕，岂复须人力。"（陆游《剑南诗稿·文章》）在形式上，也是寄托于自然之言的。鲋鱼，原就来自自然。人死化为骷髅，亦即归于自然；骷髅之言，亦即自然之言，无心之言。

讨论了《庄子》的写作方式或言说方式，还要谈谈《庄子》的阅读方法。在先秦诸子的作品中，《庄子》可能是最难读懂的一部。这当然与该书的独特写作方式有关。老子和庄子似乎都不肯好好说话，而是总要反着说、弯着说、绕着圈子说，并且随说随扫。老子主张"知者不言，言者不知"，因而要"正言若反"，庄子则更进一步："言无言，终身言，未尝言；终身不言，未尝不言。"《庄子》一书，满纸都是"谬悠之说，荒唐之言，无端崖之辞"，正如《红楼梦》所言："满纸荒唐言，一把辛酸泪。都云作者痴，谁解其中味？"理解孔孟的话，只要依赖我们的常识就可以了；理解老庄的话，依赖常识是远远不够的、无济于事的，过于依赖常识，甚至反倒坏事。例如庄子说："天下莫大于秋毫之末，而泰山为小；莫寿于殇子，而彭祖为夭。"（《齐物论》）秋毫，就是秋天鸟兽身上更换的新毛，即极细的毛；彭祖，传说中活了八百岁的长寿者；殇子，刚生下来还在襁褓之中便死了的人。这是完全超乎常识的命题，该如何理解，着实令人头痛。明末四大高僧之一的释

| 导论　庄子与《庄子》|

德清坦承："此二句极难理会。"①佛教人物难以理会，道家人物也是如此。东晋书法家王羲之信奉道教，他的《兰亭集序》深受庄子影响，例如其中引用了庄子的话"死生亦大矣"，与此同时，《兰亭集序》中也说："一死生为虚诞，齐彭殇为妄作"，"齐彭殇"是对《庄子·齐物论》观点的转述，而"妄作"一词，则说明王羲之无法理会庄子的说法。总之，阅读和理解《庄子》有相当难度。曹慕樊认为："先秦诸子书，《庄子》最难懂。"②刘坤生指出："中国典籍真正之难读者，当首推《庄子》一书，实因庄子本身思想缭绕难解，异常复杂，而且其表现形式又多用形象说理，索解费力；即从内容的深奥到形式的多样，其繁难均超过了《周易》和《尚书》。"③因此，需要有一种解读《庄子》的方法。

阅读其他传统典籍，并非不需要方法，但由于所读之物本身并无太大的障碍，因此不必去专门设想一些克服障碍的方法。此时，阅读方法可能是没有意识到的、非自觉的、潜藏的，是读者"日用而不自知"的。然而，阅读《庄子》，需要比较明确的方法论意识。所以明人林云铭有《读庄子法》，清人张潮有《读庄子法小引》，今人钟泰有《读庄发例》。

不过，"方法"一词，容易让人想到诸如"点金术"，或是某种"不传之秘"之类的东西，以为只要掌握了特殊的方法，读懂《庄子》就不在话下。张默生所说"《庄子》的钥匙"，似乎亦有此意。他的意思是，其他先秦诸子的书，大门都敞开着，独有《庄子》一书，大门是关着的，还上了锁，故而研究《庄子》之前，须寻获解读《庄子》的钥匙。钥匙找到了，自然一劳永逸地打开《庄子》之门，登堂入室。其实，阅读《庄子》，既没有唯一正确的方法，也没有一种固定不变的方法，换言之，不存在解读《庄子》的万能钥匙。在这个意义上，下面将要介绍的，与其说是阅读《庄子》的"方法"，不如说是通向《庄子》的"方向"，或是"道路"。这条道路，也并不是特别复杂，可以分为五个循序渐进的步骤：翻译，比较，体验，理解，对话。

（1）翻译。研究中国的古典文献，第一要务就是过文字关，"破文字障"。大学古代汉语教学有一句口号："字字落实，句句过关。"就《庄

---

① 憨山：《庄子内篇注》，崇文书局，2015，第42页。
② 曹慕樊：《庄子新义》，重庆出版社，2005，第159页。
③ 刘坤生：《〈庄子〉九章》，上海古籍出版社，2009，第5页。

子》而言，这几乎不可能，但要尽力而为。如今去古已远，文言文已然丧失了"语言环境"，对于今人，近于外语，不再是须臾不可离身的"母语"。①但是，哲学思维只能以母语进行，因此，有必要争取在某种程度上将《庄子》翻译为白话文。翻译，就是破文字障的工作，也是最基础性的重新营造语境的工作。将《庄子》翻译为白话文，才能使之融入现代人的思维方式和生活方式之中。本来，清代郭庆藩的《庄子集释》是研读《庄子》的重要参考书，可惜乃是古文，使用不便。今人研读庄子，可选用陈鼓应的《庄子今注今译》。陈鼓应《庄子今注今译》也具有"集释"的性质，收集材料较为丰富，至于他自己的注译，在义理阐释上并非尽善尽美，哲学意味略有不足，而在文字疏解和白话翻译方面，个别地方有些不太准确或含糊其辞，但总体上文字晓畅，可资借鉴。本书所引庄子文字，包括其句读，均以陈鼓应《庄子今注今译》为准。

但翻译的意义不仅是文字的，而且必然是思想的。瑞士汉学家毕来德（Jean Francois Billeter）指出："没有任何研究方法，任何学术规范会像翻译那样迫使我们如此全面审慎地考量一份文本的所有特点，包括它的架构、节奏、语气，等等，——而这些也都一同决定了文本的意义。原文与其对应的法文文本之间的多次往返、多次对照是逐渐显示文本含义的最有效的方法。我甚至认为，一种不曾经历翻译之考验的诠释，必然是主观而片面的。"②毕来德说的是将庄子翻译为法文，但在道理上，对我们将文言文翻译为白话文也是适用的。本书是研究性的著作，而非注释性的著作，篇幅和体例所限，书中所引庄子的文字，未必都会被翻译为白话文，但是，纵然并不实际地翻译，在意识中必存有翻译之念头，这是我们解读庄子哲学的背景。

（2）比较。比较有两种，相异者比较与相近者比较。前者主要比较庄子与孔子，后者主要比较庄子与老子。本书认为，由于儒家文化在中国的主导地位，从儒家观点看庄子，即"以儒解庄"，已成了古代中国学者自然而然的思维范式，至今依然，这种思维范式造成了对庄子的莫大误解。为要争取还原庄子的本来面目，就得将庄子与儒家加以比较，区别开来。从道家内部

---

① 林语堂说："直到今天，照心理上的难度而言，学习古文与学习外语已相差无几。"（林语堂：《中国人》，郝志东、沈益洪译，学林出版社，2005，第221页。）
② 毕来德：《庄子四讲》，宋刚译，中华书局，2009，第3页。

看，庄子与老子差异颇大，已如前所述，但总的来说，与庄子的哲思最为近似的人，当然还是老子。在解读庄子哲学的过程中将其与《老子》比较，必能获益。既寻找两者的共同点，也寻找他们的差异处。异、同既显，则《庄子》的地位将更明确，《庄子》的面目将更清晰。我们知道，在哲学界有一种源于黑格尔的说法，"哲学就是哲学史"，也就是说，哲学思想并非凭空产生的，思想固然靠原创，同时也必定有渊源。溯源是理解一种哲学的极好方法。对庄子影响最大的就是老子，将庄子与老子比较，既是比较，也是溯源。

（3）体验。《庄子》介于诗与哲之间，既是哲学，也是文学。它的写作方式不像一般哲学论文，充满概念、判断和推理，而是将哲学与"寓言"融为一体，这就需要体验。体验，始而设身处地，继而感同身受。作为"寓言"，《庄子》文本中的人物、动物、植物、怪物、想象物，往往都是庄子自己的化身。读者如能设身处地，对种种人物、动物、植物、怪物、想象物感同身受，那么也就是暂时地化身为庄子，与庄子相等同，从而，《庄子》文本也就不再是一个外在的对象。苏轼就经过了这一阅读途径，他曾"既而读《庄子》，喟然叹息曰：'吾昔有见于中，口未能言，今见《庄子》，得吾心矣。'"（苏辙《东坡先生墓志铭》）

（4）理解。体验是用心领会，理解是用脑思索。体验偏于整体的综合，理解偏于局部的分析。"理解"这个词，可能就出自《庄子》。苏轼《众妙堂记》云："妙盖至此乎！庖丁之理解，郢人之鼻斫，信矣。"因此"理解"与庖丁解牛相似，要将对象"解"开。分析或分解必从局部入手，一如庖丁解牛，先须"目无全牛"。而要"解"开对象，又必须顺着事物的"理"即脉理或条理而进行。我们需要将《庄子》拆散、分解、剖析，了解它所面对和处理的问题，看清它的内在结构和条理，以便进入《庄子》的思路。另外，"理"还是动词，即"整理""梳理"。理解《庄子》，进入《庄子》的思路，也就是将《庄子》文本加以梳理，并加以重构。换言之，所谓"还原《庄子》的思路"，也就是"给《庄子》一个思路"。但分解、梳理、重构，"给《庄子》一个思路"，都不是随心所欲的。庖丁解牛，"如牛自解"，这应当是理解《庄子》的一个基本原则。王夫之的《庄子解》就实践了这一原则，清人王天泰为《庄子解》作序云："今忽于读先生之解庄，不啻庄之自为之解，是又不知庄生之为先生，先生之为庄生矣。"

（5）对话。 理解偏于"以庄解庄"，这是张默生推荐的研读《庄子》的方法，似乎已为当今多数学者所接受。 以庄解庄，较之郭象等人的"以儒解庄"、释德清等人的"以佛解庄"，当然更为合理。 但若仅此而已，庄子哲学研究还只是思想的复述，或知识的"考古"。 理解之外，还需对话。 对话是"以今解庄"和"以我解庄"。 从伽达默尔哲学诠释学的角度看，"以今解庄"和"以我解庄"是必然的。 人在世界之中存在，这是海德格尔的观点。 人不在世界之外，也不在世界之上。 伽达默尔发展了海德格尔的思想，把"世界"具体化为"处境"。 他认为任何理解都内在于"诠释学处境"（Hermeneutische Situation），并且被束缚于诠释学处境之中。 我不可能灵魂出窍般超脱今天的处境回到过去，我也不可能完全倒空自己去面对过去的文本。 伽达默尔诠释学主张"先见"（"我见"）在理解中是不可或缺的，因而认为理解是一种"视域融合"（Horizontverschmelzung），即今人视域与历史视域的融合。 视域融合在今人与古人的对话过程中得以实现。 既然强调今人的先见和今与古的视域融合，则自然不会以为可以找到古人的"本义"，不会只允许有唯一的"正确理解"了。 在伽达默尔的启发下，曹慕樊写了一篇《伽达默尔的他山之石及庄子旁通》一文，文中道出他解读《庄子》的方法："读《庄子》就可以在把握住他立言的要旨的条件下，把我们的意思装进他的文章去做一种解说。 我叫作'旁通'。 旁通是说，我们的说法，远非庄子的本义，但不违背庄子的精神。"[①]譬如他解读《逍遥游》，"我写文谈说《逍遥游》，不是注解古书而是想诠释《庄子》。 就是阐述庄子的精神，寻求它今天的意义"。[②] 我们不妨说，曹慕樊所说的"旁通"，就是这里所说的"对话"。 对话，大抵就是伽达默尔哲学诠释学的主导精神。

《庄子》是距今两千多年的古代文献和古代思想，很多和它同时的思想，如今都已不合时宜，仅能供人"发思古之幽情"。 一种古代哲学是否还能存活于现在，取决于它能否进入今天的哲学语境，以及是否能够有效地处理今天的问题。 为了让庄子思想进入今天的哲学语境，本书尝试用20世纪现象学的某些观点去与它进行对话。 所以本书的另一个题目是"现象学视域中的庄子哲学与美学"。 如何才能知道庄子哲学能否有效处理当今的问题？ 我们可以

---

① 曹慕樊：《庄子新义》，重庆出版社，2005，第160页。
② 曹慕樊：《庄子新义》，重庆出版社，2005，第152页。

尝试拿现当代的哲学问题去与《庄子》碰撞，看看它对现当代的哲学问题都有哪些预先的思考，都提供了怎样的解决方案。例如，身体问题是当代哲学的一个热门话题，近年来也有"身体转向"之说。于是，我们需要去挖掘，关于身体问题，《庄子》都有哪些思考；并且需要判断，在那些思考中，还有哪些依然具有启发性。这就是对话。对话是今与古的对话，也是解读者、阐释者与《庄子》之间的对话。

最后，再稍加谈论司马迁所说的"著书十余万言"。在《汉书·艺文志》中，记载着"《庄子》五十二篇"，司马迁和班固笔下的《庄子》，显然是古本《庄子》，或完整版《庄子》。现存《庄子》仅有三十三篇，字数大约七万。这个三十三篇的版本，是魏晋时期郭象所注的版本，郭象将古本《庄子》剪辑选注，并分为内篇七篇，外篇十五篇，杂篇十一篇。郭象本《庄子》影响极大，沿用至今，成为定本，内外杂三篇的区分保持如旧，现代学者仅在局部文字上有所微调。

一部《庄子》三十三篇，内篇七篇最为重要。明末释德清便说："一部全书，三十三篇，只内七篇，已尽其意，其外篇皆蔓衍之说耳。学者但精透内篇，得无穷快活，便非世上俗人矣。"[①]梁启超也说："总摄庄学之全体大用者，尤在内七篇。""要之，此七篇为全书纲领，其外篇杂篇，则皆委细证成斯理而已。"[②]因此，不少研究"庄子哲学"的专著，都只诠释内七篇。不仅如此，庄学研究者一般认为，内篇为庄子自著，外篇与杂篇为庄子后学所作。[③]按照这种倾向，研究《庄子》内七篇，才是"庄子哲学"；如若整体地研究《庄子》，则成了对整个庄子学派的研究，如刘笑敢的《庄子哲学及其演变》，或者严格来说，应当称为"《庄子》哲学"研究。另外，也有许多学者如冯友兰、张恒寿等人主张打通内外杂篇。在我们看来，《庄子》内篇与外杂篇之不同，在文字上和思想上都有所体现，但是，《庄子》是一部既有的、现成的文本，可以整个地作为研究对象。这正如《红楼梦》，前八十回为曹雪芹所作，后四十回乃高鹗所续，文字和思想的高下判然有别，然而我们

[①] 憨山：《庄子内篇注》，崇文书局，2015，第1页。
[②] 梁启超：《老子、孔子、墨子及其学派》，北京出版社，2014，第251、253页。
[③] 任继愈认为《庄子》外杂篇代表庄子本人的思想，属于唯物主义，《庄子》内篇是"后期庄学"的作品，属于唯心主义。这种说法较为少见，从其证据和标准看，也是难以令人接受的。

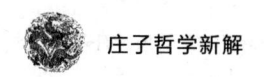

不必学金圣叹的"腰斩水浒",将《红楼梦》前八十回孤立出来。《庄子》的内篇和外杂篇,确实存在不小的差距,但也不见得势成水火;而"庄子哲学"与"《庄子》哲学"的区分,也不必过于拘泥,视之为楚河汉界。但是,研究《庄子》,应以内七篇为主,外篇和杂篇为辅,这是毫无疑问的。

"以内七篇为主,外篇和杂篇为辅",有两层意思。第一,判断庄子的思想,应以内七篇的文本为首要证据,如外杂篇的文字与之有所不同、有所冲突,则选择内七篇;第二,内七篇需要详加解读,外篇和杂篇则不必,它们主要用来注解、印证、丰富内七篇的思想。相对于其他哲学文本,《庄子》是一个整体,相对于《庄子》,内七篇是一个整体。同时,内七篇的每一篇又都具有相对的独立性,可能是庄子针对不同的问题,在不同的时间完成的,可以视七篇为有一定联系又各自独立的论文。因此,研究庄子哲学的一个极为便利的方式便是,适当结合外杂篇,把内七篇分别细读一过,最后再对庄子哲学略作总结。

第一章
《逍遥游》

老子智慧，庄子逍遥。庄子自然也智慧，但老子未必也逍遥。发现"逍遥"，乃是庄子为中国哲学做出的划时代的贡献。因而"逍遥"一词，成了庄子哲学的第一关键词。《逍遥游》作为《庄子》内七篇的第一篇，开门见山，直奔主题，指明庄子哲学的宗旨。在庄子哲学的全部文字中，《逍遥游》一篇占据了头等重要的地位，这是不言而喻的。

不过，由于《逍遥游》充满神奇想象，极富文学色彩，不及《齐物论》较有逻辑意味，较具理论品格，不少学者往往将《齐物论》视为庄子哲学的代表作。这些学者认为，《逍遥游》的主要意义是以文学的方式、隐喻的手法点明了庄子哲学的宗旨，拈出"逍遥"一词，但是它并没有建立一种关于"逍遥"的理论；"逍遥游"并非"逍遥论"。好比张若虚的《春江花月夜》，诗人的敏感触及一个哲学性的问题，"江畔何年初见月，江月何年初照人？"但这首诗并没有建立一种宇宙论，因而并不是哲学。比较而言，《齐物论》是庄子的哲学代表作，《逍遥游》则是庄子的文学代表作。然而，文学与哲学不可兼容，这本身就是一个很成问题的思维预设；哲学一定要以"论（文）"的形式来表达，这也是在解读《逍遥游》之前必须打破的思维定式。古希腊巴门尼德的哲学，是用六步韵诗体表达的。尼采的《查拉图斯特拉如是说》则出之以散文诗体。庄子的《逍遥游》，并不比巴门尼德的《论自然》和尼采的《查拉图斯特拉如是说》更不像哲学。沈清松指出："大体说来，相对于西洋哲学喜欢运用'概念'（Concept），中国哲学文本喜用'隐喻'（Metaphor）；相对于西洋哲学喜用'论证'（Argumentation），中国哲学喜用'叙事'（Narrative）。"①此言甚是。应当说，在中国哲学家中，最爱用隐喻和叙事的大概就是庄子了，而在庄子的哲学文本中，《逍遥游》篇更加突出了重隐喻和叙事的特点。虽然如此，《逍遥游》既是文学，也是哲学。不错，无论以诗歌还是散文的形式来表达，哲学都是理论，且应当是理论。与抒情诗《春江花月夜》不同，《逍遥游》也是蕴含着一种理论的。

冯友兰认为："庄之为庄者，突出地表现于《逍遥游》和《齐物论》两篇之中。"②但是，《逍遥游》和《齐物论》何以是"庄之为庄者"呢？这可以有各种解释。例如，《逍遥游》的主题是自由，《齐物论》的主题是平等，而自由与平等是现代思想的两大主题。在我们看来，以现代哲学来比附，《齐物论》大体上是庄子哲学的知识论（和价值论），《逍遥游》则相当于庄子哲学的存在论（和生存论）。不过，庄子哲学的存在论与古希腊以来西方传统的形而上学大相径庭，而是比较接近于现象学的存在论。庄子也不像西方传统哲学家那样，以概念、判断和推理的逻辑形式来建立一套形而上学，而是以直观的形式来展示、显现、描述他的存在论，"逍遥"或"逍遥游"即是庄子用以描述此一存在论的关键词。一篇《逍遥游》，主要有三个话题，即"小大之辩""逍遥之人""无用之用"，恰似三足鼎立，建构或开辟一个全新的存在领域。

第一节　小大之辩

1. 北冥与南冥

梁启超认为，《逍遥游》"全篇关键，在'小知不及大知，小年不及大年'二语"。③这个观点固然别具只眼，然而未必准确。诚然，"小知不及大知，小年不及大年"是相当重要的，"小大之辩"也是《逍遥游》的哲学主题之一，但是在梁启超挑选出的这句话中，却不见"逍遥"一词；"逍遥"一词隐去之后，"小知不及大知，小年不及大年"便完全可以在纯粹认知的层面上加以理解，于是《逍遥游》的存在论维度，也就隐而不显了。"逍遥"一

---

① 沈清松：《跨文化哲学论》，人民出版社，2014，第35页。
② 冯友兰：《中国哲学史新编》上，人民出版社，1998，第401页。
③ 梁启超：《老子、孔子、墨子及其学派》，北京出版社，2014，第252页。

词，首见于《逍遥游》的篇后："今子有大树，患其无用，何不树之于无何有之乡，广莫之野，彷徨乎无为其侧，逍遥乎寝卧其下。"这句话才是理解整篇《逍遥游》的关键所在。在这句话里，同时出现了大、无用、逍遥三个关键词，总结了《逍遥游》全篇讨论的三个话题。

《逍遥游》的结构是匠心独运的，其行文是前后呼应的。篇末的大树，呼应着篇首的大鹏。庄子的小大之辩，从大着眼。《逍遥游》开篇便出手不凡，气势磅礴：

> 北冥有鱼，其名为鲲。鲲之大，不知其几千里也。化而为鸟，其名为鹏。鹏之背，不知其几千里也；怒而飞，其翼若垂天之云。是鸟也，海运将徙于南冥。南冥者，天池也。
> 齐谐者，志怪者也。谐之言曰："鹏之徙于南冥也，水击三千里，抟扶摇而上者九万里。去以六月息者也。"野马也，尘埃也，生物之以息相吹也。天之苍苍，其正色邪？其远而无所至极耶？其视下也，亦若是则已矣。

这两段话中的宏伟气象和大鹏意象，最为诗人李白所喜爱。在《上李邕》中，李白袭用了庄子的想象："大鹏一日同风起，扶摇直上九万里。假令风歇时下来，犹能簸却沧溟水。时人见我恒殊调，闻余大言皆冷笑。宣父犹能畏后生，丈夫未可轻年少。"《临路歌》也使用了庄子的意象："大鹏飞兮振八裔，中天摧兮力不济。"当然还有《大鹏赋》。有了李白的诗文，庄子的文字从此更加深入人心，脍炙人口。诗人和文学研究者往往为大鹏这一形象或意象所打动，迅速进入审美意境之中。然而，如果仅仅看到《逍遥游》的开篇的文学价值，倾倒于其中的形象魅力，那就无异于买椟还珠了。

当然，对《逍遥游》之开篇的哲学解读，为数不少。这类解读，主要着眼点也是鲲和鹏的形象。基本上都把"化而为鸟，其名为鹏"视为《逍遥游》第一段的关键性语句，进而把"化"视为《逍遥游》的一个哲学主题；鲲化为鹏，被理解为生命形式的转化或心灵境界的提升，以"鲲鹏转化"为逻辑起点，"《庄子》从整体上可以看作是心灵境界提升之图"。[①] 这种解读自成

---

① 爱莲心：《向往心灵转化的庄子：内篇分析》，周炽成译，江苏人民出版社，2004，第4页。

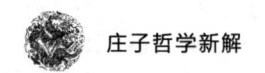

一说,且颇富启发性。 其缺陷在于,往往将鲲和鹏从活动背景中孤立出来,忽视了庄子在这里并不只是塑造了一条大鱼、一只大鹏,庄子这段话实际上构造了一个完整的世界,而鲲和鹏只是这个世界中的生物而已。

大鹏形象本身,确实相当重要,但庄子创造这一形象,是为了打开一个世界。 而在《庄子》的开篇处,就打开一个无边无际的广阔世界,其意图是很明显的:把哲学眼光放远、把哲学眼界扩大,克服"人类中心主义"(Human-centered Doctrine)。 这一反人类中心的立场,在《齐物论》中得以展开并获得论证,在《庄子》全书各处都有所体现。 但是,在《庄子》的开篇就暗示这一立场,等于为整个哲学系统定下了基调。 西方近代哲学的体系往往从区分人与动物开始,庄子哲学取消了这一区分,并因而取消了人类中心主义的立场。 日本思想家中江兆民的《一年有半、续一年有半》开篇一段话,可以视为对庄子的遥相呼应:

> 研究理学即社会上所谓哲学的问题,局限在五尺的身躯以内终究是不行的。 即使勉强可以,而说出来的道理,在不知不觉的情况下,都不免成为孤立的。 局限在人类的范围内也是不行的;局限在十八里的大气层以内,局限在太阳系天体以内,也都是不行的。①

中江兆民以上所言,应当就是庄子想说的话,只不过中江兆民用的是日常语言,是散文,而庄子用的是隐喻的寓言而已。 中江兆民直接把观点告诉我们,庄子却说得比较间接、含蓄。 庄子大概是希望读者一开始读他的书时,就意识到理解他的思想是需要悟性的。

因此,大鹏固然相当重要,而大鹏生活于其中的那个世界更为重要,不可忽视。 《逍遥游》第一段,出现了北冥、南冥、天池、鱼、鲲、鹏六个名称,或可简化为北冥、南冥、鲲、鹏四个名称。 北冥和南冥这两个语词,标志着大鹏生命的世界。 由于以往哲学研究者的忽视,导致长期未能对北冥、南冥两个语词做出必要而合理的说明。 但是,北冥和南冥是不应该被忽略的。 因为这两个语词,体现了庄子哲学的现象学维度。

北冥和南冥都是庄子的想象物,象征一个超现实的空间,不能做现实的和

---

① 中江兆民:《一年有半、续一年有半》,吴藻溪译,商务印书馆,2007,第73页。

世俗的理解。释德清说:"南冥,犹南明,谓阳明之方,乃人君南面之喻。谓圣人应运出世,则为圣帝明王,即可南面以临莅天下也。"①如此解读,无异于把庄子视同老子,证实了释德清"《庄子》一书乃《老子》之注疏"的解读原则。然而,这显然是一种先入之见。说《老子》是"君人南面之术",或许勉强可以接受,说《庄子》也是"君人南面之术",则毫无道理可言。《庄子》并非写给帝王的书,也不是写给政客的书,而是写给所有人的自由之书、生命之书。再则,《逍遥游》有三个主题,"无用"是三大主题之一,无用即无用于世、无用于政治。释德清的解读无法将《逍遥游》的三个主题统一起来。退一步说,即便"南冥"一词不妨如此理解,那么与之相对的"北冥"呢?释德清说:"北冥,即北海,以旷远非世人所见之地,以喻玄冥大道。"(《庄子内篇注》)为什么"南冥"比喻为帝王,"北冥"却比喻为大道呢?这似乎有违于一对概念的对偶性。事实上,释德清的注解中较为合理的乃是"旷远非世人所见之地"。无论是北冥还是南冥,都是"旷远非世人所见之地"。旷远,指出北冥和南冥的非现实性;地,说明北冥和南冥都是空间概念。

北冥和南冥都没有明确的现实性,都没有现实的对应物。嵇康认为,冥,"取其溟漠无涯也。"梁简文帝云:"窅冥无极,故谓之冥。""溟漠无涯""杳冥无极"云云,都是不确定。庄子后面还说:"穷发之北有冥海者,天池也。""穷发之北",也是个不知所云的地方。很多学者把北冥解释为"北海",大概是由于其中有鱼,且后文有"海运""冥海"等语。然而有鱼之处,可以是江、河、湖、海。实际上,北冥到底是不是"北海",南冥到底是不是"南海",甚至"天池"到底是不是陈鼓应所注的"天然大池",这些都不是至关重要的。纵然北冥确实是北海、南冥确实是南海,这北海、南海也不是"死海""红海"那样的专有名称。专有名称有确定无疑的现实对应物,标示着地球上的某一现实空间。而北冥、南冥却仅是庄子的《逍遥游》所构造出来的空间。语词并非都是对现实事物的命名,语词的意义并非都是对现实事物的指称,它们还可以构造出一个独立于现实的意义世界。在北冥和南冥这两个名称中,"冥"的意义是不确定的,可以确定的意义只是"北"与"南"。北、南是空间方位,表示某个空间的两极;有了这

---

① 憨山:《庄子内篇注》,崇文书局,2015,第4页。

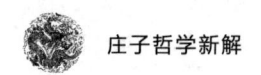

两极，北冥与南冥之间便显现出一个空间，一个全新的意义世界就此拉开了帷幕。曹文轩指出："应有两种哲学，一种任务在于如何认识已有的世界，一种在于如何构建未有的世界。"①庄子的《逍遥游》，显然属于"构建未有世界"的哲学。

这个世界中的鲲和鹏，自然也不是现实中的鱼和鸟，甚至也不是对现实中的鱼和鸟的"文学夸张"。夸张，是"现实主义"文学常用的手法。李白诗句如"白发三千丈，缘愁似个长""燕山雪花大如席，片片吹落轩辕台"，这的确是夸张。在《漫谈"漫画"》中，鲁迅曾为李白的诗句做"现实主义"的辩护："燕山雪花大如席——是夸张，但燕山究竟有雪花，就含着一点诚实在里面，使我们立刻知道燕山原来有这么冷。如果说'广州雪花大如席'，那就变成笑话了。"②然而庄子偏偏就敢制造"广州雪花大如席"的"笑话"，因为《逍遥游》的写法并不是"夸张"，而是"寓言"。司马迁说庄子"著书十余万言，大抵率寓言也"。"夸张"是现实主义作家普遍使用的文学手法，"寓言"则是庄子独创的哲学文体。寓言与夸张的不同在于：夸张总有现实根据，表面上不甚合理，稍一分析则无不合理；寓言则未必有现实根据，且表面上和实质上均不合理，庄子称之为"荒唐之言"。作家孙犁认为：

> 像《庄子》这样的书，我以为也是现实主义的。司马迁说它通篇都是寓言。庄子的寓言，现实意义很强烈。当然，它善于夸张，比如写大鸟一飞九万里。但紧接着就写一种小鸟，这种小鸟，"腾跃而上，不过数仞而下"，"翱翔蓬蒿之间"，描写得更加具体，更加生动活泼。因为它有现实生活的依据。因此我们看出，庄子之所以夸张，正是为了表现现实生活中的具体描写。在书中这种例子是很多的。③

孙犁的以上说法，只见树木，不见森林。现实主义有现实生活的依据，浪漫主义也有现实生活的依据，甚至就连象征主义这种"非现实"倾向的文学作

---

① 曹文轩：《第二世界——对文学艺术的哲学解释》，人民文学出版社，2010，第138页。
② 《鲁迅全集》，第六卷，人民文学出版社，2005，第242页。
③ 孙犁：《〈庄子〉的现实主义》，转引自丁玲选编《名家品庄子》，中国华侨出版社，2008，第254页。

品，也可以有现实生活的依据。有现实生活的依据，这不足以确定某部作品就是现实主义的作品。人只看到他想看到的东西，现实主义作家孙犁，在《庄子》中也只看到现实主义因素，所以他甚至把"寓言"也纳入现实主义的范畴之中，这未免太随意了。再则，孙犁只是说庄子笔下的小鸟有现实根据，却没说大鸟和大鱼也有现实根据。现实中绝无其大"不知其几千里"的大鱼和大鹏，现实中也绝不可能有鱼"化而为鸟"的现象。崔譔云："鲲当为鲸。"这是误认寓言作夸张，要为鲲寻找"现实根据"，有点像鲁迅为李白辩护、孙犁为庄子解说，显然过于"现实主义"了。鲲与鹏，一如北冥与南冥，都是非现实的存在，都只是现象学所说的"意向性客体"（Intentional Object）。

要了解"意向性客体"这个概念，须先知道何谓"意向性"（Intentionality）。在现象学看来，意向性是意识的根本特征，它表明"意识总是对某物的意识"；意识必定指向对象，没有无对象的意识。看总要看什么，听总要听什么，想总要想什么。"一无所见，一无所闻，一无所感"，这只是文学手法，并非意识的真相。所以关于意识的完整描述应当是："意向活动—意向对象"（或"意向行为—意向客体"）。意向活动（Noesis）和意向对象（Noema）如同手心和手背般连在一起，不可分割。意识不仅必然指向对象，而且会为自己构造对象。怀春少女为自己想象出一个白马王子，家庭主妇在厨房设想一道新菜的效果，雕塑家为某个主题构思人物形象，这些都是意向性的构造功能。意向性客体就是意识行为所指向、所构造的对象。所以意向性客体并不是现实客体或实在客体。例如柳宗元说："夫美不自美，因人而彰。兰亭也，不遭右军，则清湍修竹，芜没于空山矣。"（《邕州柳中丞作马退山茅亭记》）在现实的、实在的意义上，王羲之来或是不来，兰亭都在那里，据说它位于浙江绍兴西南兰渚山一带。但是，如果没有王羲之邀请42位朋友在兰亭集会，如果没有王羲之写下了被誉为天下第一行书的《兰亭集序》，那么兰亭及其"清湍修竹"就"芜没于空山矣"，也就是说，这个"兰亭"不会进入中国历史和文化世界。在这个意义上，兰亭是因了王羲之而获得存在、获得意义。再如，李白诗云，"相看两不厌，只有敬亭山"，诗中描写的敬亭山也不是物理意义的、对所有的人都一样的敬亭山，这个敬亭山是李白构造出来的意向性客体，寄托了李白独特的情思，是只属于李白的敬亭山。当然，如果我们调整意识的"频道"，采取与李白一致的意向性，我们

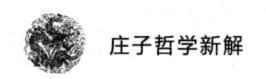

便可能分享李白构造的意向性客体,把握李白寄托其上的情思。

意向性客体是一个依赖于主体意识而存在,却独立于现实的客体。由于独立于现实,它允许现实之物所不可能有的自相矛盾,如"圆的方""木的铁"均为现实所不可能有,却均是意向性世界中的可能之物。庄子的"其名为鲲"的北冥之鱼,即可视为一种自相矛盾的存在。方以智已发现了这一矛盾:"鲲本小鱼之名,庄用大鱼之名。"总之,在《逍遥游》的开篇处,庄子就描绘了一些完全不同于现实客体的意向性客体。北冥、南冥、天池、鱼、鲲、鹏,这些意向性客体构成了一个独特的意向性世界。

意向活动—意向客体的关系,可以扩展为人—世界的关系。现象学从胡塞尔到海德格尔的发展,不妨说就体现为从"意向活动—意向客体"到"人—世界"的扩展。海德格尔对胡塞尔的意识现象学有所不满,因而在《存在与时间》(1927)中,海德格尔并没有提到意识,而是用"此在"(人)取代了意识活动,用"世界"取代了意向客体。于是有了"人在世界之中存在"的基本命题,胡塞尔的意向性概念被涂上隐身水,纳入存在论。海德格尔说:"存在论只有作为现象学才是可能的。"①所以在《存在与时间》中,海德格尔建立了一种现象学存在论。《逍遥游》的存在论意味也颇为明显。庄子当然也没有提到意识,但他对意向活动—意向客体、人—世界之间的契合相关性,显然深有体会,因而我们可以借助现象学的意向性概念来解读他的文字。比较而言,庄子的思想离胡塞尔的意识现象学较远些,离海德格尔的世界现象学较近些。

庄子开辟的这个世界,首先表现为空间。或者说,庄子从空间着手,来描述自己所发现的世界。但是,意向性空间并不是物理空间,所以我们不能确定"北冥"和"南冥"究竟何所指、到底在何处。"穷发之北"、北冥、南冥的方位都只是泛指,并没有诸如"喜马拉雅山北麓""黄河北岸"之类的明确指向。任何一个空间都可以有东西南北的方位。因此,南、北只是确定了一个空间;北冥、南冥只告诉我们:"有"一个世界。这是个怎样的世界?在我们看来,《逍遥游》第一段中的北冥和南冥,其实也就是《逍遥游》最后一段中的"无何有之乡,广莫之野"。大树所植之地,即是大鹏所在之处。但是,"广莫之野"不过是说,此地是一个广大无边的旷野,而

---

① 海德格尔:《存在与时间》,陈嘉映、王庆节译,三联书店,1999,第42页。

"无何有之乡"已明明白白地指出，这是现实中不存在的领域。因此，这只是一个可能的世界。意向性空间也不是心理空间，因为它不是心造的幻影。庄子至少告诉我们：这个非现实的可能世界是存在的；不仅对于庄子，对于任何一个"彷徨乎无为其侧，逍遥乎寝卧其下"的人而言，这个空间都是实实在在地存在的。对于物理空间，它是内在的；对于心理活动，它又是超越的。所以这是一种"内在的超越"。内在的超越正是意向性客体的存在之域。

2."小大之辩"分析

与北冥和南冥的确定意义只是空间方位相似，庄子对鲲和鹏的描述，比较确定的意义也只是它们的"大"，"鲲之大，不知其几千里也"，"鹏之背，不知其几千里也"，都是极言其大。后面还说大鹏"背若太山，翼若垂天之云，抟扶摇羊角而上者九万里"，这也是以比喻的手法极言其大。大当然也是空间概念。宗白华说：

> 老庄谈道，意境不同。老子主张"致虚极，守静笃，万物并作，吾以观复"。他在狭小的空间里静观物的"归根"，"复命"。他在三十辐所共的一个毂的小空间里，在一个抟土所成的陶器的小空间里，在"凿户牖以为室"的小空间的天门的开阖里观察到"道"。道就是在这小空间里的出入往复，归根复命。所以他主张守其黑，知其白，不出户，知天下。……庄子却爱逍遥游。他要游于无穷，寓于无境。他的意境是广漠无边的大空间。①

庄子着眼于空间之"大"，把"大"的特征赋予了他所构造出来的世界，并且用"小"来与之相衬托、相对照。大和小分属于两个世界，或者说，大和小是两个对立的世界的特征。这就是《逍遥游》中的"小大之辩"。当然，庄子仍然是用形象化的手法来展开小大之辩的：

> 蜩与学鸠笑之曰："我决起而飞，抢榆枋而止，时则不至而控于地而已矣，奚以之九万里而南为？"适莽苍者，三餐而反，腹犹果然；适百里

---

① 宗白华：《美学散步》，上海人民出版社，2003，第204页。

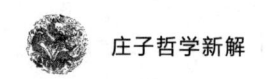

者，宿舂粮；适千里者，三月聚粮。之二虫又何知！

小知不及大知，小年不及大年。奚以知其然也？朝菌不知晦朔，蟪蛄不知春秋，此小年也。楚之南有冥灵者，以五百岁为春，五百岁为秋；上古有大椿者，以八千岁为春，八千岁为秋，此大年也。而彭祖乃今以久特闻，众人匹之，不亦悲乎！

……斥鴳笑之曰："彼且奚适也？我腾跃而上，不过数仞而下，翱翔蓬蒿之间，此亦飞之至也。而彼且奚适也？"此小大之辩也。

庄子为什么要导演一出"小大之辩"？"辩"通"辨"，即分辨、区别。但是庄子的"小大之辩"，并不是对小、大两个概念的辨析，事实上，小、大也不是关于"量"的概念。在现实世界，可以积少成多、积小成大，还可以聚沙成塔、集腋成裘，这些基本上都是"量"的递增关系。《逍遥游》中的大和小，却有"质"的区别。庄子是有意识地以"小大之辩"，突出意向性世界与现实世界的分别，乃至对立，以此表明在现实世界之外还有一个世界存在；只是这个"大"世界的存在，并不为"小"世界中的人所察觉。下面我们继续从现象学的视角分析"小大之辩"。

（1）"世界"的"世"即时间，"界"即空间，世界由时间与空间构成。庄子的小大之辩主要是以空间立论，但也涉及时间。先看空间。庄子对空间之"大"的种种描述，如"不知其几千里也"，"水击三千里"，"背若太山，翼若垂天之云，抟扶摇羊角而上者九万里"等语，都不是物理意义或数学意义上的"三千里""九万里"，我们应当视之为对一个意向性空间的描述。方东美说："道家生活存在于一种空间世界，然却既非物理空间亦非雕刻与建筑空间——处处不脱阻碍抗拒之性质。道家所寄托之世界乃是一大神奇梦幻之世界。构成其世界之空间者正是美妙音乐及浪漫抒情诗歌中之'画幅空间'兼'诗意空间'——一种充满诗情画意之空灵意境（'画幅空间'一词系瑞士艺术史家魏尔夫林所铸）。"[①]方东美的对庄子空间世界的种种赞叹，用"意向性空间"一词就足以囊括了，而且更客观、更具学术性。

中国山水画中的"咫尺有万里之势"，亦是意向性空间的佳例。就物理

[①] 方东美：《"真而又真之真实"》，转引自黄河编《道家二十讲》，华夏出版社，2008，第75页。

意义而言，一幅山水画仅有"咫尺"之大，但在现象学的意义上，它所显现的空间却可以有"万里"之势。庄子在另一个地方，还提供了意向性空间的一个绝妙例子：

> 有国于蜗之左角者，曰触氏；有国于蜗之右角者，曰蛮氏。时相与争地而战，伏尸数万，逐北旬有五日而后反。（《则阳》）

不少学者翻开《逍遥游》，随即为一个无比宏大的世界所折服，常常感叹庄子拥有宇宙人、太空人的视角。[①] 但是，庄子有宏观的视角，也有微观的视角。小小的蜗牛角上，竟存在两个国家，这两个国家还要争夺地盘，伏尸数万，追逐败北15天才回，这简直是高倍显微镜下的视野。不过，无论是北冥、南冥之间的空间，还是蜗牛角上的空间，都是意向性空间。因此，"不知其几千里""水击三千里""扶摇而上者九万里"，等等描写，与"广莫之野"相似，无非言其广大而已。

空间如此，时间亦然。"楚之南有冥灵者，以五百岁为春，五百岁为秋；上古有大椿者，以八千岁为春，八千岁为秋，此大年也。"此句可以视为庄子对"大"世界之时间的说明。这时间也是意向性时间。所谓"楚之冥灵""上古大椿"云云，是不是现实存在，这本身就是个问题。但是毫无疑问，它们可能是传说中的存在，即意向性存在。"五百岁""八千岁"云云，未必就是确切的数字，庄子只是以这种"大数字"，略为提示"大"世界的时间尺度而已。

（2）意向性理论表明，意识活动与意识对象是契合相关、不可分割的。因此，意向性世界固然独立于现实，却不得不依赖于主体，或不得不依赖于主体的意识。正如山水画之美唯有相应的审美趣味方能领略，"咫尺有万里之势"的意向性空间也只向特定的意识显现。"朝菌不知晦朔，蟪蛄不知春秋"，以及下文的"瞽者无以与乎文章之观，聋者无以与乎钟鼓之声"（《逍遥游》），说的就是这个道理。文章之观并不是瞽者的意向性客体，钟鼓之声并不是聋者的意向性客体。大鹏的世界，是蜩、学鸠、斥鴳所无法感知、不能理解的。因而对它们而言，大鹏的世界是根本不存在的。鲲鹏的世界为

[①] 方东美认为，道家是"太空人"，儒家是"时际人"。

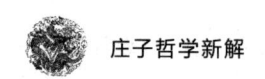

什么"大"？ 那是因为能够逍遥其中、悠游自在。 反之，但凡能够逍遥其中悠游自在，此一世界即是"大"世界。 或许我们没有逍遥的经验，但是有醉酒的经验。 "醉里乾坤大，壶中日月长"，为庄子的"大"世界提供了一个经验性的证据。 就此而言，北冥，南冥，"无何有之乡"，"广莫之野"，尽管显得那么虚无缥缈，其实是无所不在的。

（3）"朝菌不知晦朔，蟪蛄不知春秋"，一如后面所说的"瞽者无以与乎文章之观，聋者无以与乎钟鼓之声"，小不可能识别大的存在，因而在"小"世界里，并无大、小之分。 反之，大却可以看出小来。 正是由于有了大，才得以衬托出小。 鲁迅的短文《一件小事》中的几句话，不妨借来阐明这一道理：

> 我这时突然感到一种异样的感觉，觉得他满身灰尘的后影，霎时高大了，而且愈走愈大，须仰视才见，而且他对于我，渐渐地又几乎变成一种威压，甚而至于要榨出皮袍底下藏着的"小"来。①

本来没有什么大小，但是由于先有了车夫的大，这才反衬出自己的小，从而分出大小来了。 由此可见，"大"具有存在论上的优先性。 一旦有了"大"，就同时有了大、小两个世界。 这就是庄子为什么要说"小知不及大知，小年不及大年"的缘故。 这里的"知"，不是经验性的知，而是存在论的知，也就是对大、小两个世界的知。 唯有"大知"才能明白"小知"之小，而"小知"其实既不知大，亦不知小。 据此可以推论，"大"并不是由"小"点点滴滴地逐渐积累而成的。 要实现积小成大，其前提是大、小属于同一个世界。 然而庄子的小大之辩，恰恰是区分了两个世界。

还有一个需要辨析的问题是，"小大之辩"是否包含着庄子的价值判断？ 许多学者认为，庄子主张"齐物"，既然如此，他自然不可能在小、大之间做出肯定或否定的判断，不可能抬高大、贬低小。 例如鲍鹏山说："《逍遥游》中的'小大之辩'实际上是在批评人类常犯的以知识、经验、常识和自以为是的价值观来判断世界的可笑行为，而并不是扬大抑小、褒大贬小。"并且

---

① 《鲁迅全集》，第一卷，人民文学出版社，2005，第482页。

认为只有这样理解"小大之辩",才不至于与庄子的"齐物"思想相冲突。①鲍鹏山认为,以为庄子的"小大之辩"意在"扬大抑小""褒大贬小",乃是对庄子的"误读"。然而,既然庄子以蜩、学鸠、斥鴳之"小"代表"知识、经验、常识和自以为是的价值观",并加以"批评",说它们"可笑",那不是已经明摆着庄子是在贬抑"小"吗?鲍鹏山这句话本身就是自我否定的。在我们看来,"小"代表现实世界,"大"代表可能世界,可能世界当然高出现实世界。因此,鲍鹏山的这个观点反倒是对"小大之辩"的误读,而误读又源于他没能贯通"逍遥"与"齐物"。在讨论《齐物论》篇时,我们还会专门处理这个问题。不过,鲍鹏山之所以如此解读"小大之辩",想来又与《庄子》外篇中的《秋水》有关。

3.《秋水》与《逍遥游》

《逍遥游》强调"朝菌不知晦朔,蟪蛄不知春秋","瞽者无以与乎文章之观,聋者无以与乎钟鼓之声",《秋水》篇则说:"井蛙不可以语于海者,拘于虚也;夏虫不可以语于冰者,笃于时也;曲士不可以语于道者,束于教也。"这些话语意思相近,且都有几分现象学的意味。小大之辩是《逍遥游》的主题之一,也是《秋水》的主题之一。在《逍遥游》中,大鹏代表"大",蜩、学鸠、斥鴳代表"小";在《秋水》中,河伯代表"小",海若代表"大":

> 秋水时至,百川灌海,径流之大,两涘渚崖之间不辩牛马。于是焉河伯欣然自喜,以天下之美为尽在己。顺流而东行,至于北海,东面而视,不见水端,于是焉河伯始旋其面目,望洋向若而叹曰:"野语有之曰:'闻道百以为莫己若者',我之谓也。且夫我尝闻少仲尼之闻而轻伯夷之义者,始吾弗信;今我睹子之难穷也,吾非至于子之门,则殆矣,吾长见笑于大方之家。"

《秋水》是《庄子》三十三篇中的名篇。在各种《大学语文》和《中国文学》的选本中,《秋水》篇的入选率极高。叶梦得《避暑录话》说:"余

---

① 鲍鹏山:《白居易与〈庄子〉》,复旦大学出版社,2017,第194页。

仕丹徒，尝见一西夏归朝官云：'凡有井水处，即能歌柳词。'"宋人柳永的词，在西夏国竟也如此流行。《秋水》是一篇哲理散文，缺乏柳词的通俗性，不能在民间广为流传，但它也曾远播海外。日本明治时期思想家中江兆民非常喜欢《庄子》，对《秋水》更是爱不释手，并以此篇名作为自己的雅号，后来又将雅号转赠于爱徒幸德传次郎，易其名为幸德秋水。幸德秋水后来成为日本明治时期著名的社会主义者。值得一提的是，2012年诺贝尔文学奖获得者莫言在他的短篇小说《秋水》中，第一次描写了"高密东北乡"这个地方，而高密东北乡乃是莫言此后许多小说故事发生的舞台。可见庄子的《秋水》自有令人着迷的理由。

但《秋水》篇之迷人，不只是由于其文学价值，它的思想价值也颇受肯定。金人马定国《读〈庄子〉》云："吾读漆园书，《秋水》一篇足；安用十万言，磊落载其腹。"今人曹聚仁也说："我倒以为《秋水篇》，足以包括庄氏的观点。"①作为个人喜好，或许他们的说法自有一番道理；作为学术观点，其在根本上是错误的。理由有三：①在我们看来，杂篇中的《天下》、外篇中的《达生》，其重要性丝毫不亚于《秋水》，甚至有过之而无不及。②如果说《秋水》足以包括庄子的观点，那岂不是说内七篇可以不读了？这未免荒唐。③说《秋水》包括了庄子的观点，其前提是它的思想与内七篇是一致的。然而就小大之辩而言，《秋水》与《逍遥游》语境有异，思想不同，想是《秋水》确为庄子后学所作，对庄子的思想有所偏离。这种不同，主要表现有二。

第一，《秋水》并不坚持《逍遥游》中大、小的区别和对立，也不把大、小的区别看作固定不变的。固然，河伯小，海若大，但是海若说："吾在天地之间，犹小石、小木之在大山也。方存乎见少，又奚以自多！计四海之在天地之间也，不似礨空之在大泽乎？计中国之在海内，不似稊米之在大仓乎？"（《秋水》）然而出于同样的理由，就连天地也不足言大。于是，《秋水》就在小大之辩中引入相对性。既然大小是相对的，或曰"辩证"的，那么，海若由于"海纳百川"而成其大，而河伯何尝不是由于"百川灌海（黄河）"而成其大？又何必"望洋兴叹"？在《逍遥游》中，"小大之辩"的"辩"本是"分辨"，即分别、区分之意，而在《秋水》中，"小大之

---

① 曹聚仁：《中国学术思想史随笔》，三联书店，2012，第136页。

辩"的"辩",则变成了"辩证"。按照"辩证法",事物总要发展,发展总要向对立面转化。小、大也要互相"转化",小可以成为大,大亦可变为小。这样一来,小大之间的区分便被消弭,《逍遥游》中的"小大之辩",实际上变得不再可辩了。

第二,《逍遥游》中的小大之辩在一个较为形而上的层面上谈论,大、小二语具有存在论意味;《秋水》则将小大之辩结合具体的人与事,甚至加入了某些道德教训,显得比较形而下。比如,"大"在这里成了"大方之家"。又如,河伯"望洋兴叹"时,提到了"仲尼之闻"与"伯夷之义",而海若则回答:"伯夷辞之以为名,仲尼语之以为博,此其自多也,不似尔向之自多于水乎?"(《秋水》)把"小大之辩"与道德概念"自多"联系起来。"自多"就是"自以为多",自以为是,骄傲自满,好比井底之蛙。河伯"以天下之美为尽在己"也是"自多",所以他向海若忏悔:"野语有之曰:'闻道百以为莫己若者',我之谓也。"这种说法容易使人兴起"谦虚"即是"大","骄傲"即是"小"的联想。

或许是受《秋水》影响,对于《逍遥游》中的小大之辩,从前学者往往昧于其存在论内涵,径直做经验性、常识性的理解。这种理解又有两种路径。知识方面的常识性理解,即理解为认识事物的两种方式,以及这两种方式的不可沟通,把"小大之辩"的意义看作庄子要求人们突破认识上的局限,去领悟宇宙的无限广大。进而,对小大之辩做价值方面的常识性理解,也就顺理成章、势所必然了。按照这种理解,"大"就是高瞻远瞩,宏图伟略,"海纳百川有容乃大";"小"就是鼠目寸光,坐井观天,"是直用管窥天,用锥指地也,不亦小乎!"(《秋水》)李白的"时人见我恒殊调,闻余大言皆冷笑",或陈胜的"燕雀安知鸿鹄之志哉",都可以拿来作为价值论理解的注脚。

《逍遥游》中有一段话,也常常被当作价值方面的常识性理解:

且夫水之积也不厚,则其负大舟也无力。覆杯水于坳堂之上,则芥为之舟;置杯焉则胶,水浅而舟大也。风之积也不厚,则其负大翼也无力。故九万里者,则风斯在下矣,而后乃今培风;背负青天而莫之夭阏者,而后乃今图南。

59

对这段话的解读，一般都是把"积厚"视为关键词，并结合"适莽苍者，三餐而反，腹犹果然；适百里者，宿舂粮；适千里者，三月聚粮"，人们从中总结出来的道理是：惟其"厚积薄发"，故能"鹏程万里"。我们不能说庄子原文中完全没有这种意思，但是，如果仅仅是这样，那么庄子的"水之积也不厚，则其负大舟也无力""适千里者，三月聚粮"，与老子"合抱之木，生于毫末；九层之台，起于累土；千里之行，始于足下"的经验之谈有什么本质区别？与后世儒生"十年寒窗苦读日，一朝金榜题名时"的庸俗理想又有什么本质区别？如此，岂不是把庄子哲学读成了励志之言？易中天说得有理："庄子连官都不想做，怎么会去煲'心灵鸡汤'，讲什么'励志小故事'？"[1]

为了超出"积厚"这种落入俗套的理解，我们可以引进现象学知觉理论的"在场－缺席"结构，或"图－底"结构。罗伯特·索科拉夫斯基（Robert Sokolowski）认为："有关在场与缺席或者说充实意向与空虚意向的哲学主题是现象学原创的主题。""胡塞尔最具有原创性的洞见之一，就是让我们注意到空虚的意向，注意到我们对于缺席者的意向方式，并且凸显它们在关于存在、心灵和人的状况的哲学探索中所具有的重要性。"[2]胡塞尔在1926年关于"感知分析"的讲座中指出，"所有真实显现之物之所以是事物的显现之物，只是因为有一种意向的空乏视域围绕着它们并和它们混杂在一起，只是因为它们周围有一圈与现象有关的晕（Hof）。这种空乏不是虚无，而是一种可以充实的空乏，它是一种可确定的不确定性"。[3]这个围绕事物的"晕圈"就是"缺席"之在。举例来说，在一张桌子前面，我们并不能直接感知桌子的背面和其他面，但我们仍然把它把握为一张完整的桌子。每一个知觉行为，都是同时对在场与缺席的知觉，或者说，都是同时对图与底的知觉。在一个视域中，图与底共在，两者相互构成、缺一不可，好比中国画论所说的"虚实相生，无画处皆成妙境"（笪重光《画筌》）。我们不能把图单提出来，正如我们不能把鲲与鹏孤立出来，使它们脱离北冥与南冥的背景。每一种"图－底"关系都构成了一个视域、一个世界。"图"与"底"的关系是相应的、配套的。

---

[1] 易中天：《我山之石：儒墨道法的救世之策》，广西师范大学出版社，2009，第206页。
[2] 罗伯特·索科拉夫斯基：《现象学导论》，高秉江、张建华译，武汉大学出版社，2009，第33、37页。
[3] 胡塞尔：《生活世界现象学》，倪梁康、张廷国译，上海译文出版社，2002，第49页。

《逍遥游》这段话中的"舟"与"水",即可视为图与底的关系。"覆杯水于坳堂之上,则芥为之舟",这是自"小"世界立论。 芥,即小草。 坳堂杯水,只能承载小草,反之,要承载小草,只需杯水。 自"大"世界立论,则鲲鹏活动于其间的背景,必是北冥与南冥之间的无涯无际的宏大空间,如此方能"背负青天而莫之夭阏"。 大鹏之"背负青天",正是一幅活生生的"图-底"结构之画面。 "风之积厚""风斯在下""九万里"云云,都是以形象的手法说明活动空间之广大深远。 "置杯焉则胶,水浅而舟大也",这是图与底的不相应、不配套,是图与底的一种错位。 "水浅"与"舟大",仍然是突出小、大的对立或对比。 这种对立或对比,一如蜩、学鸠、斥鴳与大鹏的对立或对比。

对"小大之辩"做认识或价值的常识性理解,并不是完全行不通。 常识性的理解也是一种理解。 只是这种理解流于浮表,缺乏根基。 对"小大之辩"的认识论理解和价值论理解,都应当建立在存在论理解之上。 实际上,庄子的小大之辩也有明显的价值判断的维度。 "之二虫又何知",贬抑的语气相当强烈;"小知不及大知,小年不及大年",褒大贬小的立场十分鲜明。 但是,这是建立在存在论之上的价值论。 褒大贬小,意味着庄子推崇的是逍遥,肯定的是无用。

第二节　逍遥之人

4. 郭象的逍遥观

在《逍遥游》中,小大之辩的讨论并不是孤立的,而是与逍遥之人、无用之用两个话题紧密联系在一起。 一方面,小大之辩贯彻始终,一直延续到逍遥之人、无用之用两个话题之中;另一方面,逍遥之人与无用之用两个话题,也都在呼应着和延伸着小大之辩,继续深化和完成对"大"世界的揭示和描述。 甚至完全可以说,这个世界就是"逍遥世界"。 之所以可以称为"逍遥世界",那是由于其中存在"逍遥之人"。 在《逍遥游》中,庄子并不是通过抽象概念的推演来建立一种形而上学的存在论,而是通过对逍遥之人的描写来呈现一种存在论。

海德格尔的《存在与时间》是通过"此在"(Dasein)来追问存在问题

的，他把对"此在"的结构性分析称为"基础存在论"。"此在"表现为"生存"，从而，基础存在论也表现为生存论。庄子哲学的致思方向，与海德格尔哲学依稀仿佛，这在《大宗师》中最为明显。在《逍遥游》中，庄子的逍遥之人，大致相当于海德格尔的本真地生存着的"此在"。从小大之辩的话题到逍遥之人的话题，大致就是从存在论到生存论的递进。而在逍遥之人的话题中，小大之辩中的意向性空间，则被具体化为"生存空间"。

但是，在进入"逍遥之人"的讨论之前，不妨先考察一下大鹏是否逍遥的问题。这个问题本来不成其为问题。因为，第一，在逻辑上，大鹏属于存在论论域，"逍遥"属于生存论论域，区分这两个论域，就不会发生"大鹏是否逍遥"的问题了。此在是人的存在，生存是人的生存。一般而言，惟有对人方可言逍遥。逍遥是人的一种生存方式，并且按照庄子的倾向，逍遥还是本真的生存方式。《逍遥游》的开篇是借大鹏的庞大身躯和"图南"之举来打开一个"大"世界，这时庄子只是要揭示一个新的存在领域，并没有讨论大鹏是否逍遥的意思。第二，不可否认，庄子可能采取拟人的手法，以"大鹏"喻"大人"。既然"无用之树"可以喻"无用之人"，那么为何不能以"大鹏"喻"大人"？阮籍的《大人先生传》，即以"逍遥"描述"大人"：

　　夫大人者，乃与造物同体，天地并生，逍遥浮世，与道俱成，变化散聚，不常其形。天地制域于内，而浮明开达于外。天地之永，固非世俗之所及也。

如果阮籍的"大人"之原型就是庄子的"大鹏"，那么，大鹏之逍遥，似乎是不言而喻的。大鹏呈现"大"世界，学鸠、斥鷃等小鸟代表"小"世界，小、大对立，既然大鹏逍遥，则小鸟自无逍遥可言。

然而关于这个问题，似乎并没有这么简单。相反的意见也有不少。例如冯友兰说："《逍遥游》从大鹏的高飞说到列御寇的'御风'。庄周认为这些'游'都不是完全地自由自在（'逍遥'），因为都有所待。"[①]鲍鹏山也断言："用'逍遥'来界定大鹏的境界，显然与庄子的本意不符。"为什么与庄子本意不符？因为大鹏并不逍遥："逍遥游者，并非大鹏，大鹏其实还是

[①] 冯友兰：《中国哲学史新编》上，人民出版社，1998，第412页。

第一章 《逍遥游》

'有所待'的不自由,且正因为其形体庞大,飞翔之时,所待之物必然更多;'以六月息'才能启程,'抟扶摇'方可升天,'九万里则风斯在下'才可以'负大翼',这样的依赖多多,何能逍遥。"①今日中国学界持类似观点的学者为数不少。在庄子哲学的解读史上,"大鹏是否逍遥"是学者们热衷于讨论的一个问题。魏晋以来,就有两种截然相反的说法,其一出自郭象(和向秀)的《庄子注》,其二出自支遁(支道林)的《逍遥论》。郭象认为,大鹏和小鸟都逍遥;支遁则反之,主张大鹏和小鸟都不逍遥。这两种说法,在中国哲学史上影响深远,此起彼伏,迄今未有定论。因此,讨论庄子的逍遥观,有必要从郭象和支遁的逍遥观入手,由流而源,去伪存真。

郭象《逍遥游》题解云:"夫小大虽殊,而放于自得之场,则物任其性,事称其能,各当其分,逍遥一也,岂容胜负于其间哉?"又说:

夫大鸟一去半岁,至天池而息;小鸟一飞半朝,抢榆枋而止,此比所能则有闲矣,其于适性一也。苟足于其性,则虽大鹏无以自贵于小鸟,小鸟无羡于天池,而荣愿有余矣。故小大虽殊,逍遥一也。(《庄子注》)

郭象"物任其性,事称其能,各当其分,逍遥一也""小大虽殊,逍遥一也"的观点,或许与《秋水》篇打破小大对立的倾向有某种继承关系。传言郭象窃取了向秀《庄子注》文稿,"自注《秋水》、《至乐》两篇,又易《马蹄》一篇,其余众篇,或点定文句而已"(《世说新语·文学》)。由此看来,郭象的思想倾向与《秋水》篇应当是比较接近的。前面说过,《秋水》与《逍遥游》在"小大之辩"的问题上,语境有异,思想不同,或者《秋水》篇确为庄子后学所作,对庄子的《逍遥游》有所偏离。

另外,郭象本人就是一个哲学家,他对庄子的解读,更是他自己的哲学倾向的表露。郭象的《庄子注》开了"以我解庄"之先河。不过,郭象的"以我解庄"不曾基于"以庄解庄"的前提,难免发挥过甚,喧宾夺主。因此,南宋大慧普觉禅师说:"无著云:曾见郭象注庄子,识者云:却是庄子注郭象。"再则,"以我解庄",实即"以今解庄",即以解读者所处时代思想状

---

① 鲍鹏山:《白居易与〈庄子〉》,复旦大学出版社,2017,第199、191~192页。

况去解读庄子。郭象所处的那个时代，除了道家思想，还有儒家思想和佛教思想。郭象选择了儒家思想。"物任其性，事称其能""足于其性"也就是儒家的"尽性"，而"各当其分"则可视为儒家"贵贱有等，长幼有差"之等级关系的哲学化表述。因而我们又可以说，郭象开了"以儒解庄"之先河。"小大虽殊，逍遥则一"的观点，乃是以儒解庄的必然结果。以儒解庄，造成了对庄子之《逍遥游》的莫大曲解。

为什么说郭象曲解了庄子的逍遥观？原来在存在论层面，庄子的"小大之辩"制造了两个世界的区分和对立；在生存论层面，庄子的"小大之辩"得以具体化，小、大分别对应着两种生存方式。这两种生存方式，就是"仕"与"隐"。这两种生存方式的践履者，则是儒家与道家。《逍遥游》紧接着斥鴳笑大鹏之后写道："故夫知效一官，行比一乡，德合一君，而征一国者，其自视也，亦若此矣。而宋荣子犹然笑之。""此"就是斥鴳，它只能知小，不能知大，以为自己已是"飞之至"了。"而"通"能"，即能力。庄子说，那些智慧可以胜任一官之职、品行可以团结一乡的人，道德可以投合一国的君主，能力可以取信全国的人，他们的自鸣得意，和学鸠、斥鴳之流没有两样。在这些"知效一官，行比一乡，德合一君，而征一国者"身上，我们不难看出"修身齐家治国平天下"的儒生的神态。

儒家的官宦如此，君王亦然。先看许由与尧的对话：

尧让天下于许由，曰："日月出矣，而爝火不息，其于光也，不亦难乎！时雨降矣，而犹浸灌，其于泽也，不亦劳乎！夫子立，而天下治，而我犹尸之，吾自视缺然，请致天下。"

许由曰："子治天下，天下既已治也，而我犹代子，吾将为名乎？名者实之宾也。吾将为宾乎？鹪鹩巢于深林，不过一枝；偃鼠饮河，不过满腹。归休乎君，予无所用天下为！庖人虽不治庖，尸祝不越樽俎而代之矣。"

尧是儒家所膜拜的圣王，许由是道家传说中的隐士，分别对应着小鸟和大鹏，分属于小、大两个世界。孤证不立，我们可以拿《大宗师》的两段话来作为证据。

第一段是"意而子见许由"，也将尧与许由加以对比：

第一章 《逍遥游》

意而子见许由，许由曰："尧何以资汝？"

意而子曰："尧谓我：'汝必躬服仁义而明言是非。'"

许由曰："而奚来为轵？夫尧既黥汝以仁义，而劓汝以是非矣，汝将何以游夫遥荡恣睢转徙之涂乎？"

意而子曰："虽然，吾愿游于其藩。"

许由曰："不然。夫盲者无以与乎眉目颜色之好，盲者无以与乎青黄黼黻之观。"

意而子受尧的教化，实行仁义、明辨是非，以此作为生活的法则。许由却认为，尧是用仁义是非给意而子上刑，以仁义是非为指导原则的生存方式是完全错误的，这种生存方式束缚了人的自然天性，使人不可能"游夫遥荡恣睢转徙之涂"，大意就是，意而子不可能实现逍遥的生存。意而子仍然希望能与逍遥世界沾点边，许由便说"盲者无以与乎眉目颜色之好，盲者无以与乎青黄黼黻之观"，这与《逍遥游》中的"盲者无以与乎文章之观，聋者无以与乎钟鼓之声"几乎相同。显然，这无异于是说，蜩、学鸠、斥鴳无法理解大鹏，"小"无法见识"大"，儒家的生存方式无法通达道家的生存方式。

《大宗师》篇还有一段话，区分了"游方之内"和"游方之外"两种生存方式，也就是儒家和道家两种生存方式。在意而子见许由那段话里，儒家以"仁义"为标志，而在这段话里，儒家以"礼"为标志。子桑户死了，孔子让弟子子贡去吊唁，子贡去了，却看见子桑户的朋友孟子反、子琴张在灵堂上"相和而歌"。子贡质疑道："临尸而歌，礼乎？"却遭到孟子反和子琴张奚落："是恶知礼意！"子贡回去告诉孔子，孔子说："彼游方之外者也，而丘游方之内者也。外内不相及，而丘使女往吊之，丘则陋矣！"这段话显然是"重言"，庄子让孔子做自己的传声筒。需要注意的是，孔子说"外内不相及"，表明"方外"和"方内"两个世界判然有别。孔子还说"丘则陋矣"，这恰如《逍遥游》中的"小知不及大知"。《大宗师》这段"重言"中还提到，孔子认为，子桑户、孟子反、子琴张这些"游方之外"的人，"芒然彷徨乎尘垢之外，逍遥乎无为之业"，可见，"游方之外"才能逍遥，"游方之内"不可能逍遥。换言之，道家才能逍遥，儒家不可能逍遥。

在《逍遥游》中，庄子把尧的存在比作"爝火""浸灌"，把许由的存在比作"日月""时雨"，小大之辩，一目了然。尽管这里并没有出现"逍遥"一词，但庄子显然认为，尧不逍遥，许由逍遥。《让王》篇还有一个极为相似的故事，可与《逍遥游》互勘：

> 舜以天下让善卷，善卷曰："余立于宇宙之中，冬日衣皮毛，夏日衣葛絺。春耕种，形足以劳动；秋收敛，身足以休食。日出而作，日入而息，逍遥于天地之间，而心意自得。吾何以天下为哉！悲夫，子之不知余也。"遂不受。于是去而入深山，莫知其处。

善卷与许由的思想方式和生活方式如出一辙。善卷的生活方式是"逍遥"的，那么许由自然也是逍遥的。善卷和许由为何逍遥？其一，许由说"予无所用天下为"，善卷说"吾何以天下为哉"。其二，许由说："鹪鹩巢于深林，不过一枝；偃鼠饮河，不过满腹。"善卷说："春耕种，形足以劳动；秋收敛，身足以休食。"这说明他们的生存方式具有自足性。因为自足，所以自得。合而观之，"独立自足，心意自得"即是逍遥。

郭象也看出了"自得"是"逍遥"的题中应有之义，所以他把"放于自得之场"作为逍遥的一个要素。问题在于，郭象把逍遥的一个条件当作逍遥的全部了。他认为，只要发挥本性，各尽所能，或安于本分，就可以"放于自得之场"，从而，也就可以逍遥。但是，"知效一官，行比一乡，德合一君，而征一国者"，显然都已充分发挥了本性；许由评价尧"子治天下，天下既已治也"，说明尧也很好地展示了治理天下的才能。然而前者先为庄子讽为斥鷃之流，再为宋荣子所笑；后者则"自视缺然"，自称"其于光也，不亦难乎"，"其于泽也，不亦劳乎"，又哪里谈得上"自得"？一代名臣、儒相诸葛亮，"功盖三分国，名成八阵图"（杜甫《八阵图》），"伯仲之间见伊吕，指挥若定失萧曹"（杜甫《咏怀古迹五首·其五》），可谓"物任其性，事称其能"，然而终究"运移汉祚终难复，志决身歼军务劳"（杜甫《咏怀古迹五首·其五》），"出师未捷身先死，长使英雄泪满襟"（杜甫《蜀相》），又哪里谈得上逍遥？

唯有自足，才能自得。儒家缙绅、官宦、将相乃至君王，为什么都不得逍遥？这都是由于受制于外物，未能自足。或受制于予取予夺的权力欲，或受制于忠君报国的责任心，或受制于忧国忧民的使命感。官宦受制于君王，君王受制于天下。就此而言，"天下"就是最大的外物，最大的羁绊，唯有

第一章 《逍遥游》

把天下视如敝屣,才可能接近逍遥之域:

肩吾问于连叔曰:"吾闻言于接舆,大而无当,往而不还。吾惊怖其言,犹河汉而无极也;大有径庭,不近人情焉。"

连叔曰:"其言谓何哉?"

"曰:'藐姑射之山,有神人居焉,肌肤若冰雪,绰约若处子;不食五谷,吸风饮露;乘云气,御飞龙,而游乎四海之外。其神凝,使物不疵疠而年谷熟。'吾以是狂而不信也。"

连叔曰:"然!瞽者无以与乎文章之观,聋者无以与乎钟鼓之声。其唯形骸有聋盲哉?夫知亦有之。是其言也,犹时女也。之人也,之德也,将磅礴万物以为一,世蕲乎乱,孰弊弊焉以天下为事!之人也,物莫之伤,大浸稽天而不溺,大旱金石流、土山焦而不热。是其尘垢秕糠,将犹陶铸尧舜者也,孰肯分分然以物为事。"

藐姑射(亦称"姑射")神人"孰弊弊焉以天下为事","孰肯分分然以物为事",与许由和善卷一样,都已弃天下如敝屣。"秕"是干瘪的谷粒,"糠"是稻谷脱落下来的皮,"秕糠"也就是糟粕,毫无价值的弃物。庄子笔下的姑射神人,他随便从身上搓下一层老灰,都可以捏塑出尧舜那样的人物。庄子对儒家圣王的不屑一顾,溢于言表。

藐姑射山的"神人",与北冥、南冥之间的大鹏一样,也是寓言。倘若认虚为实,就变成后世道教之流了。道教讲修道成仙,希望肉体长存,这实际上是逆天而行("顺则成人,逆则成仙"),与庄子哲学的精神背道而驰。庄子是主张顺从自然,接受死亡的。当然,不能否认,道教的神仙可能确实从庄子的描写中得到想象的启发。类似的启发或许还来自《老子》:"盖闻善摄生者,陆行不遇兕虎,入军不被甲兵。兕无所投其角,虎无所措其爪,兵无所容其刃。夫何故?以其无死地。"(五十章)总之,庄子的所谓"神人",并不是道教的"神仙",而是对逍遥之人的寓言化表达。"之人也,物莫之伤,大浸稽天而不溺,大旱金石流、土山焦而不热。"这也是以寓言的手法说明逍遥之人独立自足,心意自得,不滞于物,不受外在环境的影响。寓言当然都有意义、都有所指。大鹏指示的是一个广大世界的存在,相应地,藐姑射神人指示的是隐士的生存。在《逍遥游》中,逍遥之人基本上都

67

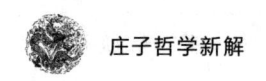

是"孰弊弊焉以天下为事"的隐士,所以庄子又说:

> 尧治天下之民,平海内之政。往见四子藐姑射之山,汾水之阳,窅然丧其天下焉。

这次"藐姑射之山"的主人变成了隐士。据古人注释,这里的"四子",即王倪、齧缺、被衣、许由四个隐士。他们都是庄子的老朋友了。"丧"即忘记,或遗弃。由于进入了隐士的逍遥世界,尧也得以暂时性地分享了这个世界,所以"窅然丧其天下焉"。"窅然",比喻深远。李白《山中问答》云:"问余何事栖碧山,笑而不答心自闲。桃花流水窅然去,别有天地非人间。"这首诗又名《山中答俗人》。逍遥的世界,是一个超越世俗、"别有天地非人间"的世界,是一个没有君臣关系、没有统治与被统治之关系之世界,是一个远离政治中心的世界。这样的世界,不可能是儒家的"仕"的世界,只能是道家的"隐"的世界。在生存论意义上,庄子所开辟的以"大"为标志的存在领域,也就是隐士的生存空间。这一生存空间还有一些较具体的名称,如"江湖",如"山林"①,或如陶渊明的"田园"。

道家的"江湖"或"山林",与儒家的"庙堂""魏阙"是对立的。郭象《庄子注》说,圣人"虽居庙堂之上,而其心无异于山林之中",这是将道家的"大"世界消融于儒家的"小"世界里,是要将庄子开辟出来的生存空间消弭于无形,是对庄子哲学的世俗化和庸俗化。身在庙堂之上,心在山林之中,这种"身心分裂",必须靠自欺才能弥合。自得以自足为前提,一个实际上并不自足的人,却自以为"放于自得之场",这也是自欺。后世很多学者认为,鲁迅所揭示的中国人的"阿Q精神",其思想源头在于庄子。从郭象对庄子逍遥观的曲解可以看出,阿Q精神的始作俑者,与其说是庄子,不如说是郭象。

5. 支遁的逍遥观

"以儒解庄"直到宋代才蔚为大观,在魏晋时期尚未成为主流,因而郭象"各适性以为逍遥"的观点,在当时就遭到质疑。支遁的反驳最为铿锵有

---

① 《知北游》说:"山林欤,皋壤欤,使我欣欣然而乐欤!"

力:"不然。夫桀跖残害为性,若适性为得者,彼亦逍遥矣。"桀是暴君,跖是大盗。支遁使用了归谬法,以郭象的观点为前提,将之推至一个荒谬的结论:桀与跖若充分发挥自己残暴的天性,亦能逍遥。以此反证"各适性以为逍遥"的观点是错误的。支遁的逍遥观则独抒己见,且与郭象针锋相对:

> 夫逍遥者,明至人之心也。庄生建言大道而寄指逍遥,鹏以营生之路旷,故失适于体外,鴳以在近而笑远,有矜伐于心内;至人乘天正而高兴,游无穷于放浪,物物而不物于物……苟非至足,岂所以逍遥乎?此向、郭之注所未尽。(《逍遥论》)

支遁,字道林,是东晋的高僧、佛学家,同时深究玄学,以精通《逍遥游》著称于世。《世说新语》记载了支遁的许多逸事,例如:"支道林尝养数匹马。或言道人蓄马不韵,支曰:'贫道重其神骏。'"(《世说新语·言语》)"支公好鹤,住剡东山。支公书曰:山去会稽二百里。有人遗其双鹤,少时翅长欲飞。支意惜之,乃铩其翮。鹤轩翥不复能飞,乃反顾翅,垂头视之,如有懊丧意。林曰:'既有凌霄之姿,何肯为人作耳目近玩?'养令翮成置,使飞去。"(《世说新语·言语》)这都是典型的魏晋风度。在这两则事迹中,支遁几乎纯然是一个道家,看不出他的佛教背景。但在他的逍遥观中,佛学知识的底蕴却遮盖不住。如果说郭象开了"以儒解庄"之先河,那么,支遁则开了"以佛解庄"之先河。

佛学,其主干大体上是一种心灵哲学。一部小小的《心经》,几乎浓缩了佛教的精髓。随着天台宗、华严宗、禅宗在中国站稳脚跟,以及唯识宗传入中国,佛学的心灵哲学之特色逐渐被发挥得淋漓尽致。支遁已有将庄子哲学"心学化"的倾向。"夫逍遥者,明至人之心也。"这一命题明确表明以"心"解庄。如此,"逍遥"就成为一种心态或心境。斥鴳之所以不逍遥,是由于"有矜伐于心内",矜伐,大约是恃才自傲的意思。至于大鹏,则"失适于体外",似乎是说它"翼若垂天之云",为自己的庞大身躯所累,不堪重负,也不得逍遥。唯有"至人",心无挂碍,才是真正的逍遥。这种视角,有其合理之处。庄子有一个观察,可为支遁佐证:

> 以瓦注者巧,以钩注者惮,以黄金注者殙。其巧一也,而有所矜,

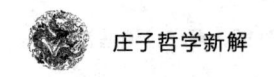

则重外也。凡重外者内拙。（《达生》）

同是赌博，赌注不同，即有种种不同的心态。用瓦片下注，心态是"巧"，即轻巧，没有任何心理负担；用"钩"（银子）下注，心态是"惮"，即担惊受怕；用黄金下注，心态是"殙"，即心慌意乱。三次赌博的技巧是一样的，然而随着赌注的加重，赌徒越来越为身外的利害得失所牵制，内心"有所矜"，就拘谨、不洒脱。扩大来说，心有所矜则不能逍遥。

支遁的逍遥观，令人耳目一新，不仅使王羲之"披襟解带，流连不能已"（《世说新语·文学》），而且使当时诸名贤"遂用支理"，于后世也影响颇大。支遁之后，把庄子哲学视为一种"心学"的解读方式，逐渐形成气候，至今依然不绝如缕。如爱莲心著有《向往心灵转化的庄子：内篇分析》；徐复观《中国人性论史》有专章"庄子的心"，《中国艺术精神》中继续强调庄子的"虚、静、明"之心；陈鼓应有《〈庄子〉内篇的心学》的论文（《道家文化研究》第 25 辑）；陈少明有《从庄子看心学》的论文（《〈齐物论〉及其影响》）。刘笑敢说："庄子并不是真的要寄身于世外，他所谓逍遥游只是心之游，即'心游'。""逍遥游的主体是心灵，所游之处是幻想中的无何有之乡。逍遥游的实质即思想在心灵的无穷寰宇中遨游飞翔。"[①]这似乎是支遁逍遥观的现代版。

心学的视角，未尝不是解读庄子的一个有趣的视角。然而，径直把逍遥当作一种心态或心境，把逍遥游直接等于"心游"，也未必是对《逍遥游》的正解。譬如一个人无所事事百无聊赖，躺在沙发上驰骋幻想，他的心理活动岂非也是一种"心游"？又如一个青春期的学生在课堂上"走神"，浮想联翩，他的心理活动岂非也是一种"心游"？但这些肯定不是庄子的"逍遥游"。如果说，郭象的逍遥观是对庄子的曲解，那么支遁的逍遥规则对后人的理解造成了某种误导。

在《逍遥游》中，通篇仅有一字言及"心"，却是在负面的意义上使用的。庄子说惠子："夫子犹有蓬之心也夫！"（《逍遥游》）"蓬"就是茅草，充满茅草的心，也就是"茅塞"，比喻思路闭塞，相当于今日说人"脑袋进水了"，"不开窍"。庄子在谈到姑射山"神人"时曾提到"神"："其

---

① 刘笑敢：《庄子哲学及其演变》，中国人民大学出版社，2010，第 151、152 页。

神凝，使物不疵疠而年谷熟。"这一"神"字，通常被解释为"精神"，整句的意思是说："她的精神凝聚，使万物不遭伤害，年年五谷丰登。"不过，"神"固然有几分"精神"的意思，却未必等同于与"身"相对的"心"。毋宁说，"神"正是身心合一的状态。这在《庄子》内七篇中还有诸多体现，且待后述。《逍遥游》中非但没有描写"神人"的心灵，反倒非常细致地描写了她的身体："肌肤若冰雪，绰约若处子；不食五谷，吸风饮露；乘云气，御飞龙，而游乎四海之外。"这句话可以整个地视为对神人之身体的描写。藐姑射神人对应着大鹏。庄子也不吝笔墨地描写大鹏的身体。如"鹏之背，不知其几千里"，"其翼若垂天之云"，"抟扶摇而上者九万里"，并且描写大鹏眼中所见的天空："其远而无所至极耶？"大鹏是用它的身体以及身体的活动来丈量那个"大"世界的。大鹏是"大人"即逍遥之人的象征。由此看来，庄子的逍遥之人，是"身心一体"的人。因此，正如大鹏的世界并非心理世界而是现象学的"意向性世界"，"逍遥"并不是一种心态或心境，而是一种本真的生存方式。其所以"本真"，一个重要表现就是身心一体。既然是身心一体，那自然也离不开心。然而，《逍遥游》中的哲学，与其说是"心灵哲学"或"心学"，不如说是"身体哲学"。这个说法有所夸张，若是严谨一些，则可以说，《庄子》一书中隐藏着一篇有关身体哲学的文章，而《逍遥游》已为此埋下了伏笔。

把庄子哲学视为"心学"，把逍遥当作心态或心境，将会带来一个逻辑后果，那就是，在心灵哲学的基础上重新肯定郭象"虽居庙堂之上，而其心无异于山林之中"的命题。的确，既然"一切唯心造"，那么我们为何不能像后世禅宗"酒肉穿肠过，佛在心头坐"那样，将"庙堂"造成"山林"？于是，朝中不妨有隐士，山中亦可有宰相。终南捷径，由此开启。"大隐隐于朝，中隐隐于市，小隐隐于野"的观念，也就此应运而生①。如此一来，庄子

---

① 对"大隐""中隐""小隐"三个概念的区分，始于中唐的白居易。白居易有《中隐》一诗，前面几句是："大隐住朝市，小隐入丘樊。丘樊太冷落，朝市太嚣喧。不如作中隐，隐在留官司。"白居易在思想上也曾受到庄子的重大影响。但是，比较而言，陶渊明学庄子得其神，李太白学庄子得其骨，白居易学庄子得其肉。"得其肉"的意思是只把握其表层意义。白居易对"逍遥"的理解，其理路更近于郭象而偏离了庄子。例如他说："高鹏低鷃各逍遥"（《喜扬六侍御同宿》），"飞沉随分各逍遥"（《梦得相过援琴命因弹秋思偶咏所怀兼寄继之待价三相府》），这是相当典型的郭象式逍遥观。

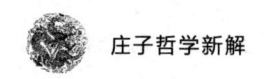

的小大之辩就再一次被严重忽视了。

不错,逍遥确实与心境相关,然而逍遥绝不只是心境。它还是一种生存方式或生活方式。否则,庄子何必决定"终身不仕",陶渊明何必非要"归去来兮"?陶渊明有诗句云:"结庐在人境,而无车马喧。问君何能尔?心远地自偏。"(《饮酒》之五)这似乎很可以说明"隐"不过是一种心态,最高层次的"隐"并非"身隐"而是"心隐"。然而,陶渊明在"心远"之前,已然"结庐","身隐"与"心隐"合而为一,这却是无论如何都不可以视而不见的。如果逍遥只是心态或心境,如果隐居只是"心隐",那么陶渊明在彭泽县令任上岂非也可以"心远地自偏""而无车马喧"?

林语堂对陶渊明有一句切中肯綮的评论:"有人也许会把陶渊明看作'逃避主义者',然而事实上他并不是。他想要逃避的是政治,而不是生活本身。"①正如陶渊明的生活所示,隐居不一定都要结庐于深山老林,或"乘桴浮于海"(《论语·公冶长》),或逃到喜马拉雅山麓。隐居的要义在于,不为王公大人所用,不必摧眉折腰事权贵。庄子也是隐士,他自述的隐居方式是:"独与天地精神往来,而不敖倪于万物,不谴是非,以与世俗处。"(《天下》)可见庄子也是"逃避政治而不逃避生活"的人。庄子曾用"陆沉"一词说明隐士的生活:

自埋于民,自藏于畔。其声销,其志无穷,其口虽言,其心未尝言。方且与世违,而心不屑与之俱。是陆沉者也。(《则阳》)

所谓"陆沉",意即虽在陆地却如同沉没于水底,比喻不离开尘世却把自己埋藏于尘世。庄子的陆沉,大致相当于《老子》所说的:"挫其锐,解其纷,和其光,同其尘。"(五十六章)庄子在这里两度提到"心"字,据此似乎可以判断,庄子主张"心隐身不隐",或者至少是主张"心隐"高于"身隐",其实不然。这里并没有身隐与心隐的区分。庄子是主张身心俱隐,销声匿迹,这也是理解"逍遥"的关键所在。

支遁的逍遥观还有一个问题是认定大鹏和小鸟均不逍遥。仅就存在论与生存论的区分看,这个观点大致可以成立。因为在存在论即"小大之辩"部

---

① 林语堂:《生活的艺术》,陕西师范大学出版社,2006,第130页。

分，庄子只是要揭示一个新的存在领域，着眼于"大"，尚未着意于"逍遥"。但是，生存论毕竟归宿于存在论，是存在论的具体化，故而"逍遥"与"大"也是息息相关的，就此而言，支遁的大小均不逍遥的观点是不能成立的。

总而言之，郭象和支遁的逍遥观各有所见。郭象见到"自得"（"放于自得之场"），支遁见到"自足"（"苟非至足，岂所以逍遥乎"）。然而，支遁与郭象的观点虽然相反，其失足之处却是一样的：都忽视了庄子的小大之辩是理解逍遥的基本前提。因此，解读"逍遥"之义，无论是郭象的以儒解庄还是支遁的以佛解庄，均不符庄子本意。我们应当返回到《逍遥游》的原文之中，看看庄子对逍遥的进一步规定。

6. 无待与逍遥

逍遥的基本条件是自足与自得。自足，自得，也就是"无待于外"，简称"无待"。庄子对"逍遥"的最重要的规定，就是"无待"。要达到彻底的"无待"，必须完全舍弃外物。庄子是以层层递进的方式，逼近"无待"的。这个过程也就是隐居之程度不断深入的过程。这个过程有三个步骤或三个层次。然而这三个隐居的层次，完全不同于后世被儒家化了的"小隐""中隐""大隐"，而是一个将所待之物层层剥落的过程。最后达到彻底的"无待"，实现了真正的逍遥。宋荣子，列子，至人神人圣人，分别代表了隐居的三个层次。严格说来，《逍遥游》篇谈论"逍遥"，始于宋荣子对斥鴳之流的缙绅的取笑：

> 故夫知效一官，行比一乡，德合一君，而征一国者，其自视也，亦若此矣。而宋荣子犹然笑之。且举世而誉之而不加劝，举世而非之而不加沮，定乎内外之分，辩乎荣辱之境，斯已矣。彼其于世，未数数然也。虽然，犹有未树也。

那些"知效一官，行比一乡，德合一君，而征一国者"，都是已然取得社会地位的人，是功成名就、德高望重的人，也正因如此，他们特别在意世人的评价，甚至就是为了赢得他人的好评和敬意而活着。宋荣子比他们高出不止一筹。宋荣子并不活在他人的眼光之下。他既不为整个社会的赞誉而更加积极，也不为整个社会的非议而更加沮丧。他活在人群中，却好像鲁滨孙一个人住在孤岛之上；他走在人群中，却如入无人之境。庄子称之为"定乎内外之分"。有些学者把庄子的"内外之分"解读为心灵与形体的区分，固然不无道理，然而似乎并非特别到位。内外之分，是以自己的身体为界限的。内和外，也就是"自身"和"身外之物"。叔本华有一段话，与庄子的"内外之分"颇有异曲同工之妙：

> 人的命运的差别可以归结到这样三种不同的原因上：
> 第一，人是什么，从广义说，这就是指人格，它包括健康、力量、美、气质、道德品格、理智以及教养。
> 第二，人有什么，即财产与各种所有物。
> 第三，一个人在他人的评价中处于什么地位。正如大家都知道的，通过被了解到了的东西，一个人在朋友眼中的形象如何，或者更严格地说，他们看待他的目光如何，是通过他们对他的评价表现出来，而他们的评价又通过人们对他的敬意和声望体现出来。[1]

叔本华的三分法，其实就是庄子的两分法，只是庄子说得过于简略了，借叔本华的说法，可以展开庄子的题中应有之义。第一点"人是什么"即人的"自身"；第二和第三点可以合并为"人有什么"，都是"身外之物"。一个人"是什么"，是自己所能把握的，因而是真正属于自己的。我想把自己铸造成一块什么材料，这完全取决于我自己。我想让自己保持健康，那就坚持合理饮食，生活规律，每天运动。"有什么"则不属于自己，比如财产、名声。财产属于命运，只是命运暂时交给我们保管而已。命运想给你多少就给你多少，想什么时候收回就什么时候收回。庄子认为，不止财产和名声，"轩冕"也是如此：

> 轩冕在身，非性命也，物之傥来，寄者也。寄之，其来不可圉，其去不可止。（《缮性》）

---

[1] 《叔本华论说文集》，范进、秦典华等译，商务印书馆，1999，第5页。

"轩冕"指高官厚禄。李白有"红颜弃轩冕，白首卧松云"（《赠孟浩然》）之句，这是赞赏孟浩然早年绝意仕进，晚年仍然隐居山林。"傥"是偶然。"囿"即"御"，抵挡。"轩冕"只是偶然地"寄"存在我们身上，并非生命本身所固有的。它要来时难以抵挡，要去也无法挽留。财产暂存于己，名声则取决于人。财产和名声，都不是自己所能够左右的，故称"身外之物"。以叔本华本人为例，以他的才智和教养，可以轻松愉快地写出《作为意志和表象的世界》这部哲学杰作，但这部杰作面世之后，到底是无声无息如同泥牛沉海，还是好评如潮，为他赢得当世第一哲学家的桂冠，这并不是叔本华自己所能把握和决定的。叔本华认为，一个人要获得幸福，不取决于他"有什么"，而取决于他"是什么"；人生的智慧恰好表现于，在人生这场豪赌中，始终坚持不懈地把全部赌注都压在"是什么"这一边。庄子则认为，一个人要达到逍遥，首先要"自足于内""无待于外"，将"身外之物"弃之不顾。而这就有必要先"定乎内外之分"，这样才能"辩乎荣辱之境"，亦即辨别真正的荣誉与耻辱，不为世俗的毁誉所左右。

"举世而誉之而不加劝"，这是非常困难的。名声是附加在自我身上的光环，如果把外在的光环也当成自己，那就是"自我膨胀"。因此，人一旦出名，就不再是自己了。他常常会被社会声誉牵着走，难以维持"自身"的存在。例如，名人必须满足他人的期待。假如世人皆目我为天才，那我就不得不处处表现出天才的样子了；假如世人皆尊我为意见领袖，那我就不得不时时发表意见了。"举世而非之而不加沮"，则更加困难，难上加难。因为众口铄金，积毁销骨，如果没有一个比金铁还要坚强的内在自我，这是根本不可能的。总之，"举世而誉之而不加劝，举世而非之而不加沮"，需要极大的定力，极高的修养，绝非一般人所能做到的。庄子也承认，像宋荣子这样的人物，"彼其于世，未数数然也"，"数数"，即常常，并不是常常能在世上见到的，这是非常稀有难得的人物。可是庄子又说："虽然，犹有未树也。"修养还不到家，因而还不逍遥。为什么在庄子看来，宋荣子还不逍遥呢？

缺点往往就隐藏在优点之中。"举世而誉之而不加劝，举世而非之而不加沮"，这既是宋荣子的过人之处，也正是他"犹有未树"之处。宋荣子不逍遥，是由于他未能完全舍弃身外之物，而一切身外之物中，最难以舍弃的恐怕就是名声了。若非还受缚于名，也不可能誉满天下或举世非之。若是籍籍无名，毁誉又何以加诸其身？南伯子綦也曾经历过与宋荣子相似的过程：

> 南伯子綦隐几而坐,仰天而嘘。颜成子入见曰:"夫子,物之尤也。形固可使若槁骸,心固可使若死灰乎?"曰:"吾尝居山穴之中矣。当是时也,田禾一睹我而齐国之众三贺之。我必先之,彼故知之;我必卖之,彼固鬻之。若我而不有之,彼恶得而知之?若我而不卖之,彼恶得而鬻之?嗟乎!我悲人之自丧者;吾又悲夫悲人者;吾又悲夫悲人之悲者;其后而日远矣!"(《徐无鬼》)

南伯子綦虽隐身于山穴之中,但还是名声在外,未能实现"销声匿迹"。归根到底,这还是由于南伯子綦未能舍弃"名"之一物,所以说"若我而不有之,彼恶得而知之?若我而不卖之,彼恶得而鬻之?"然而南伯子綦继续隐藏自己,"其后而日远矣",终于摆脱了名声的困扰。不为名声所累,才能复归自身,返回本真。唯有在这种本真的生存方式中,才能真正地逍遥。但要最终达到本真的生存、逍遥的世界,还得先经历列子的阶段:

> 夫列子御风而行,泠然善也,旬有五日而后反。彼于致福者,未数数然也。此虽免乎行,犹有所待者也。

列子比宋荣子更高一筹,更近逍遥。所谓"御风而行"当然只是寓言,否则列子不是成了道教的神仙了吗?列子"御风而行"是寓言,宋荣子"定乎内外之分"则是"重言"(不少注家认为,宋荣子就是《天下》篇中的宋钘)。比较而言,宋荣子的行迹是实写,列子的故事则是虚写。写法的不同,为我们顺利地理解"列子何以高于宋荣子"制造了一些障碍。但是,只要记牢逍遥乃是隐士的最本真的生存方式,就不难跨越这些障碍。列子胜于宋荣子者,在于隐的方式。宋荣子之隐,程度还不够深,境界还不够高,还没有完全地把自己"隐"起来。《人间世》说:"绝迹易,无行地难。"不走路容易,走路足不沾地却是难的。宋荣子就是一个可以"绝迹",却不能"无行地"的隐士。列子"御风而行",才真正实现了"无行地"的隐居。

宋荣子何以不逍遥,是历来解读《逍遥游》的一个难题,而列子"御风而行"为何也不逍遥,则是更大的难题。不错,庄子说了,列子"虽免乎行,犹有所待者也"。然而所待者何物?庄子却没有说。按照常识,飞行必依赖于风。于是人们公认,列子的"犹有所待者"就是"风"。从而,列子

第一章 《逍遥游》

"御风而行"就与大鹏"抟扶摇羊角而上者九万里"联系起来。从而，同样是飞行，同样依赖于风，为什么大鹏逍遥而列子却不逍遥？这又成了亟待解决的难题。学者们纷纷提出各种解释。有一种说法认为，大鹏的远举高飞，固然也依赖于风，但这风却是它自己培育而成的，故而"无待"。如此解释，可谓费尽心机，却难免捉襟见肘。得出如此牵强的解释，无非是源于一开始就认定了列子之所待者是风。古人云，失之毫厘，谬以千里。如果"御风而行"只不过是庄子的一个语言游戏、一个纯粹虚构的寓言呢？如果列子之所待者并不是风呢？

在我们看来，列子与宋荣子的差别，就在于"无行地"与"绝迹"的差别。既然如此，列子未必一定要"御风而行"，"踏雪无痕"的轻功照样实现了"无行地"，显示了两者的差别。宋荣子仍然"雁过留声"，列子则已"踏雪无痕"。"踏雪无痕"并不比"御风而行"更荒唐，而且似乎更准确。因为"御风而行"不免高飞远举，远离尘世，而庄子一贯主张"不谴是非，以与世俗处"，主张就在世俗中而超越世俗，主张"陆沉"。行走在雪地上却没有留下痕迹，显然更接近庄子的隐居理想。这种解释，还能顺便切掉了一个制造麻烦的肿瘤，即"同样有待于风，为什么大鹏逍遥而列子却不逍遥"的问题。

如果列子之所待者并不是风，那么他所待者是什么？这里不妨提出一个假设，列子的有所待，在于他只能暂时性地御风而行，"旬有五日而后反"，仍要驻足于地、滞留于物；也就是说，他隐得还是不够深，还不能完全销声匿迹。完全销声匿迹，是为"无名"。因而进一步说，列子的不逍遥，源于他还做不到"无名"。这是与真正逍遥的至人、神人、圣人比较而言的：

> 若夫乘天地之正，而御六气之辩，以游无穷者，彼且恶乎待哉！故曰：至人无己，神人无功，圣人无名（《逍遥游》）。

列子会飞，至人神人圣人也在飞。如果加以细分，其区别有三。其一，列子是乘风而飞，至人神人圣人则是乘气而游。藐姑射神人也是"乘云气，御飞龙，而游乎四海之外"。"游"也是一个关键词。何谓"游"？游原指活动于水中，它的基本特征是"不滞留"，也就是《外物》篇所说的"不留行"。其二，列子"旬有五日而后反"，至人神人圣人则可以"游无穷"，不受时、空的限制。其三，列子还有名字，而至人神人圣人都没有名字，

77

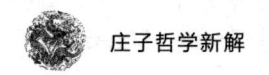

"无名"。"无名"亦即"无己",而"无己"自然"无功"。这就是所谓的"三无"。逍遥的积极意义是自足,自得,自在;逍遥的消极意义则是无己,无功,无名。

这"三无"中,"无功"很容易理解,道家人物并不追求世间功业,而且一般认为姑射神人的寓言就是对"无功"的阐释;"无己"将在《齐物论》篇中展开为"丧我"。此处有必要对"无名"加以单独说明。后人常把"功名"两字并提,如《红楼梦》的《好了歌》说:"世人都晓神仙好,惟有功名忘不了。"神仙是逍遥的具象化,惟有功名忘不了,自然是不可能逍遥的。然而把"功名"并为一词,"无名"的独立意味也就消失了。尧让天下于许由时,许由答曰:"子治天下,天下既已治也。而我犹代子,吾将为名乎?"不受天下,不肯为名,也就是追求"无名"。《后汉书·仲长统传》载:"每州郡命召,辄称疾不就。常以为凡游帝王者,欲以立身扬名耳,而名不常存,人生易灭,优游偃仰,可以自娱。"仲长统的言论,也否定了"立身扬名",亦即推崇"无名",与《庄子》中的许由遥相呼应。仲长统被时人目为"狂生",但后世的李白比他还狂。李白诗云:"有耳莫洗颍川水,有口莫食首阳蕨。含光混世贵无名,何用孤高比云月。"(《行路难》)庄子《逍遥游》中的"尧让天下于许由",被后人加以发挥,说许由拒绝了尧的使者之后,感到耳朵受到污染,因而临河洗耳。李白认为道家的圣人许由和儒家的圣人伯夷叔齐都没什么了不起的,但他毕竟偏于道家:"有耳莫洗颍川水"否定了许由的行为,"含光混世贵无名"却肯定了许由的理想——"无名"。至于李白是否在实际上践履许由的"无名",那又另当别论了。

真正在生活中践履"无名"的人物,是陶渊明。"无名"颇能体现逍遥与隐居的不可分割性。何谓隐居?无非就是隐姓埋名,或使自己变得无名罢了。"无名"是一种怎样的生存状态?陶渊明《五柳先生传》云:"先生不知何许人也,亦不详其姓字,宅边有五柳树,因以为号焉。闲静少言,不慕荣利。"陶渊明说自己"不慕荣利",又说"先生不知何许人也,亦不详其姓字",也就是说,陶渊明甘于无名,甘于平凡,甘于平淡——这正是道家,特别是庄子所推崇的生存方式。一个人要是真正实现了"无名",那他也就做到了最高层次和最深层次的"隐",从而也就可能达到真正的逍遥。

陶渊明毕竟是庄子之后的历史人物,我们还有必要在《庄子》文本中找出例证,以表明无名与逍遥之间的关联。《应帝王》篇中恰好就有一个"无名人"：

> 天根游于殷阳，至蓼水之上，适遭无名人而问焉，曰："请问为天下。"
> 无名人曰："去！汝鄙人也，何问之不豫也！予方将与造物者为人，厌，则又乘夫莽眇之鸟，以出六极之外，而游无何有之乡，以处圹埌之野。汝又何帠为以治天下感予之心为？"

无名人是个隐士，对于治理天下毫无兴趣，恰似藐姑射神人"孰弊弊焉以天下为事"，"孰肯分分然以物为事"，所以他对天根"为天下"的提问有些反感，并说他鄙陋。无名人自述其生存状态，首先，是"与造物者为人"，即与大自然交游，这表明了他的隐士身份。其次，"乘夫莽眇之鸟，以出六极之外"，这与《逍遥游》中"乘天地之正，而御六气之辩，以游无穷"的至人、神人、圣人几乎没有差别。最后，"游无何有之乡，以处圹埌之野"，这又与《逍遥游》中"树之于无何有之乡，广莫之野，彷徨乎无为其侧，逍遥乎寝卧其下"的说法完全一致。我们显然可以断言，无名人就是逍遥人。

由此看来，逍遥作为一种生存方式和生存状态，只能由真正的隐士来体现。如郭象所说的，圣人"虽居庙堂之上，而其心无异于山林之中"，以为庙堂之上的圣人也能"逍遥"，这只能是一厢情愿或是自欺。实际上，儒家的理想是"立功、立德、立言"的"三不朽"。儒家的"三不朽"，与庄子的"三无"，是正相反的。一个逍遥之人，视天下如敝屣，视尧舜如糟粕，如何可能汲汲于建功立业、裂土封侯？不必说立功和立德，就算是有所"立言"，也不是为了博取名声和荣誉，而只是说一些"谬悠之说，荒唐之言，无端崖之辞"，"洸洋自恣以适己"罢了。既不希望推广于天下，更不希望为王公大人所用。然而，虽然王公大人不能器之，"自恣""适己"毕竟也是一种"用"，这就是"无用之用"。

第三节　无用之用

7. 惠子与庄子

逍遥的消极意义是无己、无功、无名这"三无"。"无用"可视为"无

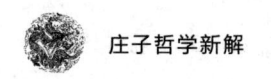

功"的进一步说明。因此，理解庄子的逍遥观，"无用"是必不可少的。关于逍遥与"无用"的关系，明代性灵派文学家袁宏道有一段很好的说明：

> 故漆园首以《逍遥》名篇，鹏唯大，故垂天之翼，人不得而笼致之。若其可笼，必鹅鸭鸡犬之类，与夫负重致远之牛马耳。何也？为人用也。然则，大人终无用哉？五石之瓠，浮游于江海。参天之树，逍遥乎广漠之野。大人之用，亦若此矣。（《与汤义仍书》）

逍遥之人，犹如庄子的大鹏，"人不得而笼致之"，又如支遁的双鹤，"何肯为人作耳目近玩"，是以"无用"。但是，因"无用"而得以逍遥，这却是"无用之用"了。

"无用之用"的概念，是在《人间世》中正式提出来的，但"无用之用"的思想，在《逍遥游》中已经得到完整的表述。"无用之用"说是通过庄子与惠子（惠施）的辩论展示出来的。王夫之《庄子解》在《天下篇》前言里说，庄子"或因惠施而有内七篇之作"。闻一多也说："庄子一开口便和惠子抬杠；一部《庄子》，几乎页页上都有直接或间接糟蹋惠子的话。说不定庄周著书的动机大部分是为反对惠施和惠施的学说。"[①]是否当真如此？仁者见仁，智者见智。有些学者猜测，《齐物论》可能确实是因惠施而作的，因为在此篇中，庄子显示出前所未有的辩论欲，大有"以辩止辩"的意图，其他几篇则未必与惠子有关。但是，《逍遥游》篇末与惠子讨论"大而无用"，以指点惠子而结束全文，看来这是一篇因惠子而起的文章，应该也是没有疑问的。无论如何，《庄子》一书中，确实常常提到惠子，也常常以与惠子对话的方式抛出思想。因此，有必要先对惠子及庄子与惠子的关系稍作了解。

惠子是名家的代表人物，与公孙龙齐名。公孙龙的主要辩题是"离坚白"，惠施的主要辩题是"合同异"。"白马非马"就是"离坚白"的同类命题。"天与地卑，山与泽平"就是"合同异"的一个实例。但在《庄子》内篇中两次批评惠子，都将惠子与"坚白论"联系在一起："非所以明而明之，故以坚白之昧终"（《齐物论》），"天选子之形，子以坚白鸣"（《德

---

① 《闻一多学术文钞·周易与庄子研究》，巴蜀书社，2003，第76页。

充符》)。这大概是由于庄子既反对公孙龙也反对惠施，所以将两者笼统视之，归为一类了。一些学者认为，惠子"合同异"的思想，与庄子"齐物论"有近似之处，很可能受到庄子的启发[①]。惠子是宋国人，与庄子是老乡。在《庄子》一书中，惠子是庄子的辩友。以庄子的生活方式和思想倾向看，惠子大概是当时唯一和庄子有较多交往的思想家。他们俩好像经常在一起，散步，观鱼，辩论，互相评论，而且关系似乎很不错。庄子妻死，惠子前去吊唁，还指责庄子的"鼓盆而歌"。惠子死后，庄子也在他坟前发表了一篇颇为感人的悼词：

> 庄子送葬，过惠子墓，顾谓从者曰："郢人垩慢其鼻端，若蝇翼，使匠石斫之。匠石运斤成风，听而斫之，尽垩而鼻不伤，郢人立不失容。宋元君闻之，召匠石曰：'尝试为寡人为之。'匠石曰：'臣则尝能斫之。虽然，臣之质死久矣。'自夫子之死也，吾无以为质矣！吾无与言之矣。"（《徐无鬼》）

庄子和惠子的默契，就像一对身怀绝技的搭档。两人相对而立，惠子鼻尖上沾着苍蝇翅膀那么大那么薄的一点白粉，庄子漫不经心地提起斧头，"运斤成风"，猛的一斧砍将下去，把鼻尖上的那点白粉劈得干干净净，却没伤着惠子一根汗毛。现在惠子死了，庄子虽然还有用斧头砍白粉的绝技，却没有了能够鼻子沾白粉的搭档。庄子形单影只，感慨万千。后人根据这个故事，常将庄子与惠子的关系比作俞伯牙与钟子期的关系。如《淮南子·修务篇》云："钟子期死，而伯牙绝弦破琴，知世莫赏也。惠施死，而庄子寝说不言，见世莫可为语也。"不过很明显，庄子在这里主要还是感叹自己的孤独，以及恭维惠子生前的辩论技艺。在哲学思想上和人生态度上，庄子和惠子真有霄壤之别，绝对不是什么"知音"。以下的故事，可见两人的分歧：

> 梁相死，惠子欲之梁，渡河而遽堕水中，船人救之。船人曰："子欲何之而遽也？"曰："梁无相，吾欲往相之。"船人曰："子居船楫之

[①] 颜世安认为："从惠子年龄稍长看，可能是惠子的说法影响和启发了庄子。"见颜世安《庄子评传》，南京大学出版社，2011，第23页。

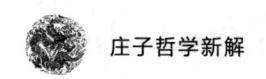

间而困，无我则子死矣，子何能相梁乎？"惠子曰："子居艘楫之间则吾不如子；至于安国家，全社稷，子之比我，蒙蒙如未视之狗耳。"（《说苑·杂言第十七》）

惠子一听说梁相死，急欲取而代之，于是火速赶往梁国。此段引文用了两个"遽"字。遽，就是匆忙，仓促。惠子对富贵、功名、权势的热衷，从"渡河而遽堕水中"一句暴露无遗。反观庄子拒绝楚威王"许以为相"的迎请，宁愿"终身不仕，以快吾志"的言论，惠子与庄子的两种人生路径和价值观念，可谓气象迥异、泾渭分明，一如《逍遥游》中的斥鴳与大鹏。

人想要什么就能得到什么。惠子果然当了梁相。于是又有了一个故事：

惠子相梁，庄子往见之。或谓惠子曰："庄子来，欲代子相。"于是惠子恐，搜于国中三日三夜。庄子往见之，曰："南方有鸟，其名为鵷雏，子知之乎？夫鵷雏发于南海，而飞于北海；非梧桐不止，非练实不食，非醴泉不饮。于是鸱得腐鼠，鵷雏过之，仰而视之曰：'吓！'今子欲以子之梁国而吓我邪？"（《秋水》）

在这个寓言中，我们又一次看到了大鹏与斥鴳的对比。猫头鹰捡到一只腐鼠，以为无上美味，正志得意满之际，忽抬头见天边飞来了一只鸟，顿时提高警惕，料想这鸟必来夺它口中之食，赶紧冲着它发出恐吓声。殊不知，来的是一只"鵷雏"。这是类似于凤凰的异鸟，高贵得很，"非梧桐不止，非练实不食，非醴泉不饮"，它"发于南海，而飞于北海"，偶尔路过这里而已，哪里肯拿正眼去瞧一瞧猫头鹰的腐鼠？猫头鹰唯恐鵷雏抢走了它的腐鼠，而鵷雏若是见了腐鼠，想来也是避之唯恐不及吧。庄子自比鵷雏，把惠子的相位比作"腐鼠"。有了庄子的这一寓言，遂有李商隐的诗句："不知腐鼠成滋味，猜意鵷雏竟未休。"（《安定城楼》）

庄子和惠子这两个人，只可能是辩友，不可能是知己。闻一多评论惠子："这人是他最接近的朋友，也是他最大的仇敌。他的思想行为，一切都和庄子相反，然而才极高，学极博，又是和庄子相同的。"[1]事实上，庄子对

---

[1] 《闻一多学术文钞·周易与庄子研究》，巴蜀书社，2003，第 75~76 页。

惠子的才学并不高看，甚至有些藐视，《天下》评论惠子："其书五车，其道舛驳，其言也不中。……散于万物而不厌，卒以善辩为名。惜乎！惠施之才，骀荡而不得，逐万物而不反，是穷响以声，形与影竞走也，悲乎！"惠子虽然"学富五车"，但知识驳杂，言论不当；虽以善辩闻名，但他的辩论，只顾追逐万物，未能返回大道，好比用声音来止住回声，以形体与影子竞走。总的来说，惠子是一个舍本逐末、捕风捉影的可悲人物。

在《庄子》一书中，惠子作为庄子的辩手，似乎并没有获得与庄子平起平坐的地位。他们的辩论，多半是惠子发问，庄子回答，而且庄子的回答颇有几分教训的意味，对惠子颇有些批评。在《庄子》一书中，庄子与惠子曾数度辩论，较为著名者有三："无用"之辩；"无情"之辩；"鱼乐"之辩（或"濠梁之辩"）。其中，"濠梁之辩"大概是庄惠两人唯一的一次平等对话：

> 庄子与惠子游于濠梁之上。庄子曰："儵鱼出游从容，是鱼之乐也。"
> 惠子曰："子非鱼，安知鱼之乐？"
> 庄子曰："子非我，安知我不知鱼之乐？"
> 惠子曰："我非子，固不知子矣；子固非鱼也，子之不知鱼之乐全矣！"
> 庄子曰："请循其本。子曰'汝安知鱼乐'云者，既已知吾知之而问我。我知之濠上也。"（《秋水》）

几条小小的游鱼，分开了两个学派、两类思想、两种对待世界的方式。庄子看到水中游鱼从容自在，不由得感叹鱼儿的快乐。惠子是名家或逻辑学家，在他看来，庄子不是鱼，不可能知道鱼的快乐。庄子被惠子的质疑卷入辩论之中。他大概被惠子问得愣了一愣，然后回过神来，试图与惠子搭话。你说我不是鱼，不能知道鱼的快乐，可是，你也不是我，那你怎么知道我不知道鱼的快乐？这是遵循惠子之思路对话。惠子立即反唇相讥：我不是你，自然不知道你的感受；你也不是鱼，所以你不知道鱼的快乐，这不是明摆着的嘛！于是庄子建议"请循其本"。当你问我"你怎么知道鱼的快乐"时，这就意味着你已经知道我知道鱼的快乐了。是啊，我就是在濠梁上知道的。

就辩论本身而言，惠子赢了，庄子输了。① 庄子在濠梁之上，当下"直观"到"鱼之乐"，这时他与鱼已然成为一体，鱼的快乐也就是庄子的快乐，或者准确地说，水中的游鱼，成了此时此地悠游自在的庄子所构建的意向性客体。实际上，那些鱼儿此时或许在辛苦觅食，或许在逃避大鱼的追击，未必真的快乐，但是，"鱼本身"到底如何，庄子是不予考虑的，用现象学的术语来说，"鱼本身"已经被他"还原"掉了。但是惠子的质问，使庄子从这一直观的世界脱离，进入辩论。辩论从惠子的质问开始。惠子的质问是有道理的，因为他并没有获得庄子的直观，只能从分析或认识的角度看问题。从这一角度看，鱼到底是不是快乐，必须由"鱼本身"来回答，而庄子和鱼是两个相异甚至对立的事物，庄子不可能知道鱼到底是不是快乐。惠子的辩论也是符合逻辑的，在逻辑上，庄子确实输了。在庄子建议"请循其本"之时，这场辩论其实已经结束了。然而庄子退出辩论，是为了重返原初的直观。因此他说："我知之濠上也。"

在"濠梁之辩"中，有一个容易为人所忽视的微妙之处，那就是庄子对辩论的一进一退。"濠梁之辩"的哲学意义，其实恰好不在于"辩论"，而在于"直观"。庄子认为，"辩也者，有不见也"（《齐物论》）。庄子知道，在辩论、认识、分析之前，或者说，在言说之前，有一个更为原初的直观的世界。这个世界是执迷于辩论和夸夸其谈的惠子从来没有见过的。庄子不仅试图在濠梁之上向惠子揭示这个世界，而且用了整篇《逍遥游》，向读者揭示这个世界。在庄子看来，唯有生存于这个世界中，才能获得真正的逍遥。

8. 无用之用与逍遥之游

庄子和惠子的"无用"之辩，是对前文中"小大之辩"的呼应。不过比较而言，"无用之用"与"逍遥之人"的联系更为直接——它们都属于生存论领域。在西方传统形而上学中，"有"和"无"是一对极其重要的概念，本来，"存在论"也就是"有论"。就连老子，也有"天下万物生于有，有生

---

① 我不太赞成王叔岷的看法："以辩止辩，惠施终屈于庄周矣。"（王叔岷：《庄学管窥》，中华书局，2007，第34页。）王叔岷的这个评价可以用于《逍遥游》中的"无用之用"，却难以用于"濠上观鱼"。张默生的说法可为我的佐证："这场辩论，按逻辑上说，是惠子战胜了，但庄子是重直觉观念的人，他根本不承认辩论的价值，故可说是各有所见了。"（张默生：《庄子新释》，新世界出版社，2007，第21页。）

于无"之类的抽象思辨。在魏晋玄学中，"本末有无"更是中心话题。但是，正如"小大之辩"并不是对小、大这两个概念的语言分析，庄子也没有兴趣对有、无这两个概念展开抽象思辨。有、无这两个存在论的概念，被庄子转化为生存论的"（有）用"和"无用"。逍遥的标志性特征是"三无"，藐姑射神人"孰弊弊焉以天下为事""孰肯分分然以物为事"，这就是"无功"。"无用"是对"无功"的进一步延伸，也是从生存论的角度对"大"的进一步说明。"无用"和"大"是联系在一起的，因为"大"，所以"无用"。这叫"大而无用"。逍遥之人必是无功的，也必是无用的。但是惠子不能理解逍遥的"大"世界，也就不能理解"无用"的意义所在。

惠子谓庄子曰："魏王贻我大瓠之种，我树之成而实五石。以盛水浆，其坚不能自举也。剖之以为瓢，则瓠落无所容。非不呺然大也，吾为其无用而剖之。"

庄子曰："夫子固拙于用大矣。宋人有善为不龟手之药者，世世以洴澼絖为事。客闻之请买其方百金。聚族而谋曰：'我世世为洴澼絖，不过数金。今一朝而鬻技百金，请与之。'客得之，以说吴王。越有难，吴王使之将。冬，与越人水战，大败越人，裂地而封之。能不龟手一也，或以封，或不免于洴澼絖，则所用之异也。今子有五石之瓠，何不虑以为大樽而浮乎江湖，而忧其瓠落无所容？则夫子犹有蓬之心也夫！"

惠子谓庄子曰："吾有大树，人谓之樗。其大本臃肿而不中绳墨，其小枝卷曲而不中规矩。立之涂，匠者不顾。今子之言，大而无用，众所同去也。"

庄子曰："子独不见狸狌乎？卑身而伏，以候敖者；东西跳梁，不避高下；中于机辟，死于网罟。今夫斄牛，其大若垂天之云。此能为大矣，而不能执鼠。今子有大树，患其无用，何不树之于无何有之乡，广莫之野，彷徨乎无为其侧，逍遥乎寝卧其下。不夭斤斧，物无所害，无所可用，安所困苦哉！"

惠子用"大瓠"即大葫芦和大树比喻庄子的哲学，讽刺庄子哲学"大而无用"，好比李白诗句所言，"时人见我恒殊调，闻余大言皆冷笑"。一般来

85

说，中国是一个很重实用的民族，"学以致用"是国人的基本信念。 惠子说庄子之学"大而无用"，这是一种相当严重的批评。 庄子对惠子的回应，分为以下三个步骤。

（1）庄子先在"用"字上做文章。 在庄子看来，"用"并不是一个事物本身所固有的性质，唯有对人而言方可谈"用"。 因此，一个事物是否有用，并不取决于它本身是"什么"，而是取决于人们"如何"用它。 譬如"章甫"。 "宋人资章甫而适诸越，越人断发文身，无所用之。"（《逍遥游》）宋为殷之后，宋人依然保留着殷人的服饰习惯，"章甫"就是殷商时代的一种帽子，"章甫"之"有用"，似乎理所当然，因此宋人将章甫运到越国去卖，然而，同样是"章甫"，对宋人有用，对越人却毫无用处。 又如"不龟手之药"，有时用处很小，有时用处很大。 在宋人这里，不过是靠它在水中漂洗棉絮，勉强维生，而有人将它用于军事，却可以在冬季水战中大获全胜，裂土封侯。 我们还可以为庄子补充一个"木屑竹头"的例子：

> 尝造船，其木屑竹头，侃皆令籍而掌之，人咸不解所以。 后正会，积雪始晴，听事前馀雪犹湿，乃以木屑布地。 及桓温伐蜀，又以侃所贮竹头作丁装船。 其综理微密，皆此类。 （《晋书·陶侃传》）

原本是废弃之物的"木屑竹头"，陶侃却能在特殊的场合善加利用，可谓化腐朽为神奇。 砒霜剧毒，服之致命，但如善用之于某些疾病，又可救命。 可见，是否有"用"，并不取决于事物自身，而是取决于时机、环境、观念，取决于种种关系。 就此而言，天下万物无不"有用"，也莫不"无用"。 简单地断定一个东西就是有用的或无用的，这是一种僵化陈腐的思维方式。 所以庄子骂惠子"犹有蓬之心也夫"，脑袋不开窍，思维不灵活。 用现代术语来表述，惠子关于"用"的思想是"本质主义"（Essentialism）的思想，而庄子关于"用"的思想是"关系主义"（Relationalism）的思想。

（2）庄子进而指责惠子"拙于用大"。 惠子并不是一般性地批评庄子的哲学无用，而是由于庄子哲学的"大言"，才认定它"大而无用"的。 但是在庄子看来，大有大的用处。 惠子认为大而无用，这只是为世俗的眼光所局限。 惠子的所谓"用"，无非是用之于社会，如安邦定国，如出将入相，如裂土封侯，如丰衣足食。 然而，智者多忧，能者多劳，于是惠子不得不"外乎子之神，劳乎子之精"（《德充符》），诸葛亮不得不"鞠躬尽瘁，死而后已"，正如善跳的狸狌，终不免"中于机辟，死于网罟"。庄子自然乐于承认，他的那些不着边际的"荒唐之言"，确实是无所可用于社会的，但是，无用于此，不妨有用于彼；无用于社会，不妨有用于个人；不能用之于经世济民，不妨用之于安身立命。恰如那棵"不中绳墨，不中规矩"的大树，正因为它的无用，才不遭砍伐，得以保全性命："不夭斧斤，物无所害，无所可用，安所困苦哉！"保存个体生命，难道不正是"大"的用处？

（3）庄子正式阐明"无用之用"。所谓"有用"，也就是"有功利"；所谓"无用"，也就是"无功利"。真正的哲学，以及一切真正的学术，都是无用的，也应是无用的。"实用主义"哲学家威廉·詹姆斯说过，哲学不能烤面包。这是对哲学"无用"的形象说明。苏曼殊有一句名言："凡诸学术，义精则用愈微。"王国维指出：

> 天下有最神圣、最尊贵而无与于当世之用者，哲学与美术是已。天下之人嚣然谓之曰无用，无损于哲学、美术之价值也。至为此学者自忘其神圣之位置，而求以合当世之用，于是二者之价值失。[①]

哲学的"无用"，为什么在王国维看来竟是"最神圣、最尊贵"的？那是由于，唯有超乎功利，不求"指导实践"，不求"学以致用"，不为"稻粱谋"，而仅仅是为了去倾听和回应个体内心深处的永不满足的求知欲与好奇心，才能穷尽哲学探索的极致，才能充分体现思想的自由。哲学的神圣和尊贵恰好在于它的"无用"，而惠子却以"无用"谴责庄子哲学，这不是张冠李戴、南辕北辙吗？事实上，正是由于毫不在意哲学的"无用"，庄子哲学才可能别出心裁、独辟蹊径，成其高妙与伟大。但是另一方面，哲学的"无用"，在王国维看来，只是"无与于当世之用"。哲学虽无用于当世，却有用于未来；它虽无一时的价值，却有永恒的价值。基于自由探索的哲学展示了人类理性的绝对标高，终将启迪后人以智慧，改变后人的思维，影响后人的生活，这正是哲学的"无用之用"。

[①] 王国维：《论哲学家与美术家之天职》，载聂振斌编《中国现代美学名家文丛·王国维卷》，浙江大学出版社，2009，第3页。

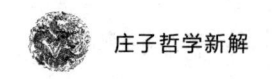

《外物》篇有一段趣味盎然且意味深长的对话：

> 惠子谓庄子曰："子言无用。"
> 庄子曰："知无用而始可与言用矣。夫地非不广且大也，人之所用容足耳，然则厕足而垫之致黄泉，人尚有用乎？"惠子曰："无用。"
> 庄子曰："然则无用之为用也亦明矣。"（《外物》）

庄子对惠子说："知道无用的道理，才能和你谈有用。"大地是那么的宽广无边，但人所用的只不过是容足之地罢了，然而如果把立足之地以外的地方全都挖掉，一直挖到黄泉，那么，这块容足之地还有用吗？毫无疑问，当然没用。由此可知"无用之用"。

庄子的这个故事，在法国哲学家帕斯卡尔（Blaise Pascal）那里有一个颇为相似的版本："世界上最伟大的哲学家，假如是站在一块刚好稍微大于所必需的板子上面而下面就是悬崖；那么不管他的理智怎么样在向他肯定他的安全，但他的想象必然要占上风。大多数人绝不会接受这种想法而不面色苍白、汗出如浆的。"[①]帕斯卡尔和庄子设想的情境是相似的，想要说明的问题却大不相同。帕斯卡尔想说的是，理性（理智）并非支配人类行为的终极力量，非理性的力量（想象力）远大于理性并且甚至暗中支配着理性。庄子则试图表明，"无用"较之"有用"具有更为基础性的地位；正是"无用"之域，成就了"有用"之地。尽管思想的内容有所不同，但是帕斯卡尔与庄子的思维形式是一致的：他们都运用了一种"背景原则"。或者稍微夸张一点说，他们都像现象学家那样，注意到了"图－底"结构或"中心－边缘"结构。按照这种结构，边缘域比中心广大得多，非现实的世界比现实的世界广大得多，超功利的世界比功利的世界广大得多。惠子只看到"图"，没有看到"底"，因此不能明白"无用之用"。

庄子的"无用之用"，既是关于"言"的，也是关于"人"的；既是关于哲学的，也是关于生存的。关于人之生存的"无用之用"，显然更为重要。作为生存方式的"无用"，有高低两个层次。低的层次是保存生命，高的层次是实现自我。低层次的"无用之用"就是被褐怀玉、和光同尘，以"无

[①] 帕斯卡尔：《思想录》，何兆武译，商务印书馆，1997，第42页。

用"减低存在感和关注感,不为统治者所用,不置身于险象环生的政治环境,如此得以"不夭斧斤,物无所害"。高层次的"无用之用"就是不以功利性作为生活的目标和评价的标准,追求超功利的生存,并在这种生存方式中实现自我。在《人间世》中,庄子主要谈较低层次的"无用之用"。在《逍遥游》中,庄子多着眼于较高层次的"无用之用"。在庄子看来,有"有用"的生存,还得有"无用"的生存;有功利的生存,还应有超功利的生存。比如大瓠,"其坚不能自举",不能盛水,不妨"虑以为大樽而浮乎江湖";比如大树,"不中绳墨""不中规矩",也不妨"树之于无何有之乡,广莫之野,彷徨乎无为其侧,逍遥乎寝卧其下"。"逍遥",就是一种超功利或非功利的生存方式;而"江湖"或"无何有之乡",作为逍遥于其中的场所,也是超功利或非功利的世界。

于是,我们可以回到庄子的哲学主题"逍遥游",可以把"逍遥"与"游"连在一起了。在《庄子》一书中,"游"字出现的频率极高,如"游刃有余""乘物以游心""虚己以游世""游乎尘垢之外"等,而《庄子》的第一篇即以"游"为名,更显示了庄子对"游"的高度重视。钟泰说:"窃谓《庄子》一书,一'游'字足以尽之。"[①]王叔岷也认为,"游"字乃《庄子》全书的宗旨所在。他说:"余之通庄,则以游字贯其旨。""天下篇庄子自述,言其'上与造物者游',其书第一篇,又以逍遥游名,审此游字,义殊鸿洞。详读各篇涉及游字之文,尤复不少,其一切议论譬喻,似皆本此字发挥之。故天下篇自述,归结于此字,则庄子辞虽参差,而此游字,实可以应无穷之义而归于大通之旨也。"[②]钟泰和王叔岷之说虽有所夸大,然而确实不无见地。

《庄子》一书中不少"游"字的意义与今天白话文相近,如"天根游于殷阳"(《应帝王》)、"庄子与惠子游于濠梁之上"(《秋水》)、"则阳游于楚"(《则阳》)、"老聃西游于秦"(《寓言》)、"知北游于玄水之上"(《知北游》),这些"游"字大体上就是"旅游""游玩"的意思,类似于李白"五岳寻仙不辞远,一生好入名山游"(《庐山谣寄卢侍御虚舟》),并无深意,亦无哲学意味。但作为庄子哲学之旨趣的"游",却富

---

① 《钟泰学术文集》,上海人民出版社,2012,第7页。
② 王叔岷:《庄学管窥》,中华书局,2007,第181页。

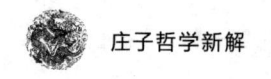

有哲学意味。

在哲学层面上，庄子的"游"字主要有三层意义。第一层意义是生存，"游方之外"就是生存于方外，"游世"就是生存于世，"逍遥游"就是逍遥地生存。第二层意义是状态，亦即活动于水中的状态，"游"就是"不留行"，无所滞碍，"游刃有余"即是如此，这也是对逍遥之生存状态的描述。第三层意义是"游戏"。游戏乃是一种无目的、无功利的自由活动。一个游戏的人，就是一个忘掉了周围的现实世界，乐在其中，自得其乐的人。庄子是中国第一个发现了"游戏"之意义的人。"我宁游戏污渎之中自快，无为有国者所羁，终身不仕，以快吾志焉。"——这句话中的"游戏"一词是司马迁用的，但它的意义却是庄子首次揭橥的。游戏是一种活动，这种活动古已有之。事实上，自人类存在之初，就有了游戏行为，有些现代学者甚至认为动物也游戏。但是庄子把作为一种活动的游戏提升为一种生存方式。这种生存方式，也是自足的、没有外在目的的、没有任何功利的生存方式。

在自足、自由、无目的、无功利等方面，游戏和审美是一致的。按照西方现代美学家席勒等人的观点，审美就是一种游戏。游戏的生存，大体上也就是审美的生存。"逍遥游"的世界，因而就是一个审美的世界。庄子与惠子的"濠梁之辩"就是一个明证。"儵鱼出游从容，是鱼之乐也。"这是审美直观，也是审美判断。"山林欤，皋壤欤，使我欣欣然而乐欤！"（《知北游》）"天地有大美而不言。"（《知北游》）"圣人者，原天地之美而达万物之理，是故圣人无为，大圣不作，观于天地之谓也。"（《知北游》）"夫天地者，古之所大也，而黄帝、尧、舜之所共美也。"（《天道》）如此等等，直接点明了庄子存在论的审美维度这种审美维度，在《逍遥游》中已经昭然若揭了。

庄子的逍遥，在现代哲学家眼里，可能只是一种消极的自由。英国政治哲学家以赛亚·伯林（Isaiah Berlin）在《两种自由概念》（1958）中区分了消极自由和积极自由。"消极自由"回答的问题是："主体被允许或必须被允许不受别人干涉地做他有能力做的事、成为他愿意成为的人的那个领域是什么？""积极自由"回答的问题是："什么东西或什么人，是决定某人做这个、成为这样而不是做那个、成为那样的那种控制或干涉的根源？"[①]伯林的

[①] 以赛亚·伯林：《自由论》，胡传胜译，译林出版社，2013，第170页。

两种自由概念都是政治学意义的，但我们不妨将它的意义扩大，并认同他的区分。简言之，消极自由偏于"被动"，主要是免于奴役之苦，摆脱外在的束缚、干涉和控制；积极自由则偏于"主动"，即主动去做某事，有所创造，有所成就。照此区分，庄子的逍遥大体上属于消极自由。

劳思光断言："庄子此种心灵，虽亦表现主体自由，然此种自由只在不受拘系，无所追求一面表现，而不能在建构方面表现。"例如，这种自由"内不能成德性，外不能成文化"。① 然而这似乎是因儒家立场而来的偏见。这种对庄子的批评，有点类似于对鲁迅的批评。众所周知，鲁迅是中国文化的激烈批判者，他认为专制社会中的中国人是奴隶，中国历史只不过是"做稳了奴隶"和"想做奴隶而不得"的交替，中国社会是"无爱的人间"，他还主张"不读线装书"，因而有一种说法：鲁迅只有否定，没有肯定；只有批判，没有建设。例如一平说："人生首先是肯定——以生存的立论为根据，这就是生存的肯定原则，肯定原则是人的第一原则。中国近代以鲁迅为精神代表，这是悲哀，它说明中国近代精神的主要倾向是否定。凡以否定为生存依据的生命大多不幸，生命采取否定的姿态总是导致自身的毁灭。"②这个说法有一个可疑之处：否定和肯定，到底是不是势不两立、不共戴天的关系？这个说法似乎也忘记了鲁迅的一段名言：

> 我们目下的当务之急，是，一要生存，二要温饱，三要发展，苟有阻碍这前途者，无论是古是今，是人是鬼，是《三坟》《五典》，百宋千元，天球河图，金人玉佛，祖传丸散，秘制膏丹，全都踏倒他。③

鲁迅对中国传统文化的批判，以是否有利于生存为尺度。否定恰好是为了肯定。再则，指责鲁迅只有批判而没有建设，这也是很荒唐的。鲁迅写出了被誉为中国第一篇白话文小说的《狂人日记》（1918）④，改写了中国文学史，

---

① 劳思光：《新编中国哲学史》一卷，广西师范大学出版社，2005，第214~215页。
② 一平：《也纪念鲁迅》，转引自一土编《21世纪：鲁迅和我们》，人民文学出版社，2001，第6页。
③ 《鲁迅全集》第三卷，人民文学出版社，2005，第47页。
④ 事实上，1917年，陈衡哲已经在《留美学生季报》发表了白话小说处女作《一日》，不过其影响与鲁迅的《狂人日记》不可同日而语。

这难道不是建设？他的小说和散文用笔如刀，切入人的灵魂深处，触及灵魂的阴暗面，初步地开辟了中国文学内省和忏悔的路向，深化了中国文学史，这难道不是建设？他的杂文嬉笑怒骂皆成文章，如匕首，如投枪，批评现实，启蒙大众，丰富了中国文学史，这难道不是建设？此外，鲁迅还有被胡适誉为"一部开山的创作"的学术著作《中国小说史略》，这难道不是建设？

虽说鲁迅曾经"中过庄周的毒"，庄子与鲁迅毕竟很不一样。此处提起鲁迅，只是想表明人们对鲁迅和庄子的批评方式颇为相似、如出一辙。说鲁迅的文章只有否定没有建设，恰似说庄子的自由只是"不受拘系""无所建构"。其实，庄子的逍遥亦有积极的一面、建构的一面。逍遥之人也是可以有所创造、有所成就的。一个达到逍遥状态的人，尽管由于无功于社会、无用于社会，因而不能在改造社会的实践中实现自己，但是，他将自己塑造为一个审美的人，同样是完成了自己，实现了自我创造。难道只有成为道德的人才算有所成就，而成为审美的人却不算有所成就？恐怕只有被儒家的陈腐思想洗脑了的学者才会这么看。若是19世纪欧洲的浪漫主义者，他们可能会认为，成为人就是成为审美的人。而这也正是庄子的思想倾向。庄子追求逍遥生存，追求审美生存，他理想中的人应当就是审美的人。如果这个审美的人并不限于"观天地"，不限于对自然和人生的审美静观，还油然涌起一种创造对象的冲动，那么他将会成就艺术品，在创造艺术品的过程中实现自己。《庄子》一书，充满了这样的人物，他们通过创造艺术品（工艺品）以实现自己的存在。而庄子本人，作为一个发现了逍遥世界并且亲证了自己的哲学的人，他也以写作的方式来创造，创造哲学思想，也创造文学艺术品。他的哲学著作也是文学作品，也是审美对象。谁能说庄子创造哲学思想和文学作品的行为，不是在创造文化？

第二章
《齐物论》

不少学者认为，《齐物论》乃是庄子哲学的核心，整部《庄子》都是围绕着《齐物论》而展开的。如冯友兰尽管承认《逍遥游》与《齐物论》都是"庄之为庄者"，同时又说："在《逍遥游》和《齐物论》二篇之中，《齐物论》更能表现庄周哲学的特点。"[①]法国汉学家弗朗索瓦·于连（Francois Jullien）基本上也是这么看的，比如他的专著《圣人无意》，分为上下两部分，下半部分专门解读《齐物论》，可见他也把《齐物论》视为庄子哲学的集中体现。扩而充之，《齐物论》甚至被某些研究者视为整个道家哲学的代表作。这固然有所夸张，却也有一定的道理。我们知道，庄子是先秦道家哲学的集大成者，"道"对于庄子的重要性不言而喻，然而在《逍遥游》中，通篇不见一个"道"字，只是用"姑射神人"这类理想人物作为"道"的隐喻。尽管《齐物论》对"道"的论述似乎也不多见，但《庄子》毕竟是在《齐物论》中方才开始论述"道"。"道"有"言说"义，"道"与"言"密切相关，故而语言哲学是庄子哲学的一个重要维度，这在《逍遥游》中也是付诸阙如的，而在《齐物论》中，语言哲学的维度才初露端倪。

关于《齐物论》的篇名，历来有两种读法，即"齐物"连读和"物论"连读，是为《"齐物"论》和《齐"物论"》。宋以前，基本上是"齐物"二字连读的，如刘琨《答卢谌书》："远慕老庄之齐物。"刘勰《文心雕龙·论说》："庄周齐物，以论为名。"白居易诗云："外身宗老氏，齐物学蒙

[①] 冯友兰：《中国哲学史新编》上，人民出版社，1998，第403页。

庄。"(《渭村退居，寄礼部崔侍郎、翰林钱舍人诗一百韵》）何谓"齐物"？ 简言之，从"道"的视域看来，世间万物其实等无差别，无亲疏，无贵贱，不必厚此薄彼，这就是庄子的"齐物论"。 另外，南宋王应麟首倡"物论"连读。 他说："庄子《齐物论》，非欲齐物也，盖谓物论之难齐也。"(《困学纪闻》)严复也说："物有本性，不可齐也，所可齐者，特物论耳。"(《庄子评语》)明末清初的王夫之和今人钟泰，也是主张"物论"连读的学者。 所谓"物论"，指的是对事物的认识与评价。 人们对事物的认识与评价，往往随自身立场和视角的不同而不同，言人人殊，各执己见，于是是非纷争，百家争鸣，由此而起。 庄子要求内在于"道"的视域，对种种"物论"全都"一视同仁"，这也是他的"齐物论"。

"齐物论"的两种读法，可简称为"齐物"和"齐论"。 "齐物"也就是"齐万物"，"齐论"主要表现为"齐是非"。 这两种读法并不是非此即彼的关系。 《天下》篇说彭蒙、田骈、慎到的学说"齐万物以为首"，这是"齐万物"；又提到彭蒙之师说："古之道人，至于莫之是莫之非而已矣。"这是"齐是非"。 《齐物论》中的文字，如"举莛与楹，厉与西施，恢恑憰怪，道通为一"，"天下莫大于秋豪之末，而大山为小；莫寿于殇子，而彭祖为夭"，这是"齐万物"。 如"故有儒墨之是非，以是其所非而非其所是"，"方可方不可，方不可方可"，这是要论证"齐是非"。 还有一些主张，既有"齐万物"的一面，又有"齐是非"的一面。 不过在思路上，《齐物论》始于"齐论"或"齐是非"，终于"齐物"或"齐万物"。

第一节　为何齐与如何齐

1. 时代与人生

无论是"齐物"还是"齐论"，都要"齐"之。 "齐"也就是平齐、齐同。 为何要齐同万物、齐平物论？ 这正是《齐物论》首先要探讨的主题。

庄子要齐万物、齐物论，主要有两个理由。 第一个理由源于庄子对时代的观察。 当时处于"百家争鸣"的时代，在思想的战场上，烽火连天，狼烟四起。 在庄子看来，这是一个"道术将为天下裂"的时代，"天下大乱，贤圣不明，道德不一，天下多得一察焉以自好。 譬如耳目鼻口，皆有所明，不能相通"(《天下》)。由于"不能相通",所以诸子百家,众说纷纭,各是其是,各美其美,互相攻讦,辩论不休。对于先秦诸子的"百家争鸣",可以有正面评价,也可以有负面评价。可以理解为思想解放,"百花齐放";也可以理解为价值崩溃,思想混乱。事实上,正面评价往往出自现代学者。现代学者持学术史的眼光,以今视昔,认为先秦诸子的"百家争鸣",为中国思想史上开放出最为绚烂多姿的花朵,指引了中国文化的走向,决定了中国文化的面目。不过当时的先秦诸子,恐怕多半着眼于百家争鸣的负面意义。在儒家眼里,百家争鸣无非是"周文疲弊""礼崩乐坏"的结果。在孟子看来,"杨朱、墨翟之言盈天下。天下之言不归杨,则归墨"(《孟子·滕文公下》),正是天下大乱、大道不明的标志。

一般而论,"百家争鸣"是值得肯定的,因为这正是思想自由思想解放的体现。有争论,说明思想并不统一。住房可以统一,服装可以统一,饮食可以统一,惟有思想不能统一。思想一旦统一,或曰定于一尊,就不允许有自由争论了,就不可能有独立思考了,就不再有思想了。思想自由是自由的底线。再从哲学的性质看,按照苏格拉底和柏拉图所确立的传统,哲学无非就是对话,而对话自然也包含了争论、争辩在内。追求真理,为真理而斗争,岂非正是哲学的题中应有之义?然而,先秦的百家争鸣未必都是为真理而斗争,更多的还是为夺取话语霸权而斗争。孟子"距杨墨"就是一例。先秦诸子一旦形成了自己的思想,莫不游说于诸侯,试图推广于天下,这也是夺取话语霸权的表现。在这个意义上,"百家争鸣"就是"百家争霸"。

然而,"百家争霸"不过是一种理想罢了,因为总的来说,先秦诸子都还没有获得他们所祈盼的官方话语的地位,他们大致还处于向君王推销自己思想的阶段。周文疲弊,礼坏乐崩,天下大乱,战乱频仍,先秦的思想家们都提出一种整顿乾坤的策略,且自以为是最好的方案,希望为君王所欣赏、所采纳。从这个事实可以得出两个判断。其一,先秦诸子的思想基本上是实用性、功利性的治世策略,或至少以治国之策为主体,而非超越性、形而上的哲学思想。其二,"百家争鸣"其实只是"百家争宠"。邓晓芒指出:"我认为先秦时期号称'百家争鸣'的那个时代,其实应该改称为'百家争宠',即各家各派都争相用自己的见解向君王和权势者邀宠。"[1]此言可谓一针见血,

---

[1] 邓晓芒:《儒家文化的最大遗毒就是习惯虚伪和集体无意识》,《同舟共济》2016年第2期。

但是要补充一句：只有庄子是例外。庄子是先秦诸子中唯一的一个不愿为政治所利用、不愿依附于权势的"独立知识分子"。相应地，庄子思想是先秦诸子之说中最具有超越性、最富于哲学意味的思想。木心曾说："中国哲学家只有老子一个，庄子半个。"①鉴于老子学说中"君人南面之术"的特征明显，我们或许可以把木心的话修改为："中国哲学家只有庄子一个，老子半个。"庄子无疑是先秦诸子中最纯粹的哲学家，庄子哲学是中国历史上最可宝贵的思想传统。

回到思想争论。庄子对思想争论极为敏感，对思想争论的负面意义也洞察入微。他首先自个体立论。《齐物论》曾对好辩之人有一番惟妙惟肖的心理分析，比如，"其寐也魂交，其觉也形开。与接为构，日以心斗"。"其发若机栝，其司是非之谓也。"他们和外物纠缠不清，整天钩心斗角。一门心思窥视着别人的是非，一旦发现了漏洞，攻击的语言当即如利箭般射出。反之亦然，攻击别人的人也要为别人所攻击，也得时刻提防着别人的箭矢。因此，他们的辩论可谓夜以继日，就连睡觉时魂魄也不得安宁，醒来后自然神气耗散，身心俱疲。在庄子看来，这是非常可悲的。生命是第一位，思想是第二位的。是思想服务于生命，而不是生命服务于思想。为思想而"惹是生非"，戕害生命，无疑本末倒置；为辩论而把生命折磨得惨不忍睹，显然得不偿失。更何况，那些好辩之人还未必都是单纯的"为思想而思想""为是非而是非"。因此，庄子作《齐物论》，彻底批判时代思潮，明显有"以辩止辩"之意。

第二个理由源于庄子对人生的观察。庄子哲学是以人生问题发端的。人们通常把《齐物论》视为庄子的认识论，事实上，《齐物论》总体上应当是庄子的人生哲学。人生哲学的问题，并非事实问题或知识问题，而是意义问题或价值问题。人有两种困惑、两类问题：一是事实问题或知识问题，二是意义问题或价值问题。"洗手池里的水为什么呈旋涡形往下流？""老鼠为什么喜欢啃木头桌子？"这些问题所指向的对象，限于经验世界或物理世界，总体上是属于经验科学的问题，基本上都可以找到唯一正确的答案。还有一种

---

① 木心：《文学回忆录》，三联书店，2012，第173页。木心说完"老子一个，庄子半个"，随后补充道："如果认为庄子文章如此好，算一个吧。那么中国总共两个哲学家，……"我以为"文章好"只是为庄子的哲学加分，而不是庄子之所以为哲学家的理由。即使没有"文章好"，庄子也是毫不逊色于老子的哲学家。

困惑并不针对经验世界中的具体对象，而是关于宇宙和人生的根本困惑，如"世界从何而来？""生命有意义吗？""为什么活着？""我是谁？""我从哪里来，到哪里去？"这类问题属于哲学领域或宗教领域，可以统称为"意义问题"或"价值问题"。事实问题或知识问题都是可以解决的问题，就算现在暂时不能解决，将来总有得到解决的一天，因此这类问题一般也没有争论的余地。庄子对这类问题并不关心。意义问题或价值问题并没有公认的标准，也没有公认的答案。萝卜白菜，各有所爱。公说公有理，婆说婆有理。总在不断纷争之中，没有真正解决之时，所谓"哲学无定论"就是对这种情况的说明。① 然而，恰好是所有的哲学学说都想成为一劳永逸的"定论"，才导致议论纷纷、争论不休。这是一个恶性循环。

两千多年前的庄子开始他的哲学思考时，面对的就是这样一个恶性循环。庄子提倡"齐物论"，就是为了打破这一恶性循环所作的努力。由于知识也是人生中的一大问题，因此庄子的"齐物论"自然也对知识问题有所涉及。然而庄子"齐是非"的"是非"，不只是知识论的是非，还是价值论的是非。《齐物论》的理论，归根到底是为了解决人生问题而创造的。

人生到底是怎么回事？庄子的看法似乎相当悲观：

> 一受其成形，不亡以待尽。与物相刃相靡，其行尽如驰而莫之能止，不亦悲乎？终身役役而不见其成功，苶然疲役而不知其所归，可不哀邪！人谓之不死，奚益！其形化，其心与之然，可不谓大哀乎？人之生也，固若是芒乎？其我独芒，而人亦有不芒者乎？（《齐物论》）

人生原本就充满了世事纷扰、是非纷争，这已是够可悲的了，但庄子认为还有更可悲的。人一旦禀受了人的形体，就开始等待着死亡的来临。与外物接

---

① 长期以来，"哲学无定论"就是大多数哲学家的意见，在20世纪中国哲学史上，"哲学无定论"也是个被反复探讨的话题。1946年，贺麟撰有《论哲学纷无定论》一文。1988年，陈修斋在《关于哲学本性问题的思考》一文中进一步明确提出"哲学无定论"的命题："事实上不仅对于哲学的定义无定论，对于哲学是否应有或能有公认定义问题无定论，对于哲学所讨论的许多问题也都无定论。我认为，无定论正是哲学的本性，只有无定论的问题才是真正的哲学问题，而真正的哲学问题总是无定论的。"载《陈修斋先生纪念文集》，段德智编，武汉大学出版社，1997，第10页。

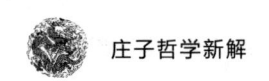

触，便互相伤害、互相摩擦，就像上了发条的机械，一味向前奔驰而不能止步。为追逐外物而疲于奔命，这不是很可悲吗？这样的人生，终生劳碌而一无所成，疲惫困顿却不知归宿何在，这不是很可哀吗？这样的人就算不死，又有什么意义？人的形体不断地衰竭老化，而人的精神也随之而消亡，这不是莫大的悲哀吗？人的一生，本来就如此昏昧吗？还是只有我一个人昏昧，而别人也有不昏昧的呢？

庄子对人生的观察，颇具存在主义色彩。或许是受日本学者福永光司《庄子：古代中国的存在主义》（1964）一书的影响，中国学者喜欢把庄子与存在主义者相提并论。存在主义得名于法国哲学家萨特。萨特的存在主义是一种扎根于人生体验的哲学，是一种正视生命之阴暗面的哲学，是一种以自由为根本宗旨的哲学。就此而言，庄子哲学与萨特的存在主义确有相通之处。同时，庄子哲学强调"人生如梦"，倾向审美生存，《齐物论》的主要意图是批判时代思潮，"重估一切价值"，这些与尼采的审美主义的存在主义也有几分相似。其实，与庄子相通的不止萨特，也不止尼采。庄子对人生的洞察，对人生问题的解决，与叔本华也是相当接近的。

在《悲剧的诞生》（1872）中，叔本华的信徒尼采曾引用希腊神话中西勒诺斯的言论："可怜的浮生呵，无常与苦难之子，你为什么逼我说出你最好不要听到的话呢？那最好的东西是你根本得不到的，这就是不要降生，不要存在，成为虚无。不过对于你还有次好的东西——立刻就死。"[①]西勒诺斯的忠告，好似叔本华的哲学遗嘱。叔本华把人生视为一场悲剧、一汪苦海，乃至把生存本身视为原罪，认定活着就是一个巨大的错误。叔本华之所以如此看待人生，是由于他刨根问底，发现了生命的本质乃是永不满足的欲望；欲望永远不能满足，痛苦永远不得止息，生命于是成了一种无限期的惩罚过程。欲望的形而上学表述就是"意志"。庄子虽然悲观，却没有叔本华的这种意志形而上学，也不曾把人生视为"罪与罚"的过程。与其说庄子不及叔本华深刻，不如说在哲学气象与人生态度上，庄子比叔本华阳光、健康。庄子对于人生问题，同样有着深刻的思考方式与独特的处理方式。

照庄子看，生命乃是自然赋予的，对于自然，根本不能论是非对错。《达生》说："复仇者，不折镆干；虽有忮心者，不怨飘瓦。"复仇之时，把

[①] 尼采：《悲剧的诞生——尼采美学文选》，周国平译，北岳文艺出版社，2004，第11页。

仇人杀掉就好了，不必折断他的利剑（干将镆铘），这就像我们不必对飘瓦生气。王安石《拟寒山拾得二十首·其四》发挥庄子之旨："风吹瓦堕屋，正打破我头。瓦亦自破碎，岂但我血流。我终不嗔渠，此瓦不自由。……"屋顶的瓦片被风吹落，把人打得头破血流，尽管如此，瓦片并没有什么过错，我们也不能对瓦片表示愤怒，施以惩罚。风吹瓦堕，这是一个自然现象或自然过程；就瓦片而言，全然被动，并不自由。按照庄子的生命观，人降生于世，获得生命，"一受其成形"，恰似"飘瓦"，也是一个自然现象或自然过程。生命没有原罪，没有过错，错的只是我们对待生命的方式。人是唯一会犯错的生物。"以物易性"就是最明显的错误：

> 故尝试论之：自三代以下者，天下莫不以物易其性矣！小人则以身殉利；士则以身殉名；大夫则以身殉家；圣人则以身殉天下。故此数子者，事业不同，名声异号，其于伤性以身为殉，一也。（《骈拇》）

"易"即变换、颠倒；"物"在这里指利、名、家、天下等身外之物。这只是对"物"的不完全列举。自古即有"殉情"之说，想必庄子也不肯定以身殉情。人生中最根本、最重要的问题，就是如何安顿自然所赋予的生命；而安顿生命，在庄子看来，关键在于如何处理"物我"关系或"心物"关系。"以物易性"，或如惠子那样，"逐万物而不反"，"穷响以声，形与影竞走"，沉迷于是非之争，自满于善辩之名，这种对待生命的方式是完全错误的。庄子称之为"芒"，恰如佛教把这种生命状态称之为"迷"。芒昧无知的生命，执迷不悟的生命，就算活着，也如行尸走肉，毫无意义。庄子希望人们从追逐外物的奔驰中驻足乃至撤退，返回到生命本身。

"逐万物而不反"，必然"茶然疲役而不知其所归"，使人成为无家可归的浪子。因此，返回生命本身，也就是回归精神家园。闻一多指出："庄子的著述，与其说是哲学，毋宁说是客中思家的哀呼；他运用思想，与其说是寻求真理，毋宁说是眺望故乡，咀嚼旧梦。"[1]闻一多的眼光是锐利的、诗意的，他把庄子笔下的"所归"形象化为"故乡"，也是恰如其分的。庄子的哲学探索，象征着人类返乡的热望，回归精神家园的渴慕。其实不只是庄子

---

[1] 《闻一多学术文钞·周易与庄子研究》，巴蜀书社，2003，第79页。

哲学，一切哲学都起于寻求精神家园的冲动。只不过，哲学冰冷的理性形式往往掩盖了这一原始冲动。诗人在他们的作品中保留了这一冲动的感性形式。陶渊明有"羁鸟恋旧林，池鱼思故渊"《田园田居》的诗句，还有《归去来兮辞》的散文。李清照斋名"归来堂"，自号"易安居士"，即源于《归去来兮辞》以及其中"倚南窗以寄傲，审容膝之易安"之句。这些都是庄子哲学在中国文学作品中的回响。

总之，庄子也许不想救世，但他想救人；也许不想拯救别人，但他想拯救自己。在那个天下大乱的时代里，个体生命的意义问题空前地凸显出来。为了平息纷争，压抑时论，只好"以辩止辩"，这就必须提倡"齐物论"。为了解决人生问题，营建精神家园，也必须提倡"齐物论"。

2. 吾丧我

那么，如何齐同万物、齐平物论？庄子认为，要达到"齐物"和"齐论"，关键在于"吾丧我"。"丧我"与"齐物""齐论"，前者偏于主观，后者偏于客观，但两者是契合相关、不可分割的。要言之，惟其"丧我"，方能实现"齐物""齐论"；或者说，"齐物""齐论"乃是"丧我"的必然结果。《齐物论》通过南郭子綦与颜成子游的对话，描绘了"吾丧我"的状态：

> 南郭子綦隐机而坐，仰天而嘘，荅焉似丧其耦。颜成子游立侍乎前，曰："何居乎？形固可使如槁木，而心固可使如死灰乎？今之隐机者，非昔之隐机者也？"
>
> 子綦曰："偃，不亦善乎，而问之也！今者吾丧我，汝知之乎？汝闻人籁而未闻地籁，汝闻地籁而未闻天籁夫！"
>
> 子游曰："敢问其方。"
>
> 子綦曰："夫大块噫气，其名为风。是为无作，作则万窍怒呺。而独不闻之翏翏乎？山林之畏佳，大木百围之窍穴，似鼻，似口，似耳，似枅，似圈，似臼，似洼者，似污者。激者、謞者、叱者、吸者、叫者、譹者、宎者、咬者，前者唱于而随者唱喁，泠风则小和，飘风则大和，厉风济则众窍为虚。而独不见之调调之刁刁乎？"
>
> 子游曰："地籁则众窍是已，人籁则比竹是已。敢问天籁。"

子綦曰:"夫吹万不同,而使其自己也。咸其自取,怒者其谁邪?"

以上文字是《齐物论》开篇第一大段,素以难解著称。但是毫无疑问,其核心思想应当是"吾丧我"。与"吾丧我"相关的,还有两个重要话题,即"形同槁木,心如死灰"和"天籁"。前者是达成"吾丧我"的前提,后者是"吾丧我"所导致的后果;前者是"吾丧我"的外在表现,后者是"吾丧我"的内在呈现。

(1)形同槁木,心如死灰

南郭子綦打坐之时,"仰天而嘘,荅焉似丧其耦",侍立一旁的颜成子游看到这种情况,颇为惊异,于是问道:"形固可使如槁木,而心固可使如死灰乎?"南郭子綦答曰,这是由于"吾丧我"了。"形同槁木,心如死灰",在今天看来,是一种生机泯灭、生命暗淡的状态。尤其"心如死灰",简直是行尸走肉,至少与动物相似。李长之在评论冯友兰的《新理学》时就曾认定:"道家所希望的,正是像动物一样。不,甚而像无生物一样,所以说:'形如槁木,心如死灰!'"[1]就算程度较轻,"心如死灰"也与"心灰意冷""心灰意懒"近义,指心情沮丧或意志消沉。《田子方》篇中有一句话:"哀莫大于心死,而人死亦次之。"意思就是,最大的悲哀莫过于心情沮丧、意志消沉到不可自拔的地步,这比人死了还要可悲。然而,《田子方》属于庄子的外篇,根据本书的庄子诠释原则,评估庄子的哲学思想,当以内篇为准。至于以上李长之的说法,无疑是站在儒家立场上反对道家,对道家思想并无"同情之理解"。在《齐物论》中,"心如死灰"既不是心情沮丧,也不是意志消沉。心情沮丧、意志消沉是消极的,"形同槁木,心如死灰"则是积极的。有一则现代画坛逸事,可为庄子的意思做注解:

1925年,年仅18岁的陆抑非身染肺病大吐血,辍学于苏州桃坞中学。一位高僧指点他:"汝病药不可除,静养方可奏效,欲心死而后躯能生。"陆抑非遂以静坐疗法养气养神,淡泊名利,超然物外,后体健如

---

[1] 李长之:《迎中国的文艺复兴》,商务印书馆,2013,第67页。

101

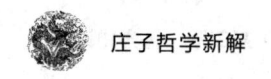

故,享寿九十。①

这里的"心死",指的是"淡泊名利,超然物外",并且这种境界是通过"静坐"达成的。

实际上,颜成子游对南郭子綦的"形同槁木,心如死灰"是充满赞叹之意的。"今之隐机者,非昔之隐机者",这说明南郭子綦并非每日都能达到"形同槁木,心如死灰"的状态,也说明"形同槁木,心如死灰"是一种需要追求、值得追求的状态。类似的说法在《庄子》中多有所见。如《达生》篇中的痀偻丈人:

> 仲尼适楚,出于林中,见痀偻者承蜩,犹掇之也。
> 仲尼曰:"子巧乎,有道邪?"
> 曰:"我有道也。五六月累丸二而不坠,则失者锱铢;累三而不坠,则失者十一;累五而不坠,犹掇之也。吾处身也,若橛株拘;吾执臂也,若槁木之枝。虽天地之大,万物之多,而唯蜩翼之知。吾不反不侧,不以万物易蜩之翼,何为而不得!"
> 孔子顾谓弟子曰:"用志不分,乃凝于神。其痀偻丈人之谓乎!"

痀偻丈人承蜩之时,"吾处身也,若橛株拘;吾执臂也,若槁木之枝。"身若树墩,臂如枯枝,这是标准的"形同槁木";"虽天地之大,万物之多,而唯蜩翼之知","用志不分,乃凝于神",这大致就是"心如死灰"。在这里,"形同槁木"指的是人与树合二为一的状态,"心如死灰"指的是把"天地之大,万物之多"全都忘却之后,人与蝉合二为一的状态。"形同槁木,心如死灰",这是说明身心两方面都达到了"物我两忘"。有时庄子单提"形同槁木",此时"形同槁木"大致就是"心如死灰"。如《田子方》中,"老聃新沐,方将被发而干,慹然似非人。"沐浴之后的老子,披头散发,兀然静坐,寂然不动,如同木偶,在孔子眼里,也是"先生形体掘若槁木,似遗物离人而立于独也"。

用更形象、更简要的手法表现"形同槁木,心如死灰",是为"呆若

---

① 斯舜威:《百年画坛钩沉》,东方出版中心,2008,第57页。

木鸡":

> 纪渻子为王养斗鸡。
> 十日而问:"鸡已乎?"曰:"未也,方虚憍而恃气。"
> 十日又问,曰:"未也,犹应向景。"
> 十日又问,曰:"未也,犹疾视而盛气。"
> 十日又问,曰:"几矣,鸡虽有鸣者,已无变矣,望之似木鸡矣,其德全矣。异鸡无敢应者,反走矣。"(《达生》)

纪渻子的斗鸡训练,历经四个阶段。第一阶段是斗志昂扬,颇有主动挑衅的意味;第二阶段是对其他斗鸡的声音与影子起反应,就是说,此鸡心随境转,为外物牵着鼻子走;第三阶段是目光锐利,心气旺盛,易言之,此鸡还有"自我意识";到了最后的阶段,"鸡虽有鸣者,已无变矣,望之似木鸡矣,其德全矣"。其他的斗鸡冲着它鸣叫,它也视之不见,听之不闻,无动于衷,毫无反应,好像完全忘记了它们的存在。事实上,之所以能够忘记外物的存在,那是由于首先已经忘记了自己的存在。"木鸡"就是忘我的鸡。"呆若木鸡"的人,就是忘我的人。忘我的人是世间最有勇气的人、天下无敌的人。于是,"异鸡无敢应者,反走矣"。痀偻丈人的承蜩与纪渻子的斗鸡,前者是"我有道也",后者是"其德全矣"。两者都经历了一个艰苦的修炼过程,逐渐与道合一。这个与道合一的过程,也就是"吾丧我"的过程。

(2)吾丧我

"吾丧我"的"丧",是忘,忘记。牟宗三指出:"道家的智慧是'忘'的智慧。"[1]《庄子》尤其爱用"忘"字,推崇"忘"的经验,强调"忘"的智慧。例如,"鱼相忘乎江湖,人相忘乎道术。"(《大宗师》)"泉涸,鱼相与处于陆,相呴以湿,相濡以沫,不若相忘于江湖。"(《大宗师》)"忘足,屦之适也;忘要,带之适也;知忘是非,心之适也。"(《达生》)"荃者所以在鱼,得鱼而忘荃;蹄者所以在兔,得兔而忘蹄;言者所以在意,得意而忘言。"(《外物》)这些言论都很富有启发性。且先来看最

---

[1] 牟宗三:《中国哲学十九讲》,上海世纪出版集团,2005,第114页。

简单的一例，"忘足，屦之适也"。穿上后能使人忘掉脚的鞋才是一双好鞋。庄子是编草鞋、穿草鞋的，草鞋轻便、柔软、透气，"忘足，屦之适也"，想必正是来自庄子对草鞋的切身经验。倘若庄子再世，可能认为高跟鞋并不是好鞋。高跟鞋不利于跑步，跑动起来非常别扭，立即让人想起脚来；高跟鞋容易折断鞋跟，鞋跟一断，脚就扭伤了、痛苦了；高跟鞋走路时声音很响，每一声都在提醒着脚的存在和走的姿态。忘掉了脚，也忘掉了鞋，人与鞋才不再对立，只有在这时，鞋才实现了最完满的存在。

《红楼梦》有两处写贾宝玉的"忘"，不妨抄来与庄子的言论对照。一次是第三十五回：

> 那玉钏儿见生人来，也不和宝玉厮闹了，手里端着汤，只顾听话。宝玉又只顾和婆子说话，一面吃饭，一伸手去要汤，两个人的眼睛都看着人，不想伸猛了手，便将碗撞落，将汤泼了宝玉手上。玉钏儿倒不曾烫着，吓了一跳，忙笑了，"这是怎么说！"慌的丫头们忙上来接碗。宝玉自己烫了手，倒不觉的，只管问玉钏儿烫了那里，痛不痛。玉钏儿和众人都笑了。玉钏儿道："你自己烫了，只管问我。"宝玉听了，方觉自己烫了。

还有一次是第三十回：

> 伏中阴晴不定，片云可以致雨，忽然一阵凉风过了，刷刷的落下一阵雨来。宝玉看着那女子头上滴下水来，纱衣裳登时湿了。宝玉想道："这时下雨，他这个身子如何禁得骤雨一激！"因此禁不住便说道："不用写了。你看下大雨，身上都湿了。"那女孩子听说，倒吓了一跳，抬头一看，只见花外一个人叫他不用写了，下大雨了。一则宝玉脸面俊秀，二则花叶繁茂，上下俱被枝叶隐住，刚露着半边脸：那女孩子只当是个丫头，再不想是宝玉，因笑道："多谢姐姐提醒了我。难道姐姐在外头有什么遮雨的？"一句提醒了宝玉，嗳哟了一声，觉得浑身冰凉。低头一看，自己身上也都湿了。说声"不好"，只得一气跑回怡红院去了。心里却还记挂着那女孩子没处避雨。

贾宝玉天生痴情、多情。用情专一，往往会达到舍身忘我的境界，反过来说，一旦到了舍身忘我的境地，则不言情而情自见。以上两段描写，正是通过贾宝玉的"忘我"，将他对女性的关切和爱护，完美地展示出来了。曹雪芹描写"忘我"，是为了衬托"情"；庄子推崇"忘我"，却是为了把握"道"。庄子认为，"道"无所不在，但是，唯有当我们处于"忘"的状态之中，例如，忘掉是非对立，忘掉物我对立，"道"的存在才得以呈现。道的存在呈现，万物自然齐同，物论自然齐平。

"吾丧我"的"丧"是忘记，"吾"显然是南郭子綦，那么，为南郭子綦所忘记了的"我"，到底所指为何？"我"是什么？有些学者认为是身体，因为前面有"荅焉似丧其耦"的说法。"耦"通"偶"，"匹对"之意。"偶"有两种解释。一种认为精神与肉体为偶，如此"吾丧我"往往被理解为忘掉了身体。陈鼓应注："'似丧其耦'，即意指心灵活动不为形躯所牵制，亦即意指精神活动超越于匹对的关系而达到独立自由的境界。"（《庄子今注今译》）按照这种说法，南郭子綦打坐也就是安静自己的身体，解放自己的精神，换言之，也就是"游心"。这与人们往往把"逍遥游"解读为"心游"的诠释习惯是一致的。但这种理解之偏差显而易见。

其一，就在"吾丧我"这段话中，庄子描述南郭子綦隐几而坐的状态是"形同槁木，心如死灰"。"心如死灰"尽管可以有种种释读法，但总不能读作"心灵活动不为形躯所牵制，或精神活动达到独立自由"。因为前者是"静心"，后者是"游心"；前者是"坐忘"，后者是《人间世》中所说的"坐驰"。静心和坐忘是"心无旁骛""无思无虑"。游心则有两面：正面是"观古今于须臾，抚四海于一瞬"（陆机《文赋》）；负面是心猿意马，胡思乱想。负面意义的"游心"，正是"坐驰"。但无论是正面还是负面，无论是游心还是坐驰，都与南郭子綦打坐没有什么关系。

其二，心灵或精神独立自由，"不为形躯所牵制"，这容易让人以为，南郭子綦打坐时灵魂出窍了。古人或许有"灵魂出窍"的观念，一般来说，这种观念的产生主要受到做梦的影响。梦是一种心理现象或意识现象，做梦时，身体是不动的，而意识活动却极其自由，这种自由往往给人以意识可以脱离身体而独立存在的错觉。不过很明显，南郭子綦打坐，既不是灵魂出窍，也不是做梦。事实上，庄子可能不赞成灵魂出窍的说法，他承认心有相对的独立性，但并不主张心可以离身而自存，《齐物论》随后便说："其形化，其

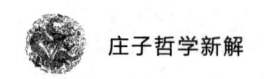

心与之然，可不谓大哀乎？"

其三，说庄子以精神与肉体为"耦"，恐怕不是很贴切，这明显只是今人的看法。忘掉身体的说法似乎不无根据。苏轼诗云："与可画竹时，见竹不见人。岂惟不见人，嗒然遗其身。其身与竹化，无穷出清新。庄周世无有，谁知此凝神。"（《书晁补之所藏与可画竹诗》）诗中有"嗒然遗其身"的说法，好像是说文与可画竹时把身体忘掉了。然而在苏轼此诗中，与"身"相提并论的明明是"人"，而不是"心"，因而"身"未必可以理解为身体。比较而言，"人"是泛指，"身"是特指；至少可以肯定，"身"并非与精神或心灵相对的身体。在先秦典籍中，"身"的确可以表示身体，然而显然不只是身体。孔子说："吾日三省吾身。"（《论语·学而》）《老子》说："吾所以有大患者，为吾有身；及吾无身，吾有何患？"（十三章）又说："名与身孰亲，身与货孰多？"（四十四章）"故贵以身于为天下，则可以托天下；爱以身于为天下，则可以寄天下。"（十三章）这些话中的"身"字，都不是身体、肉体的意思，而是"自身""自我"的意思。纵然"身"确有身体之意，此"身"往往也不与"心"相对，而与"物"相对。例如，"古者包羲氏之王天下也，仰则观象于天，俯则观法于地，观鸟兽之文与地之宜，近取诸身，远取诸物，于是始作八卦，以通神明之德，以类万物之情。"（《周易·系辞下》）与外物相对的身，仍是"自身"。习惯以"身"自称，常常以"身"代"我"，乃是中国传统文化的一大特色，这在语言层面上说明中国传统哲学天然地具有几分身体哲学的色彩，并无西方近代哲学的"身心二元论"。至于《庄子》，身体哲学的维度更为明显。与其说"吾丧我"是忘记了身体，不如说是忘记了自身与外物的对立。

"耦"的第二种解释是物与我为偶。由于《齐物论》的主题是"物"或"物论"，因此这种解释看来更为切题。按照这种解释，"苔焉似丧其耦"的意思是说，南郭子綦在静坐之时，忘掉了自我，因而取消了物与我的对立。"苔焉似丧其耦"，实即物我两忘、超然物外，大致就是《田子方》中老子的"似遗物离人而立于独"。与物相对立的我，或"与物相刃相靡"的我，在庄子看来，只是片面的我、偏执的我。而"似遗物离人而立于独"的"我"，才是独立自存的真我。这就是说，唯有舍弃自我，才能获得真正的自我。

"吾丧我"的"吾"和"我"不同。按照陈鼓应的注释，"吾"，指真我；"我"，可以理解为片面的我、偏执的我。我们或许还可以有更哲学化的解释。所谓"自我"，至少表现为二：存在性的自我和经验性的自我。这是德国现象学美学家盖格尔（Moritz Geiger）在《艺术的意味》一书中使用的概念。经验性的自我"追求私利和个人享受，虚荣自负以及与所有权有关的快乐"①，而在真正的认识和真正的审美中，这种经验性的自我不发生任何作用。盖格尔说："在艺术体验中，这种'经验性自我'无论如何都没有存在的权利；如果我们想公正地对待艺术作品的各种价值，那么，我们就必须清除这个经验自我的享受。"②当一个真正的画家创造绘画作品时，至少在创作过程中，必须排除出名、获奖、卖个好价钱等欲望，而当观众欣赏一幅画时，自然不可以兴起占有这幅画的念头。这就是康德所强调的审美的"超功利"性，叔本华所强调的审美"静观"。"超功利"和"静观"对于知识领域和审美领域都是有效的。在这样的一种超越功利和脱离意志的状态中，经验性的自我被抹杀了。这就是人们常说的审美中的"无我"或"忘我"状态。在审美经验中，经验性的自我消失了，存在性的自我则显现出来了。用现象学术语来说，只有"悬搁"了经验性自我，存在性自我才能出现。用庄子的话说，只有"丧我"了，存在性自我才能出现。

不妨说，存在性的自我是与道合一的自我，经验性的自我是与物相对的自我。例如，"社会性自我"就是一种经验性的自我，因为"物"包括社会身份、地位、名声等。在古代，你是某个君王的"臣民"。在现代，你是某国家的"公民"。不管是古代还是现代，你总是你父亲的儿子、你妻子的丈夫、你儿子的父亲，你可能是某公司的职员，可能是某学校的教师……总之你必然拥有一个既定的"身份"，从属于一张贴在你脸上的"标签"，仿佛你自己就是这样一张"标签"。但是，这些身份、标签，是"宾我"，并非"主我"；是"假我"，并非"真我"。在现实生活中，我们往往"喧宾夺主"，认假为真。但我们偶尔也有恢复主我、真我的时候。比如谈恋爱之时。恋爱是两个存在性自我的交往，或通俗地说，是两个人格的交往。真正的恋爱，那是情之所钟、一往无前、不顾死活、浑然忘我的，此时自然完全忘记了对方的出身、家庭背景、经济收入等。一见钟情的恋爱，也根本没工夫去考

---

① 盖格尔：《艺术的意味》，艾彦译，译林出版社，2012，第150~151页。
② 盖格尔：《艺术的意味》，艾彦译，译林出版社，2012，第236页。

虑对方的出身、家庭背景、经济收入等等。遗憾的是，老子早已说过，"飘风不终朝，骤雨不终日"（二十三章），恋爱也是短暂的；老子还说过，"反者道之动"（四十章），爱情将会自我否定，走向自己的反面。热恋自己逐渐冷淡下去，爱情终于为婚姻所取代。一旦开始考虑婚姻，就不能光有爱情了，还得有丰厚的嫁妆，有气派的房子，有漂亮的婚纱，有隆重的婚礼。婚姻是一种社会关系，它让人再一次与身份、标签合二为一。总之，恋爱不可能让人一劳永逸地"去伪存真"，恢复"真身"，回归"真我"，在不知不觉中，我们又滑向了日常生活的轨道，自动地戴上了面具、贴上了标签。

庄子写《齐物论》，其时代背景是百家争鸣，其主要指向是非纷争，在他看来，是非纷争都来自经验性自我的片面性、偏执性。我们将会看到，这种片面性、偏执性的经验性自我表现为"成心"。"吾丧我"要忘记的也是片面性、偏执性的自我。《齐物论》说南郭子綦打坐达到"形同槁木，心如死灰"的"吾丧我"的境界，《养生主》说庖丁解牛之时"以神遇而不以目视，官知止而神欲行"，都是在经验性自我与存在性自我之间做了区分。所谓"官知止"，所谓"吾丧我"，也就是把感官经验性的自我中止、忘却，悬置起来，放入括号。但是此时，"知止"是为了"神行""神遇"；"丧我"之后是"真我"即存在性自我的实现。所以"丧我"或"忘我"并不能简单地等同于"无我"。

庄子强调"丧我"，是为了"齐物"或"齐论"。天下大乱，诸子纷争，是由于大道隐匿，物论不齐；而物论不齐，归根到底是由于未能丧我。释德清《庄子内篇注》云："此齐物，以'丧我'发端，要显世人是非，都是我见。要齐物论，必以忘我为第一义也。"①这一注解切中肯綮。"我"是一切痛苦和困扰的渊薮，因此《老子》说："吾所以有大患者，为吾有身，及吾无身，吾有何患？"（十三章）庄子不如老子那么极端，他并不想否定整个人生，只是要超脱一切是非，但他显然认为，"我见"是一切是非纷争的源头。要想平息纷争，澄清混乱，必须釜底抽薪，斩草除根，亦即去除我见。而去除我见，必先丧我。

（3）天籁

如此，我们便能读懂庄子的"天籁"。庄子关于"三籁"即"人籁"

---

① 憨山：《庄子内篇注》，崇文书局，2015，第19页。

"地籁""天籁"的那段文字,写得精彩纷呈,颇富文学价值。但是,文学价值容易领会,哲学意义却不好把握。三籁之中,"人籁"看来纯是铺垫,庄子仅一笔带过;"天籁"显然至关重要,然而庄子也没有正面描写或实写"天籁";正面描写或实写的是"地籁"。"地籁"就是风吹洞穴发出的声音。由于"天籁"只是虚写,显得非常玄妙,这就为我们的理解带来不少困难。

我们来看庄子的原文。颜成子游问:"地籁则众窍是已,人籁则比竹是已。敢问天籁。"南郭子綦答:"夫吹万不同,而使其自己也。咸其自取,怒者其谁邪?"大意是:"风吹万物,由于窍孔有各式各样的,发出的声音也就有各式各样的。这些声音之所以千差万别,乃是由于各个窍孔的形状自然而然所导致的结果,鼓动它们发声的还有谁呢?"南郭子綦的话,与其说是回答了问题,不如说是回避了问题。至少可以肯定,南郭子綦没有正面回答问题。沈清松说:"为什么一位大师级的老师对于弟子的傻问题,一定要完全予以回答呢?"为什么说颜成子游问的是"傻问题"?因为他的胶柱鼓瑟,把隐喻当实在。沈清松指出:

> 大块噫气,其名为风,刮在不同大小、形状有异的树穴,便发出种种声音,可以视为一隐喻性论述,而不是对宇宙、大地、人文的声音的描述性论述。此一隐喻所要说的是:就如同风吹在不同形状大小的树穴,会产生不同的声音,同样的,构成有别、深浅有异的自我主体,也会形成并标出不同的言论和知识。就此而言,"人籁"在文脉中所要喻指的是人类争相提出的种种知识体系和言说,并无论述人文音乐之意。颜成子游未解人籁,就敢问天籁,对此,像南郭子綦这样一位高明的老师并没有必要回答。①

按照沈清松的说法,《齐物论》这段论"三籁"的言论是一种隐喻性论述,这个论断完全没有问题。沈清松还认为,颜成子游把"人籁"理解为"比竹",也就是"人文音乐",这简直是"言不及义",因为南郭子綦想要探讨的是"人类争相提出的种种知识体系和言说",而无意于音乐。但是,

---

① 沈清松:《跨文化哲学论》,人民出版社,2014,第237页。

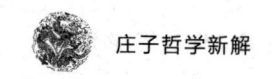

无意于音乐,并不意味着不能以音乐为喻。既然已经说了大地形成的声音,接着说乐器形成的声音,把两者均作为隐喻,有何不可? 就此而言,颜成子游把"人籁"理解为"比竹",进而"敢问天籁",未必就是"傻问题"。问的是"天籁",怎么就是"傻问题"了呢?

令人困惑的并不是颜成子游,而是南郭子綦。南郭子綦明明提出了"人籁"、"地籁"和"天籁"三个概念,照理应该一一解释才是,可是他只是详细解说了"地籁",当颜成子游问到"天籁"这一关键所在时,他却避而不谈了。"天籁"不见了。按照他的说明,这个"天籁",好像完全是个虚的概念。"天"是自然的意思,因此有些学者猜测,"天籁"就是"自然而然的声音"。这固然不错,可是,难道"地籁"不正是一种"自然而然的声音"吗? 我们也可以并不矫揉造作地弹奏丝竹,形成自然的"人籁"。于是,有些学者认为,"人籁"和"地籁"本身就是"天籁";还有些学者主张,"人籁"和"地籁"合起来就是"天籁"。总之,并不是在"人籁"和"地籁"之外另有他物叫作"天籁",离开了"人籁"或"地籁"也就没有了"天籁"。

理解任何一个概念,都须将它放在上下文或语境之中。"天籁"一词,有大小两个语境。在小语境中,"天籁"的话题,是紧接在"丧我"的话题之后展开的,因此,理解"天籁",离不开"丧我"。在大语境中,"天籁"的话题,是从属于"齐物"或"齐论"的论域的,因此,理解"天籁",也离不开"齐物"或"齐论"。而在这里,主要是"齐论"。

《齐物论》始于"齐是非",换言之,是从"齐论"入手的。《齐物论》意在对当时的百家争鸣、众说纷纭做一论衡,庄子以"万窍怒呺"的种种"地籁"象征或隐喻诸子百家的众声喧哗。种种"地籁"发自不同的窍穴孔洞,换言之,都是不同的"我见"。这些学说或许都是独出心裁,或许都能自圆其说,但在庄子看来,它们毕竟都只是"一孔之见""一家之言",并非绝对真理。问题在于,固执己见且自以为是的人不可能真正认识自己学说的性质,而接受了这一学说的人,也往往丧失了怀疑精神和批判精神,入主出奴,信受奉行。惟有实现了"丧我"的人,才能看清它们的片面性、偏执性、局限性、相对性,意识到各种学说之间其实既无高下,亦无差别。一旦认识到各种学说并无差别,也就实现了"齐平物论"。既已齐平物论,无所偏爱,无所固执,那么"地籁"也就是"天籁"了。

齐平物论的言论,仍然是一种"物论"。实际上,既然庄子把百家之学都视为"地籁",那么庄子自己的学说,也不过是诸"地籁"之一而已。《齐物论》说:"今且有言于此,不知其与是类乎? 与是不类乎? 类与不类,相与为类,则与彼无以异矣。"我现在说的这些话,不知是和其他论者同属一类呢? 还是不属一类? 无论是否同类,既然我发了话,那么和其他的论者也就没有什么分别了。 然而庄子的"地籁"毕竟比较特别。 南郭子綦说:"夫吹万不同,而使其自己也。 咸其自取,怒者其谁邪?"这句话显然是庄子的夫子自道。 它可以理解为:由于并没有一个"怒者"在鼓吹,此时的"地籁",因其"无我"或"忘我"而成了"天籁"。 "天籁"也就是"忘我之言",或称"无心之言"。 "天籁"表现于言论,也就是庄子的"卮言"。

总之,"地籁"与"天籁"的关系,是事实与意义的关系。 一方面,我们确实可以说,"天籁"就在"地籁"之中,离开"地籁",并无"天籁"可言。 另一方面,"地籁"与"天籁"自然也是有区别的,不过它们的区别,并不在于对象本身,而在于对这一对象的理解。 对象一样,理解不一样,意义也就大不一样。 苏轼的以下言论,或可借来说明"地籁"与"天籁"的这种关系:

> ……如眼翳尽,眼自有明,医师只有除翳药,何曾有求明药? 明若可求,即还是翳。 固不可于翳中求明,即不可言翳外无明。 而世之昧者,便将颓然无知认作佛地。 若如此是佛,猫儿狗儿闲饱熟睡,腹摇鼻息,与土木同,当怎么时,可谓无一毫思念。 岂谓猫狗已入佛地? ……书至此,墙外有悍妇与夫相殴,詈声飞灰灭,如猪嘶狗嗥。 因念他一点圆明,正在猪嘶狗嗥里面,譬如江河鉴物之性,长在飞砂走石之中。[①]

在"吾丧我""天籁"这一段文字中,庄子只是用寓言的方式、隐喻的手法,蜻蜓点水般地指示"齐物"和"齐论"的意旨,并没有以说理的方式,在学理上深入地揭示和论证"齐物"或"齐论"的道理,而《齐物论》的大部分篇幅,就是做这一工作的。

---

① 《东坡志林》,青岛出版社,2010,第21~22页。

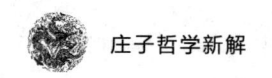

第二节　成心与是非

3. 成心或视角

庄子论"吾丧我"时，用了"形同槁木，心如死灰"的说法。如上所述，"心如死灰"并非贬义，而是褒义；不是消极义，而是积极义。既然"心如死灰"是积极的、正面的，那么反过来说，这里的"心"就是消极的、负面的。这种消极的、负面的心，在《庄子》一书中有种种描绘，《齐物论》突出的是与"物论"相关的心，庄子称之为"成心"：

> 夫随其成心而师之，谁独且无师乎？奚必知代而自取者有之？愚者与有焉！未成乎心而有是非，是今日适越而昔至也。是以无有为有。无有为有，虽有神禹且不能知，吾独且奈何哉！

如果依据个人的成心作为判断事物的标准，那么谁没有这种标准呢？成心是每个人都有的。"知代而自取者"即"智者"有之，"愚者"亦有之。庄子认为，成心乃是一切"是非"的始作俑者。如果一个人没有成心，或没有"成见"，那怎么可能有是非呢？这就像"今天去越国而昨天就到了"之事一样可笑。庄子这段话，即后世"师心自是"这一成语的由来。而另一成语"疑人偷斧"，正是庄子这段话的佳例。"疑人偷斧"一语出自《吕氏春秋》，《列子·说符》亦有记载："人有亡鈇者，意其邻之子，视其行步，窃鈇也；颜色，窃鈇也；言语，窃鈇也；动作态度无为而不窃鈇也。俄而抇其谷而得其鈇。他日复见其邻人之子，动作态度无似窃鈇者。""意其邻之子"的"意"字，用得准确。"意"说明这只是"怀疑""猜测"，只是"成心""成见"。成心就像一面哈哈镜，总要扭曲事物的形象。有了"疑人偷斧"的先入之见，则对方的视听言动无不是小偷；一旦消除了先入之见，事物便恢复了本来面目。

个别的成见比较容易消除，一般的成心却是难以消除的。庄子的"成心"，用现代心理学的语言表述，相当于后天积淀而成的某种心理定式。性格就是心理定式。凡人皆有性格。性格是个体存在的独特方式，因而只有相似，没有相同。 性格与心情大不相同。 心情感物而动，瞬息万变，而性格是常驻不变的，甚至是不可改变的，所以希腊哲人赫拉克利特断言，"性格即命运"。 我们还可以说："性格决定世界。"一个性格开朗活泼、乐观向上的人，浑身上下都会发光，那内心的阳光洋溢出来，照耀着身边环境，为它镀上了一层金色，整个世界都在应和着他内心的微笑。 反之，一个病态的灵魂，一个性格阴郁、愤世嫉俗的人，他好像整日生活在阴霾之下、地狱之中。 正如佛教所说，"境由心造"，有什么样的性格，就有什么样的世界。 当然，性格固然难以改变，仍然是后天形成的。 正因如此，假如将一对双生子置于截然不同的环境之中，日后他们必会形成截然不同的性格。 由此可见，"成心"是后天形成的，是长期经验熏陶或知识积累所形成的看待事物的固定方式。 人的观看必有角度，简言之，"成心"即"视角"。

正如性格人皆有之，"成心"也是人皆有之。 由于"成心"人皆有之，"视角"不可避免，因此，人只能看到自己想看到的东西，好比磁石只能吸住铁，不能吸住石块、泥土、木头和塑料。 文学家对语言有超乎常人的敏感，雕塑家对空间有超乎常人的敏感，油画家对色彩有超乎常人的敏感。 清朝书法家翁方纲曾说："空山独立始大悟，世间无物非草书。"（《题徐天池水墨写生卷歌》）在世间万物之中都看出草书笔法、节奏、韵律，这是书法家独有的视角，尤其是唐代"草圣"张旭独有的视角。 杜甫《观公孙大娘弟子舞剑器行》序云："昔者吴人张旭，善草书帖，数常于邺县见公孙大娘舞西河剑器，自此草书长进，豪荡感激，即公孙可知矣。"韩愈《送高闲上人序》云：

> 往时张旭善草书，不治他伎，喜怒窘穷，忧悲愉佚，怨恨思慕，酣醉无聊不平，有动于心，必于草书焉发之。 观于物，见山水崖谷，鸟兽虫鱼，草木之花实，日月列星，风雨水火，雷霆霹雳，歌舞战斗，天地事物之变，可喜可愕，一寓于书。 故旭之书变动犹鬼神，不可端倪，以此终其身而名后世。

认识到"世间无物非草书"，从公孙大娘舞剑器中获得草书笔法的领悟，但凡"有动于心，必于草书焉发之"，"天地事物之变，可喜可愕，一寓于书"，这种视角当是毕生浸淫于草书艺术的张旭所独有，不太可能为他人所分享，甚至难以为其他书法家所分享。 事实上，一个艺术家之所以伟大，往往就在于

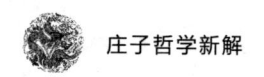

他具有一种前所未有的观看世界的独特视角,见旁人所未见,道旁人所未道。杰出的艺术家、文学家和哲学家,往往终其一生,都在寻觅仅属于自己的独特视角,仅属于自己的独特语言,仅属于自己的独特思想。

梁漱溟指出:"哲学家一定是极端的! 什么是哲学的道理? 就是偏见! 有所见便想把这所见贯通于一切,而使成普遍的道理。 因执于其所见而极端地排斥旁人的意见,不承认有二或二以上的道理。 美其名曰主见亦可,斥之曰偏见亦可。 实在岂但哲学家如此! 何谓学问! 有主见就是学问! 遇到一个问题到眼前来而茫然的便是没有学问! 学问不学问,却不在读书之多少。"①这话说得痛快淋漓。 哲学家,或者哪怕只是普通爱思考、能思考的人,一定要有所见,一定要形成自己看事情、看问题的独特视角。 没有自己的视角,我们便无法站在自己的脚跟上,无法独立思考、独立判断,只能因袭陈规,随波逐流,人云亦云,鹦鹉学舌。 这种毫无"主见"、不曾"活出自我"来的生命,是毫无意义的。 但是,这只是事情的一方面。 正所谓成也萧何败也萧何,人的意义在于此,人的局限也在于此。 有所见,所见为何? 从一方面看是"主见",从另一方面看却是"偏见"。 有了视角,并且由于不可避免地囿于视角,"只看到自己想看到的东西","不承认有二或二以上的道理",往往使我们沦为井底之蛙,坐井观天,乃至自命不凡,自以为是。 须知,种种惹是生非的"物论",也源于成心或视角。

庄子更在意成心或视角的负面意义。 成心或视角的存在,凸显了一个重要的哲学问题。 苏轼通过《日喻说》把这一问题形象化了。

> 生而眇者不识日,问之有目者,或告之曰:"日之状如铜盘。"扣盘而得其声;他日闻钟,以为日也。 或告之曰:"日之光如烛。"扪烛而得其形;他日揣籥,以为日也。 日之与钟、籥亦远矣,而眇者不知其异,以其未尝见而求之人也。

苏轼笔下的"眇者",并没有一个与视力正常的人共同的太阳。 苏轼的"日喻",颇类似于佛教那个家喻户晓的"盲者摸象"喻,说的乃是人生在世的根本状况。 纵然拥有最为健全、最为完备的身体,说到底也是有局限的、

---

① 梁漱溟:《朝话》,百花文艺出版社,2008,第182页。

残缺的；拥有肉体的人天生就是眇者或盲人。 想象一下人的状况，那是一点灵明，居于某具躯体之中，一如蜗牛背着自己的壳，人不得不透过这具躯壳的感官去看世界，好似封闭在房间里的人只能透过门窗向外窥视。 树上没有两片完全相同的树叶，世上不存在两个完全相同的指纹。 身体总是个别的、特殊的身体。 各人有各人的房间，以及这房间所附带的窗户，而这扇窗户便是他观看世界的角度。 由于每个人在世的角度天然地有所不同，他们的世界便相应地都有所不同。 我们似乎并不是生活在同一个世界当中。 世界本身，是不是我们永远无法遭遇的东西？ 或者说，所谓"共同世界"，其实并不存在？

成心或视角还会带来一个问题，即人与人的沟通问题、互相理解的问题。 苏轼也已经意识到这一问题了，他说："日之与钟、籥亦远矣，而眇者不知其异，以其未尝见而求之人也。"他人的视角，他人感知的太阳，并不能为眇者展示太阳本身。 对这一问题，庄子似有切肤之痛。《逍遥游》说："朝菌不知晦朔，蟪蛄不知春秋。""瞽者无以与乎文章之观，聋者无以与乎钟鼓之声。"《大宗师》说："盲者无以与乎眉目颜色之好，聋者无以与乎青黄黼黻之观。"《秋水》说："井蛙不可以语于海者，拘于虚也；夏虫不可以语于冰者，笃于时也；曲士不可以语于道者，束于教也。"《天下》说："天下多得一察焉以自好。 譬如耳目鼻口，皆有所明，不能相通。"凡此种种，说的都是沟通的无比困难。 因此庄子说："万世之后，而遇一大圣，知其解者，是旦暮遇之也。"（《齐物论》）意思是说，如果在万世之后遇到一个大圣人明白这个道理，那就好像朝夕相遇一样。 王勃诗云："海内存知己，天涯若比邻"（《送杜少府之任蜀州》），这是指真正的友情突破了空间的限制。 庄子把"万世之后"的邂逅视为"旦暮之遇"，则是指真正的沟通可以超越时间的限制。 然而庄子期待的理解，在"万世之后"，万世是多久？ 这"旦暮之遇"是何等的稀有难得！ 庄子一定饱尝了不被理解的极度孤独。

的确，既然每个人都束缚于自身的角度，生活在不同的世界里，那么我们该如何沟通？ 所谓"成心"，照字面看，"成"是"既成""完成"之意，既成了的东西，再也没有其他可能性了。 因此，"成心"是一颗自我满足的心、自我封闭的心。 成心的唯一姿态，就是保持拒绝，恰似一只已经装满的杯子，滴水不进。 因此，在庄子看来，沟通和理解好比井蛙语海、夏虫语冰，几乎全然无望，即使可能，也只能诉诸偶然。 世人每每感叹"知音难觅",祈愿"人生得一知己足矣"。知己诚为可遇而不可求之人。如俞伯牙遇上钟子期,蒙田遇上拉博埃西,约翰逊遇上鲍斯威尔,卡莱尔遇上爱默生,那是被千古传颂的奇遇,古往今来,寥寥无几,允为特例,或是侥幸。

共同世界的问题,以及人与人如何沟通的问题,其实是同一个问题的两种表述。用胡塞尔现象学的术语,所谓"共同世界",无非就是"主体间性"的世界,即主体间可沟通的世界。从以下言论看来,庄子似乎很怀疑这一共同世界的存在:

> 啮缺问乎王倪曰:"子知物之所同是乎?"
>
> 曰:"恶乎知之!"
>
> "子知子之所不知邪?"
>
> 曰:"吾恶乎知之!"
>
> "然则物无知邪?"
>
> 曰:"吾恶乎知之!虽然尝试言之。庸讵知吾所谓知之非不知邪?庸讵知吾所谓不知之非知邪?且吾尝试问汝:民湿寝则腰疾偏死,鳅然乎哉?木处则惴栗恂惧,猨猴然乎哉?三者孰知正处?民食刍豢,麋鹿食荐,蝍蛆甘带,鸱鸦嗜鼠,四者孰知正味?猨,猵狙以为雌,麋与鹿交,鳅与鱼游。毛嫱丽姬,人之所美也;鱼见之深入,鸟见之高飞,麋鹿见之决骤,四者孰知天下之正色哉?自我观之,仁义之端,是非之涂,樊然淆乱,吾恶能知其辩!"(《齐物论》)

啮缺追问"物之所同是",也就是追问万物的共同标准,换言之,也就是追问有无共同世界。王倪的答复则是:共同认可的标准是不存在的,共同世界是不存在的。

人、泥鳅、猨猴三者,没有共同的视角,因此谈不上"正处";人、麋鹿、蜈蚣、猫头鹰四者,没有共同的视角,因此谈不上"正味";人、鱼、鸟、麋鹿四者,没有共同的视角,因此谈不上"正色"。总之,在不同物种的生物之间,不存在"物之所同是"。不同物种的世界具有"不可通约性"(Incommensurability)。庄子不相信有一个能为所有生物所共享的世界。古希腊哲学家赫拉克利特,也有许多类似庄子的观点,例如:

海水最干净，又最脏；鱼能喝，有营养；人不能喝，有毒。

驴爱草料，不要黄金。

猪在污泥中洗澡，鸟在灰土中洗澡。

最美的猴子同人类相比也是丑的。①

这类观点强调事物的相对性和不同的评价标准。在庄子看来，事物是相对的，物论、是非也是相对的。庄子一向被哲学史家视为"相对主义者"。何谓相对主义（Relativism）？简言之，认定存在两个以上的视角，这些视角都有其合理性，并且不可互换、难以通约，这就是"相对主义"。就此而言，庄子确实是相对主义者。

假如庄子拥有现代科学知识，可能还会为自己的"相对主义"增加论据。比如，狗的视网膜上只有两种视锥细胞，能够识别的光波相当有限，因而狗眼中的世界色彩非常单调，远不及人眼中的世界五彩缤纷。那么，狗眼中的黑白世界和人眼中的缤纷世界，哪一个才是真正的世界或本来的世界？我们当然毫不迟疑地断定，五光十色的世界才是世界本身，但是，这只是基于人类的立场、人类的视角而得出的答案。正如德国哲学家卡西尔（Ernst Cassirer）所言："人总是倾向于把他生活的小圈子看成是世界的中心，并且把他的特殊的个人生活作为宇宙的标准。"②以人类的视角为唯一视角，此即所谓"人类中心主义"。庄子在问到"正处""正味""正色"时，把人与其他动物并列，并不以为人可以决定"正处""正味""正色"。他不承认人类的视角是唯一的视角，更不承认人类的视角是唯一正确的视角。在今天看来，这是庄子哲学超越"人类中心主义"之处。而这正是庄子哲学在今天最值得重视的一个方面。

如果不存在一个诸生物之间的共同世界，那么，有没有一个人类的共同世界？进一步说，有没有人类的"普世价值"（Universal Value）？在今天看来，普世价值的存在，似乎不成问题。人类已生活在同一个"地球村"（The Global Village）之上，面对同样的问题或相似的问题，可谓"一荣俱荣，一损

---

① 北京大学哲学系外国哲学史教研室：《西方哲学原著选读》上卷，商务印书馆，1981，第24~25页。

② 卡西尔：《人论》，甘阳译，上海译文出版社，1997，第20页。

俱损",遵守同样的规范,趋于共同的价值,乃是理所当然的预设。譬如"维护世界和平""保护生态环境",便是人类逐渐形成的共识。但是,正因为是"全人类的共识",所以它们必然具有某种"超越性":超越东方与西方,超越国家与民族,超越门户与派别。在超越的层面上,庄子显然认为有人类的普世价值。譬如"逍遥",这是庄子对"自由"的独特表述,自由是今天人类的普世价值,"逍遥"也应是庄子心目中的普世价值。

庄子生活的时代,并没有"地球村"的概念,仅有"天下"的概念。不过在庄子看来,这个"天下"已经"大乱"了,乱世之下,价值崩溃,人人莫衷一是。纵然有普世价值,也不可能出现在这个天下大乱、价值崩溃的时代,而只能出现于远古、上古。就时代状况而言,庄子对普世价值持怀疑态度。因此他说:"自我观之,仁义之端,是非之涂,樊然淆乱,吾恶能知其辩!"又说:"故有儒墨之是非,以是其所非而非其所是。"(《齐物论》)如果有共同世界,有普世价值,就不会出现"是非之涂,樊然淆乱","此亦一是非,彼亦一是非"(《齐物论》),不会出现儒墨"是其所非而非其所是",不会出现百家争鸣或百家争霸的现象了。

庄子的对面站着孟子。孟子说:"口之于味也,有同嗜焉;耳之于声也,有同听焉;目之于色也,有同美焉。至于心,独无所同然乎?心之所同然者何也?谓理也,义也。"(《孟子·告子上》)这只是孟子一厢情愿的美好理想。即如"口之于味也,有同嗜焉",谁不知现实中是"萝卜青菜,各有所爱"呢?所以欧洲人说"谈到趣味无争辩"。再如"目之于色也,有同美焉",谁又不知"情人眼里出西施"乃人之常情呢?所以中国人说"各美其美",日本人说"十人十色"。马鞭声能让某些人心胸开阔精神振奋,对于叔本华却是无法容忍的噪音,足以断送一切美妙的思想。百万美元对于普通公司职员是一笔巨款,而对于比尔·盖茨(Bill Gates)或扎克伯格(Mark Elliot Zuckerberg),或许不过九牛一毛。但在孟子,坚持"口之于味也,有同嗜焉""目之于色也,有同美焉"等,不只表现了他的"理想主义"特征,而且隐含着他的"霸权主义"倾向。口、耳、目都是为"心"作铺垫,至于"心之所同然",自然是儒家的"仁义"了。孟子肯定"心之所同然",主张"是非之心,人皆有之",无非是为了论证"孔孟之道"的普世性,为了将儒家那套话语系统推广于天下。

在庄子看来,当世的任何一套话语系统,包括儒墨两家显学,都源于成心,都只是成见,都并非终极真理,都不可唯我独尊。 因此,与其说庄子从根本上否定普世价值,不如说他致力于反对话语霸权。 庄子的"相对主义"或"怀疑主义",是权力话语的解毒剂。

同是一个"心",庄子着眼于其消极意义,孟子着眼于其积极意义。 庄子试图超越后天形成的"成心",孟子强调扩充先天固有的"本心"。 孟子说:"人之所不学而能者,其良能也;所不虑而知者,其良知也。 孩提之童无不知爱其亲者,及其长也,无不知敬其兄也。"(《孟子·尽心上》)"仁义礼智非由外铄我也,我固有之也。"(《孟子·告子上》)然而,孟子自以为是先天固有的"良知良能",其实并不"先天",还是出于后天的人为设定。 如若不然,同是人性,何以孟子看出了"性本善",而荀子却发现了"性本恶"? 无论是孟子还是荀子,都是先有了一套理论,再为这理论寻找基础。 无论是性本善还是性本恶,明摆着都把人性囿于道德之域。 假设孟、庄两人得以相会,孟子必自豪地宣称,拈出"良知良能",已然一劳永逸地为道德奠定了基础、觅得了根据,功莫大焉,而庄子必微笑着告诉他,这只是对人性的一种摧残或桎梏,说得客气一点,也是对人性的狭隘化。 无论孟子如何强调儒家思想的普世性,在庄子看来,儒家思想不过是从某一个特定视角所看到的景象罢了,它看到的未必就是世界本身。

4. 语言的痛苦

既然受限于成心或视角,那么,人关于世界的印象,以及建立在印象之上的观念,归根到底都是从某个角度所得的一孔之见。 我们的一切印象与观念,不仅是"成见",而且是偏见。 有个人的偏见,也有集体的偏见。 简·奥斯丁(Jane Austen)的小说《傲慢与偏见》写出了个人的偏见。 相对于知识分子,未开化的农民大概是愚昧而充满偏见的。 农民的偏见是整个阶级的、集体的偏见。 如是集体的偏见,在这个集体之内不存在沟通和理解的问题,偏见如细菌般在空气中悄悄传播,被无意识地呼吸吐纳,令人病入膏肓而不自知,我们常常看到整个民族都是愚昧的情况。 但在集体之外,集体与集体之间,偏见则是进行沟通的巨大障碍。 当东方世界与西方世界初次遭遇之时,我们看到的不是"东西文化的交流",而是"东西文化的冲突";不是对话,而是战争。

有人说,人类知识的发展历程,就是克服偏见的历程。 因此,知识可以

119

减少偏见乃至消除偏见。其实未必。知识是一把双刃剑，能开拓思维，也会禁锢思维。学者也可能充满偏见。"是其所非而非其所是"的儒墨两家，正是如此。痛骂杨朱和墨翟"无君无父是禽兽也"，把许行贬斥为"南蛮鴃舌之人"（说话如鸟叫般难懂的南蛮人，《孟子·滕文公上》）的孟子，也是如此。呼吁对佛道两家"人其人，火其书，庐其居"（让和尚和道士都还俗，把佛经道书都烧掉，将佛寺和道观都变成民房，《原道》）的韩愈，更是如此。可见，学者成见之深，未必亚于常人，甚而过于常人。成心是熏习而成的，成见是积淀而成的。因此，有时越是学识渊博、见解独到的学者，就越是容易深陷自己的固定视角而不可自拔，越是容易形成偏见。人们所接受的知识，好比为蓄电池充上的电量，让手电筒的光线愈加明亮，却也放大了本来固有的偏见。

又有人说，通过对话、交流和讨论，可以克服偏见，故有"真理越辩越明"之说。而且今人一般认为，作为自由讨论的辩论，于公于私均有极大好处：公可以体验民主精神，因为民主政治就是基于辩论的政治；私可以相互切磋，推动学问长进。但是，庄子对对话、交流、辩论也并不乐观，甚至根本持怀疑、否定态度。这首先是源于"语言的痛苦"。

俄国作家高尔基（Maxim Gorky）有言："世上没有比语言的痛苦更强烈的痛苦。"作家都必深感"语言的痛苦"。何谓"语言的痛苦"？那就是陆机所说的："每自属文，尤见其情，恒患意不称物，文不逮意。盖非知之难，能之难也。"（《文赋》）"属文"就是作文，一旦开始写作，便会深刻地感受到"称物"和"逮意"的痛苦。苏东坡也说过："求物之妙，如系风捕影，能使是物了然于心者，盖千万人而不一遇也；而况能使了然于口与手乎！"（《答谢民师推官书》）言说眼前的"物"都如此困难，何况言说那终极的"道"？要言说道，不仅关系到"能之难"，而且关系到"知之难"，因为你必须"知道"而后才能"言道"。但是，人人皆有成心，都囿于视角，要"知道"或"见道"又谈何容易？因此，"语言的痛苦"对于庄子是双倍的。没有比语言的痛苦更强烈的痛苦了，也没有比庄子的痛苦更强烈的痛苦了。深刻的痛苦产生了严重的怀疑。庄子对语言的怀疑，早已众所周知。他基本上不大肯定言说，在某些场合甚至公然反对言说。他认为：

夫言非吹也，言者有言，其所言者特未定也。果有言邪？其未尝有

言邪？其以为异于鷇音，亦有辩乎？其无辩乎？（《齐物论》）

　　道恶乎隐而有真伪？言恶乎隐而有是非？道恶乎往而不存？言恶乎存而不可？道隐于小成，言隐于荣华。故有儒墨之是非，以是其所非而非其所是。欲是其所非而非其所是，则莫若以明。（《齐物论》）

言论和风吹不同，因为言论出于成心，而风吹出于自然。庄子不相信辩者的言论，为了说明它们何以不足为信，庄子区分了语言的"言"与"所言"。乍一看，这个区分有些类似于现代语言学中的"能指"（Signifier）与"所指"（Signified），但稍一究诘，便会发现两者形似而神不似。在索绪尔语言学中，符号是能指和所指结合在一起的整体，能指是语言的声音，所指是语言的意义。庄子的"言"固然是声音，但"所言"或"所言者"显然并不是概念，而应当是语词所指向的对象。这对象"特未定也"，变动不居，令语词失去所指，从而使言说失去意义。没有意义的言说等于根本没说。有些学者认为，"特未定"，应为"不足为据"或"不可为准"。"其所言者特未定也"，意思是言论没有定准；没有定准的言说等于根本没说。两种解读不妨并存。这句话里的"辩"通"辨"，并非"辩论"，而是"辨别"。庄子提出的疑问是：你以为语言应该与小鸟鸣叫不同，但无意义的言说或无定准的言说，与鸟鸣又有什么区别？

　　《齐物论》中狙公赋芧的寓言，其寓意之一，正是对语言的怀疑：

　　狙公赋芧，曰："朝三而暮四。"众狙皆怒。曰："然则朝四而暮三。"众狙皆悦。名实未亏而喜怒为用，亦因是也。

有一个阿凡提的故事，可为狙公赋芧的寓言增色。国王梦见满嘴的牙都掉了。第二天，他让大臣释梦。大臣说："你在全家人死了以后才会死。"于是遭到国王的臭骂。国王又让阿凡提释梦。阿凡提说："国王呀，你比全家任何一个人都长寿。"国王听了很高兴。这个国王，就像庄子笔下的猴子。事件只有一个，对事件的叙述则可以有两种以上，这说明，事件和叙述（事物和言说）之间并不存在必然的一一对应的关系，叙述（言说）并非对事件（事物）的忠实复制。人类发明语言，当然是为了言说事物，然而，一旦语言系统形成，语言就拥有了一种游离于、独立于事物之外的权能。语言建立了自己的王国。 人们可以在语言的王国内自由活动,乃至尽情游戏。 "朝三暮四"和阿凡提对国王的答复,显然正是语言游戏。 然而语言游戏是一把双刃剑:一方面,它证明了人的自由;另一方面,它也带来了语言怀疑论。 如果对于一件事物可以有两种以上的叙述,那么,哪一种叙述才是真实的呢? 这是一个问题。 进而,如果一切言说都只是语言游戏,那么,岂非一切言说都是值得怀疑的?

但是,若由此而推定庄子拒绝一切语言,反对一切言说,那就过为已甚、失之于偏了。 我们知道,"思想是无声的语言,语言也就是有声的思想"[1],真正的思维活动都是通过语言进行的。 因此,哲学必然是一种语言层面的思考,傅斯年甚至说,"哲学乃语言之副产品"。 纵然是强调直觉、顿悟的哲学如老子哲学,也得言说他的直觉和顿悟。 老子声称"知者不言,言者不知"(五十六章),庄子也强调"道不可言,言而非也"(《知北游》),但他们这些否定语言的命题,本身就是一种言说。 因此,白居易《读老子》诗云:"言者不如知者默,此语吾闻于老君。 若道老君是知者,缘何自著五千文?"老、庄对语言的怀疑与否定,本身就是对语言的一种思考,甚至已是关于语言的一种理论。 庄子似乎早已预感到白居易对老子的质疑了,他在《齐物论》中有一句话:

既已为一矣,且得有言乎? 既已谓之一矣,且得无言乎?

这里的"一",一般被理解为"道",因为道具有绝对性,绝对的就是唯一的。 但所有的语词都是在某个语言系统中相对于其他语词而成立的。 具有绝对性或唯一性的东西,不可以用语词去命名它、称呼它、言说它。 基督教的上帝就是绝对者或唯一者,因此,"上帝不可能有自己的名字。 因为只有物体、人、有限的东西才能有名字。 上帝既不是人又不是物,怎么会有名字呢?"[2]道,是中国人的绝对者或唯一者,因此庄子说,既然道是"一"了,怎么还能言说它? 我们甚至不能用"道"来称呼它。 但庄子又说,既然我们用"一"来描述它,这个"一"难道不也是"言"吗?

---

[1] 朱光潜:《诗论》,安徽教育出版社,1997,第79页。
[2] 弗洛姆:《爱的艺术》,李健鸣译,商务印书馆,2000,第50页。

后世的佛教和禅宗,也认为佛理不可说、禅不可说,但为令人觉悟,仍要假道于言说。隋唐时僧人吉藏在《二谛义》中说:"教有言说,理不可说;理既不可说,云何得悟?所以得悟理者,必假言说。"佛教为令人开悟,不得不假道于言说。宗教如此,哲学就更是如此了,因为宗教不妨止于修行,哲学则始于论说。禅宗主张不立文字,实则不离文字;庄子怀疑语言,然而不弃语言。庄子一生中最重要的事业,就是努力言说他所领悟的"道",为我们留下了一部深奥无比且魅力无穷的《庄子》(至少是内七篇)。这件事本身说明,"道"固然有"不可说"的一面,却也有"不得不说"的一面。

但是,"道"之所以"不得不说",这不仅仅是佛教和禅宗的理由,即不只是为了传教或令人开悟。老子和庄子不得不说,还有更深的原因。这个更深的原因就是:如果不去言说道,道就不存在。我们以前曾说,道不可言说,但可以践行。践行不就表明了道的存在吗?不错,但在此之前,如果你不曾被提示道的存在,也就不可能去践行了。老子说:"上士闻道,勤而行之;中士闻道,若存若亡;下士闻道,大笑之。不笑不足以为道。"(四十一章)可见唯有"闻道"之后才可能去"勤而行之"或"大笑之"。能够"闻道",自然是有人"言道"。所以行道、悟道、体道均以闻道为前提,而闻道又以言道为前提。庄子也有这个意思,《大宗师》中有一段对话:

南伯子葵问乎女偊曰:"子之年长矣,而色若孺子,何也?"
曰:"吾闻道矣。"
南伯子葵曰:"道可得学邪?"
曰:"恶!恶可!子非其人也。……"
南伯子葵曰:"子独恶乎闻之?"
曰:"闻诸副墨之子,副墨之子闻诸洛诵之孙,洛诵之孙闻之瞻明,瞻明闻之聂许,聂许闻之需役,需役闻之于讴,于讴闻之玄冥,玄冥闻之参寥,参寥闻之疑始。"

南伯子葵一开始根本不知道"道",他见女偊的相貌与众不同,问其缘由,女偊告诉他自己"闻道"了。南伯子葵很是羡慕,也想学道,但女偊却说他"非其人"。南伯子葵又问他从哪里"闻道"的,女偊说"闻诸副墨之子"。"副墨"就是文字,"闻诸副墨之子",就是根据流传的文字而闻道。副墨之子又"闻诸洛诵之孙"。"洛诵"就是诵读，亦即语言，"闻诸洛诵之孙"就是说，文字的流传又得之于语言的流传。如此等等。这个对话说明，道是一定要说的，甚至是要形成文字的。《老子》和《庄子》岂非正是这里所说的"副墨之子"？

贝克莱（George Berkeley）认为，"存在就是被感知"（To be is to be perceived），这是个影响深远的观点，但它其实说得不彻底。如果事物没有被言说，也就无法被感知。你会"见鬼"，或者"疑神疑鬼"，是因为早已知道"鬼"这个词。中国人对亲戚有很多的命名，如婶婶、伯母、姨妈、舅妈、姑父、姨父等，这些亲戚的命名在西语中不存在，西方人也就难以感知分别这些亲戚关系。从前汉语中没有"人体美"一说，因此千百年来，中国人都无法发现和欣赏"人体美"。1914年中国的美术院校开始使用人体模特，还一度掀起了轩然大波。因此，我们应当说："存在就是被言说。"换言之，"存在就是语言中的存在。"现象学家海德格尔早已有了类似的观点："唯当表示物的词语已被发现之际，物才是一物。唯有这样的物才存在（ist）。所以我们必须强调说：词语也即名称缺失处，无物存在（ist）。唯词语才使物获得存在。"[①]既然如此，如果不去命名、言说道，道也就不存在。这就是道"不得不说"的本体论的理由。

实际上，在《齐物论》中，"道"与"言"常常联系在一起，比如："道恶乎隐而有真伪？言恶乎隐而有是非？道恶乎往而不存？言恶乎存而不可？道隐于小成，言隐于荣华。"还有："夫道未始有封，言未始有常"，"夫大道不称，大辩不言"，"道昭而不道，言辩而不及"，"孰知不言之辩，不道之道？"……在这些句子里，"道"与"言"都被相提并论，两者可以互文见义。例如，"言恶乎隐而有是非"与另一段话中的"是非之彰也，道之所以亏也"意思一致。虽然不能直接说"道"就是"言"，但至少可以肯定，道是离不开言的，而真正的言也是内在于道的。道因言而得以显现，言因道而获得意义。由此可以推出，庄子反对的只是脱离了道的言说。在《齐物论》的语境中，庄子反对的乃是"彰显是非"的或曰"惹是生非"的言说。换言之，庄子反对单纯以争执、辩论为目的的言说，比如儒墨两家的"以是其所非而非其所是"，比如公孙龙的"离坚白"、惠施的"合同异"。

---

① 海德格尔：《语言的本质》，载《海德格尔选集》（下），上海三联书店，1996，第1067页。

这种言说，可能铿锵有力，可能气势如虹，可能舌灿莲花，可能妙语如珠，但终究只是"荣华"之言，充其量只是"小成"。庄子认为，"道隐于小成，言隐于荣华"，既然这样，不如干脆不言，"莫若以明"。

在《齐物论》中，庄子两次提到"莫若以明"，还有一次单独使用"以明"，可见"以明"一词的重要性。庄子三次使用"以明"的句子，罗列如下：

欲是其所非而非其所是，则莫若以明。

是亦一无穷，非亦一无穷也。故曰：莫若以明。

是故滑疑之耀，圣人之所图也。为是不用而寓诸庸，此之谓"以明"。

这三个地方，"以明"都被放在句末，都是用来结束一个句子的。庄子对"以明"几乎没有任何正面的具体说明。于是，该如何解释"以明"，便成了庄子为读者设置的一道难题。刘坤生指出："庄子对用道去'齐'各种'物论'的说法，屡次归之于'莫若以明'，对此四字可以说是千古无解；而这个重要的概念，在今日的'庄学'领域，因为释义的问题没有解决，并没有得到重视，这是《齐物论》旨意不能得到通释的原因之一。"[①]照此评论，这是一个"千古无解"的难题，而且它并不是无关紧要、细枝末节，可以不去面对，因为"莫若以明"或"以明"的释义问题，直接牵连着《齐物论》一篇的旨意，可谓事关重大。

张默生认为："'以明'便是以彼明此，以此明彼的意思。"[②]何谓"以彼明此，以此明彼"呢？举例来说："酷嗜考据训诂的人，往往不顾庄子的义理，以致所释的文字，不合于庄子立言的本意，好比登高的梯子不适于登高之用，而只顾义理的人，往往忽略《庄子》的文字，以致所阐释的义理，又背于庄子使用的文字，好比指示的目标，原来是空中楼阁。此二者，正缺乏庄子所谓'莫若以明'的精神。莫若以明，就是以此明彼，以彼明此，合则双美，离则两伤。"[③]这种说法是有来历的。郭象注云："欲明无是无非，则莫

[①] 刘坤生：《〈庄子〉九章》，上海古籍出版社，2009，第40页。
[②] 张默生：《庄子新释》，新世界出版社，2007，第28页。
[③] 张默生：《庄子新释》，新世界出版社，2007，第2页。

若还以儒墨反复相明。反复相明，则所是者非是，而所非者非非矣，非非则无非，非是则无是。"（《庄子注》）郭象"以儒墨反复相明"之说，便是张默生"以彼明此，以此明彼"之前身。但郭象的注解本身是否成立，已是一大疑问，而张默生对郭象注释的发挥是否成功，也是悬而未决的，其疑问有三。其一，庄子认为必须回到"道"的立场才能让真理"明"，并不认为儒墨可以"反复相明"。其二，要认可"以儒墨反复相明"之说，其前提是承认"真理越辩越明"，但庄子以为辩论并不能使真理"明"。其三，"儒家思想—墨家思想"的关系，与"考据训诂—义理"之间的关系，完全不同，前者是对立对峙的关系，后者则是相辅相成的关系。

陈鼓应《庄子今注今译》注"莫若以明"云："不如用明静之心去观照。"曹础基《庄子浅注》云："莫若，不如。明，即《老子》'复命曰常，知常曰明'之'明'。懂得追溯到根本的虚无之道那里去，就什么是非、真伪都解决了。因为在那里是一切都是齐同的。"如果把这条长注简化一下，"莫若以明"似乎可以理解为"不如回到虚无之道"。不过，"不如用明静之心去观照"和"不如回到虚无之道"这两种解释，尽管大方向可能是正确的，但都显得有些飘忽不定，很难说已经直接、切实地命中了目标。其实，陈鼓应《庄子浅说》中还有一个说法，"'明'为无所偏执去观察"，这个貌似不经意的说法，或许比《庄子今注今译》的注释更到位些。

按照维特根斯坦（Ludwig Wittgenstein）的观点，语词的意义取决于语词的用法，或意义即用法。庄子两次都将"以明"与"是非"做比较，所谓是非，自然是言论、物论的是非，是辩论中的是是非非。还有一次是将"以明"与"滑疑之耀"相对照，即："是故滑疑之耀，圣人之所图也。为是不用而寓诸庸，此之谓'以明'"。圣人之所"图"，意即圣人之所欲去之。蒋锡昌说："'滑疑'即指辩者之说而言，谓其说足以使人之心乱与疑也。"而联系上文，圣人所要摒弃的"滑疑之耀"，其实例之一，即是惠子的辩论。孔子曾说"巧言令色，鲜矣仁"（《论语·学而》），又说"仁者，其言也讱"（《论语·颜渊》），"讱"就是言语迟缓谨慎，可视为"巧言令色"的反面。孔子贬斥"巧言令色"，而庄子要去除"滑疑之耀"，两者性质约略相当。"为是不用而寓诸庸"，也颇难解。"庸"即庸常、平庸，联系前文摒弃辩论之言的"耀"，不妨说"庸"就是老子所推崇的"和其光，同其尘"。和光同尘，与庄子"不谴是非，以与世俗处"的人生态度是一致的。

换言之，与其徒逞口舌之利，争强好胜，惹是生非，不如选择"莫若以明"。可见，庄子一再强调"莫若以明"，其语境是百家争鸣，是非纷争；其前提则是"辩也者，有不见也"（《齐物论》）。

"辩也者，有不见也"，是庄子《齐物论》的一个重要命题，而它的最佳例证，大概便是惠子和庄子的"濠梁之辩"。惠子在争论中似乎占了上风，但他对于庄子的"鱼之乐"，却没有任何的体验，就像一个天生的盲人，言之有据且言之成理地说了一通颜色。因此我们可以说，庄子强调"莫若以明"，是敦请辩者们不要纠缠于是非，不要沉迷于辩论，而要回到言说、辩论之前的直观或洞见。"莫若以明"，用现代语言来表述，"明"相当于现象学的"明见性"（Evidence），这种明见性在直观（Intuition）中获得呈现；"莫若以明"，也就是"不如回到直观"。

胡塞尔开创的现象学要求"回到直观"，因为现象学认为，直观是一切知识的基础。第一期《现象学与哲学研究年鉴》发表的据信为胡塞尔亲自起草的《现象学宣言》如是说：

> 使他们联合起来的是这样一个共同的信念，即只有返回到直接直观这个最初的来源，回到由直接直观得来的对本质结构的洞察，我们才能运用伟大的哲学传统及其概念和问题；只有这样，我们才能直观地阐明这些概念，才能在直观的基础上重新陈述这些问题，因而最终至少在原则上解决这些问题。①

现象学的直观要求我们事先排除一切先入之见，以无前提的目光去直接观察事物本身。例如，"子曰：'岁寒，然后知松柏之后凋也。'"（《论语·子罕》）孔子对松柏的观看，掺入过多的先入之见，以至于将松柏视为道德的化身，松柏本身被埋没于道德评判之中。钱穆指出："此话实非真讲松柏，其实是'比'，是一种比喻，吾人可比喻作'在患难中可见出朋友的交情'。"②这正是庄子所要反对的"成心"。然而，有这样的成心，就有那样的成心；有这里的是，就有那里的非。孔子说："智者乐山，仁者乐水；智者

---

① 引自赫伯特·施皮格伯格《现象学运动》，王炳文、张金言译，商务印书馆，1995，第40页。
② 钱穆：《中国文学史》，天地出版社，2016，第33页。

动,仁者静;智者乐,仁者寿。"(《论语·雍也》)北宋词人王观却说:"水是眼波横,山是眉峰聚。欲问行人去那边?眉眼盈盈处。"(《卜算子·送鲍浩然之浙东》)同是山水,一晓之以理,一动之以情。孔子与王观对山水的理解,到底谁是谁非?在庄子看来,他们的视角都是可行的,他们的看法都是"正确"的,与此同时,他们也都是偏颇的。既有特定视角,则必然有所不见;既已有所不见,则必然有所偏颇。与其说些偏颇之言,演出无穷的是非纷争,还不如不说、不辩,"莫若以明"。

庞思奋(Stephen R. Palmquist)指出:"我们一旦认识到,庄子的目标是让我们瞥见超越分析逻辑的界限的东西,他的话便开始有了新的意义。他推崇的'明'不是思考(即思考我们知道的事物)的明晰,而是识见(即看到仍然保持着神秘的事物)的明晰。"①这是我们可以将"莫若以明"解释为"不如回到直观"的一个旁证。语言和思考是一体两面。思考就是心灵与自己对话。思考是无形、无声的对话,对话是可见、可听的思考。庄子并非不思考,但他的思考,始终不离思考之前的直观;庄子也并非不言说,但他的言说,主要不是对话,更不是辩论式对话,而是独自沉思。庞思奋在评价笛卡尔时说:"他的新方法就是怀疑(doubt),是用孤独的沉思(solitary meditation)代替对话。"②这个评价似乎也适用于庄子。对于这种"孤独的沉思",对话和辩论不再是至关重要的了,至关重要的是原初的直观或洞见。笛卡尔也以清楚明晰的直观作为他哲学沉思的前提,并且因此被胡塞尔视为现象学的先驱。

因此毫不奇怪,庄子断言"辩也者,有不见也",主张"大道不称,大辩不言"(《齐物论》)。有"大辩",就有"小辩"。"小辩"就是一般的辩论,尤其是"百家争鸣"的辩论。庄子对这种辩论评价不高,甚至认为毫无价值。《齐物论》中有一段著名的言论,被后期墨家称为"辩无胜"论。

> 既使我与若辩矣,若胜我,我不若胜,若果是也,我果非也邪?我胜若,若不吾胜,我果是也,而果非也邪?其或是也,其或非也邪?其俱是也,其俱非也邪?我与若不能相知也,则人固受黮闇,吾谁使正

---

① 庞思奋:《哲学之树》,翟鹏霄译,广西师范大学出版社,2008,第103页。
② 庞思奋:《哲学之树》,翟鹏霄译,广西师范大学出版社,2008,第53页。

之？使同乎若者正之？既与若同矣，恶能正之！使同乎我者正之？既同乎我矣，恶能正之！使异乎我与若者正之？既异乎我与若矣，恶能正之！使同乎我与若者正之？既同乎我与若矣，恶能正之！然则我与若与人俱不能相知也，而待彼也邪？

此段的大意是：我和你辩论，如果你胜了我，那么，你果然对吗？我果然错吗？如果我胜了你，那么，我果然对吗？你果然错吗？是我们俩一对一错呢？还是我们俩都错了呢？你我都不知道。凡人都有成见，我们该请谁来评判是非？假如请和我观点相同的人评判，他已经和我相同了，又怎么能够评判？假如请和你观点相同的人评判，他已经和你相同了，又怎么能够评判？假如请和你我意见都相同的人评判，他已经和你我相同了，又怎么能够评判？假如请和你我意见都相异的人评判，他已经和你我都不同了，又怎么能够评判？你、我、他人都不能互相理解，既然如此，你、我和他人都不能评定谁是谁非了。

的确，辩论有时纯粹只是技巧问题，有时只是"为辩论而辩论"。例如，欧洲中世纪经院哲学中，有这样的辩题：一个针尖上能站多少位天使？在今天看来，这种辩论根本无关痛痒，与是非无关，与真理也无关。按照庄子的倾向，世间的是非之争，大抵都是斤斤计较于"针尖上能站多少天使"。因此，辩论的胜负，并不能决定是非，好比今天市场上一件艺术品的价格，并不等于这件艺术品的价值。在评定是非或请人裁判的问题上，庄子似乎也穷尽了所有的可能。可能性只有四种：与我相同的，与你相同的，与你我都相同的，与你我都不同的。这四种情况都不能提供评判的标准，因此，是非的标准是不存在的。既然是非的标准不存在，辩论的胜负归根到底是无谓的。

庄子的"辩无胜"之说，看起来非常雄辩。它至少让我们得到两点启示：一是真理未必越辩越明；二是不能强行给他人甚至他物树立价值标准。然而"辩无胜"之说，并非完美无缺。实际上，在请人裁决的问题上，庄子至少遗漏了一个可能性。在《理想国》第一卷中，苏格拉底与格劳孔辩论"正义"问题，也涉及辩论的裁判：

如果在他说完了之后，由我们来照他的样子，正面提出主张，叙述正义的好处，让他回答，我们来驳辩，然后两方面都把所说的好处各自汇总

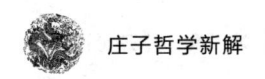

起来，作一个总的比较，这样就势必要一个公证人来做裁判；不过如果象我们刚才那样讨论，采用彼此互相承认的办法，那我们自己就既是辩护人又当公证人了。①

根据苏格拉底的说法，在辩论中还有一种可能性，即辩论者自己"既是辩护人又当公证人"。庄子并没有考虑到，在一场真正的对话中，可以完全无须第三方做裁判，因为对话双方就可以做裁判。这似乎很奇怪，哪有比赛选手自己给自己当裁判呢？但是，只要做到服从逻辑、学会变换视角，这种情况就是可能的。

逻辑的词源是"逻各斯"（logos）。逻各斯表现于客观，是为规律、法则、尺度；表现于主观，则为理性。逻各斯是人人共有的。它既体现在对话之中，又超越于对话之上，暗中规范并引导着对话的发展，因此，逻各斯实际上就是超越双方立场的第三方。但是，它并不是庄子"辩无胜"中的第三方，因为逻各斯并不是某种具体的观点，而是观点得以确立、对话得以可能的先决条件。有了逻各斯，通过对话与辩论，是有可能通向真理的。服从逻各斯，在苏格拉底看来，既是对话的基本原则，也是生活的基本原则。苏格拉底还说，辩论者自己做裁判，必须"采用彼此互相承认的办法"。这就是说，在对话和辩论过程中，必须暂时采取对方的立场，学会从对方的角度来看问题。按照苏格拉底或柏拉图的观点，对话或讨论，正是克服个人的既定视角和有限视角的一个绝佳机会：对话能够让我们尽可能地从不同的角度来看问题，打破自我中心，趋于共同视域。20世纪伽达默尔哲学诠释学的重要概念"视域融合"，在柏拉图的对话中已埋下伏笔。

在庄子的哲学中，并没有"逻各斯"的位置。庄子作《齐物论》，也是为了克服成心与视角，克服片面性与局限性。但庄子超越视角的路径与柏拉图简直完全相反。柏拉图提倡对话，庄子则要求不对话、不辩论，因而当然也不需要逻辑。这正是庄子主张"辩无胜"的理由。庄子的思路是，以"道"来超越片面的成心、有限的视角，实现齐物和齐论。"道"与"逻各斯"，这两个概念从根源上区别了庄子哲学与柏拉图哲学，也体现了中国文化与西方文化的基本分野。

---

① 柏拉图：《理想国》，郭斌和、张竹明译，商务印书馆，1997，第31页。

第三节 整体视域与终极视域

5. 作为整体视域的道

是非纷争,源于成心或视角,因此,只要克服了成心或视角,就能够齐是非、齐物论。克服成心或视角,其消极表述是"吾丧我"。成心或视角,无非就是"我"的表现,"丧我"之后,源于成心或我见的是非纷争,自然终止了。克服成心或视角,在庄子的《齐物论》中还有一种积极表述,那就是"道通为一"。

当庄子强调人与动物并不分享一个共同世界,强调诸子百家之学都出自成心与视角时,他似乎是一个地道的"相对主义"者,但是,当庄子亮出"道"的概念和"道通为一"的命题时,我们就不能再把他等同于相对主义者了。爱莲心(Robert E. Allinson)正确地指出:"《庄子》一书绝对不是一个相对主义的演练。虽然在《庄子》中确实为相对主义保留了一个位置,但是,我将会争辩说,这只不过是一个暂时性的位置;相对主义是特别用来打破其他观点的一种策略,而不是提出一个自身的最后观点。"[①]主要是由于"道"的概念和"道通为一"的观点,使庄子超越了相对主义。

道,是庄子哲学的基本概念。解读一种哲学,不仅要直接解释它的基本概念,还要知道这些基本概念到底从何而来。换言之,有必要从概念返回到问题,去探究哲学家究竟在思考什么问题。问题比概念更根本,因为概念往往是为了回答问题而发明出来的。众所周知,庄子是老子之"道"论的继承者,不过,庄子并不是事先接受了一个"道"的现成概念或理论,然后对这一概念或理论加以深化、扩充或改造,比如说,将这一概念或理论重新阐释,活用于某些具体问题之上。庄子是一个原创性的哲学家,他的哲学抱负不可能止步于"著书十余万言,以明老子之术"(司马迁语)。庄子哲学并不只是对老子哲学的一种诠释或"诗化"。庄子对老子"道"论的接受,是由于自己的独立思考自然而然地通向了"道"。庄子的问题,逼出了庄子的"道"。事实上,由于老子与庄子思考的问题并不相同,他们的"道"也颇

[①] 爱莲心:《向往心灵转化的庄子:内篇分析》,周炽成译,江苏人民出版社,2004,第11页。

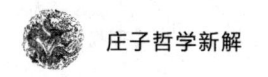

有差异。

哲学问题，有永恒问题，有时代问题。不过，原创性的哲学往往来自对时代的观察、对现实的反思。在《齐物论》中，庄子所要处理的问题是先秦的"百家争鸣"。与法国哲学家笛卡尔相似，庄子哲学思考的契机之一，是各种彼此对立的观点、莫衷一是的争论。笛卡尔认为，千百年来哲学始终处于永无休止的争议之中，这说明已有的那些哲学本身就是有问题的，值得怀疑的。问题在于，哲学并不像数学那样具有牢固的基础。为此，必须以数学为样本，去探索一种基于不可怀疑之基础的新哲学。庄子看到，诸子百家，议论纷纷，各是其是，彼此对立，互相攻击，这说明诸子百家的学说本身就是有问题的。庄子也追究那些学说的基础，他发现诸子学说成立的依据无非都是成心或视角。成心是保持拒绝的，视角是不能相通的。他们就算争论不休，也争不出结果，辩不出是非。为此，必须站在一个超越的位置上，对诸子的学说加以重新评估。

但是，这一评估者，显然不能是"辩无胜"中所设想的第三方。因为"辩无胜"中的第三方，其实并不"超越"：它的位置，与辩论的双方处于同一平面上；它的视角，仍是受限的、片面的、局部的，并不能在根本上区别于辩论的双方。裁判必须比辩手站得更高，如杜甫《望岳》所言："会当凌绝顶，一览众山小。"为了获致更高的位置，唯有从山脚向山顶攀登，突破平面二维，引进空间的第三维。于是，"道"应运而生了。庄子的思维方式是"置之死地而后生"。他通过"辩无胜"的观点，将自己逼入一个困境，成了在沙漠中左冲右突不得而出的旅人，道，则是庄子竭力寻求思想突围的过程中所遭遇的一片绿洲。道是什么？庄子的道，可以理解为"超越一切视角的视角"，或"无视角的视角"。换言之，"道"就是整体视域。

道是一种视域。《秋水》说："以道观之，物无贵贱；以物观之，自贵而相贱；以俗观之，贵贱不在己。"大意是，内在于道的视域，万物原无贵贱之分；从万物自身的角度看，无不自以为贵而贱视他物；用世俗的眼光看，贵贱都由外而来，并不取决于物自身。"以道观之"，万物平齐。《天地》也说："以道泛观，而万物之应备。"很明显，"道"是一种视域或视野。

南朝画家宗炳深受庄子思想的影响，并在此影响下写了一篇《画山水序》，初步奠定了中国山水画的理论基础。《画山水序》开篇就说："圣人含道暎物，贤者澄怀味象。至于山水，质有而趣灵①，是以轩辕、尧、孔、广成、大隗、许由、孤竹之流，必有崆峒、具茨、藐姑、箕、首、大蒙之游焉。"这就基本上把山水画成立的依据建立在道家思想尤其是庄子思想之上了。值得注意的是"圣人含道暎物，贤者澄怀味象"，道家的圣人并不是在外在的山川之中发现了"道"，而是"含道暎物"，以自己身上的道映射于山川。"道"是圣人内在的东西，有了这个内在的"道"，才能发现山水之美。山水之美其实是圣人之道的客观对应物。贤者是仅次于圣人的人，他还不能像圣人那般"含道暎物"，只能"澄怀味象"。"澄怀"就是剔除主观成见，去除私心杂念，这明显是一种主观的修养或功夫。"含道暎物"可视为"澄怀味象"的升级版。如此我们就完全可以把宗炳的"道"理解为一种视域，以佐证我们对庄子之道的解读。

但是，人们往往将道作实在论的解读，把道对象化、现成化了，理解为一种客观的对象和存在，或通俗地说，把道看作一个"东西"。这当然是一种"成心"，是庄子所要破除的"见道"或"悟道"的第一个障碍。《知北游》有一段"东郭子问道"的著名对话：

> 东郭子问于庄子曰："所谓道，恶乎在？"
> 庄子曰："无所不在。"
> 东郭子曰："期而后可。"
> 庄子曰："在蝼蚁。"
> 曰："何其下邪？"
> 曰："在稊稗。"
> 曰："何其愈下邪？"
> 曰："在瓦甓。"
> 曰："何其愈甚邪？"
> 曰："在屎溺。"
> 东郭子不应。

东郭子把"道"实在化了，当成了一个现成的"东西"，因此固执地追问"所

---

① "质有而趣灵"，有些版本为"质有而灵趣"。

133

谓道，恶乎在"。庄子答曰"无所不在"。如果把道理解为一种视域，庄子的回答本来是很容易理解的。有了道的视域或道的眼光，"以道观之"，自然处处都能见道，正如一个有美感的人，处处都能发现美。陈鼓应在评论"东郭子问道"时也指出："我们应了解庄子乃是站在宇宙美的立场来看待万物——从动物、植物、矿物乃至于废物，即连常人视为多么卑陋的东西，庄子却都能予以美化而灌注以无限的生机。"他因此说："庄子的'道'，乃是对普遍万物所呈现着的一种美的观照。"①既然道是"美的观照"，当然并非客观实在，而是主体的眼光或视域了。

然而东郭子执而不化，非要"期而后可"。庄子迫不得已，只好指点了一通，道在蝼蚁，在稊稗，在瓦甓，在屎溺。如果我们去寻找蝼蚁、稊稗、瓦甓、屎溺的共同特征，那就是再次走岔路了。庄子是因材施教、因地制宜，故意用一些毫无价值的甚至不堪入目的事物来回答，希望东郭子能够突破思维定式，幡然醒悟。"道"是道家所推崇的，如果"道"是一个"东西"，那它当然只能存在于"高贵"的事物中，不可能存在于"低贱"的事物中，这也是东郭子的"成心"。庄子显然在提示东郭子"以道观之，物无贵贱"的洞见。其实，道未必都是如此"每下愈况"，它也可以显现在通常认为较美好、较高尚的事物里，如后世禅宗所说："青青翠竹尽是法身，郁郁黄花莫非般若。"值得注意的是，蝼蚁、稊稗、瓦甓、屎溺、翠竹、黄花……这些事物之中，并没有一个叫作"道"的共同因素。道并不是客观的对象和存在，无论这对象是具体的事物还是抽象的理念、原理、规律、法则。

道"无所不在"，说明道不仅是一种视域，而且是整体视域。庄子很强调道的整体性。例如，"夫道，于大不终，于小不遗，故万物备"（《天道》）。"夫道，覆载万物者也，洋洋乎大哉！"（《天地》）这两个说法与"东郭子问道"如出一辙。作为整体视域，道当然是覆载万物、无所不包的。如果像东郭子那样，把道对象化，视之为客观存在，那么，这种包容万物、覆载万物，"洋洋乎大哉"的道，看来只能是"天地"或"宇宙"了。然而，既已有了"天地"或"宇宙"，又何必再造一个"道"的概念？再

---

① 陈鼓应：《庄子浅说》，三联书店，2013，第86、85页。"庄子的'道'，乃是对普遍万物所呈现着的一种美的观照。"这句话说得有点拗口，似乎是把主客观给混淆起来了。"万物所呈现着的"偏于客观，"美的观照"偏于主观，在同一句子中将主客观糅合在一起，因而别扭。或者可以简化为："庄子的道，是对普遍万物的一种美的观照。"

则，按照道家哲学的观点，人可以"得道"，天地或宇宙如何为人所"得"？我们可以拥有一种"天地境界"或"宇宙视域"，但不可能拥有天地或宇宙。可见，与其说庄子的道是天地或宇宙，不如说是一种"天地境界"或"宇宙视域"。天地境界或宇宙视域，都是整体视域。

只有把道视为整体视域，我们才可以理解"东郭子问道"的寓言，也才可以理解《齐物论》的以下说法：

> 物固有所然，物固有所可。无物不然，无物不可。故为是举莛与楹，厉与西施，恢诡谲怪，道通为一。其分也，成也；其成也，毁也。凡物无成与毁，复通为一。唯达者知通为一，为是不用而寓诸庸。庸也者，用也；用也者，通也；通也者，得也，适得而几矣。因是已。已而不知其然，谓之道。

整体视域是一种接纳一切、包容一切的视域。因此庄子说，"无物不然，无物不可"，无论什么事物都有存在的道理。但这是庄子"以道观之"的结果，并不是如宋明理学或黑格尔哲学那样，认为事物之中有某种客观的"理"，要人去"格物穷理"。既然任何事物都有存在的道理，那么将它们强为区分，如纵横、善恶、美丑、分合、成毁……就没有什么必要了。比如说，横的屋梁（莛）与纵的屋柱（楹），丑陋的厉和美丽的西施，都可以"道通为一"。

当然，在老子的思想中，已有把道理解为整体视域的萌芽。《老子》说："道生一，一生二，二生三，三生万物。"（四十二章）这个"一"，并不是数学意义的"一"，而是哲学意义的"一"，或许可以理解为"整一"。道具有整一性，这就有些类似于庄子的整体视域了。但是，老庄之道毕竟颇有不同。老子往往把道客观化、实体化了。被老子客观化和实体化的道，不再是一种观物的方式，而是一种特殊的物，即"万物之母"。西方人认为世界是上帝创造的，老子则认为，世界是道创造的。老子思忖，既然有世界、有天地、有万物，那么必定有一个产生万物的东西，这就是"道"。"道生一，一生二，二生三，三生万物。"世界由道产生，道就像母鸡下蛋一样生出万物来，因此老子把道叫作"万物之母"。既是"万物之母"，那它肯定不是万物中的一物，母亲怎会和孩子一样？鸡怎会和蛋一样？尽管母与子不同、鸡与蛋各异，尽管并不是万物中的一物，但老子的道毕竟还是万物之外的一"物"。《老子》说："有物混成，先天地生。寂兮寥兮，独立不改，周行而不殆，可以为天下母。吾不知其名，强字之曰道。"（二十五章）母先于子，道与万物的关系是时间上的先后关系。

在道与万物的关系上，老庄之道也颇有不同。按照庄子的倾向，道与万物的关系并不是时间上的"先－后"关系，而是逻辑上的"整体－部分"关系。由于庄子的道并非客观的对象，既非万物中的一物，亦非万物外的一物，因此，这里的"整体－部分"关系也就并不是客观世界中的"整体－部分"关系，比如山峰与岩石的关系，师和营的关系，群蚁与蚁王的关系。这里的部分与整体，应当理解为局部视角与整体视域。局部视角或特定视角形成了诸子百家的"物论"，整体视域形成了"道术"。"道术"与"物论"的关系，也是"整体－部分"关系：

> 天下大乱，贤圣不明，道德不一，天下多得一察焉以自好。譬如耳目鼻口，皆有所明，不能相通。犹百家众技也，皆有所长，时有所用。虽然，不该不遍，一曲之士也。判天地之美，析万物之理，察古今之全。寡能备于天地之美，称神明之容。是故内圣外王之道，闇而不明，郁而不发，天下之人各为其所欲焉以自为方。悲夫！百家往而不反，必不合矣！后世之学者，不幸不见天地之纯，古人之大体。道术将为天下裂。（《天下》）

庄子所说的"道术"，自然也是一种学说，不过与一般的学说不同，"道术"基于整体视域，是整体性的知识，是真理之全。一般的"物论"不过是"得其一察"，故而"寡能备于天地之美，称神明之容"。这正是诸子百家之学的写照。庄子将诸子百家都视为"一曲之士"。尽管诸子之学不可能穷尽真理之全、备于天地之美，不过庄子也承认它们"犹百家众技也，皆有所长，时有所用"。

这说明，庄子并没有全盘否定诸子百家之学。庄子只是认为，诸子百家之学，都为各自的视角所限，都未能得真理之全，都只是"片面的真理"。尽管并没有明确的说明，庄子在《齐物论》中实际上区分了两种知识。一种是"真知"，即全面的、整体的知识；另一种是片面的、局部的知识。真知也就是《天下》篇所说"道术",它试图超越有限的观点和片面的角度,从"道"的视域看待事物。庄子属于道家,而道家是先秦"诸子百家"之一,因此,从形式上看,庄子与孔子、孟子、老子、墨子、惠子、公孙龙子等人并无区别,都是"一曲之士",庄子的学说,也不过是"一家之言"。但另一方面,按照庄子的自我期许,他的学说是失传已久的"道术"的复兴,故能见"古人之大体""备于天地之美",得真理之全,如此看来,庄子之学的地位并不与其他学说平等,而是在它们之上,超越于诸子之学,甚至超越于老子之学。

勉强做个比较,庄子的"道术",相当于西方的"哲学"。按照西方的学术传统,哲学常常借科学界定自身。哲学与科学的区别有种种表现,表现在研究对象上,哲学寻求对世界的整体认识,而科学则是对世界的局部性、片段性的研究;哲学研究"存在""作为存在的存在",科学研究诸存在者;哲学研究"纯粹经验",科学研究分门别类的经验。西班牙哲学家萨瓦特尔(Fernando Savater)指出:"科学可以增加知识的视角和领域,也就是将认知分割和细化,哲学则坚持将一种知识与其他知识联系在一起,试图通过人类思考这个统一的活动形式,将每种知识都安置在一种超越多样性的统一框架之中。"[1]西方的"科学与哲学",自然不能等同于庄子笔下的"物论与道术",但这两对语词的关系是一致的,它们的关系都是特定视角与整体视域的关系。

卢梭说过:"对整体有很好的了解的人,就能了解每一个部分应有的位置,对一个部分有彻底研究的人,就能够成为一个有学问的人;至于要成为一个有卓见的人,那就需要对整体有彻底的了解了;需要记着的是,我们想取得的不是知识,而是判断的能力。"[2]这个观点也可以与庄子的观点参照来读。一般来说,哲学并不能增加人们的知识,增加知识量是科学的目标,并非哲学的使命,但是,哲学可以深化对知识的理解。了解某种知识在整体中所处的位置,洞察某种知识的边界与局限,这就是深化理解。

6. 作为终极视域的道

以上所引《天下》篇的文字,把"道术"与"古人"联系在一起。这种

---

[1] 萨瓦特尔:《哲学的邀请》,林经纬译,北京大学出版社,2007,第5页。
[2] 卢梭:《爱弥儿》上卷,李平沤译,商务印书馆,2001,第257页。

情况在《庄子》中比比皆是。如《天下》说:"古之所谓道术者,果恶乎在?曰:'无所不在。'"又说:"古之道术有在于是者,庄周闻其风而悦之。"整体的"道术"属于古人,局部的和片面的"物论"属于今人。于是,庄子就在"整体-部分"关系中引入了"古-今"的维度。"古",尤其是"远古""上古",在庄子这里是一个隐喻,它不仅具有历史的或时间的意味,更重要的是,还具有"本源""究极""终极"的哲学意味。于是,"道"就不只是整体视域,而且是终极视域。

在基督教文化圈,"终极"这顶桂冠握在上帝手里;"终极"的位置,为上帝所拥有。陈鼓应指出:"'道'是中国文化的特产,一如'上帝'为西洋文化的特产,它们有异曲同工之妙。每当那些思想家遇上任何解决不了的问题时,都一股脑儿往里推。"[1]陈鼓应提到"一股脑儿往里推"时,语气似带贬抑,实际上,这种现象还可以有更积极的理解。把解决不了的问题"都一股脑儿往里推",这或许正是"终极"的意义之所在。正如陈嘉映所说:"没有终极真理做保证,所有的道理不都断了根基吗?"[2]终极之为终极,就在于它是解决一切问题的最终依据,是一切真理的最初原点。

我们读书,这是日常生活中的事件之一。当我们阅读文学作品时,不可能限于识文断字,还要更上一层楼,知道作品的好处,明白作品好在哪里,这就是文学鉴赏。不过,鉴赏往往是主观的、个体的,鉴赏可能出错,也可能不准确,这就要求助于文学批评。鉴赏偏于主观,批评则较为客观;鉴赏诉诸感受和体验,只凭喜好,并不问为什么,批评却要问为什么,要知其然。但是,批评的客观性从何而来,由谁保证?由文学理论保证。文学理论提供了评价的标准。例如王国维说"词以境界为最上","境界"便是批评的标准;例如高尔基说"文学是人学",这就预设了对人性的深刻洞察和深入表现是文学的评判标准。因此,批评是知其然,理论则是知其所以然。然而文学理论还不够究竟,还得有依靠,那就是美学。文学理论的一些概念、命题、观点、方法,往往来自美学。就文学理解和文学研究而言,美学已经到头了。不过美学本身也还是需要理论支持,此即哲学。美学往往建立在某种哲学基础之上,或从某种哲学中延伸出来,如现象学美学、符号论美学、存在主

---

[1] 陈鼓应:《庄子浅说》,三联书店,2013,第78页。
[2] 陈嘉映:《说理》,华夏出版社,2011,第273页。

| 第二章　《齐物论》|

义美学。那么，哲学又靠什么支撑呢？哲学不需要其他支撑，因为它可以自我支撑。世间一切学问，唯有哲学可以自立。因此，哲学之后再无其他学问了，哲学是最终极的学问。哲学作为"终极真理"，保证了所有学问论述的道理。

我们在世界中，这是生存的基本事实。当我们追问世界的起源，或追问世界万物从何而来时，往往会陷入"无穷追溯"。在《希腊人》中，英国历史学家基托转述了一个故事：

> 这儿有一个令人发笑的故事，尽管它带有诽谤的嫌疑。说是一个中国哲学家，有人问他大地靠什么支撑。"一只乌龟。"那哲学家说道。"那么是什么支撑着这只乌龟呢？""一张桌子。""那么是什么支撑着这张桌子呢？""一头大象。""那么支撑大象的又是什么？""别打破砂锅问到底。"不管中国人是否会这样回答，反正这绝对不是希腊人的方式。①

然而，基托恐怕是错了。首先，这个故事出自英国哲学家洛克的《人类理解论》，洛克用"支撑者"形象来比喻形而上学中的"实体"概念，并且基托所说的"中国人"，在洛克的叙述中应为"印度人"。其次，这个故事固然有些"令人发笑"，但《老子》早已说过："上士闻道，勤而行之；中士闻道，若存若亡；下士闻道，大笑之。不笑不足以为道。"（四十一章）最后，这种回答确实是中国人的方式（或印度人的方式），但它其实也是古希腊人的方式。此外，它还是中世纪欧洲人的方式。世界万物从何而来？基督教的答案是上帝。这是究竟的答案、终极的答案。好奇的小孩或好钻牛角尖的成人继续追问："那么，上帝又是谁创造的呢？"此时牧师大概也会说："别打破砂锅问到底。"因为如此追问下去，势必陷入无穷追溯的困境。在基督教看来，"上帝又是谁创造的"这个问题没有意义，因为，第一，倘若没有上帝，任何"时间"都谈不上；第二，倘若没有上帝，任何"创造"都谈不上，因为上帝就是创造性本身。可见，"上帝"的提出，终结了无穷追溯。基督教的上帝，其实在古希腊哲学中就已经诞生了。赫拉克利特的"逻各斯"，亚里

---

① 基托：《希腊人》，徐卫翔、黄韬译，上海人民出版社，1998，第228页。

139

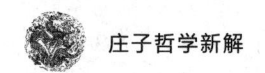

士多德的"第一推动力"(the first mover),均可视为上帝的前身。"逻各斯"是变化中的不变,一切中的一;"第一推动力"是一切原因中的最后的原因,或最初的原因。

哲学研究,就是终极关怀。在欧洲,哲学研究是寻找上帝、走向上帝的活动;在中国,哲学研究是悟道、体道的过程。中国文化的"终极"关怀,凝聚于一个"道"字之中。道与上帝都是"终极"的符号,不过,两者是由不同文化结晶而成的符号,其性质自然大不相同。

比如,上帝有意志,道无意志;上帝是人格化的,道是非人格化的。上帝是人格化的,因此信徒可以向上帝祈祷。宗教的要义,信仰之外,即是祈祷。祈祷是人与神沟通的主要方式,是人与神的对话。但是,老子和庄子不可能向道祈祷。自郭沫若以来,不少学者都把庄子哲学理解为"泛神论"(Pantheism),尤其是把道"无所不在"作为庄子哲学之"泛神论"的主要例证,这种理解出于简单比附,不免有所偏差。道并不是神,既不是基督教的人格化的神,也不是斯宾诺莎式的非人格化的神。又比如,上帝是现成性的,道是非现成性的。张祥龙说:"当我们转向古代东方思想家们的世界,首先感受到的就是一种敏锐的'终极识度'。按照它,终极实在和真理绝不会成为任何意义上的现成对象,不论是知觉对象还是名相概念把握的对象。终极并不像概念哲学家们讲的那样是最终不变的实体,而意味着发生的本源。"[①]这些"古代东方思想家"中,老子是开宗立派者,庄子是后来居上者。

老子常在"终极"的意义上使用"道"字,如以下几例。①"道冲而用之,或不盈,渊兮似万物之宗。"(四章)老子的道是"万物之宗""万物之母",犹如造物主,相当于基督教的上帝。②"人法地,地法天,天法道,道法自然。"(二十五章)所谓"道法自然",也就是"道本自然"。道是终极性的存在,在它之上,不复有更高的存在。因此,"人法地,地法天,天法道",而道无所可法,只是"自然而然"。③"大道废,有仁义;……六亲不和,有孝慈;国家昏乱,有忠臣。"(十八章)"失道而后德,失德而后仁,失仁而后义,失义而后礼。"(三十八章)在老子看来,儒家提倡的仁义、孝慈,并非终极原理,道才是终极原理。儒家的根本失误在于,把并不

[①] 张祥龙:《海德格尔思想与中国天道》,三联书店,1996,第8页。

是终极的东西误认为终极,因而实际上制造了一个"终极"的替代品,好比用纸花代替鲜花,这就是所谓"大道废,有仁义"。

举例来说,仁植根于血缘亲情,孝悌是仁的根本,因此儒家提倡"慎终追远"。慎重地办理丧事,虔诚地祭祀祖先,儒家以为这就是"终极关怀"了。事实上,"慎终追远"与其说是终极关怀,不如说只是实用原则,甚至只是一种统治术。曾子已然一语道破:"慎终追远,民德归厚矣。"(《论语·学而》)从"慎终追远,民德归厚"到"以孝治天下",不过一步之遥。显然,较之道家,先秦儒家比较缺乏终极识度。当然我们可以说,正如"道"是老子的终极实在,"天"是孔子的终极实在。孔子有"天"的观念,尽管如此,他关于天也止于感叹,并无解释。"子贡曰:'夫子之文章,可得而闻也;夫子之言性与天道,不可得而闻也。'"(《论语·公冶长》)这是出自亲传弟子的证言,说明孔子思想的确缺乏终极关怀之维。曾有不少学者为孔子辩护:不说,不等于不懂。然而正如一个艺术家只能将自己表现于作品中,一个思想家除了自己所说出的东西,还剩什么呢?反之,老子明明承认"道可道,非常道""知者不言,言者不知",可是仍然坚持说了"五千言"。此无他,不过是因老子"有话可说"。正是由于有了"道"这一终极识度,老子才可以充满自信地批判儒家的仁义,批判仁义的非终极、不彻底、无根基。L. A. 贝克说得有理:

> 如果说孔子所构筑的思想体系是以普通人为对象的,是服务于他们的追求的话,那么老子的耸入云霄的思想,则是服务于那些生活在精神世界中的人们的。……
>
> 孔子阐述自己的学说是为了让人们都明白,他尽量把自己体系的基本原则解说得平易直白——像说明书一样。老子表述他的思想则像雅各解说神祇那样高深莫测,他并不能找到能够完全表达他心中所想的字眼,因为这些字要被用来描述"无限"这一超越人类语言的东西。但是,在那些能感到并能认识这"无限"(如同阴翳的天空里的微光)的人看来,与那具有神奇之美的显露——这个世界不生不灭的宁静祥和的超越之美——相比,孔子的信条不免显得有些俗气和迂腐。[①]

---

① L. A. 贝克:《东方哲学的故事》,赵增越译,中国盲文出版社,2002,第369~370页。

贝克笔下的"无限",可以换成"终极",而贝克心目中的"老子",也可以换成"庄子"。

　　老子的道基本上是直觉的产物,仿佛从天而降,突如其来;他的那些格言,似乎都是灵光一闪的结果,其间并无明显的逻辑联系。庄子的道,当然也跟直觉、洞见有关,但较之老子,则有个理性探索的过程,有迹可循。老子的道,主要源于静观万物,他是从宇宙现象的运动中顿悟了道;庄子的道,主要始于批判物论,他是从对百家争鸣的怀疑与反思,走向对道的接受与确信。自然,正如老子也常以对儒家思想的批判反衬"道"的终极性,庄子也偶尔涉及宇宙的论述。不过,无穷追溯宇宙的来源,却是庄子所要批判的:

　　　　有始也者,有未始有始也者,有未始有夫未始有始也者。有有也者,有无也者,有未始有无也者,有未始有夫未始有无也者。俄而有无矣,而未知有无之果孰有孰无也。今我则已有谓矣,而未知吾所谓之其果有谓乎?其果无谓乎?(《齐物论》)

在这段话里,庄子展示了无穷追溯的过程。宇宙有一个开始,还有一个未曾开始的开始,更有一个未曾开始的"未曾开始的开始"。宇宙的最初形态,有其"有",亦有其"无",还有未曾有无的"无",更有未曾有"未曾有无的'无'"。突然间产生了"有"和"无",但不知这"有"和"无",到底果真是"有"吗?果真是"无"吗?这样的追问是没有尽头的,俨有"打破砂锅问到底"的气概。然而庄子认为,这种往而不返的追问并没有多大意义。

　　在《齐物论》即将结束之处,突然插入一则"罔两问影"的寓言,在我们看来,它也表明了无穷追溯的无意义:

　　　　罔两问景曰:"曩子行,今子止;曩子坐,今子起。何其无特操与?"景曰:"吾有待而然者邪?吾所待又有待而然者邪?吾待蛇蚹蜩翼邪?恶识所以然?恶识所以不然?"

"景"即影子,"罔两"即影子之外的阴影。影子依赖于形体,并无独立自主的存在,故而"无特操"。岂独影子如此?万物皆有所待。影子依赖于形体,而形体又依赖于其他存在。以此类推,至于无穷。影子说,"我怎么知道何以如此？我怎么知道何以不如此？"庄子用"不知"止住了无穷追溯。在"不知其所以然"的时候，就是"道"开始运作的时候。道的出现，仿佛壁立千仞，"截断众流"，又如香象渡河，"尽底而过"。上帝终止了无穷追溯，道也终止了无穷追溯。

《则阳》中少知和大公调的对话，也以"道"终止对"宇宙万物如何发生"的追问。少知问："四方之内，六合之理，万物之所生恶起？"大公调用流行的阴阳理论给出一段解释，但他在最后说："言之所尽，知之所至，极物而已。睹道之人，不随其所废，不原其所起，此议之所止。"大意是说，言论所能穷尽的，知识所能达到的，不过物的领域。见道之人，既不追随物的消逝，也不探究物的起源，因为这是议论应当终止的地方。

7. 道的终极性和整体性

在《齐物论》中，庄子曾直接发表一段议论，表明道的终极性和整体性：

> 古之人，其知有所至矣。恶乎至？有以为未始有物者，至矣，尽矣，不可以加矣！其次以为有物矣，而未始有封也。其次以为有封焉，而未始有是非也。是非之彰也，道之所以亏也。道之所以亏，爱之所以成。果且有成与亏乎哉？果且无成与亏乎哉？有成与亏，故昭氏之鼓琴也；无成与亏，故昭氏之不鼓琴也。昭文之鼓琴也，师旷之枝策也，惠子之据梧也，三子之知几乎皆其盛者也，故载之末年。唯其好之也以异于彼，其好之也欲以明之。彼非所明而明之，故以坚白之昧终。而其子又以文之纶终，终身无成。若是而可谓成乎，虽我亦成也；若是而不可谓成乎，物与我无成也。是故滑疑之耀，圣人之所图也。为是不用而寓诸庸，此之谓"以明"。

这段话有两个要点：区分了知识的四个层次；论述了道之"亏"。

（1）知识的四个层次。这段话的开头论知识，由"古之人"开始，用了好几个"其次"，把时间过程容纳进来。不过，它与老子的"道生一，一生二，二生三，三生万物"有所不同。庄子并不是在讲述一种宇宙生成论，而是在论述知识的不同形式。再则，庄子不只区分了知识的四个阶段，而且区分了知识的四个层次。"知识的四个层次"，与前面提到的庄子区分的"两类知识"有所不同。"两类知识",其区分依据是作为整体视域的道:内在于各种视角,只能获得各种局部的知识和片面的真理;超越视角,以道观之,则获得整体的知识,真理之全。"知识的四个层次",其区分的依据是作为终极视域的道:越接近道,层次越高;越远离道,层次越低。

最高的知识,也就是终极视域中的知识,或曰本源性的知识,是为"未始有物"。为什么"未始有物"?因为在道的视域中,万物一体。庄子对此不吝赞叹之词:"至矣,尽矣,不可以加矣。"它已经至极了、到头了,换言之,这种认识是终极真理、究竟真理。第二个层次是"有物,而未始有封"。"封"即界限、区分,在这种认识中,出现了万物,不过此时我们对万物并不作人为区分,不执着于界限。第三个层次是"有封,而未始有是非",出现了界限或区分,但尚未有是非的判断。前三个层次的知识,尽管也有高低之分,毕竟都还"去古不远",内在于道,或离道不远。第四个层次是"是非之彰也,道之所以亏也"。譬如大自然,本是一个"全",它有稻黍瓜果,也有地震海啸;若是非要将它分出福的一面和祸的一面,分出善意的一面和恶意的一面,自然就被肢解开来,不再是自然了。是非出现了,道就"亏"了,即损失了、隐匿了。或者反之,正因为道遗失了,是非才出现了。

(2)道之"亏"。道是整体视域或终极视域,丧失了整体视域或终极视域,那就是道的亏损。庄子用昭文鼓琴来具体说明道之"亏":"有成与亏,故昭氏之鼓琴也;无成与亏,故昭氏之不鼓琴也。"这两句话让人想起陶渊明的"无弦琴"。萧统《陶渊明传》载:"渊明不解音律,而蓄无弦琴一张,每酒适,辄抚弄以寄其意。"这两句话还让人想起老子的观点:"大方无隅,大器晚成,大音希声,大象无形。"(四十一章)王弼注云:"大音,不可得闻之音也。有声则有分,有分则不宫而商矣。分则不能统众,故有声者非大音也。"郭象对庄子这两句话的注释,与王弼注"大音希声"可谓一脉相承。

> 夫声不可胜举也。故吹管操弦,虽有繁手,遗声多矣。而执籥鸣弦者,欲以彰声也,彰声而声遗,不彰声而声全。故欲成而亏之者,昭文之鼓琴也;不成而无亏者,昭文之不鼓琴也。

冯友兰评论道:"这只是郭象的解释。庄周并没有说得这样清楚。但是庄周的这二句话，非这样解释不可，不这样解释，就无法解释了，照陶渊明的无弦琴看起来，玄学家们也是这样解释的，所以这样解释是庄之所以为庄者。"①

当真如此吗？ 恐怕未必，我们可以提出四点疑问。

（1）是玄学还是庄学？ 的确，王弼与郭象的注释，也都着眼于"部分－整体"关系。 但是，王弼为何主张"有声者非大音也"呢？ 这是基于"贵无"玄学而来的观点。 郭象为何主张"彰声而声遗，不彰声而声全"呢？ 这大概也是"贵无"玄学的流风遗韵。 庄子恐怕不会认为王弼和郭象的"无"就是"道"。 这种解释只能是"玄学"，充其量是"老学"，不太可能是"庄学"。

（2）是声之"亏"还是道之"亏"？ 很明显，庄子是用昭文鼓琴之"成"说明道之"亏"，他并不是要论述王弼的"大音"或郭象的"声全"。 郭象的注释似乎转移了论题。

（3）庄子否定音乐吗？ 据郭象的解释，显然要把鼓琴、吹管、执籥乃至一切音乐活动都否定掉。 然而我们知道，《庄子》一书中有诸多关于技艺的描写，庄子肯定了许多精湛的技艺，甚至认为那些精湛的技艺乃是通达道域的有效途径。 鼓琴也是技艺之一，庄子是不会轻易否定鼓琴的。

（4）如何解释"惠子之据梧"？ 在庄子的论述中，"昭文之鼓琴也，师旷之枝策也，惠子之据梧也"是相提并论的，姑且承认，郭象的说法或许勉强能够解释"昭文之鼓琴"和"师旷之枝策"，因为昭文和师旷都是乐师，但是绝对无法解释"惠子之据梧"。 惠子并不是乐师，而是辩者。

因此，我们要在郭象的解释之外另谋出路。 回到庄子的原文。 庄子在"昭文鼓琴"之前说过："道之所以亏，爱之所以成。""爱"即私爱、偏好。 随着道的遗失或隐匿，是非出现了，偏爱也出现了。 "偏"就不齐、不平。 道的特点是"覆载万物"，道作为整体视域，是一种无偏私的视域，就像老子的天地和圣人："天地不仁，以万物为刍狗；圣人不仁，以百姓为刍狗。"（五章）如同耶稣的上帝："他叫日头照好人，也照歹人；降雨给义人，也给不义的人。"（《马太福音》第五章）儒家的"仁"就是爱，孟子说，"仁者爱人"，但这种爱基于"亲亲之爱"，也是偏私的。 老子的天地、圣人对万物"一视同仁"。 上帝的爱是普遍之爱，如阳光，如雨水，遍

---

① 冯友兰：《中国哲学史新编》上，人民出版社，1998，第419页。

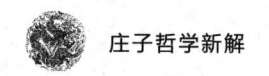

洒大地，无所偏私。

在《齐物论》中，庄子也表达了这种意思：

> 故昔者尧问于舜曰："我欲伐宗、脍、胥敖，南面而不释然。其故何也？"舜曰："夫三子者，犹存乎蓬艾之间，若不释然，何哉？昔者十日并出，万物皆照，而况德之进乎日者乎？"

这段话的要点是"十日并出，万物皆照"。可将它与《淮南子·本经训》中的文字对勘："逮至尧之时，十日并出，焦禾稼，杀草木，而民无所食。"同是"十日并出"，《淮南子》强调的是它带来的严重后果，庄子却看出了其中体现的公而无私；《淮南子》把"十日并出"视为"自然灾害"，庄子却把"十日并出"喻为"圣人德行"。在庄子看来，"十日并出，万物皆照"，这才是自然，这才是得道的圣人。因此，庄子的"十日并出，万物皆照"，与老子"天地不仁，以万物为刍狗"如出一辙。《大宗师》也说："天无私覆，地无私载，天地岂私贫我也？"天地是公平的，不会单单让某个人陷入极度贫困的境地。《大宗师》还说："故圣人将游于物之所不得遯而皆存。""遯"即"遁"，逃遁。圣人全然接纳世间万物，不会有所缺失，"照顾不周"。庄子对圣人的描述，与耶稣对上帝的描述几乎完全一致。庄子自己，也具有圣人或上帝般的无偏私的心胸：

> 庄子将死，弟子欲厚葬之。
> 庄子曰："吾以天地为棺椁，以日月为连璧，星辰为珠玑，万物为赍送。吾葬具岂不备邪？何以加此！"
> 弟子曰："吾恐乌鸢之食夫子也。"
> 庄子曰："在上为乌鸢食，在下为蝼蚁食，夺彼与此，何其偏也。"（《列御寇》）

此段之关键句，是"夺彼与此，何其偏也"。

因此，在庄子看来，昭文鼓琴，本来不成问题，成问题的只是他对鼓琴的偏爱。正是这种偏爱使道隐匿了。这就叫"道隐于小成"。庄子以"昭文鼓琴"为例，我们也不妨以艺术为例。艺术家往往"搞哪一行爱哪一行"。

例如，达·芬奇虽然是个通才，但他首先是画家，因此他认定，绘画是至高无上的艺术。音乐只能是绘画的妹妹，因为听觉是视觉的妹妹，"绘画驾凌音乐，因为它不会方生即死，象可怜的音乐一般"。在视觉艺术中，达·芬奇也不大看得起雕塑。"除了雕塑比绘画花费更多劳力，而绘画比雕塑使用更多心思之外，我找不出两者还有什么其它区别。"[1]在这种偏好的支配之下，绘画出现了，音乐和雕塑却隐退了。换言之，绘画成就了，"艺术"本身却隐匿了。庄子所说的"道隐于小成"，在达·芬奇的绘画观中也有所体现。

再比较一下艺术创造与艺术鉴赏。为了创造，我们必须学会限制自己；为了鉴赏，我们却必须尽量敞开自己。精通任何一种艺术形式，都需要投入满腔热情、全部精力，心无旁骛，念兹在兹，故而艺术家往往仅有"一技之长"，他的创造性局限于某一特定的艺术形式。反之，那些艺术修养深厚的艺术鉴赏家，"操千曲而后晓声，观千剑而后识器"（刘勰《文心雕龙·知音》），涉猎极为广泛，完全可以在各种艺术门类之间游走自如。正因为如此，许多学者都曾指出，真正懂艺术的其实并不是从事创造的艺术家，而是艺术鉴赏家。

昭文之鼓琴如此，其他如"师旷之枝策也，惠子之据梧也"，也是如此。庄子批评他们"唯其好之也以异于彼，其好之也欲以明之。彼非所明而明之"。意思是说，他们各以所好，炫耀于他人，彰显于他人；不是别人非了解不可的，非要勉强别人了解。即如昭文的儿子，生于音乐世家，不得不继承了父亲的鼓琴，以至于终身没有什么成就。像昭文、师旷、惠子这样的人，也算是有所成吗？他们不过是拥有一技之长、一孔之见罢了，没什么值得炫耀的。回想庄子《天下》对百家争鸣的评价："犹百家众技也，皆有所长，时有所用。虽然，不该不遍，一曲之士也。"不难看出，庄子的讨论，始终紧扣主题——道的整体性。

第四节 齐物与审美

8. 道通为一

照字面意思，"道"原是"路"。因此，道首先有"路径""途径"的

---

[1] 芬奇：《芬奇论绘画》，戴勉编译，人民美术出版社，1979，第26、11页。

意思。道路为行走而设，而行走总要通往某处，所谓"通衢大道"，因此，道又有"通"的意味。失去了道，其直接后果便是"不通"，"不能相通"。因此《天下》篇说："天下多得一察焉以自好。譬如耳目鼻口，皆有所明，不能相通。"但是，庄子呼吁"以道观之"的视角，以实现"道通为一"的目标。道作为整体视域与终极视域，必然是"通"的。不过，庄子的"道通为一"之说，与古希腊前苏格拉底哲学家如泰勒斯的"一切是一"的命题有所不同。后者追求的是不同事物之间的"共相"，即"多中之一"，此"一"是多样性中的"统一性"。而庄子的"一"与其说是事物的"统一性"，毋宁说是视域的"整一性"。以下言论，均可视为庄子对"道通为一"的说明：

> 以指喻指之非指，不若以非指喻指之非指也；以马喻马之非马，不若以非马喻马之非马也。天地一指也，万物一马也。可乎可不可乎不可。道行之而成，物谓之而然。恶乎然？然于然。恶乎不然？不然于不然。物固有所然，物固有所可。无物不然，无物不可。故为是举莛与楹，厉与西施，恢诡憰怪，道通为一。其分也，成也；其成也，毁也。凡物无成与毁，复通为一。唯达者知通为一，为是不用而寓诸庸。庸也者，用也；用也者，通也；通也者，得也；适得而几矣。因是已。已而不知其然，谓之道。劳神明而为一，而不知其同也，谓之"朝三"。何谓"朝三"？狙公赋芧，曰："朝三而暮四。"众狙皆怒。曰："然则朝四而暮三。"众狙皆悦。名实未亏而喜怒为用，亦因是也。是以圣人和之以是非而休乎天钧，是之谓两行。
> ……
> 天下莫大于秋毫之末，而大山为小；莫寿于殇子，而彭祖为夭。天地与我并生，而万物与我为一。（《齐物论》）

"以指喻指之非指，不若以非指喻指之非指也；以马喻马之非马，不若以非马喻马之非马也。"这是《齐物论》最难解的句子之一，曾令无数解庄注庄者头疼不已。但是毫无疑问，庄子这句话是针对公孙龙而发的。《公孙龙子》中有《指物论》一篇，《白马论》一篇。《指物论》的"物莫非指，而指非指"，《白马论》的"白马非马"，应当就是庄子此话的背景。其实公孙龙的论文本身就很让人头疼,因此我们在这里不妨效仿陶渊明的"不求甚解",让事情简化。公孙龙擅长区分。例如"白马非马"。白马是殊相,马是共相,坚持"白马非马",就在共相与殊相之间造成了"二元对立"。又如"离坚白"。"视不得其所坚,而得其所白者,无坚也;拊不得其所白,而得其所坚,得其坚也,无白也"(公孙龙《坚白论》),在视觉的白与触觉的坚之间造成了"二元对立"。这正是庄子《天下》篇所批判的"耳目鼻口,皆有所明,不能相通"。如此一来,世界就被分裂成了无数碎片。实际上,白马就是一匹马,坚与白共存于同一块石头。本源性的世界本来是一个整体。这就是"天地一指也,万物一马也"。

或许绘画艺术还能帮助我们理解问题。艺术理论家提到一种有趣的对比:同是一个方形的池塘,欧洲现代绘画往往按照透视法把它画得近大远小,成为一个梯形,而埃及绘画则喜欢把它直接画成方形。按照前一种绘画方式,绘画是纯视觉的艺术,画家如实描绘出了站在某一个固定视点所看到的东西;按照后一种绘画方式,绘画固然以视觉为本,但它却是整个身体都参与进去的艺术,埃及画家并没有死守着一个固定不变的视点,而是把围绕池塘行走乃至生活的经验都融入其中了。我们心目中的池塘、我们所理解的池塘,就是一个方形,因此,"纯视觉"的绘画形象,是对实际生活经验的一种人为的抽象。按照庄子的思想倾向,他应当更欣赏埃及绘画中的方形池塘。庄子呼吁"以道观之",是为了恢复一个本源性的世界,因此他说"复通为一"。

万物为何可以"道通为一""复通为一"?有一种解释认为,庄子的一个重要根据是"变"或"化"。《天下》篇说:"芴漠无形,变化无常";《秋水》篇说:"物之生也,若骤若驰。无动而不变,无时而不移";《知北游》篇说:"是其所美者为神奇,其所恶者为臭腐;臭腐复化为神奇,神奇复化为臭腐。"变动的思想,犹如一根红线,贯穿《庄子》全书。胡适说得有理:"庄子哲学的起点,只在一个万物变迁的问题。"[①]世界是一个变化之流,万物总在不断转化之中,"方生方死,方死方生",一如赫拉克利特所言,"一切皆流,无物常住",因此,"人不能两次踏入同一条河流"。所以在庄子看来,万物都不是固定不变的。"其分也,成也;其成也,毁也。凡物无成与毁,复通为一。"以四季为例。春天来了,这是"成",而冬天

---

① 胡适:《中国哲学史大纲》,上海古籍出版社,1997,第184页。

去了，这是"毁"。如果片段地和固定地看待春天和冬天，那自然是有所成，有所毁。但春夏秋冬四季在不断流转循环，从一年四季的变换来看，"凡物无成与毁，复通为一"。庄子自己也用春夏秋冬来比喻生死的转化：

> 庄子妻死，惠子吊之，庄子则方箕踞鼓盆而歌。
> 惠子曰："与人居，长子、老、身死不哭，亦足矣，又鼓盆而歌，不亦甚乎！"
> 庄子曰："不然。是其始死也，我独何能无概然！察其始而本无生，非徒无生也而本无形，非徒无形而本无气。杂乎芒芴之间，变而有气，气变而有形，形变而有生，今又变而之死，是相与为春秋冬夏四时行也。人且偃然寝于巨室，而我噭噭然随而哭之，自以为不通乎命，故止也。"（《至乐》）

古希腊哲学家伊壁鸠鲁留下一句名言："死亡对于我们是无足轻重的，因为当我们存在时，死亡对于我们还没有来，而当死亡时，我们已经不存在了。"中国人也有类似的看法。苏轼悼亡妻时说"十年生死两茫茫"，生死殊途，无法沟通，故云"两茫茫"。庄子也许承认"生死两茫茫"，但他不会有苏轼的凄凉与悲痛。为死亡而悲痛，以死亡为终结，这只是片段地、局部地和固定地看待生和死。基督教和佛教都是把生死连在一起看的。按照基督教的观点，死亡并不是结束，而是另一个开始；肉体的终结继之以灵魂的永生。按照佛教的观点，时间有过去、现在、未来，相应地，生命有前生、今生、来生，此即"三生"；此生之后有来生，来生之后又有再来生，生生世世，永远轮回。庄子既没有基督教的永生观，也没有佛教的轮回观，但他对生死提出一种理论，用一个"气"把生与死贯通起来了。生命来源于气，气聚则生，气散则死。在一片虚无中，产生了气，气凝成形，形变成生，这是生命的过程，至于死亡，则逆转了这个过程，这个过程就像春夏秋冬的更替一样，完全是自然现象。如此，生有何欢，死有何惧？生不足喜，死不足悲。这就是"齐生死"。类似的观点在《庄子》中不止一处，《知北游》中的一段话最为醒目：

> 生也死之徒，死也生之始，孰知其纪！人之生，气之聚也；聚则为

生，散则为徒，吾又何患！故万物一也，是其所美者为神奇，其所恶者为臭腐；臭腐复化为神奇，神奇复化为臭腐。故曰："通天下一气耳。"圣人故贵一。

不过，庄子想必认为，用"气"来说明"齐生死"的道理，并不是多么高明。这是聪明，不是智慧。这种"气一元论"的"唯物主义"宇宙观，在庄子哲学中不见得多么重要，乃至可有可无。对于"齐生死"的命题，"气一元论"只提供了一种"事实"的解释，而对庄子而言，生与死并非在事实上齐同，而是在"意义"上齐同。以为生死在事实上等无差别，这是睁着眼睛说瞎话。庄子要齐平的是关于生死的意义，他要反对的是那种认定"以生为是，以死为非"的观念。因此，"齐生死"即"齐是非"，或者说，"齐生死"可视为"齐是非"的一种表现。"气"可以"齐万物"吗？可以。"气"能够"齐是非"吗？不能。由此看来，"齐生死"不需要通过"气一元论"，或者说，不需要通过"气"这一中介。庄子直接将生与死"道通为一"了。生死齐一，真正说来，并非"气通为一"，而是"道通为一"。换言之，万物齐同、生死齐一，是由于视角、视域的转换。

《齐物论》中论生死的是以下这一段话：

予恶乎知悦生之非惑邪！予恶乎知恶死之非弱丧而不知归者邪！丽之姬，艾封人之子也，晋国始得之也，涕泣沾襟；及其至于王所，与王同筐床，食刍豢，而后悔其泣也。予恶乎知夫死者不悔其始之蕲生乎！

丽之姬被召入宫时，涕泣沾襟，而一旦享受了荣华富贵，"觉今是而昨非"，于是"后悔其泣也"。同是被召入宫，理解不同，意义也自不同。死亡也是如此。人人都贪生、恋生、悦生、蕲生，这不为别的，只因我们正在活着，只能从生的一面来看待死。正如孔子所说："未知生，焉知死？"这种视角是固定的，也是偏颇的。就像"朝三暮四"的寓言，那些猴子目光短浅，视野狭窄，只能看到"朝"，不能看到"暮"，把一天的整体切割成了两半。因此，它们看到的并不是 $3+4=4+3=7$，而是 $4>3$。猴子们为"朝四"而"悦"，一如我们为"生"而"悦"。朝三暮四的猴子为我们所笑，焉知悦生恶死的我们，不为更高级的生命或更广阔的眼界所笑？傅统先指出：

在庄子的意思，我们应该达观，不应拘泥于生死的观念。何以我们会以为有生有死呢？这又是因为我们的眼界只是限于人生的圈子里面，而不懂得扩充观点。例如，当我们家里面添生了一个小弟弟的时候，我们就说这是"生"，这完全是站在人的立场去看这件事。但是我们要知道，这个孩子在未生之前本原是两个细胞，现在这个细胞没有了，而变成了一个人，那么，从这两个细胞而言，它们是死了。所以从胎儿而言是生；从细胞而言，便是死。反过来说，假使有一个人死了，从人的立场说，这是"死"。但是因为人死了之后这个地面又多了一架新的骨骼，这死人的血肉又变成了许多化学元素，因此，假使我们站在骨骼或化学元素的立场而言，这不是"死"而是"生"。我们平常觉得人生是可喜，而人死是可悲，这完全是囿于人生的范围以内。假使我们能够放大眼界，事事都从全部宇宙去看，那么它在这方面有所生，在别方面就有所死；在这方面是死去，在别方面却又是生出。所以庄子说："方生方死，方死方生。"当宇宙间的人类在吊丧的时候，在宇宙的别方面也就在开欢迎会哩！所以庄子以为我们应该把死和生作齐量观。①

傅统先的以上说法，并不是从"通天下一气耳"立论，而是从视角的转换立论，看来是比较符合《齐物论》之理路的。

因此庄子建议，不妨调转视线，试着用死的眼光来看待生。人们常说，死亡是"长眠"，但是从"死亡之眼"来看，也许活着不过是一场大梦；人生如梦，而死亡则是如梦初醒。此时，我们或许就不再以生为是、以死为非，认为单方面地贪生、恋生、悦生、蕲生是理所当然的了。生固然值得肯定，死也值得肯定。事实上，真正的肯定生，是把死也一起肯定下来的。所谓"齐生死"，并不是把生死当作一回事，而是要求同时拥有生与死的整体视域。

不过，从死亡来看待生，这是难以想象的，甚至是根本不可能的。庄子自然也知道这对常人来说是难以理解的，所以他接着说：

> 梦饮酒者，旦而哭泣；梦哭泣者，旦而田猎。方其梦也，不知其梦也。梦之中又占其梦焉，觉而后知其梦也。且有大觉而后知此其大梦

---

① 傅统先：《哲学与人生》，首都经济贸易大学出版社，2012，第59页。

> 也。而愚者自以为觉，窃窃然知之。君乎，牧乎，固哉！丘也与女，皆梦也；予谓女梦，亦梦也。是其言也，其名为吊诡。万世之后而遇一大圣，知其解者，是旦暮遇之也。

庄子说自己的言论是"吊诡"。"吊诡"也就是"荒唐之言"，至少是"奇谈怪论"。不过，哲学家的许多言论，对常识而言都是奇谈怪论。柏拉图说："真正的追求哲学，无非是学习死，学习处于死的状态。"[1]加缪（Albert Camus）则说："真正严肃的哲学问题只有一个：自杀。判断生活是否值得经历，这本身就是在回答哲学的根本问题。"[2]哲学是"习死之术"，对死亡的思考，是进入哲学的必经之路，甚至就是"哲学的根本问题"。纵使无法像柏拉图要求的那样活着而"处于死的状态"，纵使无法拥有"死亡之眼"，我们也不妨退而求其次，学习偶尔用"临终之眼"看待生命、看待世界。生命会因此变得不同寻常，或更加真实。

"梦饮酒者，旦而哭泣；梦哭泣者，旦而田猎。"这又是一个"朝三暮四"式的表述。单独看梦或旦，都不能得到真实。梦中快乐，未必真快乐；梦中哭泣，未必真痛苦。真实是梦与旦共同构成的。生如梦，死若醒，生与死是一个整体，梦与醒也是一个整体。因此庄子又说：

> 昔者庄周梦为胡蝶，栩栩然胡蝶也。自喻适志与，不知周也。俄然觉，则蘧蘧然周也。不知周之梦为胡蝶与，胡蝶之梦为周与？周与胡蝶则必有分矣。此之谓物化。（《齐物论》）

这是《齐物论》的最后一则寓言，也是《庄子》中最为知名的一段话，"庄周梦蝶"如今已是中国人耳熟能详的文学形象与哲学寓言。李商隐的诗句脍炙人口："庄生晓梦迷蝴蝶，望帝春心托杜鹃。"（《锦瑟》）张潮的评论不乏机智："庄周梦为蝴蝶，庄周之幸也；蝴蝶梦为庄周，蝴蝶之不幸也。"（《幽梦影》）但正如黑格尔所言，"熟知并非真知"。"庄周梦蝶"到底有什么哲学寓意，却是众说纷纭。"物化"一词究竟是什么意思，也是

---

[1] 柏拉图：《斐多》，杨绛译，辽宁人民出版社，2000，第12~13页。
[2] 加缪：《西西弗的神话》，杜小真译，人民文学出版社，2013，第11页。

153

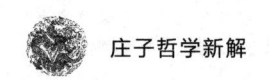

纷无定论。按照我们的理解，梦蝶寓言和"物化"一词，可以有两种解读，而且这两种解读或许可以兼容。

第一，庄子以梦与醒延续生与死的话题，深化"齐生死"的观点。① 梦是一种意识现象，梦中的体验往往极为真实。通过梦境，或通过想象，死亡也可以成为意识的直接体验，如鲁迅的奇文《死后》，开篇就说："我梦见自己死在道路上。"②活着也可以体验死。如此就实现了柏拉图所说的"学习处于死的状态"，实现了海德格尔所说的"先行到死"，实现了庄子的"齐生死"。一般认为，梦代表死，觉代表生，或者反之，梦代表生，觉代表死，生死永隔，一如梦醒对立，庄子用"不知周之梦为胡蝶与，胡蝶之梦为周与"的质问打破了这一思维定式。按照这种理解，"物化"就是事物的转化，尤其是对立面的转化。从蝴蝶的角度看，是蝴蝶化为庄周；从庄周的角度看，是庄周化为蝴蝶。当然，就《齐物论》而言，"转化"可以是事物本身的转化，更可以是对事物的理解方式、角度的转化，是"彼此"的转化，尤其是"是非"的转化。

第二，庄子通过蝴蝶与庄周在梦境中的相互转化，形象地说明"齐物我"的道理。按照这种理解，"物化"就是"物我同一"。徐复观说："所谓物化，是自己随物而化，如庄周梦为蝴蝶，……此时庄周即化为蝴蝶。这是主客合一的极致。因主客合一，不知有我，即不知有物，而遂与物相忘。"③这种解释，可以使"庄周梦蝶"与"吾丧我"发生关联，使《齐物论》一文前后呼应，形成一个整体。"吾丧我"是"物我两忘"，"庄周梦蝶"是"物我同一"，两者好比一枚硬币的两面。这枚硬币就是"齐物我"。

在现实中，或者说，在现象学所说的"自然态度"中，物自是物，我自是我，一为客观，一为主观，正所谓"周与胡蝶则必有分矣"。但在现象学的态度中，物与我却可以转变为"意向客体－意向活动"，实现"物我同一"。实现意向性的"物我同一"的关键，就是"还原"，即必须将物、我的现实存在事先悬搁起来，回到意识中直接被给予的对象。在梦中，在意识的直接体验中，"自喻适志与，不知周也"，"不知"就是"忘"，就是"丧我"。庄

---

① 死也是一种"物化"。《刻意》篇说："圣人之生也天行，其死也物化。"
② 鲁迅：《野草》，人民文学出版社，1999，第48页。
③ 徐复观：《中国艺术精神》，华东师范大学出版社，2001，第53页。

子并没有现象学的"还原"概念，但他有"忘"的概念；庄子也没有"意向性客体"的概念，但他用"梦"隐喻了现象学的意向性客体。

一些学者认为，在《齐物论》中，庄子探讨了三个"齐"的主题：齐是非，齐生死，齐物我。 如许地山说："《齐物论》底根本论点有三，便是是非、物我、生死底问题。"①这是有道理的。 按照庄子的倾向，"我"应当也是自然万物之一，庄子既要"齐万物"，则不能不"齐物我"。 事实上，"是非"源于"成心"即我见，"生死"总是"我"的生死。 在一切二元对立中，最根本的对立或许便是"物我"对立。 "庄周梦蝶"说的是"齐物我"。 "天地与我并生，而万物与我为一"，说的也是"齐物我"。

齐是非、齐生死、齐物我，都是要超越二元对立。 按照庄子对知识的理解，无论是整体的知识，还是最终极、最本源的知识，都是"一"。 "复通为一""道通为一"，说明世界和关于世界的知识至少已经分裂为二，故而需要重新返回到一。 道通为一，首先要超越"二"。 有"二"就有差别、对立，或者说，"二"就是差别、对立。 彼与此，是与非，生与死，善与恶，物与我，……都是"二"，也都是对立，对立则不通。 唯有超越了这些对立，从"二"返回到"一"，才是"道通为一"。 例如超越"彼此"对立：

> 物无非彼，物无非是。 自彼则不见，自是则知之。 故曰：彼出于是，是亦因彼，彼是方生之说也。 虽然，方生方死，方死方生；方可方不可，方不可方可；因是因非，因非因是。 是以圣人不由而照之于天，亦因是也。
>
> 是亦彼也，彼亦是也。 彼亦一是非，此亦一是非。 果且有彼是乎哉？ 果且无彼是乎哉？ 彼是莫得其偶，谓之道枢。 枢始得其环中，以应无穷。 是亦一无穷，非亦一无穷也。 故曰：莫若以明。 （《齐物论》）

"彼是"就是"彼此"。 万物没有不是彼的，也没有不是此的。 从彼方看此方，往往看得不真切，从此方看自己就清楚了。 所以说，彼是由此的对立而产生的，此是因彼的对立而存在的，彼与此是共同产生、共同存在的。 虽然如此，万物都是随生随灭、随灭随生；刚刚认可的，转眼就不认可了，刚

---

① 许地山：《道教史》，岳麓书社，2010，第 61 页。

刚以为不可的，转眼就认可了；有因而认为是的就有因而认为非的，有因而认为非的就有因而认为是的。所以圣人不走这条彼此对立、是非分辨的路子，而是用道去观照事物的本然，这也是因任自然的道理。此也就是彼，彼也就是此。彼有彼的是非，此有此的是非，果真有彼此的分别吗？果真没有彼此的分别吗？超越了彼此、是非的对立，就掌握了道的枢纽。掌握了道的枢纽，就好比进入圆环的中心，以顺应无穷的流变。是的变化是没有穷尽的，非的变化也是没有穷尽的，所以说，"莫若以明"。

超越彼此对立，牟宗三称之为超越"对偶性"。他说："'彼是莫其偶'正表示对偶性（Duality）不能成立。因此庄子又说'彼亦一是非，此亦一是非……是亦一无穷，非亦一无穷'。彼是都无穷地分裂，都停立不住。彼之偶是此，此之偶是彼，彼此既皆停立不住，则无偶可得，此即冲破对偶性原则。这是齐物论的本义。"[①]冲破对偶性才能达到绝对。对偶性形成逻辑、知识，超越对偶性才有哲学性的智慧。

齐万物、齐是非，必须超越视角，以道观物，道通为一；如何超越视角，以道观物，道通为一？庄子打了一个比方，"得其环中，以应无穷"。这个比方不妨称之为"环喻"。它是庄子哲学最经典的比喻之一，可以与柏拉图关于知识的著名"线喻"相提并论。圆是依圆心画出来的。在几何学上，圆心是一个点，而点是不占空间的；一个圆画出之后，圆心随即消失了。至于现实中的圆环，如一个手镯，因其中空，亦见不到实在的环中。圆心或环中，是有，又是无。因此，站在"环中"的位置之上，就是采取了"超越一切视角的视角"，"无视角的视角"。立于圆心，就是进入了整体视域和终极视域。整体视域和终极视域有两种表现。其一，同一圆心，以不同的半径，可以画出无数的圆，这就是"以应无穷"；所有的圆都系于同一个圆心，这就是"道通为一"。其二，圆心静止不动，圆环转动不已。立于圆心，"环顾四周"，取得了三百六十度的全方位视角，整个圆环尽收眼底，一览无余；并不采取特定的立场和视角，却可以发现，彼、此双方在圆环上转动起来，就不再对立了。一切是非对立，莫不如是。没有什么静止不动的东西，没有什么固定不变的是非，因此庄子说："物固有所然，物固有所可。无物不然，无物不可。故为是举莛与楹，厉与西施，恢恑憰怪，道通为一。"

[①] 牟宗三：《中国哲学十九讲》，上海世纪出版集团，2005，第201页。

"无物不然,无物不可",可谓彻底的"齐万物"和"齐是非"了。

于是庄子说:"是以圣人和之以是非,而休乎天钧,是之谓两行。"这句话的意思,傅统先解释道:"圣人把是与非都能看作一回事,他一任自然的流转,听其自然,同一情境从这一方面视之是'是',从另一方面视之也可以'非',所以不如'是'与'非'的两条路同时走。"①"圣人和之以是非,而休乎天钧",与"得其环中以应无穷"的意思差不多。成玄英疏:"天钧者,自然均平之理也。"南朝谢镇之云:"故卑高殊物,不嫌同道;左右两仪,无害天均。"(《重与顾道士书》)这句话可视为成玄英疏的例证。但"天钧"还可以做更形象化的理解。依冯友兰说,"钧"是一个转动的圆盘,盘子绕着一个轴心转动。"钧"的轴心,就是"环中",就是"道枢"。一旦把握了道枢,彼此对立,是非纷争,都是毫无意义的,从而也就能"和之以是非"。和之以是非,亦即"不遣是非,以与世俗处",这就是"两行"。

9. 守望的距离

把握道枢,站在环心看圆环的视角,这明显是旁观的视角。在《逍遥游》中我们看到,唯有远离政治的隐士才能逍遥,而隐士也就是远离政治中心的旁观者。冯友兰说:"旁观的态度是隐者的态度。"②这样,《齐物论》与《逍遥游》就得以联系起来了。也许,《齐物论》的最后一个寓言,就是庄子自己留下的将《齐物论》与《逍遥游》联系起来的线索。当我们想到庄子的"逍遥游"时,最初出现在脑中的意象,或许就是"庄周梦蝶"了。

如果把《逍遥游》与《齐物论》分割开来,那么,《逍遥游》中的"小大之辩"与《齐物论》中的"齐万物""齐是非"似乎是矛盾的。既然庄子要齐万物、齐是非,那不是连大、小的区分也一并给"齐"掉了吗? 从而,大小的区别,岂非恰如《秋水》所言,只是"相对"的吗? 事实上,钟泰就曾说:"第一篇《逍遥游》说'小大之辩',说'小知不及大知'。第二篇《齐物论》却又将小知大知一概抹倒。"③易中天也认为,《逍遥游》中的"小大之辩",

---

① 傅统先:《哲学与人生》,首都经济贸易大学出版社,2012,第194~195页。
② 冯友兰:《中国哲学史新编》上,人民出版社,1998,第341页。
③ 《钟泰学术文集》,上海人民出版社,2012,第297页。

只能翻译为"小和大的辩论",不能理解为"小和大的区别"。事实上,《庄子》原文,也是辩论的"辩",不是辨别的"辨"。……齐,就是齐平、齐等、齐一。也就是说,万事万物,都是平等的;思想言论,也是平等的。谁也不比谁高贵,谁也不比谁高明。既然如此,庄子怎么会去区别大小?①

然而只要我们在更深的层次贯通《逍遥游》与《齐物论》,便会发现《逍遥游》中的"小大之辩",只能理解为"小和大的区别"。《齐物论》并没有"将小知大知一概抹倒"。"小大之辩"相当于《齐物论》中圆环和环中的区别。无论怎样齐万物、齐是非,这个圆心和圆环的根本区别是不可能取消的。要齐平的是圆环上的万事万物和是是非非,而在庄子看来,唯有立于环中,才能齐万物、齐是非。齐万物、齐是非也就是"道通为一"。因此,用《齐物论》的话语来说,惟有把握了"道枢",实现了"道通为一"的人,才是逍遥的人。逍遥的人,也就是得道的人。只有逍遥的人或得道的人,才能看出尘世纷扰是非纷争的无意义;也只有逍遥的人或得道的人,才能做到《天下》篇所说的:"独与天地精神往来,而不敖倪于万物,不谴是非,以与世俗处。"

庄子的"不谴是非",或曰"无是无非",很容易给人一种滑头的印象。郭沫若就说:"两千多年来的滑头主义哲学,封建地主阶级的无上法宝,事实上却是庄老夫子这一派所培植出来的。"②这句话不过是证明了"人只能看到自己想看到的东西";郭沫若在《庄子》中看到的或许是自己性格的倒影。通常认为,一个人就算不必"爱憎分明",不必"疾恶如仇",至少也不该毫无原则,"混淆是非",毫无立场,随波逐流。这固然不错,然而只是就世俗生活立论。生活,有世俗的一面,还有超世俗的一面。在庄子看来,世俗生活是非本真的生活,超世俗生活才是本真的生活。因此,世俗生活本来是可以断然舍弃的。不过,庄子并不主张佛教式的"出世",而是主张"陆沉"式的隐居,即不离世俗而超世俗。既不离世俗,对世俗生活自然也得有

---

① 易中天:《我山之石:儒墨道法的救世之策》,广西师范大学出版社,2009,第206页。
② 郭沫若:《十批判书·庄子的批判》,转引自冉云飞选编《庄子二十讲》,华夏出版社,2009,第84页。

第二章 《齐物论》

所安排，为此庄子作《人间世》一篇，讨论世俗生活的方法。总的来说，庄子主张"不谴是非，以与世俗处"。这是为了不至于陷入是非纷争，虚掷生命，也是为了"不夭斧斤""安所困苦哉"。所谓"不谴是非，以与世俗处"，也就是说，虽然处于世俗生活之中，却不认同世俗生活的价值观。这就是舍弃。生活的奥秘之一，在于懂得舍弃。舍弃了世俗生活，才可以实现"独与天地精神往来"的逍遥生存。可见，庄子的价值判断异常明确，人生选择异常坚定，决非毫无原则。

"逍遥游"的生存，实即审美的生存，而"齐物论"的立场，也可以视为审美的立场，或者至少可以说，与审美的立场是相通的。庄学研究者大都较关注"逍遥游"的审美意味，而从审美角度考察"齐物论"的研究文献，迄今极为罕见。但是，审美可以说是《齐物论》文中所隐含的必然结论。诚然，庄子自己不曾直接得出这一结论，但解读之为解读，其目标之一，就是"井中汲水"，即汲取前人文本中所隐含的结论，使之表面化、明晰化。这正如艺术家的使命，是将自然中潜藏的美解放出来。放过了这一审美的结论，对《齐物论》的理解就不到位、不完整。

为什么说"齐物论"与审美是相通的？这是因为：①审美的立场，也是"旁观"的立场；②审美的价值，也是在舍弃了世俗价值之后方才临现；③审美的世界，也是以"齐同万物""不谴是非"为前提而建构的。三者之中，首要的因素当为旁观。因为旁观才能舍弃，旁观也才能"齐物"。旁观，顾名思义，就是保持距离的观看。叔本华审美哲学的"静观"说，布洛（Edward Bullough）审美心理学的"距离"说，都是对"旁观"态度的说明。合而言之，审美并不关心对象的实存与否，只顾凝神观照对象的意象或形式，得以超越现实，超乎功利，故曰"静观""距离"。分而言之，审美并不引发实际行动，故曰"静观"；并不投入其中，故曰"距离"。"万物静观皆自得，四时佳兴与人同。"（《秋日》）——程颢的这两句话，颇有道家色彩，他的"静观"，也是"审美"。"却下水晶帘，玲珑望秋月。"（李白《玉阶怨》）"疏影横斜水清浅，暗香浮动月黄昏。"（林逋《山园小梅·其一》）——李白笔下那"玲珑"的秋月、林逋笔下那"疏影横斜"的梅花，正是"距离"说的绝好例证。在审美过程中自然也得有某种投入，如凝神专注、心无旁骛，但真正的审美必须既能"入乎其内"，又能"出乎其外"。"隔帘望月""隔雾看花"，方是审美。总的来说，审美是与实在保持距

159

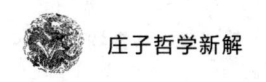

离，是旁观。

深受"距离说"影响的美学家朱光潜，早年曾自述文艺给予的最大恩惠，是教给了他一种"观世法"，这种观世法的具体表现如下：

> 一般人常拿实际人生的态度去看戏，看到曹操奸猾，不觉义愤填膺，本来是台下的旁观者，却跃跃欲试地想跳到台上去，把演曹操的角色杀死。我的办法与此恰恰相反。我本是世界大舞台里的一个演员，却站在台下旁观喝彩。遇着真正的曹操，我也只把他当作扮演曹操的角色看待，是非善恶都不成问题，嗔喜毁誉也大可不必，只觉得他有趣而已。我看自己也是如此，有时猛然发现自己在演小丑，也暗地里冷笑一阵。①

在另一篇名为《谈人生与我》的文章里，朱光潜也有类似的描写：

> ……我平时很喜欢站在后台看人生。许多人把人生看作只有善恶分别的，所以他们的态度不是留恋，就是厌恶。我站在后台时把人和物也一律看待，我看西施、嫫母、秦桧、岳飞也和我看八哥、鹦鹉、甘草、黄连一样，我看匠人盖屋也和我看鸟鹊营巢、蚂蚁打洞一样，我看战争也和我看斗鸡一样，我看恋爱也和我看雄蜻蜓追雌蜻蜓一样。因此，是非善恶对我都无意义，我只觉得对着这些纷纭扰攘的人和物，好比看图画，好比看小说，件件都很有趣味。②

朱光潜的"观世法"，其要义在于旁观，在于不介入，在于保持距离。不介入，是不介入世俗生活的是非、毁誉；保持距离，是与世俗生活的价值判断保持距离。那些"跃跃欲试地想要跳到台上去"的人，未能恪守旁观、静观、超脱的立场，也就未能舍弃世俗生活的善恶价值观，"把人生看作只有善恶分别的"，从而，也就不能领略戏剧之美。反之，"我本是世界大舞台里的一个演员，却站在台下旁观喝彩"。其结果则为"是非善恶都不成问题，嗔喜毁誉也大可不必，只觉得他有趣而已"。朱光潜的"观世法"，活脱一个现

---

① 朱光潜：《我与文学及其他》，安徽教育出版社，2002，第8页。
② 朱光潜：《给青年的十二封信》，安徽教育出版社，1999，第57页。

代版的"齐物论"。 就此而言，朱光潜的观世法，也正是庄子的观世法。

庄子和朱光潜的"观世法"，既是"齐物"观，也是"审美"观。 由于旁观，由于"不谴是非"，审美的世界成了一个"一视同仁"的世界，丰子恺说：

  美的世界中的价值标准与真善的世界中全然不同。 我们仅就事物的形状色彩姿态而欣赏，更不问其实用方面的价值了。 所以一枝枯木，一块怪石，在实用上全无价值，而在中国画家是很好的题材。 无名的野花，在诗人的眼中异常美丽。 故艺术家所见的世界，可说是一视同仁的世界，平等的世界。 艺术家的心，对于世间一切事物都给以热诚的同情。

  故普通世间的价值与阶级，入了画中便全部撤销了。①

"无名的野花，在诗人的眼中异常美丽。"同样的，画面上的一棵普通白菜，也可以成为画家的整个天堂。 事实上，审美的世界和艺术作品的世界，是一个"价值平整化"的世界。 进入艺术作品之内的任何事物，在价值上都是平等的。 一个舞蹈演员的头部，在动作表现力上未必比她的脚趾头重要。 一个美女的脸庞，在绘画色彩上与她的鞋面完全等值。 一幅以"花"为题的静物画，花和花瓶自然是主角，但花瓶下面那团皱巴巴的桌布，其重要性丝毫也不亚于花和花瓶，甚至花瓶背后那面空空如也的墙壁，也与鲜花具有同等意义。在《红楼梦》塑造的诸多人物中，刘姥姥作为艺术形象，较之贾元春只有过之而无不及；焦大给人的印象之深刻，甚至大大超过了李纨。 实际上，刘姥姥不过是微不足道的一介草民，焦大终究是贾府的一个下人。 丰子恺指出，"普通世间的价值与阶级，入了画中便全部撤销了"，信然。

  庄子说："无物不然，无物不可。 故为是举莛与楹，厉与西施，恢恑憰怪，道通为一。""天下莫大于秋毫之末，而太山为小；莫寿于殇子，而彭祖为夭。"这些奇谈怪论，是对常识与世俗价值观的颠覆。 在现实生活中，庄子的这种"齐物"大概只能是幻想。 正因如此，庄子哲学曾被我国学者毫不客气地扣上了"相对主义""主观唯心主义"的帽子，横加批判。 但是，一

---

① 丰子恺：《艺术趣味》，大象出版社，2009，第40~41页。

且进入审美世界或艺术世界，庄子的诸多奇谈怪论，却都成了简单之至的事实，当下即得的经验。古希腊雕像《米罗的维纳斯》呈现了一个美女子，而罗丹的雕像《欧米埃尔》塑造了一个丑八怪，然而就雕塑的艺术价值而言，两者或许不分轩轾。如果让林风眠先画一张"厉"的肖像，随即再画一张"西施"的肖像，这两张肖像画在审美价值上有多大区别？当齐白石画《墨虾图》时，一根纤细的虾须就是他的全部世界，这岂非"天下莫大于秋毫之末，而太山为小"？

审美固然是旁观，但未必所有的旁观都是审美。据说"哲学家"一词的发明者是古希腊的毕达哥拉斯。毕达哥拉斯曾出席旁观一个竞技盛会，有人请他谈谈自己是个怎样的人，毕达哥拉斯说自己是个"哲学家"，并解释道，来到竞技场上的有三种人，第一种人来兜售货物，为了获利；第二种人来争夺桂冠，为了得名；第三种人来到这里，只是为了观察和理解。这种旁观者，就是哲学家。笛卡尔在探索他的哲学原理的时候，曾经"整整九年，我只是在世界上转来转去，遇到热闹戏就看一看，只当观众，不当演员"。① 的确，哲学家和艺术家均是旁观者，区别在于，哲学家的旁观只为理解，艺术家的旁观还要欣赏。依朱光潜的"观世法"，他要为台上的表演"喝彩"，因为他觉得"有趣"，"好比看图画，好比看小说，件件都很有趣味"。丰子恺也要艺术家"就事物的形状色彩姿态而欣赏"，"对于世间一切事物都给以热诚的同情"。庄子兼有哲学家的见地和艺术家的眼光，既能理解，又能欣赏。因而他的《齐物论》，是一篇道家哲学的经典文献，也是一篇具有现代美学意义的论文。

审美的欣赏，就其为欣赏而言，总是包含了甚至饱含着感情的欣赏，如李白的"相看两不厌，惟有敬亭山"（《独坐敬亭山》），杜甫的"感时花溅泪，恨别鸟惊心"（《春望》）。因此，审美又往往被视为"移情"。众所周知，在19世纪后期至20世纪上半叶的欧洲，移情说是最为显赫的一种美学理论，其集大成者为立普斯（Theodor Lipps）。经过朱光潜等美学家的引进，移情说一度也是在中国最深入人心的美学理论。中国人早就注意到了情感与审美的密切关系。许多学者指出，中国古代的某些艺术观念，如谢赫的"气韵生动"，顾恺之的"迁想妙得"，都先行道出了移情说的妙义。事实上，

---

① 笛卡尔：《谈谈方法》，王太庆译，商务印书馆，2010，第23页。

第二章 《齐物论》

早在先秦时期，庄子可能已经有了移情思想的萌芽。陈鼓应在评论庄子与惠子的"濠梁之辩"时指出："庄子对于外界的认识，常带着观赏的态度。他往往将主观的情意发挥到外物上，而产生移情同感的作用。"①童庆炳指出："齐物差不多是'移情'。它是一个物，但是，你要同情它，你要与它相齐。庄周化蝶，不知是自己化为蝴蝶，还是蝴蝶化为自己。"②

不过，与"距离"一样，"移情"也是对审美的隐喻。距离说并不是要求我们非要隔着对象多少距离才能审美，而是用"距离"隐喻审美的非功利性或超功利性。恰如周敦颐的莲花，"可远观而不可亵玩焉"（《爱莲说》）。其实周敦颐未必不能凑近莲花去细细打量，并且在花卉审美中，除了花的形容姿态，还有花香，除了看，还要嗅，如"倚门回首，却把青梅嗅"（李清照《点绛唇·蹴罢秋千》），如隔得太远，就闻不到莲花的清香了。显然，"远观"即为"距离"，即是超功利性。正如"距离"并不等于字面意义上的"保持距离"，"移情"也不能照字面的意思理解为"感情移入"。移情说并不是要求我们在审美中当真把感情"移入"对象，而是用"移情"隐喻审美中"物我同一"的状态。

按照立普斯等人的移情说，审美即移情。在今天看来，移情说明显地存在着一些问题。第一，情感可以"移入"对象、"投射"于对象，这只是一种隐喻性的说法，固然，人文科学的概念常常是隐喻性的，但我们应当进而指出"移情"这一概念到底隐喻了什么。第二，移情说强调在审美过程中把情感和自我投射于对象，以为情感或自我才是事物之所以为美的根据，认定"审美的欣赏并非对于一个对象的欣赏，而是对于一个自我的欣赏"③，这可视为人类中心主义在审美领域的一种表现。第三，审美过程固然往往伴随着情感，然而审美的要义其实并不在于情感，至少可以说，情感并不是审美的全部，过分强调情感，这只是18世纪以来的欧洲浪漫主义的流风遗韵。总之，移情说之所以有价值，是由于它以心理学的经验的方式，以隐喻的概念，切中了审美中"物我同一"的事实；所谓"移情"，其理论的旨趣所在，实乃"物我同一"。

---

① 陈鼓应：《庄子浅说》，三联书店，1998，第12页。
② 童庆炳：《美学与当代文化讲演录》，广西师范大学出版社，2007，第170页。
③ 立普斯语，转引自朱光潜《西方美学史》，江苏人民出版社，2015，第541页。

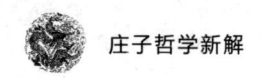

但是，为要论证"物我同一"，心理学美学的移情说显然并不是多么得心应手的理论，现象学的意向性理论方能较为完美地解决这一论证。按照现象学的意向性理论，我和物在自然态度中是不可能"同一"的，唯有事先"悬搁"了自然态度，使我和物作为意向性相关项，即作为"意向活动－意向对象"，才谈得上"物我同一"。庄子《齐物论》的"齐物我"，说的正是"物我同一"。《齐物论》篇首的"吾丧我"，也以隐喻的方式说明了对自然态度的悬搁，并以文学的手法描述了物我同一的状态。庄子认为，唯有在"吾丧我"或"物我同一"的状态中，才得以聆听"天籁"，这"天籁"完全可以理解为审美对象。事实上，后人往往是在审美对象的意义上使用"天籁"一词的，如清人方文《宋遗民咏·吴子昭雯》："尤喜诗与歌，声出似天籁。"不只是"吾丧我"和"天籁"，也不只是"天地与我并生，万物与我为一"，诸如"庄生梦蝶""濠上观鱼""庖丁解牛"等，都是"物我同一"之旋律的种种变奏。而"庄生梦蝶""濠上观鱼""庖丁解牛"等，均可以审美视之。这是我们可以打通"齐物"与"审美"的又一个理由。

| 第三章 |
《养生主》

在《庄子》内七篇中,《养生主》是最短的一篇,全文不足600字,言简意赅,无过于此。但是,文字虽然不多,内容却不可小觑。周策纵指出:"《养生主》篇虽短,我以为却是《庄子》全书中最重要、最具总纲性、最能表明庄子思想主旨的一篇,因为《庄子》实是中国古代个人自由主义思想的重镇;……关系个人的问题,最基本最重要的,仍无过于个人的生存,正如书中一再提到的,'死生亦大矣'。而此篇正代表庄子对个人生命保存的看法,是他的人生观之中心,其他哲理,如齐物、天人合一及人际关系诸论,往往系为此而发,或以此为本。"[①]这一说法颇有见地,然稍有夸张。从哲学的角度看,《养生主》固然相当重要,却不比《逍遥游》和《齐物论》更重要,《逍遥游》和《齐物论》才是庄子哲学的"中心"所在。不过,"逍遥"和"齐物",都与"养生"密切相关,无视《养生主》,或是对《养生主》重视不足,都将错过庄子哲学的精彩,并使我们对庄子哲学的理解有所偏差。

在《养生主》中,如"缘督以为经"的养生原则,"依乎天理,因其固然"的处世策略,"安时而处顺,哀乐不能入"的人生态度,都是很富于"庄子特色"的。其中"庖丁解牛"尤为重要。一则300余字的小小寓言,就为中文留下了六个常用的成语:庖丁解牛、技进乎道、目无全牛、切中肯綮、游刃有余、踌躇满志。这是一篇文学经典,也是一篇哲学经典。不读"庖丁解牛",简直不能说读过《庄子》,就如不读《葬花吟》,简直不能说读过《红

---

① 《周策纵自选集》,山东教育出版社,2005,第220页。

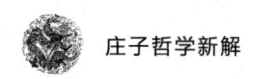

楼梦》。

在思想或哲理上，庖丁解牛的寓言何以重要？原来庄子的"道"与两个东西关系最为密切，即语言与技艺，可表述为"言－道"关系与"技－道"关系。道不可说，却又不得不说；道不可见，唯有借技艺而显现。老子对言－道关系也表现出高度的敏感，但他几乎从未注意到技－道关系。因此，对技艺的描述和探讨，体现了庄子对"道"的独特理解，也体现了庄子对老子哲学的超越，对道家哲学的贡献。我们将会发现，对庄子而言，技－道关系甚至比言－道关系更为根本、更加重要。"庖丁解牛"是《庄子》内七篇中唯一涉及技－道关系的寓言，为庄子技艺哲学的首次登台出场，其重要性不言而喻。随着这个寓言的出现，庄子之"道"显出了新的面目，不仅是《齐物论》中作为整体视域和终极视域的道，而且是作为技艺之极境的道。道是视域，也是境界。《养生主》虽好，惜乎文字太少，所幸《达生》也是论养生的，而且其中好几个关于技艺的寓言，乃是庄子技艺哲学的进一步展开。因此，解读《养生主》，最好参照《达生》。

第一节　何谓养生

1. 养生并非养心

正如《齐物论》的篇名有两种读法，《养生主》的篇名，也有两种读法。一是"养生"二字连读，二是"生主"二字连读。以"养生"连读，"养生主"即为"养生之主"。"主"可解为主旨、宗旨，于是，"养生主"就是"养生的宗旨"。如王先谦说："顺势而不滞于物，冥情而不撄于天，此庄子养生之宗主也。"（《庄子集解》）以"生主"连读，如流沙河说：

……唯有《内篇》这七篇是有题目的，而且题目都是三个字。就从这儿我们可以推断，《内篇》绝对是庄子写的。他这"三字"的题目还有点儿怪，比如说"齐物论"，他把"物论"两个字当作一个词，前面是一个动词"齐"，它的结构是"齐－物论"，即"×－××"结构。"养生主"也是"养－生主"，"生主"也是一个词。"人间世"是"人－间世"，……"德充符"也是"德－充符"，"大宗师"也是"大－宗师"，最后一篇"应帝王"也是"应-帝王"。唯有第一篇是"逍遥游"，如果按照后面的结构，应该是"游-逍遥"。我就猜测最初这个题目，可能是叫"游逍遥"，后来在传抄中不知怎么错了。①

流沙河的说法，或许有些道理，把"逍遥游"解为"游逍遥"，也很机智。但《齐物论》的篇名，历来有两种读法，即"齐物-论"和"齐-物论"，从《齐物论》的内容看，两种读法显然都说得通，可以并行不悖。"齐物论"何以只能读为"齐-物论"，流沙河并没有解释。再则，无论是古代汉语还是现代汉语，无论学术论著还是日常会话，无论是中医学还是茶文化，都使用"养生"这个语词，习惯成自然，硬将"养生"二字拆开，将"养生主"读作"养-生主"，不免有些别扭。退一步说，纵然流沙河的观点是正确的，如此读法，"生主"成了一个词，这个词又该怎么解释？一些学者解释为"真宰"或"真君"，如宋人陈景元说："主，真君也。"这大概是由于《齐物论》中有一段提到"真宰""真君"。流沙河的说法则是，"主"为象形字，像一盏灯，故"主"应为"炷"，"生主者，生命的火炷也。须善养之。《养生主》通篇谈的就是人应该怎样养好自己生命的火炷，使之永不熄灭。"②无论是"真宰""真君"还是"生命的火炷"，都相当于今天的"心灵""精神"，甚至"灵魂"。从而可以推论，庄子作《养生主》，是为了阐明"养生即养心"的道理。

我们发现，在训诂上将"养生主"读作"养-生主"，与在义理上主张"养生即养心"，两者密切相关。在《〈庄子·养生主〉篇本义复原》中，周策纵也主张"养生主"就如"齐物论"一般，应当有两种读法，既可读作"养生"之"主"，又可读作"养""生之主"。他还引用《素问》等文献，指出"生之主"的"主"是"心"。如此，养生便是养心。在《庄子哲学》中，王博说道："作为篇名的'养生主'既可以理解为养生为主，又可以理解为养生之主。前一种理解和庄子哲学关注生命的主题是吻合的，而后一种理解则能够突出庄子对养生问题的特殊见解。"照他看，庄子在养生问题上的"特殊见解"，亦即"养生即养心"。王博指出："一个人如何理解生命，

---

① 流沙河：《庄子闲吹》，中信出版社，2010，第38页。
② 流沙河：《庄子闲吹》，中信出版社，2010，第242页。

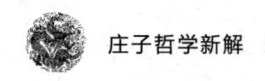

理解生命和外物的关系,这对于养生来说是最根本和最重要的东西,也就是养生之主。因此养生主要并不是养形,而是养心,培养一种重生的态度。""所能养者是心,所不能养者是形。""所谓的养生,主要也就不是养形,而是心的培护。"①尽管王博并没有把"养生之主"拆解成"养""生之主",但他的观点实为"养生即养心"说的代表。

的确,"养生即养心"是一个相当流行的说法,然而这个说法,并不明晰。"养生即养心"既可在高处立论,也可在低处立论。若在低处立论,那它不过是生活常识而已,任何一位长寿老人都说得出。例如,"清心寡欲",是许多百岁老人都推荐过的一剂养生良方。又如,今天我们知道,癌症是致死的主要原因之一,而抑郁、焦虑的情绪容易导致罹患癌症,那么,尽可能保持愉快的心情,逐渐养成乐观的心态,必定有利于身体健康。林语堂说:"我想道士教人的养生法和现代医生的忠告也没有太大的分别。忘掉追求永生的念头,剩下的便是节制、简化生活、适度工作、适度休息、不忧虑、避免各种情绪干扰等原则。换句话说,我们只要遵照常识的指导就好。"②这是明确将道家养生观等同于生活常识。不过,如此生活常识,似乎不必庄子的智慧,也无须专门为文,来个老生常谈。

智慧有两种。一种是生活智慧,亦即常识,有智慧也就是富于常识。"世事洞明皆学问,人情练达即文章",《红楼梦》中的这副对联可以说是富于智慧的表现。世事洞明、人情练达者,无过于孔子,故孔子是当之无愧的智慧老人。另一种智慧是哲学智慧,即形而上学的洞见,如古希腊哲学之父泰勒斯"一切即一"的思想,如王阳明"心外无物"的思想。黑格尔有一个著名的说法:"我们看到孔子和他的弟子们的谈话里面所讲的是一种常识道德,……孔子只是一个实际的世间智者,在他那里思辨的哲学是一点也没有的——只有一些善良的、老练的、道德的教训,从里面我们不能获得什么特殊的东西。"③黑格尔承认孔子富有生活智慧,但否认孔子那里有哲学智慧。诚然,常识与形而上学有时会有相近乃至相同的观点,如"物极必反"是常识,"反者道之动"是形而上学,两者颇为相似,但是,形而上学与常识毕竟

---

① 王博:《庄子哲学》,北京大学出版社,2011,第46、54、55页。
② 林语堂:《苏东坡传》,宋碧云译,万卷出版社,2013,第183页。
③ 黑格尔:《哲学史讲演录》,贺麟、王太庆译,商务印书馆,1996,第119页。

是两个不同的知识系统。《庄子》一书，主要是形而上学，不能仅作常识性理解。

《庄子》是一部哲学著作，《养生主》是一篇哲学论文。庄子的"养生"，不同于常识的养生，也不同于中医的养生。人类知识系统主要有三种：常识、科学、哲学。中医是非常独特的知识形态，分析地说，中医不是常识，不是科学，不是哲学，但它与常识、科学、哲学都有些关系。不过，关系深浅不一。中医虽然蕴含着哲学思想，但哲学只是中医的文化背景，这正如太极拳也蕴含着哲学思想，但哲学只是太极拳的文化背景一样。一般来说，中医介于常识与科学之间。西医也介于常识与科学之间。比较而言，在常识与科学的构成"比重"上，中医偏于常识，西医偏于科学；①在效果上，西医重治病，中医重养生。中医也有治病功能，但它认为"上医治未病"，《黄帝内经·素问》云，"圣人不治已病治未病"。试问，"治未病"那还是"治病"吗？在逻辑上，当然不是。因此，中医就其本质而言是偏于养生的，养生是中医最重要的主题。"中医"得名于19世纪末，但中医的养生观念，在先秦战国时期已颇为流行。周策纵认为，庄子《养生主》的写作受到所处时代之医学常识的影响，而彼时的医学知识，可从《黄帝内经》的基本篇章《素问》和《灵枢》中见到。中医为养生提供了许多技术性的指导与建议。但周策纵补充道，庄子"显然并不是企图写篇医科保健指南，而是写篇哲理方面的作品"，"庄子似乎企图把医理的'养生之道'延扩为哲理方面更普遍的'道'"。② 这一观点不无道理。

问题在于，庄子究竟如何把中医的"养生之道"扩展为更普遍的"道"？周策纵语焉不详。我们认为，养生问题在庄子这里并不是经验性的常识问题，也不是技术性的医学问题，而是形而上的哲学问题。"形而上者谓之道，形而下者谓之器。"（《易经·系辞》）"技"是形而下的，"道"则是

---

① 既是比较，则自然是相对而言。其实历史上中医有些东西很是反常识，如孙思邈《房中补益》说："但能御十二女而不复施泄者，令人不老，有美色。若御九十三女而自固者，年万岁矣。"但若要比较中西医在常识和科学两大知识系统上的构成比重，那当然是中医偏常识，西医偏科学。不过，比较也可以有不同的比较法、不同的立足点，比如梁漱溟就说："西医是走科学的路，中医是走玄学的路。"（梁漱溟：《朝话》，百花文艺出版社，2008，第125页。）这是在科学和玄学（哲学）两大知识系统之下衡量中西医。梁漱溟的观点当然是成立的。

② 《周策纵自选集》，山东教育出版社，2005，第213、216页。

形而上的。庖丁侃侃而论"臣之所好者道也，进乎技矣"（《养生主》），文惠君聆听高论之后，应之以"得养生焉"。这给我们一个提示：对庄子而言，养生实即求道、为道。换言之，庄子把养生形而上化了。无论是养生还是为道，都有实践和理论两个维度。在理论上，庄子论养生，其实是借此思考生死问题和人我问题，前者主要是人与自然的关系问题，后者主要是人与社会的关系问题。

但养生所关涉的哲学问题，还有身心问题，即身体与心灵的关系问题。我们说不能把养生理解为"养心"，这不只是由于"养生即养心"的命题不够明晰，也不只是由于"养生即养心"常常是经验性的常识命题或是形而下的医学命题。其实"心"也可以是一个哲学概念，比如在陆九渊、王阳明的心学中。问题在于，第一，尽管《庄子》一书"心"字甚多，但"心"往往是形而下的经验之心，如《逍遥游》中骂惠子"夫子犹有蓬之心也夫"，如《齐物论》中的"日以心斗""近死之心"。再者，"心"往往是负面意义的，如《列御寇》说"凡人心险于山川"，如《天地》说"有机械者必有机事，有机事者必有机心"。又如《齐物论》中的"成心"，庄子必欲去之而后快，不可能让人去"养"。显然，庄子并不把心视为价值之源；在庄子，道才是价值之源。关于这一点，《大宗师》的"不以心损道"，说得再清楚不过了。就此而言，庄子哲学不可能是"心学"。第二，身、心二者，庄子明显地把砝码放在身的一边。梁漱溟指出："道家与儒家，本是同样地要求了解自己，其分别处，在儒家是用全副力量求能了解自己的心理，如所谓反省等。道家则是要求能了解自己的生理，其主要的功夫是静坐。"①孙隆基也说："在中国文化传统中，儒家正是'心学'，道家则可以说是一种'身学'。"②儒学偏于心理学、心学，道家之学偏于生理学、身学；在道家中，庄子哲学尤其偏于身学。这样看来，即便在高处立论，对"养生即养心"做形而上的理解，我们所理解的"养生"也可能是儒家的"养生"，而非道家的"养生"。

道家讲养生，儒家也讲养生。明代儒者吕坤就说过："仁可长寿，德可延年，养德尤养生之第一要也。"（《呻吟语》）把道德修养视为"养生第一要"，这是典型的儒家立场。儒家的养生侧重于道德修养，亦即"修身"。

---

① 梁漱溟：《朝话》，百花文艺出版社，2008，第126页。
② 孙隆基：《中国文化的深层结构》，广西师范大学出版社，2008，第16页。

儒家经典《大学》的"八条目"是格物、致知、诚意、正心、修身、齐家、治国、平天下。"修身"在八条目中与"诚意""正心"连在一起，正说明诚意、正心是修身的前提，或者说，做到诚意、正心就已经是修身了。换句话说，"修身即修心"。

儒家提倡"修身齐家治国平天下"，说明它以社会为本位，道家则以个人为本位。道家的基本思想是"轻物重生"，如杨朱主张"全生保真"，如老子肯定"善摄生者"，"重生""全生""摄生"的"生"，都是生命。冯友兰指出："道家的出发点是保全生命、避免损害生命。"①庄子的逍遥论，一个重要维度也是保全生命、避免损害生命。因而在《逍遥游》中论"无用之用"时，那棵"不夭斧斤，物无所害，无所可用"的大树樗，为庄子所肯定，而那只"死于网罟"的狸狌，却是庄子否定的对象。树不能被砍伐，人不能被杀头。保全生命、全身避害，要保全的首先是身体，这跟"养生即养心"是不相干的。

在《养生主》中，庄子对于"养生"的意义，一开始就说得非常清楚。"可以保身，可以全生，可以养亲，可以尽年。"——这就是庄子心目中的"养生"。保身，全生，尽年，都是比较平白的话，独有"养亲"一词难以索解。现在较通行的注释有三种：①方勇《庄子》译注云："谓不残生伤性，以辱双亲。"②曹础基《庄子浅注》云：亲，指"真君"，即精神。③陈鼓应《庄子今注今译》说："亲"或为"身"的借字，"养亲"实即"养身"。三种注释各有其来历或出处，此处不赘。方勇"不残生伤性，以辱双亲"的注释，使人想起儒家《孝经》的言论："身体发肤，受之父母，不敢毁伤，孝之始也。"在庄子的文字中，出现这种标准儒家式的说法，显得非常突兀，恰似地球上降临了一个外星来客。曹础基把"亲"解释为"真君"或精神，独立地看似无不可，置入上下文则文气不畅、文脉不通。因此这里似乎宜取陈鼓应的注释。但周策纵指出，把"养亲"解为"养身"，与前文"保身"犯重。他认为，"亲"字在早期用法如《诗经》中乃是"亲自""自己本身"之意。庄子《养生主》也当如此。②的确，现代汉语中仍有"事必躬亲"一语，意为凡事定要亲自去做，"亲"即"自"。而且把"亲"理解为

---

① 冯友兰：《中国哲学简史》，天津社会科学院出版社，2005，第57页。
② 《周策纵自选集》，山东教育出版社，2005，第242页。

"自己本身",与道家自杨朱以来的所谓"自私"取向、与庄子的个人本位立场也是融贯的。总之,"可以保身,可以全生,可以养亲,可以尽年",一气呵成,顺理成章,其中并没有与"养心"相似的说法。

可见,"生主"连读,乃是多此一举,反而把问题复杂化了,而且无助于对《养生主》的理解。因此,我们取第一种读法,把"养生"二字连读。这种读法,证据更为充分。陆德明说:"养生以此为主也。"(《经典释文》)苏辙说:"盖予闻之,庖丁,解牛者也,而养生者取之。"(《墨竹赋》)其实在《养生主》中,庄子自己就是"养生"二字连读的:"吾闻庖丁之言,得养生焉。"此外,《达生》也说过:"善养生者,若牧羊然,视其后者而鞭之。"养生是道家哲学的一个基本方向,也是庄子《养生主》所要谈论的主题。"养生主"即养生之主,意为养生的宗旨、养生的要义、养生的基本原则。

2. 养生并非养神

在现代观念和汉语语境中,心灵与精神是近义词,有时甚至可以互换,因此,与"养生即养心"相伴而行的一个观点,是"养生即养神"。庄子本人并没有提出"养心"的概念,但在《庄子》一书中,确实出现了"养神"的说法。如《刻意》篇这句最具代表性:"纯粹而不杂,静一而不变,恬淡而无为,动而以天行,此养神之道也。"而且在《养生主》中,出现了三个"神"字。最后的"薪火之喻",也往往被视为是对精神不朽的隐喻,如周策纵说,"说是精神不死,也未为不可"。[①] 凡此种种,都使得许多学者认为,庄子的养生就是养神。如陈鼓应《庄子今注今译》的《养生主》题解:"《养生主》篇,主旨在说护养生之主——精神,提示养神的方法莫过于顺任自然。外篇《达生》篇,通篇发挥养神之理。"纵然不把养生完全等同于养神,现代学者也大都主张,"养生主要是养神而不是养形"。如封思毅说,《养生主》"末后借薪尽火传,道出形灭而神存之理,意在强调养生当以精神为重,而以形体为轻"。[②]

可以肯定地说,养生并非养神。至于为何不是,其理由与"养生并非养

[①] 《周策纵自选集》,山东教育出版社,2005,第247页。
[②] 封思毅:《庄子诠言》,安徽人民出版社,2012,第161页。

心"是相似的。此地尚可稍作补充。我们常说,"打个盹儿,养足精神","闭目养神",小憩片刻,好比给一个运行良好的机器加点油,让它运行得更为顺畅。这当然是养生,因为闭目养神是休息,而休息乃是养生的题中应有之义。林语堂认为:"瑜伽提出了中国人最能接受的身心保养法,因为瑜伽的本质就是休息,有计划、有意识地休息。它不但教人按时控制呼吸,采用休息的姿势,甚至想灭绝我们静坐在扶手椅上难免会有的心灵活动。"①然而瑜伽只是一种控制身体的技术,至于闭目养神之类,近乎"微不足道",太过常识化也太轻松了。庄子作为哲学家,恰好是要"技进乎道",把养生提到"道"的层次上来谈论和践履的。庄子要全生、穷年,而在庄子所生活的年代和环境里,全生、穷年,恰似哈姆雷特的"存在还是不存在"的问题,乃"性命攸关"之大事,如"火烧眉毛"般逼迫而至,不是只要优哉游哉地养养神就打发了事的。况且,倘若命都没了,又如何养神?皮之不存,毛将焉附?生命才是根本,才是中心。所以,虽然《庄子》外篇出现了"养神"二字,但我们断不可将养生与养神等同起来。

不过,正如"养生即养心"说既可在低处立论,亦可在高处立论,"养生即养神"说也是如此。作为一种学术观点的"养生即养神"说,自然是在高处立论。此时"养神"就不只是"闭目养神"之类的休息②,而是保养真正的生命。较之身体,神,也就是精神,才是真正的生命。既然精神才是真正的生命,那么真正的养生,当然是"养神",而不是"养形"了。保养精神是至关重要的,即使肉身死亡,精神也能不朽。从而,庄子的"养生",也就是求得不朽的精神生命。于是我们可以把苏格拉底的话赠予庄子。苏格拉底说:"我们认为真正的哲学家,惟独真正的哲学家,经常是最急切地要解脱灵魂。他们探索的课题,就是把灵魂和肉体分开,让灵魂脱离肉体。"③——这句话出自《斐多》,而《斐多》在西方文化史上的重要意义,就在于试图论证

---

① 林语堂:《苏东坡传》,宋碧云译,万卷出版公司,2013,第 178 页。
② 其实,纵然是闭目养神的休息,也可做形而上的理解,即把休闲作为一种生存方式。苏东坡对此颇有会心,他说:"江山风月,本无常主,闲者便是主人。"(《与范子丰书》)又说:"何夜无月?何处无松柏?但少闲人如吾二人耳。"(《记承天寺夜游》)事实上,在庄子和苏东坡的影响下,做个"闲人"一度成了中国人的理想。如《红楼梦》中的贾宝玉是一个"富贵闲人",而贾宝玉显然是曹雪芹心目中的理想人物。
③ 柏拉图:《斐多》,杨绛译,辽宁人民出版社,2000,第 18 页。

"灵魂不朽"。精神的特质，即是不朽性；但当精神还逗留于身体之内时，它有主宰性。按照苏格拉底、柏拉图、亚里士多德等希腊哲人的理路，精神的别名，乃是理性。亚里士多德在《尼各马可伦理学》第十卷中，就把理性视为"我们身上的这个天然的主宰者，这个能思想高尚的、神性的事物的部分"①。因此，精神就是主宰身体、能够役使身体的东西。我想举手，手便举了起来。"我欲仁，斯仁至矣。"《论语·述而》总之，"养生即养神"的说法，认为"神"即精神，而精神区别于身体，是身体的主宰，还可以脱离于身体，是不朽的灵魂。这一说法，建立在身心二元论的思维前提之上。

所谓身心二元论，简言之，就是把人视为肉体和精神的组合，肉体是物质性的，精神是非物质性的，两者截然不同，因而是"二元论"。古代文献中常有"灵魂出窍"的记载，可视为身心二元论的一个经验性例证。一般来说，灵魂出窍观念的产生主要受到梦的影响。梦是一种心理现象或意识现象，做梦时，身体是不动的，而意识活动却极其自由，这种自由往往给人以意识可以脱离身体而独立存在的错觉。这大概是身心二元论在心理上的根源。不过身心二元论从一种心理经验上升到自觉的思想，历时甚久。思想上的身心二元论，在古希腊初露端倪。苏格拉底、柏拉图、亚里士多德等人已有了身心二元论的思想倾向，他们都把理性看作人的真正自我。但身心二元论作为一种哲学观点，正式产生于笛卡尔。笛卡尔提出"我思故我在"的命题，将"我思"理解为一种完全内在的、与外部世界截然不同的存在，造成了心与身的彻底分裂，导致了把人理解为机器般的身体加上幽灵般的精神的观念。笛卡尔的这种观念，支配了西方哲学数百年。随着19世纪末的"西学东渐"，身心二元论也进入中国。今天的中国学者几乎是本能地将身心二元论的"现时观念"投射到庄子的文本之中。

因此，若要质疑"养生即养神"的命题，我们必须扣紧其思维前提或哲学预设，即身心二元论，推翻用身心二元论来解读庄子养生论的做法。毫无疑问，庄子不可能持有笛卡尔之后西方近现代哲学的身心二元论。如前所述，梦可能是身心二元论的心理源头之一，但庄子是主张"至人无梦"的，他说过"古之真人，其寝无梦"（《大宗师》）；纵然在梦中，他也是"不知周之梦为胡蝶与，胡蝶之梦为周与"（《齐物论》），强调物我相通，天人合一。

---

① 亚里士多德：《尼各马可伦理学》，廖申白译，商务印书馆，2003，第305页。

| 第三章　《养生主》|

庄子甚至也没有类似于古希腊哲学家的身心二元论的思想倾向，因为他从未将理性独立出来，视之为人的真正自我。但这只是内在于大的文化精神和思想脉络中得出的判断，我们还需进一步结合庄子的文本进行分析和论证。这就要先弄明白，庄子在《养生主》中说的"神"，到底是什么？它是灵魂吗？它是主宰身体者吗？它能脱离身体吗？它具有不朽性吗？

（1）主宰者与不朽者

在庖丁解牛的故事中，有两个"神"字：

> 庖丁为文惠君解牛，手之所触，肩之所倚，足之所履，膝之所踦，砉然向然，奏刀騞然，莫不中音；合于《桑林》之舞，乃中《经首》之会。
> 文惠君曰："嘻，善哉！技盖至此乎？"
> 庖丁释刀对曰："臣之所好者道也，进乎技矣。始臣之解牛之时，所见无非全牛者。三年之后，未尝见全牛也。方今之时，臣以神遇而不以目视，官知止而神欲行。依乎天理，批大郤，导大窾，因其固然，枝经肯綮之未尝微碍，而况大軱乎！良庖岁更刀，割也；族庖月更刀，折也。今臣之刀十九年矣，所解数千牛矣，而刀刃若新发于硎。彼节者有间，而刀刃者无厚；以无厚入有间，恢恢乎其于游刃必有余地矣。是以十九年而刀刃若新发于硎。虽然，每至于族，吾见其难为，怵然为戒，视为止，行为迟。动刀甚微，謋然已解，牛不知其死也，如土委地。提刀而立，为之四顾，为之踌躇满志，善刀而藏之。"
> 文惠君曰："善哉！吾闻庖丁之言，得养生焉。"

庖丁两次提到"神"的句子是："方今之时，臣以神遇而不以目视，官知止而神欲行。"周策纵将"养生主"读为"养–生主"，即"养""生之主"，并指出："庖丁之言又透露，所养的生之主是'神（精神）'，即所谓'臣以神遇'和'神欲行'。……可证庖丁说的'神'必是指生之主。"[①]宋人陈景元把养生之"主"读为"真君"，今人曹础基也附议。"真君"即是主宰身体的精神。那么，庖丁所说的"神"，是真君吗？是主宰身体的精神吗？

解答这个问题，最好循序渐进。我们要先问，身体之内是否有一个主宰

---

① 《周策纵自选集》，山东教育出版社，2005，第236页。

175

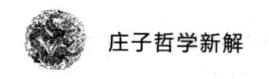

者存在？庄子亦有此问，比如下面的文字：

> ……若有真宰，而特不得其朕。可行己信，而不见其形，有情而无形。
>
> 百骸、九窍、六藏，赅而存焉！吾谁与为亲？汝皆说之乎？其有私焉？如是皆有为臣妾乎？其臣妾不足以相治乎？其递相为君臣乎？其有真君存焉？如求得其情与不得，无益损乎其真。（《齐物论》）

这里出现了"真宰"和"真君"两个词，陈鼓应认为两者都指人身的主宰，即心灵或精神。林语堂《老子的智慧》也把"真宰"和"真君"都翻译为"灵魂"。张默生则认为"真宰"指大自然的主宰，"真君"指人身的主宰，冯友兰和方东美似乎也都持此说。总之，"真君"就是身体的主宰者，即心灵、灵魂或精神。不过，仔细察看原文，不难发现，其实庄子既不明确主张身体内有"真君"，也不否认身体内有"真君"。这种态度，比较符合作为一个怀疑论者的身份。

事实上，关于"真君"存在与否，庄子的态度是现象学的态度。现象学的态度有点类似于怀疑主义，它的一个重要术语"悬搁"（epoche）就来自古代怀疑主义。现象学只关注直接显现于意识的东西，即直接被给予的东西，但凡意识之外的东西即超越的东西，现象学是"存而不论""搁置判断"的。上帝是悬搁的对象，灵魂也是悬搁的对象。但现象学并非否认上帝和灵魂的存在，只是暂时不置可否而已。现象学家也考察上帝问题，但他只考察意识经验中的上帝，威廉·詹姆斯的名著《宗教经验种种》，就是一个实用主义哲学家对上帝问题的现象学考察。庄子对于身体内是否有个"真君"，也是不置可否的。他指出，"若有真宰，而特不得其朕"，要说有真宰吧，可是并无迹象可寻。大自然的真宰如此，身体里的真君亦然。于是庄子射出一支疑问之箭："其有真君存焉？"固然，身体内部是否有个真君，是不能确定的，但庄子不否认它在发生作用，这就像大自然的真宰，虽然不见其形，而造化运行，丝毫不爽。真君也无形，但它显示种种作用。庄子说，"如求得其情与不得，无益损乎其真"，无论求得真君的真实情况如何，对它本身的存在都不会有影响。真君的"存在"，并非"实存"，而是现象学意义的存在，即"显现"。

| 第三章 《养生主》|

可见,在"真君"问题上,一如现象学家,庄子区分了存在与现象,或者用中国传统哲学的术语来说,庄子区分了本体与作用。深受庄子影响的日本思想家中江兆民也说:

> 所谓精神,不是本体,而是从本体发生的作用,是活动。本体是五尺身躯。这五尺身躯的活动,就是精神这种神妙的作用。例如,象炭和焰,薪和火的关系一样。漆园吏庄周已经看穿了这个道理。就那十三种或十五种元素暂时结合的身躯的作用即构成精神来说,就身躯还原即分解也即身体死亡来说,这身体所起的作用即精神,按理也就不得不同时消灭。恰象如果炭成灰,薪烧尽,那末,焰和灰就同时熄灭一样。所谓身躯已经分解,而精神还存在,这是极端违背道理的话。……
>
> 所以身躯是本体,精神是身躯的活动,即作用。身躯要是死亡,灵魂就要同时消灭。[①]

这些话体现了中江兆民对庄子的准确把握。因为在上面所引《齐物论》那段话后面,庄子接着就说,"其形化,其心与之然,可不谓大哀乎?"可见庄子也赞成"身躯要是死亡,灵魂就要同时消灭"。而中江兆民所言薪和火的关系,本于《养生主》的最后一句话:

> 指穷于为薪,火传也,不知其尽也。

"指"就是"脂",即可燃的脂膏;薪,闻一多《庄子内篇校释》说是"烛薪",古人燃烛薪照明。这话意思是,脂膏为薪火燃烧殆尽,但火却传续下去,没有穷尽。庄子这句话,往往被视为对精神不朽的比喻,如朱桂曜说:"此言脂膏有穷,而或之传延无尽,以喻人之形体有死,而精神不灭,正不必以死为悲。"《庄子内篇补正》此说一出,应者云从。可是,此说至少有两个疑点。首先,在很多地方,庄子都不认为精神或心灵会永恒存在,为何这里突然主张"精神不灭"了呢?这不免有违思想的一贯性。其次,如果薪是身体而火是精神,那么若要薪尽火传、精神不灭,岂非就像一支蜡烛点燃另一

[①] 中江兆民:《一年有半、续一年有半》,吴藻溪译,商务印书馆,2007,第75页。

177

支蜡烛那样,还需要一个身体? 如此,我们就要认定庄子持有转世轮回的思想了。 这是匪夷所思的。 转世轮回思想与佛教一道传入中国,已是庄子去世数百年之后的事了。 庄子确实主张"不必以死为悲",但他提供的理由既不是什么精神不灭,也不是什么转世轮回,而是认为死乃自然之事。 陈鼓应《庄子今注今译》引用了陈启天的说法,其说与众不同。 陈启天说,庄子这句话"犹谓以脂膏为薪火而烧尽,乃一转化,非消灭也。 比喻人由生而死,亦不过一种转化,不必悲也。 如此解释,始与上文'安时处顺'之说相应。"① 我们认为,这是比较合理的解释。 按照陈启天的解释,庄子这句话是对生死问题的思考,它确实是谈养生的,却并不是谈养神的。

中江兆民还发出了一串庄子式的质疑,他说,如果身体死后精神还能另外存在,"那末,它存在于身躯中的期间,是处在哪一个部位呢? 在心脏中吗? 在脑髓中吗? 抑或在肠胃中吗? 这恐怕是纯粹属于想象的说法吧。"② 为什么时无论古今、地无论东西,人们都想象有个灵魂存在于身体内部? 我们能看、能听、能感、能思……看、听、感、思等,都是身体的作用,但这些身体的作用似乎是各顾各的,眼睛只能看,耳朵只能听,鼻子只能嗅,恰似庄子《天下》篇所言"耳目鼻口,皆有所明,不能相通",我们以为必定有一个看、听、感、思的主体,将全部的身体作用综合起来,这就像"桌子"的实体把坚硬、冰冷、褐色、木头、长方形等感觉与材料综合起来一样。 这个综合的主体,是使身体发生作用者,当然不同于身体。 它就是灵魂,或曰精神。 但是,当我们像中江兆民那样试图在体内寻找灵魂之所在时,却了不可得。 因为灵魂无非就在身体的看、听、感、思诸作用之中,并非在这些作用之外另有一个名为灵魂的实体。

(2)身体作用与身体经验

现在我们要问,庖丁所说的"神",是精神吗? 是身体的主宰者吗? 显然不是。 "神"只是身体的作用,不是身体的主宰;它非但不能控制身体、命令身体,而且只能依附于身体、追随着身体。 庖丁解牛,动作纯熟无比,技术达到了至高的境界,"官知止而神欲行","以神遇而不以目视",这并不是说,身体作用停止之后,精神开始游走。 实际上,"神"就是身体的作

---

① 引自陈鼓应:《庄子今注今译》,商务印书馆,2012,第125页。
② 中江兆民:《一年有半、续一年有半》,吴藻溪译,商务印书馆,2007,第76页。

用,而不是身体作用之外独立存在的"精神"。自然,"目视"也是身体的作用。所谓"官知止",主要是"不以目视"。加之前有"始臣之解牛之时,所见无非全牛者。三年之后,未尝见全牛也",后有"视为止,行为迟",可见庖丁强调的是,他不必目视,也能解牛。通俗地说,庖丁闭着眼睛也能宰牛。这似乎不可思议,是天方夜谭。然而未必。目视只是身体的诸多作用之一,关闭了视觉,不等于关闭了一切感觉。盲人琴师阿炳不能目视,但他有敏锐的听觉,还有触觉,他拉二胡也是"以神遇而不以目视",但我们绝对不能说,阿炳是用精神拉二胡、用灵魂拉二胡。同样,庖丁绝非用精神杀牛。精神是无形无象的,怎能杀牛?庖丁即便是一时不以目视了,还有其他的身体感觉在发挥着作用,况且他杀牛达十九年之久,对牛的生理结构早已了如指掌,就此而言,闭着眼睛杀牛也不是绝对不可能的事。这就像我们在突然停电而漆黑一团的家里,仍然可以顺利地找到某些东西。靠什么?靠的就是"以神遇而不以目视"。

因此,"神"并不是在身体之外对身体发号施令的精神,"神"就是一种身体作用和身体经验。或者也可以说,"神"是身体自身的运作机制,是一种身体意向性,等等。如果说,"精神"的特质是不朽性和主宰性,那么"神"的特质就是自发性和随机性。自发性首先意味着不受意识支配、不为心思左右。事实上,往往在思想意识之前,身体就已经自行运作了。这种身体经验,其实不只是庖丁有,也不只是阿炳有,几乎所有的人都有。只是在《庄子》之前,哲学文献并没有专门描述和谈论过这种经验,因而可以说,庄子发现了它。庄子对于这种身体经验特别感兴趣,一遍又一遍地加以描述。根据他的描述,这种身体经验在技艺中最为常见;在这种经验中,"道"现身而出了,此之谓"技进乎道"。技本身并不是道,但是,当技艺的操作使"神"这种身体作用和身体经验开始呈现时,便进入了道的境界。道为何不可言?历来学者说得玄而又玄,其实,"道不可言"的一个主要理由是,使道得以呈现的这种身体作用或身体经验是前思想、前意识的,因而是前语言的。因此,道只能在技艺中去感悟,在身体经验中去"体验"。《天道》篇"轮扁斫轮"的寓言,也是这个观点:

> 桓公读书于堂上,轮扁斫轮于堂下,释椎凿而上,问桓公曰:"敢问,公之所读者何言邪?"

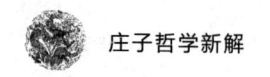

公曰："圣人之言也。"

曰："圣人在乎？"

公曰："已死矣。"

曰："然则君之所读者，古人之糟粕已夫！"

桓公曰："寡人读书，轮人安得议乎！有说则可，无说则死！"

轮扁曰："臣也以臣之事观之。斫轮，徐则甘而不固，疾则苦而不入，不徐不疾，得之于手而应于心，口不能言，有数存焉于其间。臣不能以喻臣之子，臣之子亦不能受之于臣，是以行年七十而老斫轮。古之人与其不可传也死矣，然则君之所读者，古人之糟粕已夫！"

斫轮是一种技艺，"斫轮，徐则甘而不固，疾则苦而不入，不徐不疾，得之于手而应于心，口不能言，有数存焉于其间"。这是典型的身体经验。"得之于手而应于心"，说明这种经验是由身体发出，而后传递到心中的，然而就算传到心中，也只是若有所悟，"口不能言"。斫轮的身体经验是前意识、前语言的，事实上，它也是不能理性化和语言化的，因此不能传授于人。精神的表现是思想、是语言，而身体的表现是经验、是感受，这正是无法把"神"等同于"精神"的主要原因。

顺便指出，轮扁斫轮的寓言，以斫轮经验不能传授喻圣人之言不能传授，"古之人与其不可传也死矣"，强调圣人既死，则圣人之言也便随之失传，这说明了两点。其一，在庄子看来，道是由圣人之身来体现或显现的；"身教"重于"言传"，"身教"是"言传"的基础。其二，庄子不但未在物理意义上承认精神不朽（灵魂不朽），也未必在"立言"的意义上主张精神不朽。

《达生》篇也提到了类似于庖丁的"神"，但更突出了"神"的前意识、前语言性：

夫醉者之坠车，虽疾不死。骨节与人同而犯害与人异，其神全也。乘亦不知也，坠亦不知也，死生惊惧不入乎胸中，是故遌物而不慴。

醉者突然坠车，却能不死，甚至毫发无损，庄子说是由于醉者"神全"。如果"神"是精神，那么"神全"就是精神专注，但这明显说不通。一个醉酒的人，晕晕沉沉，恍恍惚惚，乘车也不知道，坠车也不知道，应当是精神涣散才是,怎么反而精神专注呢? 但是,一个人醉了,哪怕醉得"人事不知",只要并非已死,他的身体就仍是活生生的。 由于"人事不知",反倒使身体从意识的支配下解放出来,身体的觉知与感应变得更为纯粹、更为完全,此之谓"神全"。 当醉者坠车时,身体自发地做出了某种反应和调整,使自己免于受伤。 这就像一个沉思者徜徉于路上,他沉浸于自己的世界里,"魂不守舍",如同梦游,后面一辆汽车突然奔驰而至,眼看撞上了,但他竟然在千钧一发之际避开了,事后想起,自己也不知其所以然。 一个体操或跳水运动员,不可能全靠精神力量的控制来完成那些高难动作,而是必须仰仗身体经验,身体自己会控制自己,在很多时候,他都是在"不知不觉"间、"莫名其妙"地完成动作的。

巴甫洛夫派的心理学家或许会用"条件反射"(Conditioned Reflex)来解释沉思者和运动员的反应;弗洛伊德派的心理学家或许以为,沉思者或运动员的这些"不知不觉""莫名其妙"的行为源于潜意识的作用。 巴甫洛夫式的条件反射,一是动物式的本能反应,例如狗看到食物就会淌口水,二是后天训练和习惯形成的机械反应,例如马戏团的动物表演算数,其实动物本不会计算,只是被训练出一对一的固定反应或机械的条件反射罢了。 条件反射虽然也有自发性,却缺乏随机应变性。 庄子描述的"神"具有随机性或机缘性,是一种活生生的随机应变的身体经验,绝非死板的条件反射,这在醉者坠车的突发事件、庖丁解牛的"依乎天理""因其固然"、轮扁"不徐不疾,得之于手而应于心"等描写中表现得很明显。 至于弗洛伊德派的"潜意识",乍一看,与我们所说的前意识经验固然有些相似,其实很不相同。 "潜意识"是被压抑下去的意识,庄子说的"神",不仅与心理压抑毫无关系,而且恰好源于身体的放松。 在这个问题上,"潜意识"要么什么都不能解释,要么无非是用另一种说法表达独立于身体的某种"精神"。 因此,我们宁可用自发的身体经验来说明这种现象。

《达生》篇中还有一个故事,提到了"神"的概念:

仲尼适楚,出于林中,见痀偻者承蜩,犹掇之也。
仲尼曰:"子巧乎,有道邪?"
曰:"我有道也。五六月累丸二而不坠,则失者锱铢;累三而不坠,则失者十一;累五而不坠,犹掇之也。吾处身也,若橛株拘;吾执

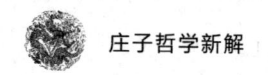

臂也，若槁木之枝。虽天地之大，万物之多，而唯蜩翼之知。吾不反不侧，不以万物易蜩之翼，何为而不得！"

孔子顾谓弟子曰："用志不分，乃凝于神。其痀偻丈人之谓乎！"

一般认为，承蜩丈人如此技艺惊人，是由于他异乎寻常的专心："虽天地之大，万物之多，而唯蜩翼之知"，也就是心无旁骛；"用志不分，乃凝于神"，也就是专心致志。这样解释当然也不错，但它基本上是把"神"等同于"心"。我们则认为，"用志不分，乃凝于神"是把全部心思都限制于蝉翼之上，从而把身体作用和身体经验解放出来。一任身体作用的自发性和机缘性，不以思想意识去干涉它，那么就能承蜩"犹掇之也"，并让孔子感佩其中"有道"。承蜩丈人的"神凝"也就是"神全"。在《逍遥游》中，庄子对"姑射神人"的著名描写，也用"其神凝"的说法，一般将"其神凝"解释为神人精神专注或精神专一，但是，这样的解释与上下文并无必然关系。在我们看来，姑射神人的那段话，基本上就是对神人身体的描绘，"神凝"也就是身体经验的完全呈现。身体经验完全呈现，会有"神奇"的功用，即"使物不疵疠而年谷熟"。

（3）泽雉寓言

如前所述，按照"养生即养神"说，"神"即精神，而精神不同于身体，具有主宰性，甚至可以独立于身体，具有不朽性。但庖丁解牛中的两个"神"字，一不是可以独立于身体的主宰者，二不是可以脱离于身体的不朽者，由此可知，"养生即养神"之说不适用于庖丁解牛。在《养生主》中，第三个"神"字出现在关于泽雉的简短寓言中：

泽雉十步一啄，百步一饮，不蕲畜乎樊中。神虽王，不善也。

这则寓言过于简短，仅得两句，且前一句好懂，后一句却颇为难解。或许在前后两句之间有脱字，但这猜测无从证实，我们只好接受现有的文字。旧说"王"通"旺"，即旺盛，"神"即精神，"不善"即不好，意即纵然精神旺盛，也是不好。何以不好？因为被关在笼中，不得自由。曹础基《庄子浅注》说，这则寓言"着重说明养生主要是使精神上得到自由"。但是，既然被关在笼中，何以不是精神委顿而是精神旺盛？既然精神旺盛，何以不好？

因此宋朝褚伯秀主张："神为形之误，神旺不得谓之不善也。"此说曾为王叔岷所驳斥，但在我们看来，褚伯秀的主张还是有些道理的。在泽雉寓言之前，是仅有单足即形不全的右师的故事。也许正如"薪尽火传"的比喻与"安时处顺"的故事应合在一起理解，右师的寓言与泽雉的寓言也应并为一个寓言。再将"神"字更改为"形"，相应地，将"神虽王"调整为"形虽全"，新的语境就形成了：

公文轩见右师而惊曰："是何人也？恶乎介也？天与？其人与？"曰："天也，非人也。天之生是使独也，人之貌有与也。是以知其天也，非人也。"泽雉十步一啄，百步一饮，不蕲畜乎樊中。形虽全，不善也。

在这个语境下，庄子想要说的是：右师仅有单足，这并非因他不善养生，致使伤身受害，而是生来如此，天生使然，正如泽雉十步一啄、百步一饮也是天然的存在方式；如果将泽雉关在笼中，为人饲养，哪怕它形体完全，那也是不好的。如此解读，与庄子重天然的思想路向也是合辙的。不过这样一来，"神"字消失了，我们就更没理由说"养生即养神"了。

沈清松认为文本诠释应当遵循四大原则，其中之一是"最小修改原则"（Principle of Minimum Emendation），也就是，"除非必要，不依主观意见随便修改文本"。[①] 我们当然不是"依主观意见随便修改文本"，而是由于原文实在读不通了，不得已而改之。退一步说，若是遵循既有原文，不妄自改"神"为"形"，那么，可以肯定的是，"神"字在泽雉寓言中的用法，与庖丁解牛、轮扁斫轮、醉者坠车、痀偻丈人承蜩等寓言都有所不同，它既不是身体作用，也不是身体经验。既然如此，我们直接把它理解为"精神"，岂非简洁明快？然而事实是，若是把"神虽王"的"神"理解为精神，将庄子的意图定为"说明养生主要是使精神上得到自由"，将会使这段文字更加佶屈聱牙。姑且不追究"神旺何以不善"这个难题，就说精神自由吧。按照身心二元论的倾向，即便身体被关在笼中，精神亦可自由。斯多葛主义者爱比克泰德（Epictetus）早已看到："'可是暴君将用锁链锁住——'什么？你的腿。

---

① 沈清松：《跨文化哲学论》，人民出版社，2014，第236页。

'砍断——'什么？你的脖子。那他既不能锁住也不能砍断的是什么？是你的自由意志。"所以，"人在哪儿违背了他的意志，哪儿就是他的监狱。正如苏格拉底并不在监狱中一样，因为他是自愿呆在那儿的。"①锁链之下，仍能自由；甚至正是在身陷囹圄的衬托之下，更能见出精神的自由。苏格拉底身在狱中，却无人比他更自由。既然如此，为何非要从樊笼里出来？又何必"不蕲畜乎樊中"？这就是说，如果把"神"解释为"精神"，我们就无法顺利解读泽雉寓言。

关于《养生主》第三个"神"字，通过以上讨论，我们的看法是，它要么应当改为"形"，要么不能理解为"精神"。因此，第三个"神"字也不能证明"养生即养神"。对《养生主》三个"神"字的分析使我们有理由断定，养生并非养神。

3. 养生并非养形

"养生"一词，立即令人想起"延年益寿"。如前引吕坤的话："仁可长寿，德可延年，养德尤养生之第一要也。"在《刻意》中，庄子也提到一些试图延年益寿的人，"吹呴呼吸，吐故纳新，熊经鸟申，为寿而已矣。此导引之士，养形之人，彭祖寿考者之所好也"。呼吸吐纳，行导引之术，模仿熊和鸟的动作，练华佗的五禽戏或张三丰的太极拳，甚至喝十全大补酒，想必能收延年益寿之功。但庄子对这种"导引之士，养形之人，彭祖寿考者"评价并不高，对于他们想方设法"延年益寿"的目的则根本不赞成。庄子说过："圣人之生也天行，其死也物化。"（《刻意》）"天行"就是自然的运行，"物化"就是自然的变化，生死都是自然之事，非人力所及，也无须人为干预。陶渊明的诗句或许道出了庄子生死观的真意："纵浪大化中，不喜亦不惧。应尽便须尽，无复独多虑。"（《形影神赠答诗》）从中得出的结论是：没有必要刻意去延年益寿，如同没有必要刻意去结束生命一样。"延年益寿"之不妥，就在于"延"与"益"。延、益就是刻意，刻意就不自然，不自然就不符养生之道。这正是《大宗师》所说的"不以心损道，不以人助天"。庄子论养生，强调的是"尽年""穷年""穷其天年"，通俗地说，也就是要活到头了，这才自然死亡，"应尽便须尽"。这叫"善始善终"。

---

① 爱比克泰德：《哲学谈话录》，吴欲波等译，中国社会科学出版社，2004，第49页。

可见"尽年""穷年"主要是消极意义的,是避免"活不到头","中道夭折"。如是自然而然的长寿,所谓"得享天年",庄子当然非常欢迎。但一般所说的"延年益寿"却是积极意义的,是试图以人力改变自然,这是庄子所不能认可的。

庄子追求"不夭斧斤""穷其天年",可见他不肯定自杀。自杀是"轻生",即轻视生命、不珍惜生命,而庄子是"重生"的。按照西方传统文化的说法,人是唯一会自杀的动物;人会自杀,体现了人有自由意志,即可以自由地对待自己的生命。不错,人有自由,或人当自由,这是庄子乐意承认的。庄子鼓吹逍遥,逍遥即自由。自由表现为选择,庄子坚定地选择了江湖,放弃了庙堂。这种选择,出于庄子的天性,完全是自然而然的行为,一如陶渊明所说,"羁鸟恋旧林,池鱼思故渊"(《归园田居》),或如杜甫所说,"葵藿倾太阳,物性固莫夺"(《自京赴奉先县咏怀五百字》)。也就是说,自由即是自然。"自由即自然,自然即自由",这是庄子口中所无而心中所有的观点。但是西方哲学传统认为,自由是超自然乃至反自然。庄子一定觉得,自杀是一种反自然的行为,是对自由意志的误用。生命是自然所赋予的,最后也理应由自然之手取回。延年益寿是不自然的,自杀则是反自然的。

加缪曾说:"真正严肃的哲学问题只有一个:自杀。判断生活是否值得经历,这本身就是在回答哲学的根本问题。"[1]庄子不曾直接思考自杀的问题,但在自杀这个问题上,确实颇能见出庄子的生死观,也最能见出庄子养生论的特异之处。按照庄子的倾向,真正的养生,就是要做到既不会死于非命,也不会陷入不得不自杀的境地。老子的言论,已经预示了道家养生的这一面,他称之为"无死地"。老子说:

> 盖闻善摄生者,陆行不遇兕虎,入军不被甲兵。兕无所投其角,虎无所措其爪,兵无所容其刃。夫何故?以其无死地。(五十章)

老子描写得神乎其神,但我们最好不要当神话看,而要当哲学看。那些"善摄生者",亦即善养生者,他们已经"无死地",当然不可能"死于非命"。善摄生者,为何"无死地"?莫非练就金刚不坏之身,刀枪不入,神通广

---

[1] 加缪:《西西弗的神话》,杜小真译,人民文学出版社,2013,第11页。

大？非也。只是将生死置之度外罢了。或者如庄子所说，"死生惊惧不入乎胸中"，"忘"掉生死，无所顾忌了。庄子关于醉者的寓言，与老子异曲同工，不妨完整引用，温习一遍：

> 夫醉者之坠车，虽疾不死。骨节与人同而犯害与人异，其神全也。乘亦不知也，坠亦不知也，死生惊惧不入乎胸中，是故遻物而不慴。彼得全于酒而犹若是，而况得全于天乎？圣人藏于天，故莫之伤也。（《达生》）

老子名为"无死地"，庄子称作"莫之伤"。庄子笔下那"大浸稽天而不溺，大旱金石流、土山焦而不热"的神人，也是"之人也，物莫之伤"（《逍遥游》）。庄子说至人"死生无变于己"，连死生都不能影响到他，这与"死生惊惧不入乎胸中"的醉者是一致的。至人与醉者，其实都是"善摄生者"。醉者突然坠车，竟然得以不伤、不死，照庄子看，是由于"神全"，而"神全"则是由于"不知"，由于"死生惊惧不入乎胸中"，简言之，由于不在意死。惟其不在意死，才能"无死地"。既然"无死地"或"莫之伤"，自然也不可能被逼入自杀的困境——他早已事先避开了。不自杀，并非贪生怕死，而是已然避免了自杀的境遇，没有了自杀的机会。不自杀，并非出于苟活的执念，而是养生的成就。

庄子"穷天年"的追求，不轻生、不自杀的取向，往往被理解为，庄子主张"好死不如赖活"。在20世纪五六十年代的中国，庄子哲学曾被视为"活命哲学"。这当然是莫大的误解。庄子是注定要被误解的，因为孤独是天才的宿命。"齐生死"被误解为苟活主义，恰如"齐是非"被误解为滑头主义。事实上，庄子只是要人善始善终，并不是要人偷生苟活。"好死不如赖活"是贪生怕死的表现，而庄子的养生者，却是"死生无变于己""死生惊惧不入乎胸中"的。"好死不如赖活"这一观念，片面地肯定生，以为一切价值都在生这一边，以为生是光明、死是黑暗，正因如此，无论如何都要苟且偷生。然而齐生死的庄子认为，大自然给每个人都颁发了一架天平，一边是生，一边是死，彼此对等，左右均衡。《大宗师》说："古之真人，不知说生，不知恶死。"真人不知道喜爱生，也不知道憎恶死。《齐物论》说："予恶乎知悦生之非惑邪！予恶乎知恶死之非弱丧而不知归者邪！""予恶乎知夫死者,不悔其始之蕲生乎?"生可能是在外漂泊流浪,死可能是回家;又或许,生如大梦,死如大觉。是否当真如此,我们不得而知,但这种怀疑论观点却颇有警醒之功:蕲生、恋生、惜生未必就是最好的选择;生又何欢?死有何惧?何必贪生怕死?其实,汲汲于"延年益寿",又何尝不是一种贪生怕死?

"养生"一词,还让人想到"长生久视"。如《黄帝内经·灵枢》云:"智者之养生也,必顺四时而适寒暑,和喜怒而安居处,节阴阳而调刚柔。如是,则辟邪不至,长生久视。"这里的长生久视,大概不过是长寿之意。老子也说过:"有国之母,可以长久;是谓深根固柢,长生久视之道。"(五十九章)但后来的道教从字面上理解"长生久视",并将它作为一个严肃的目标来追求,也就是企图修炼成仙。长寿与长生,看来仅有程度之差。嵇康《养生论》开篇便将神仙与长寿相提并论:"世或有谓神仙可以学得,不死可以力致者;或云上寿百二十,古今所同,过此以往,莫非妖妄者。……"在《庄子》书中,有不少关于神仙的描写,如《逍遥游》中"不食五谷,吸风饮露"的"神人",《齐物论》中"大泽焚而不能热,河汉沍而不能寒"的"至人",《大宗师》中"登高不栗,入水不濡,入火不热"的"真人"。神人、至人、真人,都是仙人。庄子的这类言论,为后世神仙家提供了许多引经据典的机会。那么,庄子的养生论是不是关于"修道成仙"的学说?

显然也不是。神仙云云,在庄子这里并非"庄言",而只是"寓言"。用今天的话来说,神仙只是庄子的一个哲学隐喻,是大道的隐喻,是逍遥的隐喻,是养生的隐喻,是"无死地""莫之伤"的隐喻。作为隐喻的神仙,庄子本人未必当真,我们自然也不必较真。嵇康在《养生论》中反驳"世或有谓神仙可以学得,不死可以力致者",他认为:"夫神仙虽不目见,然记籍所载,前史所传,较而论之,其有必矣。似特受异气,禀之自然,非积学所能致也。"否认"神仙可以学得,不死可以力致",当然是正确的,不过嵇康反对的理由是:神仙犹如天才,普通人不可能靠拼命努力而成为天才。嵇康说神仙"其必有矣",仍然承认神仙实有,看来所悟未透,所见不彻。至于道教人物葛洪,更是沉迷于神仙的念头,他在《抱朴子·论仙》中指出:"浅识之徒,拘俗守常,咸曰世间不见仙人,便云天下必有此事。"在他看来,仅仅因为没见过神仙就断言神仙不存在,这只是"浅识之徒"的庸俗之见。

然而,在神仙问题上,与其说世人"浅识",不如说葛洪迷信,嵇康糊涂。"神仙"是否存在？当然存在，不过，这是一种颇为独特的存在。神仙存在于《庄子》一书中，存在于嵇康所说的"记籍所载，前史所传"中，存在于晋人为数众多的"游仙诗"中，存在于"神仙家"的想象中，存在于世人对超现实世界的企慕中，只是，不存在于现实中。神仙是一种意向性客体，并非实在客体。神仙源于人类"不死的渴望"，是"不死的渴望"所构造的意向性客体。在现实中，人必有一死，但人又不甘于必有一死的命运，遂将不死之热望寄托在超越现实的世界中。朱自清论屈原时指出，"他其实也是一'子'，也是一家之学。这可以说是神仙家，出于巫。"何谓神仙家？朱自清接着说：

> 人间世太狭窄了，也太短促了，人是太不自由自在了。神仙家要无穷大的空间，所以要周行无碍；要无穷的时间，所以要长生不老。他们要打破现实的、有限的世界，用幻想创出一个无限的世界来。在这无限的世界里，所有的都是神话里的人物；有些是美丽的，也有些是丑怪的。①

朱自清说得非常清楚，神仙世界是"幻想创出"的。这是受过科学教育的人才能明白的事吗？不然。世上哪有不死的人呢？"向时愚惑，为方士所欺"的汉武帝刘彻，晚年已经了悟："天下岂有仙人，尽妖妄耳。节食服药，差可少病而已。"（《轮台罪己诏》）有"谪仙人"之誉、自称"五岳寻仙不辞远"的李白，晚年也承认"仙人殊恍惚，未若醉中真"（《拟古十二首·其三》）。在神仙问题上，较之嵇康，自以为"愚惑"的刘彻似更颖悟，整日价"但愿长醉不复醒"（《将进酒·君不见》）的李白似更明白。庄子更是大智大慧、大彻大悟之人。在哲学思考上，庄子已参透了生死问题，哪还能执着于"不死的渴望"？况且还是肉身不死的渴望？在文学创作上，化实为虚本是庄子的特长，他岂能自画地为牢，反而将神仙认作实在？

神仙即是不死之人，但庄子在《齐物论》中已表示过，生未必比死好，换言之，追求不死未必正确。《齐物论》还明确地说过："终身役役而不见其成功，苶然疲役而不知其所归，可不哀邪！人谓之不死，奚益！"在庄子看来，许多人就算不死，也毫无意义。"长生不死"是秦汉方士的理想，"修

---

① 朱自清：《经典常谈》，复旦大学出版社，2004，第108页。

道成仙"是后世道教的追求,与庄子是毫不相干的。庄子只提倡"修道",但他修道却不是想要"不死"和"成仙"。这叫"修道而不成仙"。成仙是怎么回事?道教说,"顺则凡,逆则仙";或者说,"顺则成人,逆则成仙"。逆什么?逆天,换言之,违背自然规律。人必有一死,这是自然规律,而追求肉体永存,乃至登霞飞升,这显然是违逆自然的痴心妄想。我们知道,道家的原则是自然原则,老子说"道法自然",庄子也主张顺应自然,他不可能肯定"成仙"这种逆自然而动的行为。延年益寿是人为,修道成仙更是人为。延年益寿过于刻意,庄子已不太赞成;修道成仙岂止刻意,简直是狂悖,或是愚蠢,庄子想必根本反对。因此,我们也不能够把养生视为修道成仙。

虽然神仙是不死的人,但神仙并不是灵魂不朽,而是肉体长生的人。因此,无论是渴望"延年益寿"还是追求"长生久视",都只着眼于肉体,只在"养形"的圈里打转,都不是庄子所要教导的养生之道。如果养生并不是追求延年益寿的"养形",那么是不是"养心"呢?这个老问题又一次顽强地冒将出来。我们最好耐心地应对这个问题,因为在《庄子》内七篇中,"形"与"心"经常连用。例如:"形固可使如槁木,而心固可使如死灰乎?"(《齐物论》)"其形化,其心与之然。"(《齐物论》)"形莫若就,心莫若和。"(《人间世》)诚然,庄子否定了"养形",但这并不意味着他就肯定了"养心"。在"养形"与"养心"之间,不存在非此即彼的关系,因为庄子并无近代欧洲哲学的"身心二元论"。事实上,中国古代文献中的"形"字,不仅与"心"相对,而且与"神"、与"影"相对,例如陶渊明的《形影神赠答诗》。在《养生主》中,没有"心"字,倒是提到"神"字。养生与养神的关系,我们已经讨论过了。

综上所述,养生就是养生,不等于养心,不等于养神,不等于养形。"养生"之"生",大体上就是生命。生命是不可以被等同于"精神"或"心灵"的。生命的基本存在是身体,没有身体何来生命?纵然是精神或心灵,也须奠基于身体。故而,庄子的养生,首先是"养身",或主要是养身。比较而言,在现代语境下,与其说"养生即养心",还不如说"养生即养身"。人是时代之子,在欧洲近代二元论哲学的长期熏陶下,我们很容易设想一个"无身体的心灵",仿佛心灵是一种独立自足的存在,恰似灵魂可以出窍。但我们很难想象出一个"无心灵的身体"。除非是一具尸体,一切身体都是有知觉、有感应、有灵明的。当我们说"养心"时，已经把身体排除在外了，而当我们说"养身"时，心灵并没有被抛弃在一边。如苏东坡诗句"长恨此身非我有，何时忘却营营"（《临江仙·夜饮东坡醒复醉》），"其身与竹化，无穷出清新"（《书晁补之所藏与可画竹》），诗中的"身"都不与心对立，而且包含了心；身心统一于身。其实庄子也是肯定养身的。他之所以反对"养形"，一是由于那些养形之士仅是"为寿而已"，不曾把心灵或精神包含在内；二是由于他们过于刻意，又是延，又是益。严谨地说，庄子反对的是"为寿"和"逆天"，决非否弃"养身"本身。《人间世》说得非常清楚："夫支离其形者，犹足以养其身，终其天年，又况支离其德乎！"这就把养形与养生区别开来，并且基本上把养生等同于养身了。《骈拇》篇中一段话提到"身"，可以直接理解为生命：

> 故尝试论之：自三代以下者，天下莫不以物易其性矣！小人则以身殉利；士则以身殉名；大夫则以身殉家；圣人则以身殉天下。故此数子者，事业不同，名声异号，其于伤性以身为殉，一也。

因此我们可以说，养生不是养神，不是养心，不是养形，而是养身。

至于"养生"之"养"，可分为两个层次：一是自然层面，侧重于处理生死问题，表现为保全生命；二是社会层面，侧重于处理人我问题，表现为保养生命。《逍遥游》推崇"不夭斧斤，物无所害"的大树，侧重于保全生命。《齐物论》反对"与物相刃相靡，其行尽如驰而莫之能止""终身役役而不见其成功，苶然疲役而不知其所归"，侧重于强调应保养生命。在《达生》篇中，田开之提到的两个人，大致对应于"养"的两个层次：

> 田开之曰："鲁有单豹者，岩居而水饮，不与民共利，行年七十而犹有婴儿之色；不幸遇饿虎，饿虎杀而食之。有张毅者，高门县薄，无不趋也，行年四十而有内热之病以死。豹养其内而虎食其外，毅养其外而病攻其内，此二子者，皆不鞭其后者也。"

单豹和张毅都死于非命，都不是"善养生者"；略有不同的是，单豹不能保全生命，张毅不能保养生命。老子心目中的"善摄生者"，"陆行不遇兕虎",之所以"不遇",并非他运气特好,而是由于他早已预先避开了,单豹却没能避开。单豹远离人群,从不与人争权夺利,生活在自然之中,但他终究丧生虎口。庄子描写的"醉者",因为"神全"而"莫之伤",张毅却为疾病所伤害。张毅生活于人群中,积极建立人际关系,凡是富贵人家,他无不趋附奔走钻营,忧患重重,焦虑不堪,英年早逝。单豹和张毅都是"单面人",他们的生活是片面的。单豹只是自然人,远离社会;张毅只是社会人,脱离自然。两人都不善养生,且都是庄子批判的对象,这说明在庄子看来,完整的养生理应辐射到自然与社会两个领域。

人生天地间,自然赋予了生命,善待这一天赋生命,免于伤害,"终其天年",这是养生。但人又不得不生活于社会中,所谓"为人处世","为人"也就是"处世",来自社会的伤害尤甚于自然,因而善于处世,免于伤害,也是养生。合而言之,顺应自然,处理好生死问题是养生(保全生命);适应社会,处理好人我问题也是养生(保养生命)。例如庄子说"独与天地精神往来,而不敖倪于万物,不谴是非,以与世俗处"(《天下》),这句话的前半句是顺应自然,后半句是适应社会。"不谴是非,以与世俗处",这是处世法,也是养生法。照庄子的倾向,处世是养生的重要维度,善于处世是养生的应有之义,不了解这一点,我们便读不懂"庖丁解牛"的寓言,也读不懂整篇《养生主》。

第二节 如何养生

4. 卸下生命的重负

养生,既非追求延年益寿,亦非企图长生不老,更非妄想立地成仙。养生之"养",既非刻意的延与益,亦非狂妄的逆天而动,那又是怎么回事呢?庄子有一段话,可以提供几分启示:

> 昔者海鸟止于鲁郊,鲁侯御而觞之于庙,奏九韶以为乐,具太牢以为膳。鸟乃眩视忧悲,不敢食一脔,不敢饮一杯,三日而死。此以己养养鸟也,非以鸟养养鸟也。夫以鸟养养鸟者,宜栖之深林,游之坛陆,浮之江湖,食之鳅鲦,随行列而止,委蛇而处。(《至乐》)

这段话说的是"养鸟",而非人的"养生",不过按照庄子的倾向,人与鸟都属于宇宙万物,两者是平等的,人并不高于鸟,鸟并不低于人,"养生"与"养鸟"的道理,其实并无多大区别。 庄子区分了"以己养养鸟"与"以鸟养养鸟"。 两者的不同就在于,一是外部强加的方式,二是顺从天性的方式。"以己养养鸟",就是用适合自己的方式去养鸟。 酒肉、音乐是"人之所欲",因而对人类而言是好东西,九韶、太牢则是最好的东西,于是鲁侯不断地把九韶、太牢之类提供给鸟,这似乎理应是最好的养鸟方式。 不料"人之所欲"并非"鸟之所欲",结果那鸟不敢吃一块肉,不敢喝一杯水,如此不过数日,便呜呼哀哉。 庄子想说的是,"人道"并非"鸟道";人的方式、人的标准,并不是普遍适用的方式、标准,不可以自我为中心地强加于鸟身。庄子提倡"以鸟养养鸟",即让鸟回到自然之中,让它栖居于森林,浮游于江湖,吃着泥鳅或小鱼,自由自在地和同类、同伴生活在一起。"以鸟养养鸟"才是真正的"养鸟",但这种"养",其实是一种"不养之养":顺从鸟的自然天性,此外什么都不必做。

《养生主》中的泽雉也是如此:"泽雉十步一啄,百步一饮,不蕲畜乎樊中。""畜乎樊中"就是关在笼里,养鸡就是这么养的。 水泽野鸡虽然不易觅得饮食,但它顺应天性,自在逍遥于天地之间,不求被人类所"养"。 人的生命,是否也有其"天性"? 这是庄子所要探讨的。 庄子对"以鸟养养鸟"的推崇、对"不蕲畜乎樊中"的赞美使我们发现,养生之"养",首先是否定性的。 不去损害生命、摧残生命,回到生命本身,这就是养生。

对庄子而言,养生就是回到生命本身,一任生命之本然。 这种回到生命本身的取向,可与现象学的座右铭"回到事情本身"对照。 为要回到事情本身,先得"去蔽",即去除覆盖在"事情本身"上的层层遮蔽,好比考古学家拨开枯枝、落叶、泥土,看到埋藏于地下的古建筑物。 胡塞尔现象学为此树立了"无前提性原则",因为唯有否定或排除一切不可靠的前提,才能回到事情本身。 西美尔(Georg Simmel)提到哲学的"回转"性时说:"哲学的这一独特表现是它作出根本性的努力的结果,或者可能只是这种努力的表达:毫无前提地去思维。"[1]我们可以把西美尔的"哲学"换成"现象学"。 事实上,胡塞尔认为科学是有前提的,现象学才是无前提的。 但是我们不妨把"无前

---

[1] 西美尔:《哲学的主要问题》,钱敏汝译,上海译文出版社,2006,第10页。

提性"稍作扩展。举例来说,"以庄解庄"就是试图以无前提性的眼光去解读庄子思想,回到事情本身,这便要去蔽。"儒道互补"即是要去除的遮蔽之一。"儒道互补"已成了当代学者的共识,衡诸唐宋以来的历史,儒道互补也是事实,但它是20世纪才明确提出来的命题,只是我们的"现时观念",为了解庄子思想本身,必须将它加上括号,悬搁起来。同样的道理,"回到生命本身",意味着必须揭开覆盖在生命之上的层层遮蔽,让生命本身透露出来。

(1)知识与生命

因此,养生不是做加法,而是做减法。关于养生之道,庄子先用否定法或排除法。要排除的东西主要有知识和道德:

> 吾生也有涯,而知也无涯。以有涯随无涯,殆已;已而为知者,殆而已矣。为善无近名,为恶无近刑,缘督以为经。可以保身,可以全生,可以养亲,可以尽年。(《养生主》)

《养生主》开篇两句话,都是否定性的,前一句说的是知识,后一句说的是道德。为什么要排除知识与道德?周策纵解释道:"与人生直接相关的除了身体之外,还有知识和道德,……现代教育称做'德、智、体'三育。"①儒家有仁、智、勇三达德,大致对应于德、智、体。庄子似乎也暗中遵循德、智、体的三分法。照此说,在排除了知识与道德之后,剩余的就是身体。回到生命本身也就是回到身体。

周策纵借用了现代教育"德、智、体"三分的框架,只是巧设方便,豁人眼目,以助理解。庄子的说法,不可能严丝合缝地纳入德智体三分的框架之中。非但并不严丝合缝,甚至还有几分枘圆凿。体育,在语词上与"健身"较为匹配,但庄子的养生肯定不是健身。健身靠运动,故有"生命在于运动"之说,养生却根本不必运动。这并不是说,养生者整天纹丝不动,像南郭子綦那样"隐机而坐",至于"形同槁木"。养生者也活动,如"熊经鸟申""疏散筋骨",但是不运动。运动是与体育、健身一类的概念。跑步、游泳是健身,散步、钓鱼则是养生。做体操是健身,行导引则是养生。

---

① 《周策纵自选集》,山东教育出版社,2005,第220页。

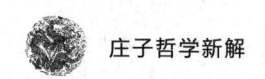

练拳击是健身，打太极拳则是养生。林语堂提醒道："我们要记得，中国人的养生观念和西方虽然原则上没有差别，实行起来却不一样。中国人觉得，我们不该打球、追球、耗费体力。这样违反养生保持精力之道。"①他说得对。要言之，健身是运动，养生是休息；健身主动，养生主静；健身要发挥体力，养生要保持精力。

尽管现代教育主张德智体全面发展，但体育和智育在现实中是多少有些冲突的，"四肢发达，头脑简单"的俗语，即是这种冲突的通俗化和极端化。庄子也看到了生命与知识的某种冲突。"吾生也有涯，而知也无涯。以有涯随无涯，殆已；已而为知者，殆而已矣。"这句话的字面意思相当清楚，白话文大意是：生命是有限的，知识是无限的，以有限去追随无限，定然很疲困。既然如此，还要汲汲于求知，那就只能疲惫不堪了。在解释这句话时，我们往往会想起《秋水》的说法："计人之所知，不若其所不知；其生之时，不若未生之时；以其至小，求穷其至大之域，是故迷乱而不能自得也。"学者们还喜欢借助于爱因斯坦的著名比喻。我们所掌握的知识形成一个圆圈，圆圈之外是未知的世界；随着知识增多，圆圈逐渐向外扩展；圆圈越向外扩展，圆周就越长，与未知世界的接触面也就越来越大。因此，爱因斯坦说他不懂的地方还有很多。我们或许都有与爱因斯坦相似的经验：掌握的知识越多，就越是感到自己的无知。然而爱因斯坦的这个比喻是因知识而论知识，它只切中了知识的"有涯－无涯"关系，即"已知－未知"关系，却不曾切中"生－知"关系。庄子要探讨的正是知识与生命的关系。庄子这句话，在生命和知识之间制造了一种对比：生命有限，知识无限；以有限的生命去追求无限的知识，看来是愚不可及、本末倒置的事情。

养生与求知一定冲突吗？生命与知识是否构成对立关系？答案当然是，未必。有些人，尤其是哲学家，他们活着就是为了求知，或曰探索真理。据说海德格尔在讲授亚里士多德哲学时，只一句话就说完了亚里士多德的生平："亚里士多德出生，思考，而后死去。"②亚里士多德自己也说过一句话："一个人要么从事哲学，要么就别活在世上，其他所有的一切都是无谓的琐事

---

① 林语堂：《苏东坡传》，宋碧云译，万卷出版公司，2013，第178页。
② 引自靳希平《亚里士多德传》，河北人民出版社，1997，第1页。

和胡闹。"①仅此两句话，足以表明亚里士多德就是为探求真理而生的人。古希腊哲学家大都如此。 他们的生命并不因求知而丧失意义，相反，正是知识将意义赋予生命。 正因为致力于求知，他们的生命才成其为伟大。 另一些学者尽管不如古希腊哲学家伟大，但他们活着也是为了求知。 王国维年仅50岁便投湖自尽，我们深感惋惜，觉得他没有尽到学者的责任。 王国维具有一个优秀学者所应具备的天赋、学识、眼光，也已发表了一些重要的学术成果，似这样的人物，本该以学术研究为首要目标，本该为中国现代学术的筚路蓝缕做出更大的贡献，王国维却似乎失职了。 总之，学者的生命即是求知。

许多艺术家都说过，"人生短，艺术长"。 "人生短，艺术长"可有两种解释，一是"人生有涯，艺无止境"，二是"人生短暂，艺术永恒"。 前一种解释，显示出以短暂之人生去攀登无止境的艺术高峰的意志。 后一种解释，则体现了艺术家的生命借艺术而获得永恒的追求。 曹操的官渡之战和赤壁之战也许会被忘却，但他的《让县自明本志令》和《短歌行》却是不朽的，将会被后人不断地诵读。 感叹"对酒当歌，人生几何？ 譬如朝露，去日苦多"的曹操，恰好因了他的喟叹而克服生命的无常，进入永恒之域。 如此，艺术家的生命就是艺术作品。 这两种解释，前者是向着理想而奋勇前进，后者也是积极向上或充满希望的。

艺无止境，学海无涯。 美国学者乔纳森·卡勒（Jonathan Culler）在谈论文学理论时指出：

> 如今的理论有一点最令人失望，就是它永无止境。 它不是那种你能够掌握的东西，不是一组专门的文章，你只要读懂了，便"明白了理论"。 它是一套包罗万象的文集大全，总是在不停地争论着，因为年轻而又不安分的学者总是在批评他们的长辈们的指导思想，促进新的思想家对理论做出新的贡献，并且重新评价老的、被忽略了的作者的成果。 因此，理论就成了一种令人惊恐不安的源头，一种不断推陈出新的资源。 ……理论常常会像一种凶恶的刑法，逼着你去阅读你不熟悉的领域中的那些十分难懂的文章。 在那些领域里，攻克一部著作带给你的不是短暂的喘息，而是更多的、更艰难的阅读。

---

① 引自帕普罗特尼《西方古典哲学简史》，刘炜译，华东师范大学出版社，2008，第86页。

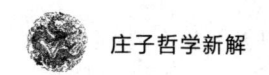

> 理论的不可控制性是人们抵制理论的一个主要原因。……毫无疑问，对理论的敌对情绪大部分源于这样一个事实，即如果承认了理论的重要性就等于做了一个永无止境的承诺，就等于让自己处于一个要不断地了解、学习重要的新东西的地位。然而，生活本身的情况不正是如此吗？①

是啊，生活本身的情况不正是如此吗？不错，知识是无穷的，学海是无涯的，但不也有许多"学海无涯苦作舟"的人吗？庄子为何要叫停这种勇猛精进的行为呢？难道在他看来只有对着无涯学海望洋兴叹才是明智之举？难道庄子就像卡勒所说的那些人，因为文学理论的"永无止境"而产生"对理论的敌对情绪"乃至"抵制理论"？换言之，难道庄子是个反智主义者？

说庄子是反智主义者，这也是相当流行的看法。按照字面意思，"反智主义"就是反对与怀疑知识，认为知识对人有害无益。《齐物论》被一些学者视为庄子的"知识论"，庄子在其中说过，"六合之外，圣人存而不论"，"故知止其所不知，至矣"（《齐物论》），还描述了王倪的"一问三不知"，貌似对王倪颇为肯定。能否因这些证据而断定庄子是反智主义者呢？看来不能。庄子诚然是怀疑主义者，却不是反智主义者。为何王倪"一问三不知"？他被问的是"物之所同是"，即有没有宇宙间的共同标准或普遍价值，按照庄子非人类中心主义的立场，对这样的问题只能"一问三不知"。用现代学术话语来说，庄子可能视之为"伪问题"。此外，对于宇宙的起源之类导致无穷追溯的追问，庄子也要赶紧刹车，让我们止步的。庄子说，"六合之外，圣人存而不论"，为何存而不论？那是由于关乎"六合之外"。六合就是天地，因为天地为东、南、西、北、上、下六方所包围，故称六合。六合之外，即天地之外，无边无际，无涯无垠，根本就不可知，其实也不必知。所以庄子说，"知止其所不知，至矣"。

庄子在《养生主》中所说的"无涯之知"，应当就是关乎"六合之外"的知识，而不是一般意义的知识。进一步说，"无涯之知"是那种与生命无关的知识。举例来说，古希腊毕达哥拉斯学派认为，十是最完美的数字，天空

---

① 乔纳森·卡勒：《当代学术入门：文学理论》，李平译，辽宁教育出版社，1998，第16~17页。

中应当有十个行星,每个行星都因其大小与速度发出自己的音调,这十个行星彼此之间有一种和谐的关系,共同奏响一曲和谐的天体音乐。但是在天上只能观察到九个行星,并没有毕达哥拉斯学派设想出的第十个行星——"对地"。我们可以穷毕生之力,钻研是否存在着"对地",但无论有无"对地",其实都是无所谓的,因为这种知识于我们的生命毫无影响。加缪断言:"地球和太阳哪一个围绕着另一个转,从根本上讲是无关紧要的。总而言之,这是个微不足道的问题。"①之所以微不足道,正是由于与生命无关。维特根斯坦说:"我们觉得即使一切可能的科学问题都能解答,我们的生命问题还是仍然没有触及到。"②庄子的"无涯之知",未必是维特根斯坦的"科学",但肯定是"没有触及生命问题"的知识。可见庄子并非反对一般意义的知识。即如庄子本人,司马迁不也说他"其学无所不窥"吗?"无所不窥"说明了两点:①这种知识是"有涯"的、可以掌握的;②这种知识是必要的、值得掌握的。总之,必须区分与生命有关的知识和与生命无关的知识,前者是"有涯之知",后者是"无涯之知"。按照钱穆的说法:"此所谓有涯之知,即属人生界,无涯之知,则属宇宙界。人生有涯,而宇宙则无涯,若从无涯之生以求知此无涯,再求本其对于无涯之所知,转以决定有涯之人生,则必属一危险事。"③虽然钱穆说得有些拗口,但想来其大旨基本上就是庄子的意思。

与庄子同属于"轴心时代"的古希腊哲学家苏格拉底,也区分了两种知识,与庄子遥相呼应。在《斐德若篇》中,苏格拉底说:"我到现在还不能做到德尔福神谕所指示的,知道我自己;一个人还不能知道他自己,就忙着去研究一些和他不相干的东西,这在我看是很可笑的。所以我把神话这类问题搁在旁边,一般人怎样看它们,我也就怎样看它们;我所专心致志的不是研究神话,而是研究我自己。""你知道,我是一个好学的人。田园草木不能让我学得什么,能让我学得一些东西的是城市里的人民。"④与其研究宇宙和自然,不如研究人。由于苏格拉底对知识的这一区分,并坚持"研究我自己"的立场,导致古希腊哲学发生了重大变化,使哲学开始了从自然哲学向人类学

---

① 加缪:《西西弗的神话》,杜小真译,人民文学出版社,2013,第11页。
② 维特根斯坦:《逻辑哲学论》,贺绍甲译,商务印书馆,1985,第96页。
③ 钱穆:《庄老通辨》,商务印书馆,2011,第150页。
④ 柏拉图:《文艺对话集》,朱光潜译,人民文学出版社,2000,第95、96页。

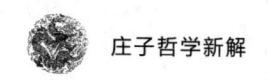

哲学的转向，或许还有从宇宙论向本体论的转向。古罗马思想家西塞罗评论道，苏格拉底把哲学从天上带到了人间。

同样区分了两种知识，为什么苏格拉底被誉为哲学的功臣，而庄子却被贬为反智主义者？这是由于作为"爱智者"，苏格拉底的首要目标是求知，他把知识置于生命之上。事实上，苏格拉底最终饮鸩而亡，为真理献出了生命。作为"求道者"，庄子的首要目标则是养生，他把生命置于知识之上。在他看来，存在或生存是第一性的，知识或求知是第二性的。在求知的道路上，也可能出现"与物相刃相靡，其行尽如驰而莫之能止"的状况，这就得不偿失了。庄子强调"知止其所不知，至矣"，这是叫人适可而止，并非反对知识，或者至少可以说，并没有反对一切知识。庄子"否定"知识，其实只是排除不必要的知识，为生命减负。他要人卸掉生命的重负，放下包袱，轻装上阵。轻盈的生命，才能逍遥自在。耶稣说过："安息日是为人设立的，人不是为安息日设立的。"（《马可福音》2：27）庄子当会说："知识是为人存在的，人不是为知识存在的。"由此推测，苏格拉底为真理而献身的行为，庄子也许并不赞成。亚里士多德是马其顿人，当他被雅典人视为奸细而公开通缉时，不愿重蹈苏格拉底之覆辙，决定逃离雅典，其理由是"为了不使雅典人犯第二次处死无辜哲学家的错误"①。两千多年来，几乎每个时代都有人颂扬苏格拉底的献身，却几乎从未有人诟病亚里士多德的逃跑。这是因为亚里士多德之举本来就无可厚非。庄子大概也会赞成亚里士多德逃避的，尽管他未必赞同亚里士多德的理由。

看来，虽有个别地方相似，庄子毕竟与苏格拉底不同类。与庄子志趣相投的还是同属道家的老子。《养生主》关于有涯、无涯的话，可与老子的一个命题对照来看。老子说："为学日益，为道日损。损之又损，以至于无为。无为而无不为。"（四十八章）"为学"，也就是求知或做学问，其方式是增益，是不断地做加法，是日积月累，聚沙成塔，集腋成裘。"为道"是什么？这有种种说法。在我们看来，"为道"可视为"养生"的形而上表述。"为道"无非就是，回归本来的生命和本真的生活。为道的基本方法是"损"，是做减法，不断地放弃某些东西。老子的"损"不妨比附为现象学的"去蔽"，去蔽是为了"回到事情本身"，"损"是为了回到生命本身。

---

① 靳希平：《亚里士多德传》，河北人民出版社，1997，第11页。

如此不断排除，不断放弃，不断削减，最后是"无为"。所谓"无为而无不为"，在这里的语境下，当然不是"欲擒故纵"之类的政治权谋术，因为这里的"为"，是"为道"，而非"为政"。

但是，老子将为学和为道放在一起说，往往让人以为为学和为道截然相反、势不两立。这个流俗的看法恐怕是会错了意。老子大概是出于对称的美感而将为学和为道放在一起的。汉语讲究对称之美，古已有之，《老子》一书，对称语句，俯拾皆是。以为学比照、衬托为道，制造对称之美，并不意味着为学和为道是对立的，亦不意味着为学和为道有此消彼长的关系。为道就得把知识去除，这种说法几乎不通。且不说我们能否将知识、经验、经历、记忆从我们的生命中抹杀或消解，就算可能吧，如果为道的前提是取消知识，那么学者岂非最难得道，甚至与道无缘？愚夫愚妇岂非成了最能得道的人？这很荒谬。老、庄两人岂非都是大学者？既然如此，"为道日损"，要放弃、削减、去除的就未必是知识了。

如果为道要"损"的不是知识，那又是什么？老子说：

> 五色令人目盲，五音令人耳聋，五味令人口爽；驰骋畋猎，令人心发狂；难得之货，令人行妨。
> 是以圣人为腹不为目，故去彼取此。（十二章）

五色、五音、五味，还有驰骋畋猎、难得之货，都是指无止境的感官欲望。老子并非无条件地反对一切色声香味，而是反对那种达到了目盲、耳聋、口爽的色声香味，它们是过分的感官欲望，是生命表面不必要的附加物，阻止我们回到生命本身。因而要"去彼取此"，去的就是声色货利，取的就是生命本身或生活本身。"为腹不为目"，可有二解。①按"腹"和"目"的字面意思解，是只求果腹，不求美食；只求安饱，不求奢华。②按"腹"和"目"的隐喻意思解，"腹"是自身，"目"是外物，于是，"为腹不为目"，亦即"轻物重生"。总之，养生或为道的主要途径，就是降低欲望，消解欲望，让生活变得简单、清静，老子称之为"见素抱朴，少私寡欲"；为道要"损"的不是知识，而是欲望。

当然，我们还要注意到，知识也是欲望的对象之一，求知欲也是无穷无尽的，此即庄子所说的"知也无涯"。因此，过分的求知欲也是老子要去除

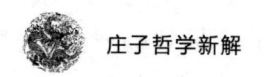

的。我们看到，同样是为道、是养生、是做减法，略有不同的是，老子要减掉不必要的欲望，庄子要减掉不必要的知识。

（2）道德与生命

排除了（不必要的）知识，还要排除道德。庄子说："为善无近名，为恶无近刑，缘督以为经。"（《养生主》）这句话可分为两半，后半句"缘督以为经"是庄子"养生"的基本原则，至于前半句"为善无近名，为恶无近刑"则有种种不同解读。根据前面的论述，我们不难看出，善、恶就是关于道德的判断，为了达到养生的目的，庄子先去知识，再去道德。但王叔岷指出：

> 所谓善、恶，乃就养生言之。"为善"，谓"善养生"。"为恶"，谓"不善养生"。"为善无近名"，谓"善养生无近于浮虚"。益生、长寿之类，所谓浮虚也。"为恶无近刑"，谓"不善养生无近于伤残"。劳形、亏精之类，所谓伤残也。
>
> 如此解释，或较切实。篇名《养生主》，则善、恶二字自当就养生而言。如不就养生而言，则曲说、歧见滋多矣。①

傅佩荣也沿袭了王叔岷的观点："'为善'与'为恶'在此是针对养生而言。若是按照一般说法，则庄子岂有教人为恶之理？"②傅佩荣《解读庄子》把"为善无近名，为恶无近刑"翻译为："善于养生的，不会赢得长寿的虚名；不善于养生的，也不会走到伤残的地步。"

按照王叔岷与傅佩荣的说法，善、恶就是善于养生和不善于养生。把"为善无近名"译为"善养生无近于浮虚"或"善养生的，不会赢得长寿的虚名"，这或许问题不大。但把"为恶无近刑"译为"不善养生无近于伤残"或"不善于养生的，也不会走到伤残的地步"，这却是相当牵强的，甚至根本不能成立。庄子多次说过，养生的重点就是"不夭斧斤，物无所害"，善养生者是"莫之伤"的，以此看来，不善养生的表现就是受到不必要的或意料外的伤害，这与"不善养生无近于伤残"之说，岂非正好相反？显然，庄子不

---

① 王叔岷：《庄学管窥》，中华书局，2007，第109~110页。
② 傅佩荣：《解读庄子》，上海三联书店，2011，第35页。

可能说出"不善养生无近于伤残"的话来。既然如此,善、恶二字,还是得按照通常的理解,视之为道德方面的概念。那么,庄子怎么会"教人为恶"呢?这又令人犯难了。大概正是为了处理这一难题,陈鼓应《庄子今注今译》把"为善无近名,为恶无近刑"译为:"做世俗上的人所认为的'善'事不要有求名之心,做世俗上的人所认为的'恶'事不要遭到刑戮之害。"将善、恶二字加上引号,并在前面用了"世俗上的人所认为的"这种修饰语,显然是为了让庄子免除"教人为恶"的指责。不过陈鼓应的做法让人觉得,庄子的善恶判断与"世俗"的善恶判断是不一致的,如此便将庄子置于一种与世俗对立的立场中,这与庄子"不谴是非,以与世俗处"的生存方式似乎有所抵牾。

产生"庄子是否教人为恶"的疑惑,源于对"为善无近名,为恶无近刑"这句话的理解出了问题。我们认为,这句话可以有两种理解。第一,庄子是用虚拟语气说出这句话的,它是一个"假言命题"。假言命题的形式为"若A,则B",譬如,"若泰山为人,则泰山有死"。在现实中,泰山当然不是人,但在思想时,我们不妨假设泰山为人,在这个条件下推出其种种可能的后果。于是,"为善无近名,为恶无近刑",也就是"若为善,则无近名;若为恶,则无近刑"。这是一种内在于可能性领域的言说,就像一个作家在假定性的前提下写作。小说作家以角色的口吻说:"即使我抢银行,我一定做到只谋财而不害命。"其实作家或小说人物并没有抢银行,他只是借这句话强调"不可杀人"的原则。庄子也是借"为善无近名,为恶无近刑"表示他的养生原则,这一原则的关键在于"无近"。庄子认为,为了达到养生的目的,就必须做到"无近","无近"是对任何人都适用的法则。庄子的着眼点是生命本身,并非为善的生命或为恶的生命。善人和恶人可能都不愿"无近",都不懂养生,在"不懂养生"的意义上,善人与恶人并无不同,例如:

> 伯夷死名于首阳之下,盗跖死利于东陵之上。二人死,所死不同,其于残生伤性均也。奚必伯夷之是而盗跖之非乎?(《骈拇》)

还有一则更详细的说法:

> 天下尽殉也:彼其所殉仁义也,则俗谓之君子;其所殉货财也,则俗

201

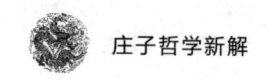

谓之小人。其殉一也，则有君子焉，有小人焉。若其残生损性，则盗跖亦伯夷已，又恶取君子小人于其间哉！（《骈拇》）

"殉"就是残生伤性。芸芸众生，林林总总，有人殉情，有人殉财，有人殉名，有人殉义，有人殉利，无论所殉为何，其为殉则一。伯夷是儒家的圣人、君子，盗跖是儒家的恶人、小人，但庄子认为伯夷和盗跖在"残生伤性"或"残生损性"的意义上，没有任何区别。这并不是说，伯夷和盗跖在任何方面都没有任何区别。事实上他们当然有很大和很多的区别，不过庄子做如是判断时，他忽略了那些区别，只考虑生命本身。在《偶像的黄昏》中尼采曾经呼吁哲学家"站在善恶的彼岸"，庄子论养生，就站在善恶的彼岸。

有一种流传甚早且至今依然流行的见解认为，庄子"为善无近名，为恶无近刑"的说法，其消极意义是避免极端，积极意义是主张遵循中道。其实庄子既不教人为恶，也不劝人为善。养生之道，存于善恶之间。这种见解的根据之一，是古代许多学者把"缘督以为经"解为"顺中以为常"。"顺中"，正是遵循中道之意。关于"缘督以为常"的问题，且待下文论述。还有一个根据是《山木》篇里的一个故事：

庄子行于山中，见大木，枝叶繁茂。伐木者止其旁而不取也。问其故，曰："无所可用。"庄子曰："此木以不材得终其天年夫！"

夫子出于山，舍于故人之家。故人喜，命竖子杀雁而烹之。竖子请曰："其一能鸣，其一不能鸣，请奚杀？"主人曰："杀不能鸣者。"

明日，弟子问于庄子曰："昨日山中之木，以不材得终其天年；今日主人之雁，以不材死。先生将何处？"

庄子笑曰："周将处乎材与不材之间。材与不材之间，似之而非也，故未免乎累。若夫乘道德而浮游则不然，无誉无訾，一龙一蛇，与时俱化，而无肯专为。一上一下，以和为量，浮游乎万物之祖。物物而不物于物，则胡可得而累邪！……"

所谓"处乎材与不材之间"，似可视为"为善无近名，为恶无近刑"的另一表述，这被作为庄子主张遵循中道的一个有力证据。但是，遵循中道，在善恶之间走钢丝，这其实是一个比较含糊的说法。首先，这一说法仍然在道德之域打转，并没有使庄子的生命观超出道德的视野。其次，养生之道存在于善恶之间，这固然让庄子不必背上"教人为恶"的恶名，却同时让人以为庄子劝人不要为善。最后，在善恶之间走钢丝，犹如在夹缝中求生存，瞻前顾后，首鼠两端，未免活得太累，庄子是不会推荐这种生存方式的。庄子自己随后也说了，"材与不材之间，似之而非也，故未免乎累"，明白表示他并不推崇"处乎材与不材之间"。庄子推荐的生活方式或养生方式是："乘道德而浮游则不然，无誉无訾，一龙一蛇，与时俱化，而无肯专为。"无誉无毁，时隐时现，随时机而变化，而不滞留于任何一个固定点。这"道德"乃是道家的道德，而非儒家的道德或世俗的道德。从儒家或世俗的观点看，庄子的"道德"其实是"非道德"或"超道德"的。也就是说，庄子论养生和处世时，是不考虑道德的。

当庄子说"为善无近名，为恶无近刑"时，他确实与世俗之人颇有不同，这是由于他并不考虑善恶之分，并不考虑道德因素。不考虑不等于不承认。按照庄子《齐物论》中的观点，对于世俗的是非，他既可以全盘否定、全部拒绝，也可以全盘肯定、全部接受。所谓"入乡随俗"，人生在世，也得"入世随俗"。一个人的思想尽可以与众不同，尽可以奇想天外，尽可以让他的脑袋高耸入云，去呼吸万里高空的清新空气，但他的双脚仍然踩在大地上，他的身体仍然浸染在滚滚红尘之中，因而他仍然要遵循世俗社会的道德法则。庄子当然也不例外。正如我们不能说庄子反知识，我们也不能说庄子反道德。他只是将道德因素加上括号，暂时不予考虑而已。

庄子论养生，为何"不考虑"道德因素呢？前面我们问过，知识与生命对立吗？现在我们不妨再问，道德与生命对立吗？一般而言，道德与生命并不对立。现代儒家梁漱溟说过："道德就是生命的和谐。"[1]既然是生命的和谐，如何还会与生命对立？非但不对立，在某种意义上我们可以说，成为人也就是成为道德的人。中国的儒家、德国的康德，大概都是这么认为的。庄子肯定不反对做一个道德的人，但是，庄子肯定反对只做一个道德的人。照庄子的倾向，道德在两种情况下会成为生命的束缚：①把道德视为人性的唯一规定时；②当道德行为为人赢得声誉时。下面分开来说。

①把道德视为人性的唯一规定时。道德只是人之为人的标志之一，并非

---

[1] 梁漱溟：《朝话》，百花文艺出版社，2008，第68页。

唯一标志。 人是道德的，也是科学（知识）的，还是艺术的。 古希腊哲学家如亚里士多德就是用知识来规定人性的。 我们也可以以艺术来规定人性，譬如席勒说："人啊，只有你才有艺术！"一旦把道德视为人性的唯一规定、唯一标志，便会使道德与其他人性倾向发生冲突。 所以宋儒程颐竟认为"作文害道"。 "文"是艺术，"道"即儒家伦理道德，道德与艺术处于对立冲突之中，这说明道德已经成为生命的严重束缚。① 用今天的眼光看来，庄子是个富有艺术气质的人，他的生命气象是活泼而洒脱的，他必然不愿意让生命为道德所束缚。 他要"养"的是生命本身，而非道德化的生命。 因此，他要将道德加入括号，存而不论。

②当道德行为为人赢得声誉时。 道德是值得肯定的，某些道德行为是值得褒扬的。 道德行为一旦受到褒扬，行为主体便获得了声誉。 道德与声誉，必然如影随形。 我们常说"做好事不留名"，但这简直是不可能的，甚或是自相矛盾的，因为"做好事"本身就是一种社会评价。 "做好事不留名"较为可能的情景是，好事的行者当时不留名，受者在事后偶然知道了是谁做的好事，于是开始颂扬其"做好事不留名"的美德。 不过如此一来，"做好事不留名"本身反而成就了更大的道德声誉。 这正如列子所言："行善不以为名，而名从之。"（《列子·说符》）但是，道德声誉往往构成生命的束缚。比如社会利用人的声誉达到某种目的，使人成为工具；比如个人为维护声誉而殚精竭虑、谨言慎行，整日价战战兢兢、如履薄冰。 爱惜羽毛便是维护声誉的努力。 刘向说："夫君子爱口，孔雀爱羽，虎豹爱爪，此皆所以治身法也。"（《说苑·杂言》）尽管如此，但君子爱惜羽毛乃是儒家的"治身法"，而非道家的"养生法"。 这样的生命是不洒脱、不逍遥的。 在庄子看来，因了为善而获得声誉，与因了为恶而获得刑罚，其间并无差别。 因此庄

---

① 比较而言，先秦儒家相对活泼些，宋代理学家热衷于一本正经的道德说教，往往过于迂腐，缺乏情趣。 程颐曾任西京国子监教授，为宋哲宗讲学，"一日，讲罢未退，上忽起凭槛，戏折柳枝。先生进曰：'方春发生，不可无故摧折。'上不悦"（《二程集》）。 想来程颐的授课内容颇为沉闷，终于熬到下课时间，哲宗皇帝也如学童般，迫不及待地想要放松。 "讲罢未退，上忽起凭槛"，把哲宗急于解放的心理写得很真切。 哲宗伸手去折柳枝，这本来是一种极正常和极自然的生命冲动，却被程颐阻止，还说了一通歪理，弄得哲宗十分扫兴，可见为理学所束缚的生命是何等的不自由。 所以冯梦龙《古今谭概》将"谏折柳"加入"迂腐部"，并评论道："遇到孟夫子，好货好色都自不妨。 遇了程夫子，柳条也动一些不得。 苦哉！ 苦哉！"

子说，"为善无近名，为恶无近刑"。

"为善无近名，为恶无近刑"这句话的第二种理解是，前半句与后半句是一种比喻关系，前半句是"本体"，后半句是"喻体"，将这一比喻关系复原，是为："（应当）为善无近名，（恰似应当）为恶无近刑。"庄子看到名声对生命构成极大的威胁，因此他建议养生者远离名声，为善者警惕名声，应当像为恶者始终警惕刑戮一样。如此解释，不但可以避开"庄子是否教人为恶"的疑惑，取消这一伪问题，而且可与《逍遥游》篇中强调的逍遥之要素"无名"联系起来。本来逍遥与养生就是关系密切的：养生是逍遥的前提，逍遥是养生的成就。庄子在逍遥论与养生论中都主张"无名"，是顺理成章的。

虽然"为善无近名，为恶无近刑"是假言命题或比喻，但假言命题或比喻并不是无意义的语句，它还是说出了关于养生的关键性的东西，这就是"无近"。无近，就是要人远离、避开。为了养生，不但要远离政治中心，而且要避开道德的陷阱，避开名誉的诱惑。不避开会怎么样呢？庄子一口气举了六个例子：

> 世之所谓贤士，莫若伯夷叔齐。伯夷叔齐辞孤竹之君而饿死首阳之山，骨肉不葬。鲍焦饰行非世，抱木而死。申徒狄谏而不听，负石自投于河，为鱼鳖所食。介子推至忠也，自割其股以食文公。文公后背之，子推怒而去，抱木而燔死。尾生与女子期于梁下，女子不来，水至不去，抱梁柱而死。此六子者，无异于磔犬流豕、操瓢而乞者，皆离名轻死，不念本养寿命者也。（《盗跖》）

这是典型的"价值重估"。孔子曾提倡"杀身成仁"，孟子也曾鼓励"舍生取义"，而庄子颠倒了儒家的价值观，并不把仁义道德置于生命之上。林希逸说，"离名"就是"泥着于名"，也就是太注重名声了。伯夷、叔齐、介子推、尾生这些人，或贤，或忠，或信，都是道德中人，他们因道德操守或道德行为而享有盛誉，然而他们也殉于道德的声誉。比如说，守信是美德，不过守信守到尾生那种程度，那就只有两种解释：或是尾生愚不可及，或是尾生要以死殉名，企图"流芳百世"。在庄子看来，这些"离名轻死，不念本养寿命"的人，无异于被屠的狗（磔犬）、沉河的猪（流豕）——它们都是祭祀用的牺牲，或者就像是持瓢的乞丐。千余年后，曹雪芹让贾宝玉在《红楼

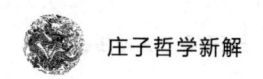

梦》中说道:"人谁不死,只要死的好。那些个须眉浊物,只知道文死谏,武死战,这二死是大丈夫死名死节。竟何如不死的好!"这岂不是庄子的口气吗?

庄子所列举的六人,都是儒家人物。儒家历来重名,重名分,也重名声。孔子说:"君子疾没世而名不称焉。"(《论语·卫灵公》)这里的"名",主要是道德方面的声誉。孔子还说:"后生可畏,焉知来者之不如今也?四十、五十而无闻焉,斯亦不足畏也已。"(《论语·子罕》)在孔子看来,年轻人前途无量,值得期待,但是一个人如果到了四五十岁还没成名,那他就没什么可值得期待的了。根据这一说法,孔子可能会赞成现代作家张爱玲的一句名言:"出名要趁早。"不过儒家最大的希冀,还不是趁早成名,而是赢得身后名,获得"不朽"。正所谓"人生自古谁无死,留取丹心照汗青"(文天祥《过零丁洋》)。由此可见,"为善无近名"对儒家而言是毫无意义的废话。诸葛亮《出师表》说,"臣本布衣,躬耕于南阳。苟全性命于乱世,不求闻达于诸侯",他本来是个隐士,也善于养生。从"苟全性命""不求闻达"八字中,可见诸葛亮本来对于养生之道颇有心得。但诸葛亮外道内儒,他"自比管仲乐毅",素有辅佐君王之志,因而还是让自己名声在外。所谓"不求闻达于诸侯",不过一句空话。他的名声果然使刘备"三顾茅庐",诸葛亮"由是感激,遂许先帝以驱驰"。从隐士变成了儒生,从无用变成了有用,诸葛亮从此再也顾不上养生,终于心力交瘁,以身殉职。"运移汉祚终难复,志决身歼军务劳"(杜甫《咏怀古迹五首·其五》),"出师未捷身先死,长使英雄泪满襟"(杜甫《蜀相》)。诸葛亮成就了忠臣名相之名,在道德上似乎也无可挑剔,然而付出了生命的代价。假如庄子活在诸葛亮的时代,想必他会觉得诸葛亮付出的代价过于昂贵,甚至得不偿失。

5. 养生的基本原则

(1) 缘督以为经

在"为善无近名,为恶无近刑"之后,就是"缘督以为经",这句话历来被视为庄子养生的基本原则。如释德清《庄子内篇注》说:"养生之主只在'缘督为经'一语而已。"[①]不仅如此,历代庄子注家也多半认为,庖丁解牛

---

① 憨山:《庄子内篇注》,崇文书局,2015,第60页。

的寓言，是对"缘督以为经"这一基本原则的具体化。

那么，"缘督以为经"是什么意思？"缘"就是"顺"，意即顺应、因循；"经"就是天经地义的"经"，指常道。至于"督"，一些学者认为这是身体上的经脉——"督脉"，持此说的主要代表是王夫之。王夫之说："奇经八脉，以任督主呼吸之息。身前之中脉曰任，身后之中脉曰督。督者居静，而不倚于左右。有脉之位，而无形质。缘督者，以清微纤妙之气，循虚而行，止于所不可行，而行自顺，以适得其中。"（《庄子解》）关于任督二脉的说法，我们在金庸等人的武侠小说中已屡见不鲜。在武侠小说中，任督二脉是气功术语。周策纵指出："我认为《养生主》篇'缘督以为经'这最重要的句子，是本于医书《内经》所说经脉的督脉一词。"[①]王夫之已把"督"字的词源追溯到医学，他所说的任督二脉，与气功和医学均有关系。我们当然不必追究"督"的气功意义和医学意义，只需从词源中引申出其哲学意义即可。"督"就是人身之督脉，从王夫之的论述中我们发现，督脉有两个特质，其一是虚，其二是中。因此，"督"字有"中""虚"两个意义。

如前所述，不少古代学者认为"缘督以为经"是"顺中以为常"的意思，这是着眼于"督"之"中"义。对"中"义的侧重，可以与"为善无近名，为恶无近刑"联系起来，从而得出一个判断：庄子持有"中道"养生说。然而所谓中道，若是指处于善恶之间，则于理不通，因为一个人完全可以既做好人又善养生，甚至既做恶人又善养生。我们认为，"督"的"中"，不过是就其位置而言，其重要性次于"虚"，因而与其选择"中"义，不如选择"虚"义。事实上，"中"和"虚"两义有时可并为一义，即"中空"。张默生说："督既有中空之义，则缘督以为经，即是凡事当处之以虚，作为养生的常法，既不为恶，亦不为善。如此则名固不至，刑亦不至，可得从容之余地，以全其生命。"[②]张默生此说中，"既不为恶，亦不为善"之言为我们所不取，至于"缘督以为经，即是凡事当处之以虚，作为养生的常法"，这却是完全可以接受的。于是，"缘督以为经"也就是"循虚而行，以为常道"。这样解释，也能与"为善无近名，为恶无近刑"相与融洽。其实，唯有取"虚"义，才可能将"为善无近名，为恶无近刑"解释清楚。

[①] 周策纵：《周策纵自选集》，山东教育出版社，2005，第218页。
[②] 张默生：《庄子新释》，新世界出版社，2007，第89页。

前已指出，为善与名是密切相关的，因此，"为善无近名"是异常困难的事情，简直比"为恶无近刑"还要难——古往今来，法律的漏网之鱼为数不少，名声的漏网之鱼却极为罕见。"雁过留声，人过留名"，其实人根本不必主动求名，人既然生存、行动于世上，就很难不留下痕迹。但是，一旦掌握了"虚"字诀，为善者将自我虚化了，那么"为善无近名"就能够实现。如果不把"为恶无近刑"视为比喻，那么将自我虚化，也能够实现"为恶无近刑"。我们知道，在"为善无近名，为恶无近刑"这句话中，"无近"是关键词，而无近就是不要靠近，就是远离、避开，不过这未必是物理意义的远离和避开。把自我虚化，这就是远离和避开，而且是最好的远离和避开。如何把自我虚化？老子说："挫其锐，解其纷，和其光，同其尘。"（五十六章）和光同尘地生活，就是把自我虚化了。自我虚化后，好比穿上一件隐身衣，我虽然存在，但别人看不见我的存在。这个自我虚化的道家人物，仿佛《一千零一夜》里的阿里巴巴，"强盗盯上了阿里巴巴的家，在门外面画了个'×'，阿里巴巴的女人在城里所有的大门上都画了个'×'。阿里巴巴消失了"。①这种效果好似老子所说的，"善行无辙迹"（二十七章）。自我虚化的"为善"，也就是老子所说的"无为"。无为并不是"不为"，不是什么都不做，而是一种"功成身退"的为、"自我虚化"的为。老子说："功成事遂，百姓皆谓：'我自然。'"（十七章）圣人治国，行无为之治，并非不为，而是功成身退，使百姓根本意识不到他的存在。这就是"为善无近名"。老子讲无为，庄子虽然少用"无为"一词，但他也有无为的思想，只不过老子的"无为"颇有政治的意味，而庄子的"无为"更接近纯粹的养生、本真的生活。

把"缘督以为经"解读为"循虚而行，以为常道"，还能与庖丁解牛的寓言合拍。这是选择"虚"义优于"中"义的又一证据。庖丁解牛，也是循虚而行。庖丁解牛的寓言，明显是以刀喻人。以刀喻人，得先写刀。事实上，整个"庖丁解牛"用了许多文字细致入微地描写庖丁的刀，"恢恢乎其于游刃必有余地矣"达到了描写的高潮，最后以"善刀而藏之"结束，这足以说明庖丁解牛寓言的主题乃是刀。整篇《养生主》的主题则是养生，因此，庖丁解牛，既是以刀喻人，又是比喻养生。养生在此指的是处世。前已指出，

---

① 梁小斌：《翻皮球》，江苏人民出版社，2013，第15页。

处世也是养生的题中应有之义。每个人都是一把刀，社会或环境就是我们所要面对的牛。刀是人，牛是世，解牛则是处世。庖丁的刀，比喻善于处世、善于养生的人；良庖、族庖的刀，比喻不善处世、不善养生的人。两者的区别在于，"良庖岁更刀，割也；族庖月更刀，折也"。"折"即"斫"，也就是砍。要么割筋肉，要么砍骨头，都是直来直去，以硬碰硬。以硬碰硬，固然也能小有成效，然而毕竟自伤其身，难以为继，不能持久。一口牙齿能对付几粒沙子？所以"良庖岁更刀，割也；族庖月更刀，折也"。然而，庖丁却能举重若轻，把这件费力的活儿干得轻而易举，轻松自如，屠杀的动作合乎音乐节奏，优美得如同舞蹈，整个过程，犹如古希腊毕达哥拉斯学派从竖琴的声音中发现了数学规律一般。庖丁解牛的奥秘，在于刀的使用方式。刀是如何运作的呢？既不是割，也不是砍，而是"游"。"彼节者有间，而刀刃者无厚；以无厚入有间，恢恢乎其于游刃必有余地矣。"众所周知，成语的"游刃有余"，就出自庄子的这句话。游刃有余一词，在语感上显得一派轻松、从容。这里的关键词是"游"。避开骨头和关节盘结处，"以无厚入有间"，才能"游刃有余"。可见游的前提是"有间""有余地"。换言之，游的前提是"虚"。循虚而行，方能游刃有余。

关键在于，这"虚"到底从何而来。一般认为，"虚"就是牛身上的间隙。就庄子对庖丁解牛过程的描写而言，这种说法似乎未尝不可。牛骨比肉硬，避开骨头，切入皮肉，比较明智；在肉之中，又有筋肉结构比较复杂紧密的地方，绕开它，从旁边的间隙下刀，比较奏效。总之，"依乎天理，批大郤，导大窾，因其固然，枝经肯綮之未尝微碍，而况大軱乎！"但问题是，既然牛身上本来就有间隙，为什么那些"良庖""族庖"就发现不了？为什么只有庖丁能发现？那当然是只有庖丁才有眼光，可是庖丁的眼光又从何而来？庄子说："彼节者有间，而刀刃者无厚；以无厚入有间，恢恢乎其于游刃必有余地矣。"牛身上固然"有间"，可刀怎么会"无厚"呢？"无厚"就是没有厚度，一般认为，杀牛刀是很利、很薄的，俨然没有厚度，因为它薄得简直可以忽略不计。从实在意义看，确实拿不出比这更好的解释了。但是，刀在庖丁解牛的寓言中乃是隐喻，兼有实在意义与隐喻意义，不应仅从实在意义去理解它。在隐喻意义上，或者说，在哲学意义上，刀就是人，而"无厚"也就是"无我"。"无我"意即"自我的虚化"。这样事情就很清楚了：到底是由于"彼节者有间"而显出"刀刃者无厚"呢？还是由于"刀

209

刃者无厚"而使得"彼节者有间"？ 我们认为，从根本上说是后者。 所谓"有间"，并不是本来就有的实在的空间，而是"无厚"所造就的结果。 把自我看得太大，周围世界自然显得小了；把自我看得小些，周围世界就相应地变大。 俗话说，"退一步海阔天空"，"退一步"就会发现，眼前陡然现出一大片空间来，而"退一步"只是自我的弱化，还不是自我的虚化。 人若能实现自我虚化，那又岂止"海阔天空"，周围世界就成了庄子《逍遥游》笔下的北冥和南冥，任我们鹏程万里，作逍遥之游。 庖丁就是一个擅长虚化自我的养生者，因而唯有他能发现"有间"，得以在人世中游刃有余。

总之，"虚"并不是就客体而言，而是就主体而言，指自我的虚化。 自我虚化，亦即无我或忘我，庄子曾用"虚舟"的意象来形容无我：

> 方舟而济于河，有虚船来触舟，虽有惼心之人不怒。 有一人在其上，则呼张歙之。 一呼而不闻，再呼而不闻，于是三呼邪，则必以恶声随之。 向也不怒而今也怒，向也虚而今也实。 人能虚己以游世，其孰能害之！ （《山木》）

两舟相并叫"方舟"。 "惼"同"褊"，褊狭之意。 两舟并进渡河时，一艘无人之船撞上来了，纵即便是量小性急之人也不会生气。 如果船上有一个人，就会向他呼喊，让他撑开后退，喊一声不见回应，再喊一声不见回应，第三声必定破口大骂、恶言相加了。 先前不生气而现在生气，这是由于先前船上无人而现在有人。 如果人就如"虚舟"一般，以"虚己"的方式悠游于人世，谁又能够伤害他呢？ 因此后来白居易说："只见火光烧润屋，不闻风浪覆虚舟。"（《感兴二首》之一）把虚字和游字合并起来，便可得出庄子养生的宗旨和处世的策略，这就是："人能虚己以游世，其孰能害之！"做到虚己以游世，便实现了真正的养生。 实现了真正的养生，那就是至人。 庄子在另一个地方说："唯至人乃能游于世而不僻，顺人而不失己。"（《外物》）

（2）依乎天理，因其固然

庖丁解牛是一个相当完整的寓言，其意义较为复杂，可从多个角度加以剖析。 如"技可进乎道，艺可通乎神"（魏源语），这可视为庖丁解牛的两大主题或两大意义。 "虚己以游世"也是庖丁解牛的重要意义。 可以肯定，庖丁解牛寓言的意义，不限于将"缘督以为经"一语寓言化、形象化。 我们知道，在文学上有"形象大于概念"之说，还有"作品大于作者"之说，纵然庄子编写这个寓言的目的只是说明"缘督以为经"的道理，他那汪洋恣肆的才华，使他不知不觉地溢出了这一主观意图。事实上，许多学者都发现，庖丁解牛的寓言与《养生主》篇的其他寓言是有联系的。将它们联系起来的东西，是"依乎天理"和"因其固然"。就庖丁解牛而言，"依乎天理，因其固然"是指下刀应随顺牛本身的筋肉结构，扩大开来，则是指养生应顺应自然。此处"因"字尤为关键。张默生指出："庄子的中心思想，可说是一个'道'字和一个'因'字。道是他的本体论，'因'是他的人生论。……庄子对于人事上的看法，一切都是因任自然，也就是契合于道。"[1]胡适也认为："《养生主》篇说庖丁解牛的秘诀只是'依乎天理，因其固然'八个字。庄子的人生哲学，也只是这八个字。"[2]因此，如果说"缘督以为经"是养生的基本原则，那么"依乎天理，因其固然"也可视为养生的基本原则。

这就是说，庄子在《养生主》中实际上提出了养生的两大原则。自然，这两个原则绝非相互对立，而是相辅相成。事实上，"缘""依""因"都是随顺的意思。如果说，"缘督以为经"侧重于主体，那么"依乎天理，因其固然"则侧重于客体。前已指出，养生问题有两个层面：一是自然层面，侧重于处理生死问题；二是社会层面，侧重于处理人我问题。比较而言，"缘督以为经"主要属于社会层面，主要处理人我问题，"虚舟"之喻已是明证；"依乎天理，因其固然"主要属于自然层面，主要处理生死问题。在《养生主》中，庖丁解牛的寓言大致属于社会层面，右师寓言（和泽雉寓言）、"老聃死"寓言大致属于自然层面。在生死问题上，右师寓言（和泽雉寓言）主要处理生，"老聃死"的寓言则是处理死。

"依乎天理"和"因其固然"都是顺从自然之意。在《达生》篇中，有一个寓言与庖丁解牛有些相似，但是突出了"依乎天理，因其固然"的原则：

孔子观于吕梁，县水三十仞，流沫四十里，鼋鼍鱼鳖之所不能游也。见一丈夫游之，以为有苦而欲死也。使弟子并流而拯之。数百步而出，被发行歌而游于塘下。

---

[1] 张默生：《庄子新释》，新世界出版社，2007，第17~18页。
[2] 胡适：《中国哲学史大纲》，上海古籍出版社，1997，第199页。

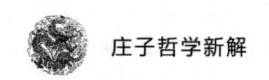

孔子从而问焉，曰："吾以子为鬼，察子则人也。请问：蹈水有道乎？"

　　曰："亡，吾无道。吾始乎故，长乎性，成乎命。与齐俱入，与汩偕出，从水之道而不为私焉。此吾所以蹈之也。"

　　孔子曰："何谓始乎故，长乎性，成乎命？"

　　曰："吾生于陵而安于陵，故也；长于水而安于水，性也；不知吾所以然而然，命也。"

宰牛有"道"，游泳也有"道"，并且"道"呈现的方式也是相似的。从主体方面言，要使道出现，就得"无我"或"忘我"。无我或忘我之后，主体与客体之间的距离取消了，心灵与身体的对立也消弭了，身体作用和身体经验自发运行起来，道的境界便来临了。游泳"有道"的关键，也是无我，因此吕梁丈夫介绍他蹈水的经验是"与齐俱入，与汩偕出，从水之道而不为私"。"齐"通"脐"，比喻旋涡或流水旋洄；"汩"是涌流；"不为私"就是无我或忘我。无我的游泳，是"从水之道"的游泳，即把自己交给水，顺从水势，一任水流将自己带着走。这是不折不扣的"随波逐流"①。正因为无我了，意识的主宰和支配作用取消了，所以吕梁丈夫说自己在水中"不知吾所以然而然"，他把这种状态称为"命"。"命"，林希逸注为"自然之理"。有我的游泳，则形成我与水的区别和对立，而在"县水三十仞，流沫四十里，鼋鼍鱼鳖之所不能游"的水里，必然会产生恐惧心理和担忧心理，既恐惧水势滔天，也担忧自己的人身安全。心理的恐惧和担忧，造成身体的紧张，身体无法完全把自己交给水，无法"从水之道"，就是说，无法顺从自然。有我的游泳，不仅有人与水的对立，而且有心与身的对立，在这双重对立之下，好好游泳尚且不能，更何况"有道"了。这个寓言讲的是为道，也是养生。

　　现在回到《养生主》。右师寓言和泽雉寓言，也是"依乎天理，因其固

---

① 随波逐流，今天一般被视为贬义词，大意是无主见、无立场、无原则、无操守。因此，"不随波逐流"，是对人的肯定。不过，这种意义的"随波逐流"，与古代完全不同。《史记·屈原贾生列传》写道："夫圣人者，不凝滞于物而能与世推移。举世混浊，何不随其流而扬其波？"这是渔父劝屈原"随波逐流"，他说的"圣人"显然是道家的圣人。可见"随波逐流"是古代道家所推崇的人生态度。

然"的例子。右师寓言强调天、人之分,天是天然、自然,人是人为。右师单足,乃是天生如此,并非后天人为因素使然。泽雉的"十步一啄,百步一饮",也是天然的生存方式。将这两个寓言合二为一(其实也许本来就是一个寓言),庄子的思想倾向是,顺其自然地生活,就是最好的养生。《养生主》中还有一个尚未读过的寓言,讲的也是"依乎天理,因其固然"的道理:

> 老聃死,秦失吊之,三号而出。
> 弟子曰:"非夫子之友邪?"
> 曰:"然。"
> "然则吊焉若此,可乎?"
> 曰:"然。始也吾以为至人也,而今非也。向吾入而吊焉,有老者哭之,如哭其子;少者哭之,如哭其母。彼其所以会之,必有不蕲言而言,不蕲哭而哭者。是遁天倍情,忘其所受,古者谓之遁天之刑。适来,夫子时也;适去,夫子顺也。安时而处顺,哀乐不能入也,古者谓是帝之悬解。"

关于这个"老聃死"的寓言,有一种理解认为,老聃尚未勘破生死,换言之,尚未悟道;由于老聃尚未看穿生死,而庄子已然"齐生死",可证庄子思想并非都来自老子。张默生就是这么看的:"本段是借秦失的话,来批评老聃的,可见庄子的思想,并非完全出于老子。"[①]按照这一说法,我们就要处理两个问题:①秦失是否批评老聃;②庄子思想与老子的关系。我们自然也赞成庄子思想颇有超越老子之处,《庄子》一书并非《老子》的注释[②],但张默生认为这段是"借秦失的话来批评老聃",我们却忍不住要说,"此言差矣"。秦失看到"有老者哭之,如哭其子;少者哭之,如哭其母"的状况,批评这些人"遁天倍情,忘其所受"。显然,秦失批评的对象,是为老聃之死而哭者,或老聃的弟子,而不是老聃。不仅如此,他随后的言论,"适来,夫子时也;适去,夫子顺也",毋宁说是阐明了老聃之死的哲学意义。

---

① 张默生:《庄子新释》,新世界出版社,2007,第94页。
② 且不说"逍遥"与"齐物"两论是"庄之为庄者",为老子所无,纵是"养生"论,庄子也不同于老子。

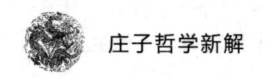

与其说秦失批评老聃，不如说秦失在代老聃传道。所以成玄英疏云：

> 夫子者，是老君也。秦失叹老君大圣，妙达本源，故适尔生来，皆应时而降诞；萧然死去，亦顺理而返真耳。

其实，我们不必为秦失是否批评老聃而纠结，理由有二。其一，庄子常用"重言"手法，捏造一些人物及其言论，我们不能刻舟求剑，将他笔下的人物形象坐实，视为历史人物。其二，《养生主》这段"老聃死"的寓言是借一个吊丧的情境来展示对死亡的理解及养生的道理，关键是道理。因此，纵然将这情境中的老聃和秦失换成另外两个人，比如换成《人间世》中的对话主角孔子和颜回，也是无伤大雅的。佛教曾有"依法不依人""依义不依语"的诠释原则，亦即不必拘泥于所说者为何人，不要执着于词句的表面，而要把握义理本身。解读"老聃死"寓言，我们也不妨参照佛教的诠释原则，不纠缠于老聃与秦失其人，转而探究其言论的意义。

或许可以将老聃之死与释迦牟尼之死做一比较。《大般涅槃经·寿命品》写道，当释迦告诉众人他将要涅槃时，"是诸众生，是闻是已，心大忧愁，同时举声，悲啼号哭，呜呼慈父，痛哉苦哉！举头拍头，锥胸叫唤。其中或有身体战栗，涕泣哽咽。尔时诸山大海，悉皆震动"。这段描写，极为夸张。较之为老聃死而哭者，那些为释迦死而哭者，其悲痛程度只有过之，而无不及。作为佛经，后面还加上了宗教的神秘感应，"尔时诸山大海，悉皆震动"。这时释迦尚未入灭，于是不必委诸他人，自己现身说法：

> 一切诸世间，生者皆归死。寿命虽无量，要必当有尽。夫盛必有衰，合会有别离。壮年不久停，盛色病所侵。命为死所吞，无有法常者。……我今正涅槃，受持第一乐。诸佛法如是，不应复啼哭。

释迦牟尼先讲述了人必有死的道理，这与道家所说无甚差别。如"盛必有衰"，与老子"物壮则老"之说完全一致，与庄子的思想想必也不冲突。只是释迦的言论多了些"无常"的调子。但释迦劝大众不必啼哭的理由，除了"生者皆归死"，还增加了一项宗教的理由，即佛教徒的死，是入于涅槃，是一大乐事。庄子并非宗教家，而是哲学家。尽管庄子也承认死亡或许是解脱，或许是快乐，但这在他只是"或许"，只是一种不能确证的可能性，而不是一种宗教信仰，因此他不能像释迦那样，用"我今正涅槃，受持第一乐"作为对生者的许诺。对于死亡，庄子不能给出宗教的安慰。他对于死亡所作的解释，自然不是宗教的解释。

老聃死了，他的朋友秦失前去吊唁，不过"三号"，便转身欲去。这使人想起庄子妻死，他却"箕踞鼓盆而歌"。两件事确实颇有相通之处，即都关乎庄子对死亡的态度。我们通常说，庄子是"齐生死"的，这自然不错，但这是对生死两者的是非价值加以比较时的态度，在单独面对死时，庄子是什么态度？死，有自然死和偶然死两种。杜亚泉指出："自然死由衰老进化；偶然死乃生活中因遇疾病或灾害而死的。"①自然死与偶然死的区分，是庄子的思想前提。庄子主张养生，也就是尽可能地避免偶然死，至于自然死，则应欣然接受。如前所述，庄子养生的基本要求是"莫之伤"，而实现"莫之伤"的方法是"避"。然而总有无法避开的，那就是自然死，或曰必然死。对自然死或必然死，避无可避，逃无可逃，只能接受。总之，庄子拒绝偶然死，接受自然死。庄子的鼓盆而歌、秦失的三号而出，都是接受自然死的表现。

然而老聃的弟子不接受老聃的自然死。他们如丧考妣，伤心过度。如此悲痛的表现，说明他们难以接受甚至不能接受老聃之死。这种难以接受或不能接受，显示出一种意向：好像老聃的死是不应该的，好像老聃并不是寿终正寝似的，好像老聃本来可以不死似的。此举隐含着对自然死和偶然死两个概念的混淆。因此，秦失指责他们"遁天倍情，忘其所受"。"遁"是逃避；"倍"即"背"，违背；"情"并非感情，而是"真情实况"之"情"，即实情。"遁天倍情，忘其所受"是说，逃避自然，违背实情，忘掉我们所禀受的自然寿命。在秦失看来，老聃"适来，夫子时也；适去，夫子顺也"，该来的时候来，该去的时候去，来得其时，死亦其时，这是顺应自然。如果我们认识到老聃之生、死不过是顺应自然的变化，那就不会让哀乐的情绪来左右我们。不为哀乐之情所左右，古人称之为"悬解"，即解除倒悬之苦。我们看到，对死亡的正确理解可以化解人生的痛苦。因此，死亡问题理应处于养生问题的论域之内，甚至处于养生问题的巅峰。通过老聃死的寓言，《养生主》把养生问题的思考推上了顶点。

---

① 《杜亚泉著作两种》，新星出版社，2007，第26页。

| 第四章 |
《人间世》

"人间世",并不是"人世间"。流沙河认为,"人间世"应当读为"人-间世","间"是动词,介入的意思。"世"指社会或世界。"人间世"就是人介入社会。"他要告诉我们一个人如何在乱世里处好关系的问题。"①这个看法,似可采纳。此前我们对《养生主》的解读表明,处世是养生的题中应有之义。《人间世》专门谈论处世之道,可视为《养生主》的延伸或补充。比较而言,《养生主》是一般性地谈论养生的宗旨或养生的原则,《人间世》则是在具体情境中考察养生的方法。这一具体的情境,就是庄子自己所处的时代和社会,流沙河称之为"乱世",如此说还是不够,因此他又补充道:"查此篇之内容,前半篇正是教人怎样介入官场斗争,方可远祸得善终的。"②《人间世》的"世",不是一般的社会或"乱世",而是君主专制社会。《人间世》探索如何在君主专制社会中保全性命。

在《人间世》中,庄子对君主专制社会的黑暗面有深入的描绘,今人对之评价颇高,认为庄子看透了时代之浑浊、官场之险恶。例1:"臣之事君,义也,无适而非君也,无所逃于天地之间。""适"即"往","无适"意即无论到哪里。庄子的意思是说,无论哪一个地方都不能没有君王,专制制度令人"无所逃于天地之间"(《人间世》)。"无所逃于天地之间"是一个全称判断,庄子的无奈之感,力透纸背。例2:"擎跽曲拳,人臣之礼也,人皆为之,吾敢不为邪!"(《人间世》)擎,是执笏;跽,是长跪;曲,是鞠

---

① 流沙河:《庄子闲吹》,中信出版社,2010,第153页。
② 流沙河:《庄子闲吹》,中信出版社,2010,第243页。

第四章 《人间世》

躬；拳，是拱手。这四个动作都是下对上、臣对君的礼节，庄子逐一道来，写得如此详细，把君臣礼仪束缚天性的性质、为人臣者无可奈何的心态，写得如在眼前，跃然纸上。例3："当今之世，仅免刑焉。"意思是说，在这样的乱世里，只能希求免除刑罚，苟全性命；庄子心情之沉痛，可想而知。对于那个时代和那个社会，庄子的感受是敏锐的，理解是准确的，批判是犀利的。有了《人间世》，我们才能明白庄子为何要坚持远离政治中心，也才能明白庄子为何那么向往逍遥。但是，较之庄子的社会批判，我们更关注庄子的哲学思想。此篇与哲学相关的就是庄子的处世之道。

历来人们所说的"中国人的智慧"，在很大程度上表现于处世之道。这里所说的"智慧"，是"人生智慧"或"实践智慧"，是如何在世俗生活中获得成功的方法（或如何从传统经典中获得慰藉的经验）。孔子就被黑格尔视为"实际的世间智者"，这说明他有智慧；但黑格尔同时指出，在《论语》那里并没有"思辨的哲学"。今天的哲学史家自然可以从孔子思想中提炼梳理出某种"哲学"来，但它并不是黑格尔所说的"思辨哲学"，或换一种说法，它不是形而上学，而是伦理学、政治学之类，现在可能还要加上管理学。20世纪90年代以来在中国大行其道的"国学热"，最热的就是实践智慧和心灵鸡汤，所以关于"国学"和管理、公关等方面的课程或讲演，不计其数，泛滥成灾。但是，人们可以信手把孔子、老子与管理学联系起来，却很难如此对待庄子。智慧并不是哲学。现象学家胡塞尔一言道破两者的区别："科学是非人格的。它的合作者不需要智慧，而是需要理论才华。"[1]这里的"科学"实即哲学，即胡塞尔的"作为严格科学的哲学"。实践智慧是有用的，而庄子恰恰追求"无用"。蔡元培早已指出："庄子者，超绝政治界，而纯然研求哲理之大思想家"，"其理论多轶出伦理学界，而属于纯粹哲学"。[2] 然而另一方面，庄子也是富有实践智慧和世俗智慧的。纯粹哲学主要体现于《逍遥游》《齐物论》《养生主》《大宗师》等篇，实践智慧集中表现于《人间世》中。佛教有利根、钝根之分，我们大致可以说，《逍遥游》《齐物论》《养生主》《大宗师》诸篇是为利根人说法，而《人间世》则是为钝根人说

---

[1] 胡塞尔：《哲学作为严格的科学》，倪梁康译，商务印书馆，2002，第67页。
[2] 蔡元培：《中国伦理学史·庄子》，转引自《国学大师说老庄及道家》，云南人民出版社，2009，第51、55页。

217

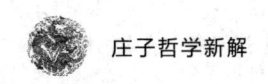

法。不过庄子在《人间世》中提出了"心斋"和"无用之用"的概念，好似从实践智慧中透出了一道形上之光。"心斋"无疑是《人间世》最具哲学意味的概念。何谓心斋，是解读《人间世》的重点和难点。

第一节　入世

1. 在入世与出世之间

《人间世》谈论处世，总共涉及三种处世之道，可名之为入世、游世、避世。人们通常认为"儒家入世，道家出世"，这只是比较而言，只是总体的倾向，只是大致的分类。由于入与出是一对概念（如"入乎其内，出乎其外"），因此在区分儒家与道家时，既然儒家属于入世，那么道家自然就是出世了。然而事实往往比这种非此即彼的二分法复杂得多。不错，儒家是积极入世的，可是孔子也说过"用之则行，舍之则藏"（《论语·述而》），"藏"就是隐居，如果不能为世所用，那就去当隐士好了；孔子还说过，"道不行，乘桴浮于海"（《论语·公冶长》），如果主张行不通了，那就乘木筏到海外去，恰如苏东坡的诗句："小舟从此逝，江海寄余生。"（《临江仙·夜饮东坡醒复醉》）可见孔子有时也会冒出出世的念头。我们可以说，孔子是入世的，同时有出世的心理需要。另外，老子虽是"隐君子也"，其学说却颇有"君人南面之术"的内容，这显然是"入世"的维度。而庄子在《人间世》中也有关于入世的论述，提出了一种入世的方法。

不过，孔子"藏"的需要，要当"江海之士"的念头，只是迫不得已的心理退路，或是消极意义的心理调适。事实上，孔子在周游列国游说诸侯失败之后，最终回到鲁国从事教育事业去了，并没有真的"乘桴浮于海"。"藏"或"隐"始终停留在孔子的思想上和言语上，而不曾落实到行动上。在"仕"和"隐"的人生选择中，孔子选择"仕"而向往"隐"，庄子则是一劳永逸地拒绝"仕"，选择"隐"。比较而言，确实一个偏于入世，一个偏于出世。但是，须知"仕－隐"关系只是约等于而并不等于"入世－出世"关系。庄子虽是隐士，却是"与世俗处"的隐士，因而也有一套入世的方法。不过这种"入世"，既不是孔子的"出仕"或"为政之道"，也不是老子的"君人南面之术"。庄子的"入世"，着眼于人如何在社会中生存；庄子的入世方法，其目的是保全自己，不受伤害，亦即"养生"。如前所述，处世也是养生的题中应有之义。

胡适曾断言："庄子的哲学，总而言之，只是一个出世主义。……他虽在人世，却和不在人世一样，眼光见地处处都要超出世俗之上，都要超出'形骸之外'。这便是出世主义。""中国古代的出世派哲学至庄子始完全成立。"[①]说庄子要"超出世俗"是不错的，说他是"出世主义"却未必准确。在逻辑上，一个处于世俗中的人也完全可以有超然拔俗的气质。例如诗人李白，唐代著名道士司马承祯说他"有仙风道骨，可与神游八极之表"，李白为此作了一篇《大鹏赋》表达他的喜悦之情。严格来说，只有喜马拉雅山麓的瑜伽行者与欧洲中世纪的柱头修士是真正意义上的出世主义者。而庄子曾娶妻生子，曾任漆园吏，熟悉民间工匠并喜欢探讨技艺的奥秘，热衷于与惠子辩论哲学问题，写了《齐物论》重估当世思想，写了《人间世》指导处世，写了《应帝王》对政治发表看法，这样的人，怎么可能是真正的出世主义者？可见，出世主义不能安在庄子的头上。以中国传统文化的构成而论，出世主义大概只有佛教才勉强承受得起——这还得排除后世的"大乘"佛教[②]。儒家入世，佛教出世，两者各居一端，而庄子居中。相对于儒家的入世，庄子是出世的；但相对于佛教的出世，庄子又有入世的一面。所以庄子的主张，在入世与出世之间。

在入世与出世之间的处世之道，庄子称之为"游世"和"避世"。大概"游世"也勉强可以算作一种入世的形式，但这不是全心全意毫无保留的入世，而是若即若离的入世。身在尘世之中，而心却与尘世保持距离，因而是在出世与入世之间。如何理解这种状态？譬如我们在某工作单位上班，却常常感到自己好像是个外人，并不属于这个单位："我的工作单位并不能给我家园之感。"凭着这种经验，就可以想象庄子那种生活在人世间，却没有家园感的生存状态。庄子说："予恶乎知恶死之非弱丧而不知归者邪！"以死为归，可见他活在并无家园之感的世界里。闻一多说庄子哲学是"客中思家的哀呼"，说他在眺望故乡，这又说明庄子与人世间若即若离的关系。此即

---

① 胡适：《中国哲学史纲》，上海古籍出版社，1997，第200页。
② 大乘佛教如禅宗，是出世主义，却也很强调入世的一面。六祖慧能说："佛法在世间，不离世间觉。离世觅菩提，恰如求兔角。"（《六祖坛经》）所以20世纪的太虚甚至有"人间佛教"的提法。

"在入世与出世之间"。

　　庄子的哲学思想奠基于自己的生存体验。我们可以把庄子的体验称为"客中思家""人生如寄"的体验。这种体验有其现实根据。那就是庄子生活于其中的那个乱世，以及庄子所描绘的那个凶险的君主专制社会。在乱世和专制社会里，生命岌岌可危，连起码的安全感都谈不上，遑论家园感？1941年，美国总统罗斯福曾提倡"四大自由"（The four freedoms）之说，即言论和表达的自由、宗教信仰的自由、免于匮乏的自由、免于恐惧的自由。这四大自由乃是现代文明社会的思想基础。只有当我们拥有了"免于恐惧的自由"，才可能产生安全感，进而获得家园感。但是，庄子所处的社会，并不是现代文明社会，并没有罗斯福所说的四大自由。在一个君主专制的社会里，如果积极入世，辅佐君王，岂非成了专制制度的帮凶？或者岂非依附权力以获取利益？这是庄子所不屑为的。然而纵使不踏上仕途，那也并不意味着可以与专制制度完全撇清关系，因为"普天之下，莫非王土；率土之滨，莫非王臣"（《诗经·小雅》）。若是坚决不介入、不参与，最终只能成为不食周粟饿死首阳山的伯夷、叔齐了。这又是庄子所不肯为的。如此庄子只能对这个社会采取一种若即若离的态度。

　　另外，庄子的这种生存体验，也可以视为一种普遍性的、形而上的体验。这就与具体的时代和社会无关了。哲学是对可能世界的探索，它本身就起源于现实世界的欠缺感或匮乏感。但凡具有形而上倾向的人，都会有类似庄子的体验。苏轼感叹"长恨此身非我有，何时忘却营营"，希望"小舟从此逝，江海寄余生"（《临江仙·夜饮东坡醒复醉》），这也是类似庄子"客中思家"的体验。哪怕是在20世纪，在民主社会取代了君主专制社会之后，在基本实现了罗斯福所说的四大自由之后，哲学家们仍然会有"客中思家""人生如寄"的感受，仍然本能地去探寻可以作为精神家园的世界。哲学家的体验深些，普通人的体验浅些。因此，在任何时代和任何社会里，都会存在一些具有出世倾向的人，他们都会追求一种"在入世与出世之间"的生存状态。

　　《人间世》的"入世"和"游世"，承接《养生主》的庖丁解牛，仍然将"缘督以为经"，"依乎天理，因其固然"视为基本原则。如果说"入世"的关键字是"虚"，那么"游世"的关键字就是"顺"。至于"避世"，其关键字就是"避"，也就是逃避政治、远离政治中心。所谓避世，并非避生活，而是避政治、避官场。或者更明确地说，逃避君主专制社会。"避世"

也大致可以算是一种出世的形式,如《刻意》说:"此江海之士,避世之人,闲暇者之所好也。"不过严格来说,庄子的避世也在入世与出世之间,只是较游世更接近于出世罢了。四者关系如下:"入世－游世－避世－出世",这是递进关系,亦即与政治的关系越来越远。逃避专制社会、远离政治中心的人,是为隐士。在《人间世》的结束处,庄子让楚狂接舆倡导避世的态度,回应了《逍遥游》篇的隐士理想,同时为避世做论证,进一步展开了《逍遥游》中的"无用之用"说。

《人间世》共七章(段),可分为两部分。前三章(段),庄子虚构了三个故事即"颜回往谏卫君""叶公子高使齐""颜阖将傅卫灵公太子",以问答的形式,探讨如何在专制制度下保全性命,三个故事涉及"入世"和"游世"两个话题。三个故事中又以"颜回往谏卫君"篇幅最长,故事主体为颜回和孔子的对话,从入世讲起,谈及"心斋"概念。颜回和孔子的对话表明,庄子其实并不赞成入世,或者说,他唯一赞成的入世方式乃是游世。入世是积极的,游世是消极的;入世是要改变世界,游世则是改变自我。"叶公子高使齐"和"颜阖将傅卫灵公太子"两个故事是讲游世的。后四章(段),主要说明"无用之用"的道理,并点出了隐士的避世理想。

入世、游世、避世,这是三个阶段,也是一个逐渐淡出政治的过程。庄子在这个过程中有所否定、有所肯定,展示了他的哲学选择和人生选择。因此,整篇《人间世》或许可视为庄子的心路历程。想来庄子也有血气方刚之时,也曾希望有所作为,试图改变世界,但专制制度这一坚硬的现实碰得他头破血流,让他幡然醒悟,于是一劳永逸地断绝了入世之念、用世之心,选择了游世和避世。

2. 心斋:本体层与作用层

庄子《人间世》笔下的颜回,一开始也是血气方刚,满门心思要拯救世界。颜回要去卫国,到孔子那里辞行。他为什么要去卫国?因为卫国出了大问题。卫国的国君正当壮年,盛气凌人,行为独断专行,处理国事十分轻率,对自己的过失一无所知,而且轻易就让百姓送死,尸体漫山遍野,庄稼颗粒无收,百姓走投无路,生活在水深火热之中。颜回说,老师平日教导我,"治国去之,乱国救之,医门多疾"(《人间世》),治理好了的国家就可以离开了,混乱不堪的国家就要前去拯救,病人需要医生,因而病人才聚集在医生门前。既然如此,我愿意以我之所学,想出治国的方法,这样卫国或许还有救。不料,孔子立即给颜回的救世热情泼了一盆冷水:"若殆往而刑耳!"你这是去找死啊!

孔子向颜回泼冷水是有道理的。儒家的政治理想是"仁政",是"以德治国",因而政治问题也就是伦理问题。孔子说:"政者,正也。子帅以正,孰敢不正?"(《论语·颜渊》)"其身正,不令而行;其身不正,虽令不从。"(《论语·子路》)"苟正其身矣,于从政乎何有?不能正其身,如正人何?"(《论语·子路》)政者,正也,意思是说,政治就是"以身作则",而且是"从我做起"。政治问题,归根到底是个人修养问题,所以儒家强调"自天子以至于庶人,一是皆以修身为本"(《大学》)。一般来说,《庄子》书中的孔子,并非历史上的、实际的孔子,《人间世》中的孔子及其言论,自然也是庄子的虚构。不过,虚构的某些言论倒是与孔子的以上说法相近,例如:"古之至人,先存诸己而后存诸人。所存于己者未定,何暇至于暴人之所行!"这大致就是"政者,正也"。① 有所不同的是:(1)孔子的修养是道德修养,其他诸如文学修养("诗教")、音乐修养("乐教")等都是为道德修养服务的;庄子的修养则是非道德或超道德的修养。(2)孔子站在君的立场说话,建议国君加强自身修养,以为天下表率,其方法是自上而下;庄子在《人间世》中则是站在臣的立场,希望臣用自身的修养去影响君,其路径是自下而上。无论如何,所谓正人先正己。如果自己的修养都不到家,那你又如何能去要求别人、指责别人?如果自己都不知道靠什么来安身立命,那你又拿什么去纠正别人?更何况颜回将要面对的是卫君。总之,孔子担心的是,对于卫君这样的暴君,颜回凭什么去劝谏他?

颜回想了两种方法:一是"端而虚,勉而一",意思是"正直而谦虚,积极而坚定";二是"内直而外曲,成而上比"。后者又有细致解说。"内直"也叫"与天为徒",即"和自然同类",和自然同类的人,知道人君和自己都是自然所生的,那么自己的言论还要在乎别人喜欢或不喜欢吗?用这种态度,别人就会说我是天真的儿童。"外曲"也叫"与人为徒",即"和大家同类",也就是随众,随大溜,随波逐流,譬如人人都要对君王擎跽曲拳,

---

① 在《人间世》的第三个故事"颜阖将傅卫灵公太子"中,庄子还让蘧伯玉说:"戒之慎之,正汝身也哉!"就是说,首要的事情就是先端正你自己!

我也行礼如仪,毕恭毕敬,在行为上令人无可挑剔。 此即委曲求全,老子也说过"曲则全"的话。 "内直而外曲"合起来大体上是说,尽管外表人云亦云,内心却有所坚持。 这有点像太极拳,外柔内刚,绵里藏针。 "成而上比"又称"与古为徒",即"和古人同类",意思是引用古人言论来批评卫君,这样虽然是批评,但由于都是古人所说过的,故而纵然直言劝谏,也不会被诟病。 庄子自己的"重言",与这里的"成而上比"或"与古为徒",也有近似之处,只是"重言"是哲学言说方式,"与古为徒"则是政治劝谏方式。 颜回的这两种或四种方法,或多或少都是有智慧的,也是有实效的。

例如,魏徵在《谏太宗十思疏》中说:"怨不在大,可畏惟人;载舟覆舟,所宜深慎。"这是提醒唐太宗要警惕民怨,不要做使人民怨恨的事情,话中使用了颜回"成而上比"或"与古为徒"的方法。 "载舟覆舟"之说出自荀子。《荀子·王制》说过:"君者,舟也;庶人者,水也;水则载舟,水则覆舟。"魏徵的方法颇见成效,舟水之喻令唐太宗印象深刻。 后来唐太宗也使用了这一比喻,如《论政体》一文中说:"君,舟也;人,水也;水能载舟亦能覆舟。"像魏徵谏唐太宗这样完美的事情,在中国历史上比较少见,它是有前提条件的。 前提条件就是,唐太宗必须是个仿效尧舜的明君,至少是个虚心纳谏的贤君。 然而颜回所要面对的,却是一个刚愎自用的昏君和草菅人命的暴君。 显然,魏徵可以直言进谏,颜回却不能直言进谏。 此时别说拯救世界了,还是先拯救自己吧。 因此,颜回的这些方法,都被孔子否定了。孔子的评语是:"犹师心者也。"此处的"心",可理解为《齐物论》的"成心"。 孔子指出颜回还师法自己的成心,亦即固执己见。 颜回黔驴技穷了,只好说,"敢问其方"。 孔子推荐的方案是"心斋":

颜回曰:"吾无以进矣,敢问其方。"
仲尼曰:"斋,吾将语若! 有心而为之,其易邪? 易之者,皞天不宜。"
颜回曰:"回之家贫,唯不饮酒不茹荤者数月矣。 如此,则可以为斋乎?"
曰:"是祭祀之斋,非心斋也。"
曰:"敢问心斋。"
仲尼曰:"若一志,无听之以耳而听之以心,无听之以心而听之以气！ 耳止于听，心止于符。 气也者，虚而待物也。 唯道集虚。 虚者，心斋也。"

颜回曰："回之未始得使，实有回也；得使之也，未始有回也；可谓虚乎？"

夫子曰："尽矣。 吾语若！ 若能入游其樊而无感其名，入则鸣，不入则止。 无门无毒，一宅而寓于不得已，则几矣！ 绝迹易，无行地难。 为人使易以伪，为天使难以伪。 闻以有翼飞者矣，未闻以无翼而飞者也；闻以有知知者矣，未闻以无知知者也。 瞻彼阕者，虚室生白，吉祥止止。 夫且不止，是之谓坐驰。 夫徇耳目内通而外于心知，鬼神将来舍，而况人乎！ 是万物之化也，禹舜之所纽也，伏羲、几蘧之所行终，而况散焉者乎！"

以上一大段，是关于"心斋"的完整文字。 它是《人间世》中最重要的文字，与此同时，它也是最难解的段落之一。 例如"瞻彼阕者，虚室生白，吉祥止止"，这句话到底是什么意思，迄今尚无被公认的解释。 文学批评家王先霈说："心斋，是不用翅膀，而在精神的世界飞翔。 从空无（'阕者'）中观照，在一片纯净（'虚室'）中生出最高智慧的辉光。"[1]这种解释是一种文学表述，本身就充满了"阕者"，即充满不确定性，并不能让我们明白"心斋"和"瞻彼阕者，虚室生白"的明确含义。 章太炎指出：

> 向来注《庄子》者，于"瞻彼阕者，虚室生白，吉祥止止"十二字多不了然，谓以"室"比喻心，心能空虚则纯白独生，然"阕"字终不可解。 按《说文》，"事已闭门"为阕，此盖言晏坐闭门，人从门隙望之，不见有人，但见一室白光而已。 此种语，佛书所恒道，而中土无之，故非郭子玄所知也。[2]

章太炎用静坐解释庄子的心斋，这本来无可厚非，因为《齐物论》有"南郭子

---

[1] 王先霈：《中国古代诗学十五讲》，北京大学出版社，2016，第135页。
[2] 章太炎：《诸子略说·道家》，转引自《国学大师说老庄及道家》，云南人民出版社，2009，第131页。

綦隐机而坐",《大宗师》也有"回坐忘矣"。但是，章太炎习惯于以佛解庄，而且说得神乎其神，不免让人生疑。如"不见有人，但见一室白光而已"，似是《高僧传》的笔法，纵然庄子的确坐功甚深，此说却并无学术意味。再则，章太炎既然说这是"中土无之"的佛家语，为郭子玄（郭象）所不知，那么它又怎么能为庄子所知？须知在郭象的时代，白马东来已多时矣，而庄子对佛教才是真正的一无所知。总之，王先谦的解读太文学了，所以偏于想象；章太炎的解读太宗教了，所以偏于神秘。两者都不能令人满意。

还有一句话也难以索解："无听之以耳而听之以心，无听之以心而听之以气！"这里的"气"到底是什么意思？陈鼓应注云："'气'即是高度修养境界的空灵明觉之心。"①如此解说，令人不敢苟同。理由有三。①《庄子》一书多处提到气，著名的说法如"通天下一气耳"，"人之生，气之聚也。聚则为生，散则为死"（《知北游》），等等，在这两句中，"气"明显是物质性的，怎么突然出现一个"气"表示"心"呢？②如果这里的"气"是"心"的意思，那么它如何与下文"徇耳目内通而外于心知"并存？"外于心知"就是排除心智的作用。"无听之以心"也可以理解为排除心智的作用，如此两种说法就能统一于"心斋"之概念。如果"气"变成了"心"，这个概念就自相矛盾或丧失同一性了。以断章取义换来的解释，通常是得不偿失的。③在庄子关于"心斋"的这句表述中，"耳－心－气"显然是从低到高的三个修养阶段，怎么可以理解为"耳－心－心"？哪怕第二个"心"是"空灵明觉之心"，也是不太合适的。

但是，陈鼓应的这个注是有出处的。它来源于徐复观的《中国人性论史·先秦篇》（1963）。此书第十二章名为"老子思想的发展与落实——庄子的'心'"，这个标题表明，作者是从心学或心性之学的角度来解读庄子。徐复观认为，儒家思想从孔子发展到孟子，道家思想从老子发展为庄子，这两个过程是平行的，即都是从行为反省到心、落实到心。所以徐复观说："……他（庄子）在上面所说的气，实际只是心的某种状态的比拟之词，与老子所说的纯生理之气不同。"②徐复观说，气是"心的某种状态的比拟之词"，陈鼓

---

① 陈鼓应：《庄子今注今译》，商务印书馆，2012，第140页。
② 徐复观：《中国人性论史·先秦篇》，九州出版社，2014，第348页。

应则直接将气等同于心,并且将"心的某种状态"也具体化为"空灵明觉之心"了。 不过,从徐复观到陈鼓应的发展脉络是可以一目了然的。

儒家思想有陆王心学,其源头可以追溯到孟子。 在道家思想诠释史上,魏晋时期的支道林主张"逍遥者,明至人之心也",已经有了心学诠释的萌芽,但长期以来并无真正的心学传统,倘有之,当自徐复观开始。 后来陈鼓应也有一篇《〈庄子〉内篇的心学》(《道家文化研究》第二十五辑),是对徐复观开辟的心学诠释范式的进一步完善和补充。 以心学范式诠释庄子思想,似乎是比较自然的,因为中国思想中的佛学和儒学都有强大的心学传统,将心学诠释思路移植到庄子这里,似乎顺理成章。 况且据陈鼓应统计,"心"字在《庄子》书中出现了 180 处。 此外,"心斋"这个概念本身就很容易让人从心学的角度来诠释它。 然而,把"无听之以耳而听之以心,无听之以心而听之以气"的"气"解读为"心",这是说不过去的。 钱穆在《比论孟庄两家论人生修养》(1945)一文中指出:"盖庄子言修养,其工夫重于舍心以归乎气,此又与孟子之主由气以反之心者,先后轻重,适相颠倒,此又两家论人生修养之最相违处也。 欲明庄子心气修养轻重先后之辨,则莫若观其论所谓心斋者。""孟子之论修养,以养心为主,而养气副之。 庄子之论修养,则求以养心达至于养气。"①按照钱穆的说法,养心和养气本来就是两回事,庄子本来就是要"舍心以归乎气",如此把"气"合并于"心",便是对庄子思想的歪曲。 比较而言,钱穆的看法更尊重庄子的文本。

为将庄子哲学解读成"心学",就得把"心"作为"本体",因此心学诠释将我们带向一个思维预设,即"体-用"或"本体-作用"这对概念。 "体-用"这对概念我们是很熟悉的,清末张之洞"中学为体,西学为用"的口号,至今犹在耳边。 所谓"中学为体,西学为用",亦即以中国的孔孟之道为体,西方的科学技术为用。 这种"中体西用"的主张早已被认为是不通的。 不通的理由在于,体和用本来是配套的。 自由和民主就是体用的关系。 科学和民主的"体",只能是自由主义而不可能是孔孟之道或三纲五常。 但是包括熊十力、梁漱溟、牟宗三、徐复观等人在内的现代儒家或新儒家,其致思方向基本上都是"中体西用",都是在较从前更学术的层面重提"中体西用"。 牟宗三将其表述为:"良知自我坎陷",开出科学和民主。 良知相当

---

① 钱穆:《庄老通辨》,三联书店,2011,第 285 页。

第四章 《人间世》

于体,科学和民主相当于用。或者用另一种表述"内圣开出新外王",良知是内圣,科学和民主是20世纪语境下的外王。内圣开出外王,所以内圣至关重要。所以牟宗三着力挖掘的,就是"内圣心性之学"。徐复观与牟宗三的观点颇有不同,思路却大体相似。《中国人性论史·先秦篇》可以说就是寻找"心性之体"的一次努力。

按照徐复观《中国艺术精神》(1965)中的观点,在庄子这里,心体并没有开出科学技术,但是它会开出艺术来。庄子思想是中国艺术精神的源头。《中国人性论史·先秦篇》早于《中国艺术精神》,在此书中,心体还是道德的根源。作为"体"的"心",徐复观又称之为"心的本性",他说:

> 我觉得庄子的意思,是认为心的本性是虚是静,与道、德是合体的。但由外物所引而离开了心原来的位置,逐外物去奔驰,惹是生非,反而淹没了它的本性,此时的人心,才是可怕的。但若心存于自己原来的位置,不随物转,则此时之心,乃是人身神明发窍的所在,而成为人的灵府、灵台;由灵府、灵台所直接发出的知,即是道德的光辉,人生精神生活的显现,是非常可宝贵的。……所以庄子主要的工夫,便在使人的心,如何能照物而不致随物迁流,以保持心的原来的位置、原来的本性。①

这个理解的偏差之处,是以儒家思想的特征强加于庄子。徐复观对庄子哲学的心学诠释,是一种较高层次的"以儒解庄"。

比较而言,儒家或是有"心体"的,道家却是没有"心体"的。或者说,道家是以心的"用"替代了心的"体"。牟宗三曾经指出:"'如何',这是作用上的疑问词;'是什么',这是存有上的疑问词。当我们说'是什么'的时候,这是属于'实有',道家没有这方面的问题,这个叫作实有层和作用层相混,混而为一,所以说没有分别。"所以,"道家只有如何(How)的问题,没有'是什么'(What)的问题。"②牟宗三所说的"是什么"和"如何"、"实有层"和"作用层",相当于我们这里所说的"本体"和"作用"。譬如《二程遗书》论"仁":

---

① 徐复观:《中国人性论史·先秦篇》,九州出版社,2014,第349~350页。
② 牟宗三:《中国哲学十九讲》,上海古籍出版社,2005,第101页。

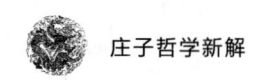

医书言手足痿痹为不仁，此言最善名状。仁者以天地万物为一体，莫非己也。认得为己，何所不至？若不有诸己，自不与己相干。如手足不仁，气已不贯，皆不属己。故"博施济众"，乃圣之功用。仁至难言，故止曰："己欲立而立人，己欲达而达人。能近取譬，可谓仁之方已。"欲令如是观仁，可以得仁之体。①

以上言论，主要在作用层讲仁，如"仁者以天地万物为一体"，如"博施济众"。所谓"圣之功用"，实即仁之功用。但二程认为，仁有用，也有体。只是由于"仁至难言"，这段话并没有说清何谓"仁之体"罢了。总之，在儒家哲学思想中，实有层和作用层两层都有，道家哲学则将实有层并入作用层，只有一层。

所以，庄子"心斋"的"心"，并不在实有层或本体层，而在作用层。庄子让孔子对颜回说，"有心而为之，其易邪？易之者，皥天不宜"，大意是，你有了成心去做事，哪能这么容易成功？如果容易，那就不合自然之理了。"有心"被否定了，那么反过来说，庄子所肯定者乃"无心"。钱穆评论庄子的人生修养："人之用心而洵至于如是，实已类至于一种无心之境界矣。故庄生者，乃实以'刳心'为其养心之功夫者也。"②钱穆看得清楚，心斋是为了达到"无心"之境界。照此说法，心斋并不像徐复观所说的"保持心的原来的位置、原来的本性"；心并没有什么"原来的位置"或"原来的本性"，因为心斋之心背后空无所有。

然而钱穆毕竟也是新儒家，所以他并没有否定"养心"，而且终究也是不肯放弃"心之体"的。晚年钱穆著有《双溪独语》（1979）一书，第二篇论及庄子，把早年在《比论孟庄两家论人生修养》中的"无心"换成了"真心"。他说："且问除却缘起心之外，是否尚有心之存在。庄子对此则持肯定意见。"他分析《大宗师》中的"坐忘"：

忘非无心，只是此心忘了一切外缘，而此心仍存在。此时的心，用庄子自己语来说，应可称为"真心"。因外缘假合非真。此心忘了外

---

① 朱熹、吕祖谦编《近思录》，中州古籍出版社，2010，第32页。
② 钱穆：《庄老通辨》，三联书店，2011，第284页。

缘，不因外缘而生起之心，乃始是真心。庄子意，由真心乃有真知。若借用儒家孟子语，则应可称此心曰"本心"。但孟、庄两家论心，又大有不同。必深入到此处，乃可抉出儒、道两家对人生问题所抱歧义之所在。①

这个说法，与徐复观《中国人性论史·先秦篇》中的言论，已经完全相同了。钱穆所说的"外缘""缘起心"，也就是"由外物所引而离开了心原来的位置，逐外物去奔驰，惹是生非，反而淹没了它的本性"；钱穆所说的"真心""本心"，也就是心的"原来的位置""原来的本性"。郎擎霄指出："庄子以为心有知觉，犹起攀援，气无情虑，虚柔任物，故重气不重心也。"②按照这个说法，庄子是舍"攀援心"而取"气"，而不是舍弃了"攀援心"去找寻真心、本心。可见，钱穆和徐复观的说法都是以儒解庄。他们当然也承认儒家与道家有所不同，但这是先将庄子并入儒家的心学，再去寻找两家对"心"的不同理解。

因此，我们必须放弃后期钱穆对庄子的理解。回到前期钱穆所说的"无心"和"刳心"。"刳心"一词，出自《天地》："夫子曰：'夫道，覆载万物者也，洋洋乎大哉！君子不可以不刳心焉。无为为之之谓天，无为言之之谓德……'"郭象注云："有心则累其自然，故当刳而去之。"成玄英疏云："刳，去也，洗也。"心斋，与刳心大同小异。心斋的"斋"，本来是个动作，此"斋"固然不是颜回所说的"不饮酒不茹荤"，但它显然是个否定意义的动词，理解为屏蔽、削减、去除、舍弃，都是可以的。如此，心斋就是"把心去除"。于是我们可以了解，心斋的"心"，是在作用层言说的概念，因而并非"本来的心"或作为本体的心。心斋的"心"并不是修养过程中显露出来的本心或真心，而是要屏蔽、削减、去除、舍弃的心。简言之，心斋之心，是要去掉的心，而不是要找回的心。进一步说，在心斋的修行实施之后，也没有一个本来的心显露出来。

心斋之心是要去掉的心，心斋之后并无"本心""真心"，这在《人间

---

① 钱穆：《双溪独语》，九州出版社，2016，第25页。
② 郎擎霄：《庄子的心理学》，转引自冉云飞选编《庄子二十讲》，华夏出版社，2009，第165页。

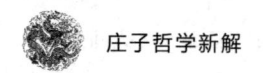

世》中看得不是特别清楚，《达生》有个梓庆削木为鐻的故事，可以合而观之。梓庆"斋以静心"，也就是心斋。这个故事详细地描写了心斋的过程：

> 梓庆削木为鐻，鐻成，见者惊犹鬼神。鲁侯见而问焉，曰："子何术以为焉？"
>
> 对曰："臣工人，何术之有！虽然，有一焉：臣将为鐻，未尝敢以耗气也，必斋以静心。斋三日，而不敢怀庆赏爵禄；斋五日，不敢怀非誉巧拙；斋七日，辄然忘吾有四肢形体也。当是时也，无公朝，其巧专而外滑消；然后入山林，观天性；形躯至矣，然后成见鐻，然后加手焉；不然则已。则以天合天，器之所以疑神者，其由是与！"

梓庆是制作乐器"鐻"的大匠，其作品宛若鬼斧神工，令人叹为观止。原来他制作器具，要先心斋。心斋的修行用了七日，经历三个阶段。第一个阶段忘记了"庆赏爵禄"，第二个阶段忘记了"非誉巧拙"，第三个阶段是"忘吾有四肢形体"。这三个阶段还有一种平行的表述：第一个阶段是"无公朝"，即不知有朝廷，如此自然把"庆赏爵禄"之心屏蔽掉了；第二个阶段是"其巧专而外滑消"，专注于技艺本身而忽略了外在的"非誉巧拙"，不论人家说好说坏，对自己都毫无影响，一如《逍遥游》中的宋荣子，"举世而誉之而不加劝，举世而非之而不加沮"；第三个阶段是"入山林，观天性；形躯至矣，然后成见鐻"，忘记了自己的人的形体，但在山林中却满眼都是器具的形体，于是只需信手稍加雕饰，一件作品就完成了。梓庆的工艺制作，恰似陆游的诗歌创作："文章本天成，妙手偶得之。"（《文章》）梓庆的心斋过程，是"剢心"的过程，也是去人文而趋于自然的过程，所以他说自己的创作方式是"以天合天"，天就是自然。自然可以有两种理解：实在意义的自然，也就是自然界；境界意义的自然，也就是自然而然。自然而然，亦即无心。无心才能自然而然。俗话说，"有心栽花花不开，无心插柳柳成荫"，这正是梓庆的器具令人惊为鬼斧神工的原因所在。我们看到，在梓庆心斋的故事里，并没有追求或恢复什么心的"原来的位置"或"原来的本性"，甚至恰好相反，梓庆是在消解心（不敢怀庆赏爵禄，不敢怀非誉巧拙），直至于"无心"的境界。

梓庆是艺术家，不过他的方法未必只适用于艺术家。庄子的处世之道，

第四章 《人间世》

与艺术家的创作方法是相似的。艺术创作要无心，处世也要无心；艺术创作要自然而然，处世也要自然而然。《人间世》说："绝迹易，无行地难。为人使易以伪，为天使难以伪。"大致可以译为：不走路还容易，走路而不留行迹就难了。凡事为人情所动，就容易流于虚伪；顺其自然而行，就无处不是真机。"为人使"就是有心，"为天使"就是无心。"绝迹易，无行地难"，也是无心。人若死了，当然就"绝迹"了，但只要人活着，便不能不行走于世。如何能够行走于世而又不留行迹呢？只要无心或忘我了，便能"无行地"。苏轼诗云："人生到处知何似，应似飞鸿踏雪泥。泥上偶然留指爪，鸿飞那复计东西。"（《和子由渑池怀旧》）人生在世，恰如飞鸿，飞到哪里，就在哪里留下点痕迹。可是雪泥鸿爪，不过偶然而已，纯属无心为之，"鸿飞那复计东西"，这岂非就是"无行地"？苏轼又说："人似秋鸿来有信，事如春梦了无痕。"（《正月二十日与潘郭二生出郊寻春忽记去年是日同至女王城作诗乃和前韵》）人如秋鸿，感时而动，顺其自然，时过境迁，了无痕迹。

庄子论心斋，还说过"气也者，虚而待物也"，"虚者，心斋也"，"唯道集虚"，"虚室生白"，在一段关于心斋的文字中，"虚"字就出现了4次，"虚"显然是心斋的关键词。徐复观因此把"虚"看作心的"本性"，"我觉得庄子的意思，是认为心的本性是虚是静"[①]。但这样一来，就把事情复杂化了。空心菜的茎是中空的，我们说它空心、无心，这很平常，如非要说"空心菜的心的本性是空"，那当然是不必要的复杂化。不必要的复杂化，在学术上通常是不可取的。事实上，第一，心斋的"虚"仍然是作用层的表述，"虚"仍然可以理解为动词，亦即"虚化""虚无化"；"虚者，心斋也"，心斋就是心的虚化。何谓心的虚化？也就是把诸如庆赏爵禄、非誉巧拙、成心、心知等，统统消解掉。第二，为了不落入心学诠释的轨道，我们完全可以将心的虚化换一个说法，换成自我的虚化。自我的虚化，已是通俗易懂的说法，如要说得更为简洁，那么"忘我"乃是首选。"心斋"就是忘我。

此前孔子批评颜回"犹师心者也"，说他还有成心，固执己见，也就是说他自我意识太强，而治疗自我意识太强的毛病，心斋恰好是一剂良药。颜回

[①] 徐复观：《中国人性论史·先秦篇》，九州出版社，2014，第349页。

听到孔子的言论之后说:"回之未始得使,实有回也;得使之也,未始有回也;可谓虚乎?"大意是,我还没有听到"心斋"的教导时,觉得自己确实存在;听了"心斋"的教导之后,顿然忘去了自己的存在,这就是"虚"吗?看来颜回是个悟性极高的人,他刚刚听了孔子的教导,马上就能忘我了。孔子对颜回也很肯定,说他"尽矣"。可见心斋就是忘我。胡朴安也是用"忘我"来理解心斋的,他在《庄子的入世方法》中说:

> 既不脱离现世,又不与现世相抵触,其总要在一个忘字。先能忘我,然后可以忘人,既能忘人,虽在现世之中,如入无人之世,故可以不必脱离现世。我既忘人,自然人亦能忘我,迨举世之人,皆已忘我,我虽处现世之中,现世之中,并无有我,故能不与现世相抵触。《人间世》云,回之未使,实自回也,得使之也,未始有回也,忘我也。又云,乘物以游心,托于不得已以养中,忘我也。有云,彼且为婴儿,亦与之为婴儿;彼且为无町畦,亦与之为无町畦;彼且为无崖,亦与之为无崖,达之入于无疵,忘人也。
>
> 忘字是庄子入世的方法。如何能做到忘字,要有精神的修养。①

胡朴安为说明"忘我"提到的《人间世》的一些话,"乘物以游心,托于不得已以养中","彼且为婴儿,亦与之为婴儿"等,且待下文再来分析,但他以"忘我"为主旨,解说庄子的入世方法,可谓切中肯綮。"忘字是庄子入世的方法",这个判断是不错的。不过忘我也就是自我的虚化,而且《人间世》和《养生主》都涉及自我的虚化,因此我们也不妨说,虚字是庄子的入世诀。

心斋或忘我的修养会带来什么效果呢?庄子说,"夫徇耳目内通而外于心知,鬼神将来舍,而况人乎!是万物之化也,禹舜之所纽也,伏羲、几蘧之所行终,而况散焉者乎!""鬼神将来舍"意即鬼神也会来依附,类似于"梓庆削木为鐻,……见者惊犹鬼神"。"万物之所化",意即万物都可以被感化。借用《山木》篇的说法,则是"入兽不乱群,入鸟不乱行。鸟兽不恶,而况人乎?"《列子·黄帝篇》有一则小故事,是这一说法的具体化:

---

① 胡朴安:《庄子的入世方法》,转引自《国学大师说老庄及道家》,云南人民出版社,2009,第69~70页。

海上之人有好沤鸟者，每旦之海上，从沤鸟游，沤鸟之至者百住而不止。其父曰："吾闻沤鸟皆从汝游，汝取来，吾玩之。"明日之海上，沤鸟舞而不下也。

"沤"通"鸥"，"沤鸟"就是海鸥。一个无心的、忘我的人，他靠近海鸥，海鸥也不会被惊动，进入海鸥群中，海鸥也不会避开他。这就是"入兽不乱群，入鸟不乱行"。换言之，这样的人已经成为自然的一部分，已经与自然融为一体了，所以他每天早晨划船到海上跟海鸥一起玩耍，飞来的海鸥多达上百只。杜甫诗云："舍南舍北皆春水，但见群鸥日日来。"（《客至》）虽然尚未达到此人的境界，却也依稀相似。可是有一天晚上父亲说："你也抓一只海鸥来给我玩玩。"第二天他来到海上，还是那片海域，还是那些海鸥，然而那些海鸥都在空中飞舞，没有一只肯落下来了。因为他已不再处于无心、无我的状态，不再是自然的一部分了。如此可以反证，无心或无我的人，可以做到"鬼神将来舍""万物之所化"。庄子说，无心或无我，这是尧、舜处世的关键，伏羲、几蘧行为的准则，何况普通的人呢？如果颜回有了这样的修养，那么他当然可以和卫君和平相处而不会危及生命了，不仅如此，他甚至还有可能感化卫君，使他改邪归正。

3. 心斋之心与现象学的纯粹意识

徐复观在完成《中国人性论史·先秦篇》之后，又写了一部《中国艺术精神》，在两部著作中，都有专门的一章论述庄子。仅就庄子研究而言，《中国艺术精神》更为重要。在此书中，徐复观"发现庄子之所谓道，落实于人生之上，乃是崇高的艺术精神；而他由心斋的功夫所把握到的心，实际乃是艺术精神的主体"。[①] 徐复观名之为"庄子的再发现"，自诩这一发现是"瞥见庄生真面目"。的确，零星片段地将中国艺术的某些特征、中国美学的某些概念追溯到庄子，这种事情历代皆有，并不新鲜。早在1906年出版的《茶之书》中，日本学者冈仓天心就发现："对亚洲的人生样貌来说，道家的主要贡献是在美学领域。"[②]这比徐复观早约20年，宗白华在研究中国绘画的美学

[①] 徐复观：《中国艺术精神》自叙，华东师范大学出版社，2001，第2页。
[②] 冈仓天心：《茶之书》，谷意译，山东画报出版社，2014，第53页。

特征时，也上溯到庄子思想，还得出一个重要观点："庄子是具有艺术天才的哲学家，对于艺术境界的阐发最为精妙。在他是'道'，这形而上原理，和'艺'，能够体合无间。"①不过这些都是局部性的工作。从整体上把中国艺术精神的源头通向庄子，凸显庄子思想的艺术哲学维度，并将其落实到历代中国画论中，徐复观的《中国艺术精神》乃是首次，因而应当视为庄子研究的一个开创性成果。

不过《中国艺术精神》是接着《中国人性论史·先秦篇》而来的，心学的立场，并无改变，甚至有所深化。"艺术精神"这个词，就颇有心学意味。由于立场并无改变，因此"心斋"仍是徐复观庄子研究的一个重点，他也仍然认为"气，是对心斋的一种比拟的说法"②。只是在《中国人性论史·先秦篇》中，徐复观对庄子的认识尚未臻于极境，给予庄子思想的独立性有所不足，当时他是比照儒家的孟子来解读庄子的，故而心斋之心，也被解为道德的主体，在《中国艺术精神》中，心斋之心则成了"艺术精神的主体"。这是观点的深化。由于观点有所深化，所以徐复观还使用胡塞尔现象学的"纯粹意识"（Pure Consciousness）来解释庄子的"心"。他认为心斋之心实际上就是现象学的纯粹意识。在庄子研究史上，将庄子与现象学观点联系起来，这也是破天荒第一次。这是《中国艺术精神》值得重视的第二个原因。我们有必要对之稍作考察，看看徐复观嫁接庄子哲学与现象学的尝试，是否成功。

徐复观为何要借胡塞尔现象学的观点来解读庄子？自然，使用一种理论去解读文本，拿现代哲学去与古代文本碰撞，往往会碰撞出不同寻常的火花，会注意到此前从未关注的细节和问题，会使解读变得更为深刻。这也符合伽达默尔诠释学的"视域融合"的说法。视域融合就是今人视域与过去视域的融合。伽达默尔要求我们不要试图将自己变为零，而是要积极用自己的观点去与历史文本对话，如此我们的观点可能在对话过程中与历史文本的视域趋于融合。不过，须知现象学并不等于胡塞尔现象学。胡塞尔之外，还有舍勒、海德格尔、萨特、梅洛-庞蒂、列维纳斯等大师级人物。与徐复观的庄子研究大致同时，日本学者福永光司出版了《庄子：中国古代的实存主义》（1964）一书，此书对中国的庄子研究影响颇深。萨特是法国现象学家，也

---

① 宗白华：《美学散步》，上海人民出版社，2003，第77页。
② 徐复观：《中国艺术精神》，华东师范大学出版社，2001，第44页。

第四章 《人间世》

是存在主义的第一代表，对照和比较萨特与庄子，显然是一条可行的思路。20世纪80年代中国兴起"萨特热"时，学者们喜欢比较萨特和庄子的思想。20世纪90年代中国兴起的"海德格尔热"，比"萨特热"持续得更久，中国学者更喜欢比较海德格尔和庄子的思想，至今依然如故。进入21世纪，叶秀山偶尔运用列维纳斯的思想解读庄子，也颇有别开生面之趣。在徐复观写作《中国艺术精神》时，其他现象学大师的思想也都在传播，为什么他对胡塞尔现象学的观点情有独钟呢？这有两个原因。第一，当然是由于徐复观的心学立场，与胡塞尔的意识现象学颇有相近之处。事实上，今天还有不少中国的和外国的学者用胡塞尔现象学的观点解读王阳明心学。第二，徐复观是把庄子的"心斋"和"坐忘"连在一起解读的。而"忘"，很接近胡塞尔的现象学还原。

徐复观在《中国艺术精神》中对心斋的分析，分为两个层次。第一个层次是把心斋（和坐忘）理解为消解欲望、摆脱知识之后的纯知觉活动。主要的文本依据有二：（1）心斋的"夫徇耳目内通而外于心知"；（2）坐忘的"堕肢体，黜聪明，离形去知，同于大通"（《大宗师》）。所谓"徇耳目内通而外于心知"，就是让事物以其本来面目进入知觉，而不以心智活动（分析性、概念性的活动）强加于其上。这就是纯知觉，就是直观。现代美学的研究表明，审美（徐复观称之为"美的观照"）也是一种纯知觉的活动、直观的活动，因此，达到心斋、坐忘的历程，也正是审美的历程。但徐复观不愿意只是将分析停留于审美活动上，还要推及审美主体，因此有了心斋分析的第二个层次。这个层次是要指出心斋之心就是艺术精神的主体。正是在这个分析过程中，徐复观使用了胡塞尔现象学的纯粹意识概念。

胡塞尔现象学首先是一种哲学方法，其方法若一言以蔽之，就是"本质直观"（Eidetic Intuition）。若要详细点说，胡塞尔现象学的方法可分为三种：悬搁（Epoche，又译"悬置"）、本质还原（Eidetic Reduktion）、先验还原（Transzendentale Reduktion）。悬搁是最普通的现象学还原，胡塞尔又形象地称之为"加括号"，意思就是将它搁置起来，对它中止判断。这个被加入括号的"它"是什么？首先是事物的存在。在胡塞尔所说的"自然思维"中，我们自然而然地设定了事物的存在，例如此刻我们眼前的书桌是存在的。胡塞尔的悬搁则要求将书桌的存在"存而不论"，把目光转向意识中显现的桌子，意识中显现的桌子也就是现象，桌子的现象要比桌子的存在丰富得多，人们可以观看它、记忆它、想象它,它也可以有各种角度变化、颜色变化、质料变化。 桌子的存在只是一种现实性,而桌子的现象则展示了一个无限丰富的可能性世界。 因此胡塞尔说:"我们将目光始终朝向意识领域并且研究那些我们在这个领域中内在地发现的东西。"①就还原的这种意义而言,庄子哲学中也有,只是尚未达到胡塞尔那样的自觉罢了,"庄生梦蝶"就是一种还原或悬搁,庄子描述的是梦境,而梦是意识的内在领域。 当然,现象学还原要悬搁的东西,还有常识性认知和一些"先入之见",如关于《红楼梦》就有不少先入之见,鲁迅曾说:"《红楼梦》单是命意,就因读者的眼光有种种:经学家看见《易》,道学家看见淫,才子看见缠绵,革命家看见排满,流言家看见宫闱秘事……"②这些先入之见遮蔽了《红楼梦》。 只有悬搁了种种先入之见,我们才能"回到事情本身"(Zu den Sachen Selbst)——这句话是现象学的座右铭。 在这个意义上,我们仍可以说庄子也有还原的思想,例如心斋的"徇耳目内通而外于心知","外于心知"也就是排除、悬搁先入之见。

不过,除了一般意义的悬搁,胡塞尔的还原还有"本质还原"和"先验还原"。 先验还原,当然是向着意识的还原;先验还原的剩余者,胡塞尔称之为纯粹意识或先验意识。 胡塞尔说:"我们可以将多次提到的'纯粹'意识也称作先验意识以及将获取这种意识的操作称为先验悬搁。 在方法上,这种悬搁将分解为'排斥'、'加括号'的各个步骤,所以,我们的方法具有一种有步骤的还原特征。 ……从认识论的角度上也可称之为先验还原。"③先验意识或先验主体是一切知识的最终根据。 胡塞尔现象学的先验还原思想,受到此后现象学家的猛烈批判,在海德格尔和梅洛-庞蒂那里,先验还原和先验意识都被否定了。 那么,在庄子这里,有没有胡塞尔的先验意识呢? 徐复观认为有:

> 现象学的归入括弧,中止判断,实近于庄子的忘知。 不过,在现象学是暂时的,在庄子则成为一往而不返的要求。 因为现象学只是为知识求根据而暂时忘知;庄子则是为人生求安顿而一往忘知。 现象学的剩

---

① 胡塞尔:《现象学的方法》,黑尔德编,倪梁康译,上海译文出版社,2005,第131页。
② 《鲁迅全集》第八卷,人民文学出版社,2005,第179页。
③ 胡塞尔:《现象学的方法》,黑尔德编,倪梁康译,上海译文出版社,2005,第133页。

余，是比经验的意识更深入一层的超越的意识，亦即是纯粹意识，实有近于庄子对知解之心而言的心斋之心。心斋之心，是由忘知而呈现，所以是虚，是静；现象学的纯粹意识，是由归入括弧、中止判断而呈现，所以也应当是虚，是静。①

心斋"外于心知"、坐忘的"黜聪明"和"去知"，确实很类似于现象学的还原，但要说心斋之心近于甚至就是胡塞尔的纯粹意识或先验意识，却是令人难以信服的。徐复观并没有认识到，现象学的还原未必通向胡塞尔的纯粹意识或先验意识。

自然，徐复观提供了一点论证，比如心斋之心是虚是静，现象学的纯粹意识也应当是虚是静，但这显然是混淆古今、中西语境的说法。事实上，在现象学传统中，胡塞尔的先验意识不是用"虚静"来说明，而是用"透明"来说明。例如法国学者爱曼努埃尔·埃洛阿（Emmanuel Alloa）的专著《感性的抵抗——梅洛-庞蒂对透明性的批判》（2008），这里对"透明性"（Transparence）的批判可以理解为对胡塞尔先验意识的批判。先验意识是透明的意识，也就是说，在先验意识中，世界是透明的。然而事实上，就连一尊雕像，我们也无法看透它的全部，它总是向我们隐藏着什么，更何况是世界？世界不可能是透明的，相反，在梅洛-庞蒂看来，世界倒更可能是含混的或"模糊暧昧"的。只有在上帝的眼光中，世界才是完全透明的，这正是胡塞尔的先验意识令人怀疑的主要原因。徐复观还说："庄子把心斋以后的心的作用比作镜，有时又以水作喻。"②这是指庄子"至人之用心若镜"（《应帝王》）、"人莫鉴于流水而鉴于止水"（《德充符》）等说法。但是，首先，我们在前面指出，心斋之后并没有出现一个"本心"或"真心"，因为心斋之后是无心。其次，把先验意识比作镜子，不也太经验性了吗？再次，镜子或水是被动映照对象，而胡塞尔的先验意识却是主动构造对象。最后，庄子的镜喻或水喻，其实说的仍然是作用层的心，而非本体层的心。这个心的作用，也就是知觉。镜喻或水喻，不过突出了知觉的纯粹性罢了。

以上论述表明，徐复观的心斋分析，第一个层面是言之成理的，第二个层

---

① 徐复观：《中国艺术精神》，华东师范大学出版社，2001，第47页。
② 徐复观：《中国艺术精神》，华东师范大学出版社，2001，第48页。

面则是画蛇添足。换言之,借用现象学的还原概念是有效的,借用胡塞尔的纯粹意识概念则是多余的、无效的。今天我们自然赞同徐复观的判断,承认庄子富有"艺术精神",不过,"艺术精神的主体"未必就是胡塞尔式的纯粹意识。如果心斋确实如徐复观所说,是消解欲望摆脱知识之后的纯知觉活动,如果说知觉活动必定有知觉的主体,那么这个主体恰好并非意识主体,而是身体主体。何谓知觉?梅洛-庞蒂说:"知觉,就是借助身体使我们出现在某物面前。"[1]知觉并不是纯粹意识的活动,而是身体的活动。没有身体,怎么看,怎么听?可见,为了开启庄子思想的艺术哲学维度,借助现象学固然是个不错的选择,但是,较之胡塞尔的意识现象学,梅洛-庞蒂的身体现象学或许更为适用。

除了哲学理论支撑有问题,徐复观考察的艺术对象也有问题。徐复观对"庄子的道就是艺术精神"这一观点的论证,主要通过绘画,他说:"由庄子所显出的典型,彻底是纯艺术精神的性格,而主要又是结实在绘画上面。"[2]把视野局限于绘画,会导致对庄子思想理解的狭隘化。我们知道,在艺术分类中,绘画是瞬间静观的视觉艺术,而在诸视觉艺术中,绘画又是物质性很弱而精神性或心灵性很强的艺术形式,于是相应地,徐复观特别重视庄子思想中的"虚静的心",以迁就他的心学诠释视角。这其实不无偏颇,庄子思想中相当突出的身体哲学维度,完全被视而不见了。除了诗、书、画,园林也是极重要的中国艺术,且充分地展现了中国艺术精神。众所周知,中国园林是道家尤其是庄子的隐逸思想所催生的一种艺术形式。宋代郭熙主张山水画呈现"可行、可望、可游、可居"的境界,但是显然,中国园林才真正地、彻底地实现了山水画的这一理想。中国园林与一般的建筑不同,根本无法看到完整的外观,不能只是保持着距离远远观看,步入其中乃是其内在的要求。园林观赏不是"静观",而是身体的活动。园林甚至取消了视觉的首要性,让人"五官开放",让视觉、听觉、触觉甚至嗅觉,和衷共济,一起把握审美对象。举例来说,清晨在颐和园里听到鸟儿的歌唱,闻到花儿的清香,两者都是园林审美经验的一部分。所以中国园林的审美经验是全身心的、"身心合一"的经验。总之,园林是一种身体直接参与其中的艺术形式。谈论庄子思

---

[1] 梅洛-庞蒂:《知觉的首要地位及其哲学结论》,王东亮译,三联书店,2002,第73页。
[2] 徐复观:《中国艺术精神》,华东师范大学出版社,2001,自叙第4页。

想与中国艺术的关系而不提及园林，应当说是很大的疏漏。

第二节　游世

4. 虚而待物

现在，可以回到"心"与"气"的关系问题。庄子说："若一志，无听之以耳而听之以心，无听之以心而听之以气！耳止于听，心止于符。气也者，虚而待物也。唯道集虚。虚者，心斋也。"（《人间世》）听，自然都是用耳朵听，可庄子说：不要用耳朵听，而用心听；不要用心听，而要用气听。用心听，还马马虎虎能够理解，大致就是用心体会的意思。以前有"肉眼""心眼"之说，"用心眼看"是比用肉眼看更高的境界。譬如柏拉图的"相"（理性、理念），就非肉眼可见，只能用心眼看到。据此，我们也不妨承认也可以有"用心耳听"的说法。但是，"用气听"的说法，简直无法理解，因此徐复观认为"气"只是"心"的比喻。但我们已经指出，心高于耳，气又高于心，气代表听的第三阶段，既然如此，说气是心的比喻，就破坏了这种递进关系。再则，关于心，庄子已经有了镜、水等比喻，何必再用"气"这个比喻？从修辞学的角度看，在说理性文章中使用比喻，应当是用形象的手法让人容易理解，而不是让人反增困惑。例如"鱼相忘乎江湖，人相忘乎道术"（《大宗师》），把人与道术的关系比作鱼与江湖的关系，令人豁然开朗。以镜和水喻心，也有一目了然之效果，而气作为比喻只能增加理解的难度。就此而言，气也不是心的比喻。气不是心，也不是心的比喻。既然气不是心的比喻，那么，气就是气。

气是什么？庄子照例没有给出定义，他仍然是在作用层谈"气"的，明确的说法是："气也者，虚而待物也。"气的作用就是虚而待物。但这个说法应当置入上下文，"耳止于听，心止于符。气也者，虚而待物也"。这句话讲了三件事物，即耳、心、气。它当是对应于前面"无听之以耳而听之以心，无听之以心而听之以气"这三个阶段，并且是对这三个阶段的解释。为什么不要用耳听？因为"耳止于听"，意思是耳只限于听闻声响。为什么不要用心听？因为"心止于符"，意思是心只限于辨别外物。为什么要用气来听？因为"气也者，虚而待物也"。如此就清楚了，"耳止于听"和"心止于符",两者都被其对象限定住了,耳和心不够"虚",所以在层次上不如气。气才能做到虚而待物。气因其虚而不被限定。因此,气就是"无定形"。

在古希腊哲学史上,"气"和"无定形"都出现过。前苏格拉底的哲学是自然哲学,哲学家首先对自然界感兴趣。欧洲哲学之父泰勒斯认为,水是万物的本原(或"始基",即原始的元素)。万物产生于水,又复归于水。泰勒斯的学生阿那克西曼德则认为,水不能作为万物的本原,因为水还是有形之物,如果真有个本原的话,那么本原应该是无形之物。因此,阿那克西曼德认为,"无限"或"无定形"(音译"阿派朗")是万物的本原。阿那克西曼德的学生阿那克西米尼则认为,气才是万物的本原。气具有无定形的特征,通过稀释与凝聚产生万物。阿那克西米尼的"气",与庄子"通天下一气耳","人之生,气之聚也。聚则为生,散则为死"(《知北游》)等说法中的"气",近乎异曲同工。道家重自然,因而庄子思想中也有一些自然哲学的因素。不过,《人间世》并非自然哲学,而是人生哲学,所以这里的"气"的意义应当较为抽象,并不就是弥漫于自然界的物质的气。《人间世》的"气",应当不取"气"的实体,只取"气"的功能或作用,即"无定形"。

《达生》有一则寓言,也提到气:

> 子列子问关尹曰:"至人潜行不窒,蹈火不热,行乎万物之上而不慄。请问何以至于此?"关尹曰:"是纯气之守也,非知巧果敢之列。"

这是用庄子固有的文学手法描写"气"的作用。"至人"潜行水下而不窒息,踩在火上而不觉灼热,走在最高处而不畏惧。我们当然不能过于呆板,只看字面,而应着眼于其中的道理。至人何以能够如此?靠的是"纯气之守"。这里的"气",绝对不是心。因为在关尹的话里,是将"气"与"知巧果敢"对比而言的,要说心,"知巧果敢"才是心——"知巧"即智巧,属于智力方面;"果敢"则是属于意志方面。与此同时,这个"气"也不是阿那克西米尼的"气",不是物质的气。"纯气之守"的气,大致就是心斋中所描写的"虚而待物"的气。易言之,它是一种生存的境界或存在的状态,此状态可用"无定形"来描述或形容。空气在身边弥漫,可是如果我们伸手去抓空气,却怎么也抓不住,这是由于空气无形无状。庄子认为,修行也要达到这样的状态或境界。

至人"潜行不窒,蹈火不热"虽是寓言,却表明了理想的生存境界或处世之道。成玄英疏云:"夫至极圣人,和光匿耀,潜伏行世,混迹同尘,不为物境障碍,故等虚室,空而无塞。"这是把庄子的寓言体翻译成论文体了。而且在成玄英疏中,出现了"虚室"一词,这也是《人间世》论心斋时提到的"虚室"。"虚室",通常被视为心的比喻。不过按照成玄英疏,"虚室"应当是对至人所处的世界的比喻。至人的世界就像个空房间。至人无心、忘我,能够虚而待物,于是世界不再挤挤挨挨,昏昏惨惨,而是无比的宽敞、明亮("虚室生白"),因此他在世间行走,不必说残害生命,就连磕磕碰碰都不会。所以,"虚而待物"也就是"虚己以游世"。《山木》篇说:"人能虚己以游世,其孰能害之?"至人守气的修养,能够水火不侵,登高不栗,真正实现了"其孰能害之"。

至人的处世之道,《人间世》中的颜回也是需要的。在暴君统治之下的卫国,正处在"水深火热"之中,打算前去拯救卫国的颜回,与要潜水、蹈火简直毫无二致,因而也必须将自己修炼到"潜行不窒,蹈火不热"的境界,免于伤害。不过,一旦颜回通过心斋修养,达到无心、忘我的状态,能够像气一样虚而待物,那么,他的入世,就成了道家至人那样的和光匿耀,混迹同尘,因此,就不再是儒家式的救世,而是庄子的游世了。

颜回听到心斋的方法而忘我之后,孔子又有以下说法:

> 夫子曰:"尽矣。吾语若!若能入游其樊而无感其名,入则鸣,不入则止。无门无毒,一宅而寓于不得已,则几矣!……"

孔子说,颜回有了心斋的功夫,那就可以去卫国了。"入游其樊","樊"是藩篱,用竹木编成的篱笆或栅栏;也指樊笼,即关鸟兽的笼子。陶渊明诗云:"久在樊笼里,复得返自然。"(《归园田居》)诗中把自己比喻为小鸟,终于得以冲出樊笼,重返自然,重获自由。但陶渊明可以逃离樊笼,而颜回一开始是想救世的。所以颜回是自愿地选择了进入官场,进入樊笼,亦即进入卫国的朝廷。需要注意的是,庄子用了"入"和"游"两个字。两字

241

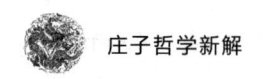

并用，说明庄子认为，心斋之后的入世，已变成无心的入世，也就是游世了。

　　在官场中就像游玩似的，自然不会对名位感兴趣，所以"无感其名"，即不为名位所动。事实上在心斋的修养或功夫中，"斋心"即"去心""无心"，而"好名心"则是庄子要重点消解的心。孔子在向颜回传授心斋之前，曾指责关龙逄和比干"好名"，因而为桀和纣所杀。《逍遥游》中强调的"无名"，庄子在《人间世》中又以新的方式加以言说。"入则鸣，不入则止"，君主听得进意见你就发言，听不进你就保持缄默。这是道家的进谏方式。儒家的进谏方式，其典范恰如范仲淹在《灵乌赋》中所言："宁鸣而死，不默而生。"范仲淹的言语中洋溢着一种正气凛然的崇高感。为了这种崇高感，后世儒生确实不怕死。明朝的海瑞，事先备好棺木，与家人诀别，再上奏疏给嘉靖皇帝。"棺谏"还不够，清朝的王鼎为了向道光皇帝进谏，不惜自缢而亡，实行"尸谏"。但是就其后果而言，无论海瑞的"棺谏"还是王鼎的"尸谏"，都可谓毫无意义。按照庄子的倾向，海瑞的冒死进谏、王鼎的以死进谏，与"以下拂上"的关龙逄和比干并无区别，都是"好名者也"。

　　"无门无毒"，这四个字有些麻烦。曹础基认为，"无门无毒"是应上文"医门多疾"而来的。"颜回以医师自比，企图要把卫国的病症治好，这实在是好取名声，过于自负。故孔丘教他无感其名，无门无毒。""门"即"医门"之门，"毒"是药。"无门"，即不要摆出医师的门面；"无毒"，即不要把自己的主张看作治人的药方。① 这种读法似可接受。的确，既然是虚己以游世，自然不会再有救世的热忱和执着了。"一宅而寓于不得已"，"宅"，陈鼓应注为"心灵的位置"，这恐怕又是心学取向造成的过度诠释。一个语词有本义，有引申义，如果本义可通，那就不必转而使用其引申义了。"宅"的本义是住宅和居住。曹础基注"宅"为"安处""安居"，"一宅"则是完全安处。"寓于不得已"，凡事寄托于"不得已"，不得已并非"不情愿"，而是指条件成熟、时机到来时就顺势而为。换言之，凡事不应有心勉强为之，而应顺其自然。

　　总之，"颜回往谏卫君"的故事，就处世的主题而言，始而入世，继而游世。"叶公子高使齐"和"颜阖将傅卫灵公太子"这两个故事，也可以并入

---

① 曹础基：《庄子浅注》，中华书局，2010，第46页。

"游世"的话题。但我们不妨颠倒一下庄子的叙述次序,先讨论"颜阖将傅卫灵公太子"。

5. 乘物以游心

颜阖将要面临的情况,与颜回十分相似。他要去做卫灵公太子的师傅,可是这个师傅不好当。太子天性残暴,如果放纵他,就会危及国家;如果约束他,就会危及自身。而且太子的智慧只能知道别人的过错,却不知道别人为什么会有过错。① 这样的太子该怎么教导呢?颜阖感到非常为难。教导太子的人,就是"太子太傅",这是个类似于帝王师的角色。我们知道,帝王师乃是儒家和黄老派道家的人生理想。就儒家而言,理学家程伊川(程颐)曾为宋哲宗讲经,为后世所津津乐道。就黄老派道家而言,帝王师理想的最高实现者是张良。不过我们看《人间世》中的描写,对于帝王师这个角色并不推崇,甚至避之唯恐不及。可见庄子与儒家、黄老派之异趣。庄子是先秦诸子中比较纯粹的哲学家,因此,尽管在颜回和颜阖的故事里,说的都是与君主或帝王相处之道,但庄子想要传达的,却是普遍性的处世哲学。颜阖向蘧伯玉请教如何做帝王师,蘧伯玉说:

> 戒之,慎之,正汝身也哉!形莫若就,心莫若和。虽然,之二者有患。就不欲入,和不欲出。形就而入,且为颠为灭,为崩为蹶。心和而出,且为声为名,为妖为孽。彼且为婴儿,亦与之为婴儿;彼且为无町畦,亦与之为无町畦;彼且为无崖,亦与之为无崖。达之,入于无疵。
>
> 汝不知夫螳螂乎?怒其臂以当车辙,不知其不胜任也,是其才之美者也。戒之!慎之!积伐而美者以犯之,几矣!

---

① "其智适足以知人之过,而不知其所以过。"这句话中的两个"其",往往都被理解为太子。意思是,这个太子的智力只能知道别人的过错,却不知道自己的过错。老子说:"知人者智,自知者明。"(三十三章)太子显然缺乏"自知之明"。这种理解当然没什么问题。但是,说太子缺乏自知之明,那他无非是笨了点。和笨学生相处,不至于有生命危险。如果把第2个"其"理解为别人,那么这个句子就可以翻译成:太子的智慧只能知道别人的过错,却不知道别人为什么会有过错。言外之意,别人一旦犯错就遭殃了。这种译法,会突出太子脾气暴戾。

243

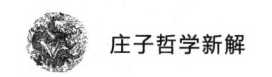

汝不知夫养虎者乎？不敢以生物与之，为其杀之之怒也；不敢以全物与之，为其决之之怒也；时其饥饱，达其怒心。虎之与人异类而媚养己者，顺也；故其杀者，逆也。

　　"夫爱马者，以筐盛矢，以蜄盛溺。适有蚊虻仆缘，而拊之不时，则缺衔、毁首、碎胸。意有所至而爱有所亡，可不慎邪？"

　　蘧伯玉所说的处世之道，可以理解为"心斋"的具体化，或是对"心斋"的补充。心斋的要义是无心或忘我，这显然是就自己而言的。所谓虚而待物，侧重点在于要虚己。让自己修养到无心或忘我的境界，变得像气一样无定形，才可以避免与外物直接冲撞，得以保全自己。而蘧伯玉这里所说的，更偏于如何对付外物，譬如卫灵公太子这样的人。蘧伯玉的方法，可以归结为一个字：顺。

　　方法只有一个"顺"字，而道理还可以展开来说。首先，为什么要顺？因为面对的是一个暴戾的、危险的主人。庄子用了一个比喻，就像是养虎，于是汉语中就多了一个"伴君如伴虎"的成语。不过《庄子》书中还有一个龙的比喻，也非常精彩：

　　人有见宋王者，锡车十乘，以其十乘骄稚庄子。
　　庄子曰："河上有家贫恃纬萧而食者，其子没于渊，得千金之珠。其父谓其子曰：'取石来锻之！夫千金之珠，必在九重之渊而骊龙颔下，子能得珠者，必遭其睡也。使骊龙而寤，子尚奚微之有哉！'今宋国之深，非直九重之渊也；宋王之猛，非直骊龙也；子能得车者，必遭其睡也。使宋王而寤，子为齑粉夫！"（《列御寇》）

这段话用白话复述如下。有人拜见宋王，得了宋王赏赐的十辆车，他就到庄子那里夸耀。庄子说：河边有一户穷苦人家，靠编织芦苇过活，有一天儿子潜入深渊，得到价值千金的珠子。父亲一看，对儿子说："赶紧拿石头来砸碎它！这千金的珠子，一定是在九重深渊的骊龙的颔下，你能得到它，不过是由于骊龙恰好在睡觉。一旦龙醒过来，你准要被吃得精光。"讲完故事，庄子开始发挥：今天宋国的水很深，不止九重深渊，而宋王之凶猛，又过于骊龙。你能得到车，不过是由于他一时睡着了。等到宋王醒来，你就要粉身碎骨了!

骊龙之珠的故事,读了让人心里发凉。编出这个故事的人,心里一定更为悲凉。在专制制度下,一个人得以保全性命,居然只能乞灵于暴君的一时不察。反过来说,为人臣者如果一时疏忽,也会后果堪忧,损失惨重。庄子讲了个"爱马者"的故事。爱马者伺候马,用竹筐接屎,用蚌壳接尿。偶有一只蚊虻叮咬马身,爱马者急忙出手拍打,不料这突如其来的一拍,却让马受到惊吓,以致咬断勒口,挣脱辔头,毁坏胸带。本来是爱马者的一片好意,结果却适得其反。这让人怎能不谨慎呢?马还是比较温顺的动物,一惊、一怒尚且如此,更何况是凶猛的虎?如果君王是虎,那么养虎者首要的问题就是,如何保证安全?甚至是,如何虎口脱生?显然,只能顺,不能逆。这就是何以要手捻顺字诀的道理。

要肯定顺,就得否定逆。"螳臂当车"就是逆的表现。螳臂当车的举动,实在是糟糕之极,处处违背道家的原则。首先,这只螳螂太不自量力了,它根本不知道自己的力量不足以胜任挡住车轮的任务。而道家推崇的是"知人者智,自知之明"。纵然是一只进化版的超级螳螂,力大无穷,足够挡住车轮,这也还是以力较力、以硬碰硬。而道家的原则是"以柔克刚"、"以弱胜强"。《人间世》中的螳螂,恰似《养生主》中的"族庖"。"族庖"每个月都要换刀,因为他用刀去砍牛骨头,以硬碰硬,折断是刀的必然命运。这是"逆"着来。庖丁解牛之所以高明,无非是由于"依乎天理,因其固然",也就是"顺"着来。道家的观念是"顺之者昌,逆之者亡"[1]。顺着来,就会产生良好的效果,庖丁一把用了19年的刀,还像刚在磨刀石上磨过一般。杀牛要顺着来,养虎也要顺着来。如何顺?不要给它活的动物吃,怕它杀生时会发怒;也不要给它完整的动物,怕它撕裂动物时会发怒。观察它饥饱的时候,了解它喜怒的心情。顺着来养虎,照样产生了良好效果。老虎虽是异类,虽然凶猛,却会向饲养它的人献媚。反之,如果逆着来,养虎者不免要被老虎噬杀。

对动物要用顺的方法,对人也要如此。《韩非子·说难》云:"夫龙之为虫也,可扰押而骑也。然其喉下有逆鳞径尺,人有撄之,则必杀人。人主

---

[1] 《史记·太史公自序》:"夫阴阳四时,八位,十二度,二十四节各有教令,顺之者昌,逆之者不死则亡。"此处只是借用司马迁的话。

245

亦有逆鳞，说之者能无婴人主之逆鳞，则几矣。"这是说人臣进谏之难。君主必有缺陷，而出于君主的无上威严，他的缺陷也就是禁忌，触碰不得，好比龙喉下的逆鳞，一旦有人触碰，则必招来杀身之祸。韩非子的意思是，向君王进谏，最好避开他的禁忌，以免龙颜震怒。庄子的"入则鸣，不入则止"，大致也是这个意思。不过我们可以把"龙之逆鳞"概念放大，专制君主的整个存在都是龙之逆鳞。与君主相处之道是，不可违逆，只能随顺。所以蘧伯玉说："形莫若就，心莫若和。""就"是迁就、俯就，"和"是平和、宽和。不如外表迁就他，而内心尽量宽和。张默生对"形莫若就，心莫若和"的方法非常欣赏，并有一段精彩的评论：

> 耶稣曾对他的门徒说道："我差你们去，如同羊进入狼群，所以你们要灵巧如蛇，驯良像鸽子。"庄子不是耶稣一类的人物，但他观察当时的社会环境，正是群狼当道的时候，他所提出的"形莫若就，心莫若和"，与耶稣的"灵巧如蛇，驯良像鸽子"有同样的意义，都是为着走入狼群，而不致为群狼所害的，此亦庄子《人间世》篇所以作也。①

不过，耶稣及其传道弟子最终还是为真理献出了生命，庄子的"形莫若就，心莫若和"也仍然有不足之处。迁就太过分，自己也会丧失立场和原则，导致失败；宽和太明显，就会显得是博取名声，招致祸害。蘧伯玉的最终建议是："彼且为婴儿，亦与之为婴儿；彼且为无町畦，亦与之为无町畦；彼且为无崖，亦与之为无崖。达之，入于无疵。"如果他像婴儿那样天真烂漫，你也随着像婴儿那样天真烂漫；如果他不分界限，你也随着他不分界限；如果他无拘无束，你也随着他无拘无束。做到了这些，就没有问题了。为什么没有问题？因为已经完全无我了。显而易见，"颜阖将傅卫灵公太子"的故事推荐的处世之道，也是"虚己以游世"。正所谓："人能虚己以游世，其孰能害之？"

"虚己以游世"之说出自《山木》篇，在《人间世》中有两个相近的表述，其一是"虚而待物"，其二是"乘物以游心"。"叶公子高使齐"的故事，最重要的一句话是：

---

① 张默生：《庄子新释》，新世界出版社，2007，第112页。

| 第四章 《人间世》 |

　　且夫乘物以游心，托不得已以养中，至矣。

什么叫"乘物以游心"？ 常见的理解是，驾驭自然规律，以实现精神的自由解放。 这种理解显然不能切中庄子哲学的思路。 庄子哲学总体上是人生哲学，虽有些自然哲学的因素，但他对认识自然规律不感兴趣，对驾驭自然规律更无兴趣。 这种理解也不能兼容于《人间世》的语境。《人间世》谈论处世之道，处理人与社会的关系，无论是认识自然规律还是驾驭自然规律，都与"乘物以游心"毫无关系。 不难猜测，先认定庄子的"游"是自由，再拿来唯物主义哲学教科书中"自由是对必然的认识"的说法，两者拼凑，便得出这种理解了。

　　王博也提出一种理解，他认为，这里涉及的是心物关系：

　　　　"乘物以游心"，"乘物"就是骑在物上面，你在物之中的话，你永远游不起来，你必须在上面你才可以游起来，也就是说你必须站得比物要高，你必须让自己的心不受物的束缚，这叫"乘物"。"乘物"然后来"游心"，这里讲的是心、物关系，这其实就是人和世界的关系的另外一种表达，是不是？ 心就是人嘛，物就是这个世界嘛。"乘物以游心"代表的是什么姿态？ 是心做物主的姿态。 要是反过来，物做心的主，那就完蛋了。 我以前看梁漱溟先生的全集，他的日记里经常讲一个分别：心为形役还是形为心役。 ……我有的是一颗无心，当我有这样的庄子的心的时候，我心才可以做物的主，才可以做形体的主，反过来，心灵被形体奴役，那就麻烦了，就是"心为物役"。[①]

在这段话里，有些判断是中肯的，例如说"乘物以游心""其实就是人和世界的关系的另一种表达"；有些说法则是似是而非的，例如"你必须站得比物要高"，"骑在物上面"。 抽象点说，这里区分了两种生存状态："在……之上"与"在……之中"，王博肯定了"在……之上"，否定了"在……之中"，并用"在……之上"解说"乘物以游心"。 但是，难道游泳不正是在水中游泳吗？ 游泳不是也可以潜行水下吗？ 庖丁解牛"游刃有余"，难道他

---

① 王博：《无奈与逍遥——庄子的心灵世界》，华夏出版社，2007，第95页。

的刀不是游走在牛的身体之中？ 庄子说"虚己以游世"，难道他竟是站在世界之上"游世"？ 站在世界之上，换句话说，也就是站在世界之外，那又岂能"游世"？ 王博以上说法中还有一个似是而非之处：他把心物关系与心形关系混淆起来了。 心物关系基本上是自我与世界的关系，而心形关系大体上属于心身关系，这是两个不同论域的话题。

至于"心做物主"，这恐怕不是庄子所能说出来的，因为就思想渊源看，它比较接近儒家"挺立道德主体"的欲求；就思想性质看，它颇有几分西方近代主体性哲学的意味。 主体性哲学把物或自然视为征服、改造、利用、奴役的对象。 王博认为心与物的关系就是自我与世界的关系，那么，"心做物主"意即自我是世界的主人。 这种主体性哲学的观念应当说已经成为历史。在海德格尔看来，自我与世界的关系是同生共在的关系，即"在……之中"的关系，所谓"人在世界之中存在"，而不是主体与客体的对立关系，更不是主奴关系。 庄子认为人归根到底是自然的一部分，这种说法倒是与海德格尔的"人在世界之中存在"有三分相似。 不过，这是思维方式的相似，而非具体内容的相似，因为海德格尔的"世界"主要是社会而非自然。

"乘物以游心"之所以被理解为"心做物主"，可能与《山木》篇的以下说法有关：

浮游乎万物之祖，物物而不物于物，则胡可得累邪？

陈鼓应把"物物而不物于物"翻译为"主宰外物而不被外物所役使"。 这大概也是较为常见的理解。 不过，宗白华指出："他的'物物而不物于物'，看起来似乎争取主动，其实是完全服从自然，不作任何主张，把生活交给自然。"[1]就庄子哲学的精神看，宗白华的看法比较准确。 况且，"浮游"两字原就有顺从的意味。

"物物而不物于物，则胡可得累邪"，可见"物物而不物于物"意在"无累"。 玄学家王弼在反驳何晏"圣人无喜怒哀乐"说时，也强调圣人"无累"，并把《山木》篇的"物物而不物于物"加以改写：

---

[1] 宗白华：《庄子》，转引自丁玲选编《名家品庄子》，中国华侨出版社，2008，第18页。

| 第四章　《人间世》|

> 圣人茂于人者神明也，同于人者五情也。神明茂故能体冲和以通无，五情同故不能无哀乐以应物。然则圣人之情，应物而无累于物者也。今以其无累，便谓不复应物，失之多矣。（何劭《王弼传》）

王弼关于"圣人有情无情"的观点，可暂且不论，这里只看王弼的措辞。他用"应物"取代了"物物"，使句子的意思更易理解了。在王弼看来，圣人有情，但圣人之情"应物而无累"，亦即"物物而不物于物"。圣人是以情"应物"的，因而"应物"也就是有感于物。换言之，"物物"亦即"应物"，意为有感于物，"不物于物"则是不为物所累。有感于物，颇有几分被动的语感。"应物"，自然是顺应万物。

当然，在《人间世》中出现的字眼，既不是"物物"，也不是"应物"，而是"乘物"。我们看到，对庄子"乘物以游心"这句话的误解，源于种种先入之见。这些先入之见或是唯物主义的，或是主体性哲学的，或受儒家"挺立道德主体"观念的影响。因此，我们必须悬搁各种先入之见。为此不妨求助于"以庄解庄"。也就是说，回到庄子本身，先从《庄子》文本中找出其他与"乘物以游心"相似的表达，再来确定这句话的意义。相似的表达，《逍遥游》中有"乘云气，御飞龙，而游乎四海之外"，《齐物论》中也有"乘云气，骑日月，而游乎四海之外"，这两种说法，都有驾驭云气日月而遨游天际的意思。"列子御风而行"，译成白话也是列子驾着风而飞行。不过这里的"乘""御"纵然可以理解为"驾驭"，也并非征服自然意义上的"驾驭"。《逍遥游》中"乘天地之正，而御六气之辩，以游无穷"，"天地"就是自然，可是"乘天地之正"的意思是顺着自然的本性。因此，我们可以断定，"乘物"并非驾驭物、主宰物，而是适应物、随顺物。苏轼词云："我欲乘风归去，又恐琼楼玉宇，高处不胜寒。"（《水调歌头·明月几时有》）乘风而去，也就是随风而去、顺风而去。如何才能适应物、随顺物？就得让自己轻盈一点、被动一点，让物的运行带着自己走。所以这恰恰是一种带有被动性的生存，不可能是"心做物主"。只有随顺事物，才可能做到"游心"；如果是"心做物主"，心积极主导驾驭事物，那恐怕是"劳心""操心"，而非"游心"了。

何谓"游心"？根据《逍遥游》给我们的印象，游是一种自由的状态，因而陈鼓应说，游心"即心灵自由活动——精神从物物相逐、名利相争的现实桎梏中提升出来，使心灵在自由自适的情况下以美感距离来观照外事。 故而'游心'之说，乃庄子以一种艺术精神而入世的心态"。① 这句话中的"艺术精神"让人联想到徐复观。 如上所述，徐复观的庄子研究以"心斋"为重要切入点，其研究结论是："达到心斋与坐忘的历程，正是美的观照的历程"，"而心斋、坐忘，正是美的观照得以成立的精神主体"②。 我们基本接受了结论的前半部分，而对结论的后半部分持否定态度。 "心斋"本是庄子在君主专制社会中的一种处世方法，是孔子对前去游说暴君的颜回给出的建议，就此而言，心斋原本与审美没有关系。 当徐复观揭示"心斋"的审美维度时，他已将"心斋"从《人间世》的具体语境中抽离出来了——他把心斋和坐忘连在一起说，此即抽离《人间世》具体语境的重要表现。 我们前面曾借梓庆削木为鐻的"心斋"来解读《人间世》的"心斋"，也是对《人间世》的具体语境有所超越。 因此，不能因为接受了徐复观的研究成果，我们就以为庄子在险恶的官场中进行审美活动。 遗憾的是，看来陈鼓应恰好就这么以为了。 他认为"庄子以一种艺术精神而入世"，这恐怕是对《人间世》的过度诠释。

诚然，庄子的"逍遥游"确实颇有审美的意味，或者说体现了一种艺术精神，然而逍遥游是远离政治中心的隐士的生存方式，逍遥游是游于一个非现实的世界。 审美活动发生在非现实的世界，审美对象是非现实的存在。 萨特说："审美对象是一种非现实的东西。"③而《人间世》的世界，是现实的世界，是君主专制的世界，是权力和暴力所支配的世界。 颜回要去的卫国，田园荒芜，尸横遍野，简直是一个人间地狱。 颜阖要去的地方，脚下随时可能裂开一道深渊，让他遭受灭顶之灾。 对于这样的世界，怎么可能"以艺术精神而入世""以美感距离来观照"？ 倘若竟有这样的审美主体，那大概只能是毫无良知、没有心肝的人了。 庄子绝对不可能这么无良知、没心肝。 因此，庄子哲学的美学之维，并不直接体现在《人间世》中；而"乘物以游心"的处世之道，并不是"以艺术精神入世"。

再则，说"游心"是"心灵自由活动"，也未必合适。《庄子》书中多次使用"游心"的说法，如《德充符》："不知耳目之所宜，而游心乎德之

---

① 陈鼓应：《老庄新论》，商务印书馆，2008，第 235~236 页。
② 徐复观：《中国艺术精神》，华东师范大学出版社，2001，第 43 页。
③ 萨特：《审美对象的非现实性》，转引自 M. 李普曼编《当代美学》，邓鹏译，光明日报出版社，1986，第 138 页。

和。"《应帝王》:"汝游心于淡,合气于漠。"《田子方》:"吾游心于物之初。"《骈拇》:"游心于坚白同异之间。"前面几个"游心"或许是"心灵自由活动",至于"游心于坚白同异之间"这句的"游心"必定不是。这句话是对辩者的批评,我们将会看到《德充符》中对辩者惠子严厉批评:"天选子之形,子以坚白鸣!"可见"游心"一词在这里不是肯定性的,无论如何都不能释为"心灵自由活动"。"游心于坚白同异之间",大概是说"把心思用于坚白同异之争"。在以上含有"游心"的句子中,"把心思用于"这种意思是可以通用的。如此,"乘物以游心"的大意就是,把心思用于顺应事物。或者说,把自己寄托于随顺事物。

乘物以游心之所以可能,是由于"托不得已以养中"。庄子很爱用"不得已",《大宗师》也说真人"崔乎其不得已也","崔"通"催",亦即促、迫,按照成玄英疏,这话是说真人"迫而后动,不得已而应之"。物来顺应,迫而后动,这种带有被动性的行为状态,庄子称之为"不得已"。不得已而为之,是比较消极的说法;如果要说得稍微积极一点,那就是审时度势,顺势而为,把握机遇,乘势而行。至于"养中",往往被理解为"养心"。这也未尝不可。不过"养中"一说,上可以联系于老子的"多言数穷,不如守中"(五章),下可以联系到《养生主》"缘督以为经"的原则。前者是不言,后者是循虚,都是主张自我的虚化,亦即忘我、无心。

第三节 避世

6. 楚狂人与桃源人

根据庄子的游世主义,处世的原则是"虚而待物",是"乘物以游心",简言之,也就是一个虚字诀,再一个顺字诀。不过,在君主专制社会里,光是争取虚己、顺物,仍然无法完全避免杀身之祸,从根本上"免于恐惧",所以"游世"仍然不是究竟的方法。况且,虚字诀和顺字诀,本身也是入世之后"不得已"而用的策略,其负面作用也很明显。如一味依赖随顺,必然丧失立场和原则,进而形成屈从心态,甚至养成奴隶根性。游世的处世之道,好比一把双刃剑。游世有可能出偏差。庄子主张游世主义,可是在中国历史上往往变成滑头主义、苟活主义、混世主义,这些都是游世出了偏差或是对游

251

世的东施效颦。那么，有没有一种究竟的、根本的、无负面作用的方法呢？有。那就是，从一开始就不进入政治中心或回避权力中心。因此，入世和游世之外，还可以有第三个选择，那就是避世。唯有避世，才是庄子推荐的最佳选择。

人们往往在两种情况下选择避世。其一是战争频仍的乱世，其二是专制社会。俗话说，"宁做太平犬，不做乱世人"。这个极端的说法表达了对和平、安宁生活的向往。庄子生活的战国时代，正是不折不扣的乱世。孟子有云，"春秋无义战"（《孟子·尽心下》），战国时期或许也差不多，从《战国策》一书中，可以了解当时的战争大致无非是掠夺土地、财富、人口。事实上，无论持有多么冠冕堂皇的借口，一切战争在本质上都是邪恶的。战争满足了政客的野心，却对黎民百姓造成不可估量的重大损失。战争是"人祸"。由于天灾，人要逃荒；由于战争，人要避乱。军事是政治的延伸。人是政治的动物，本来根本不必逃避政治。在民主社会里，政治与每个人都密切相关，每个人也都积极参与政治，以争取和维护自己的权利。唯有在专制社会里，个人的权利被剥夺净尽，不可能享受到罗斯福的四大自由，活得毫无尊严可言，因而才要逃避政治。苏东坡词云："此心安处是吾乡。"（《定风波·南海归赠王定国侍人寓娘》）他卷入党争，屡遭贬谪，天涯从宦，生如飘蓬，只能用"此心安处是吾乡"来自我安慰。但身处专制社会，知识分子多半都会产生"此心安处是吾乡"的想法，希望弃之而去，去寻找一个更好的社会。

不过，即使是乱世，即使是专制社会，仍然有人不愿舍弃。俗话说，"乱世出英雄"，这句话鼓励人们在乱世中有所作为。正因为是乱世，人们才更需要英雄，更需要救世主。儒家是有救世情结的。《人间世》中的颜回，也说出"乱国就之"的儒家取向。历来都说孔子"知其不可为而为之"，其实这只是晨门对孔子的判断（《论语·宪问》），孔子自己未必当真"知不可为"。他周游列国，不惜"累累若丧家之犬"（《史记·孔子世家》），自然是由于对改变这个社会抱有希望。既然抱有希望，那就证明孔子觉得"此事尚可为"。对于这个时代和社会，孔子的判断是周文疲弊、礼崩乐坏，因此他认为只要能够恢复周文、重建礼乐，也就从根本上解决问题了。如果我们借用庄子的视角，则不难发现，孔子对社会的诊断是不深刻的，开出的药方也是有问题的。且不说孔子试图恢复周礼的想法不切实际，

| 第四章　《人间世》 |

纵使让他成功了，这个社会仍然是君主专制社会。或许那时的君王实行了"仁政"，实现了"治世"，但是，制度如旧而只能翘首企盼出现圣主明君的状况，丝毫没有改变。如果圣主明君并未出现，那么"仁政"的希望就落空了，而"治世"也便重新沦为"乱世"。所以孔子是寄希望于偶然，恰如后来杜甫的美好祈盼："生逢尧舜君"（《自京赴奉先县咏怀五百字》）。

稍微展开来说，儒家思想后来之所以能被君主专制制度利用了两千年之久，根本原因就在于，儒家思想本身对这个制度从来就没有质疑过。不仅从未质疑，而且归根到底就是为这个君主专制制度提供论证的。① 不错，《孟子·离娄下》说过，"君之视臣如土芥，则臣视君如寇仇"，《荀子·臣道》也有"从道不从君"之说，这些说法都对君主的个人独裁有所制约，但是，君主其人或许可以更换，君主专制制度本身却不能动摇。儒家的"道"，毕竟是君主专制制度的理论基础。汉代董仲舒把这个"道"具体化为三纲五常，又主张"天不变，道亦不变"，三纲五常不能变，君主专制制度不能变。董仲舒以后的儒家，只能争取成为君主专制制度的合作者和维护者，先秦儒家的救世者气象已经荡然无存了。

晨门指责孔子"知其不可为而为之"，自那以后，古往今来不知有多少儒家学者在这一点上捍卫孔子，赞赏其"知其不可为而为之"的精神。例如张岱说："不知不可为而为之，愚人也；知其不可为而不为，贤人也；知其不可为而为之，圣人也。"（《四书遇》）又如梁启超在著名的演讲《"知不可而为"主义与"为而不有"主义》中说，这体现了孔子不计成败利钝的精神。然而，"知其不可为而为之"当真那么值得肯定吗？未必。理想主义如不基于理性与经验，便只是不切实际的幻想，而对于不切实际的幻想，我们最好的选择就是否定之、放弃之。

且来分析一下张岱所说的三种人。只要不是儒学的信奉者，就能很容易看出张岱对"愚人""贤人""圣人"的界定是不成立的。从理性或逻辑上看，"知其不可为而为之"实是自相矛盾的举动，这种行为不仅谈不上伟大，反倒有点荒唐。既然"知其不可为"，偏偏还要"为之"，岂非愚不可及？所以一个"知其不可为而为之"的人，与其说是"圣人"，不如说是"愚人"。事实上，《列子·汤问》中有一个"愚公"，不愿搬迁而宁可选择

---

① 中国古代君主专制社会的形成和存在，还与法家有关，所谓"儒法互用"，此处不论。

253

"移山",此举正是"知其不可为而为之"。当然,儒家的圣人孔子并不是"愚人",之所以不是,是因为前面说过的,其实孔子想得还不够透彻、看得还不够清楚,还没有真正"知其不可为"。其次,"不知不可为而为之"也未必就是愚蠢。试想,"初生牛犊不怕虎"不就是"不知不可为而为之"吗?初生牛犊不怕虎,至少勇气可嘉。当然,初生牛犊不怕虎的冒险精神往往出于血气之勇,理性不能全盘肯定之,人生经验也会逐渐抑制这种冲动。《人间世》所说的"螳臂当车":"汝不知夫螳螂乎?怒其臂以当车辙,不知其不胜任也。"这也是"不知其不可为而为之",庄子以之为反面教材。根据理性和经验,张岱所说的三种情况中,"知其不可为而不为"才是最明智的选择。与其说"知其不可为而不为"的是"贤人",不如说是"智者"。①庄子正是这样的智者,所以他说:"知其不可奈何而安之若命,德之至也。"(《人间世》)较之孔子、孟子、荀子三人,庄子对社会的认识显然更为彻底。他对君主专制制度的非人性和不合理性,有着极为深切的体认,因而他自始至终坚决采取了不合作态度,相应地,他对改变这个社会已然彻底失望。所以庄子才是真正"知不可为"的人。庄子是个理性主义者,也是个前后一贯的人,他"知不可为",所以干脆不为。

如果说庄子还有希望的话,那就是改变自己。庄子不想救世,只想从这个不可救药的社会中救出自己。但也许,改变自己才是真正的改变世界,拯救自己也就是最终意义的拯救世界,谁知道呢?胡适曾经把挪威戏剧家易卜生的思想概括为"易卜生主义",其要义是:

> 我所最期望于你的是一种真益纯粹的为我主义。要使你有时觉得天下只有关于我的事最要紧,其余的都算不得什么。……你要想有益于社会,最好的法子莫如把你自己这块材料铸造成器。……有的时候我直觉得全世界都像海上撞沉了船,最要紧的还是救出自己。②

在中国哲学史上,"为我主义"是杨朱的原则,庄子也有类似的思想。儒家

---

① 圣人和贤人是伦理学的概念,智者大体上是哲学的概念。同是伦理学概念,圣人与贤人有高低之分,圣人高于贤人。但作为哲学概念的智者,与圣人并无高低之分。
② 引自严云受编《胡适学术代表作》下卷,安徽教育出版社,2007,第259页。

常常因此指责道家"自私"。但我们已经知道，其一，"自私"也有正面意义，亦即捍卫个人权利，比如生存权；既然生存权是不可剥夺的，那就说明自私有其不可置疑的必要性。其二，就自私的负面意义而言，杨朱或许真的自私，庄子却未必自私。这是由于庄子哲学始于"为我"，终于"忘我"。在《齐物论》中我们已经看到，庄子的"道"及得道之人的基本品质就是"无私"。既然如此，庄子为什么要践行易卜生所说的"为我主义"？那是由于他爱惜生命，不愿轻言牺牲。死了就什么都没有了，活着才有可能性。庄子所处的时代和环境，确如易卜生所云"全世界都像海上撞沉了船"，要挽救沉船是绝对无望的，而且不可能等来救援队，这时"最要紧的"自然是自己游到安全地带，而不是与沉船一起落入海底。

正因为洞察了"全世界都像海上撞沉了船"的真相，庄子才意识到救世的不可能性；以救世之不可能为前提，最佳的选择就是"救己"。在《人间世》的末尾，庄子让楚狂接舆唱出一首歌，劝孔子放弃救世的念头：

> 凤兮凤兮，何如德之衰也！
> 来世不可待，往世不可追也。
> 天下有道，圣人成焉；
> 天下无道，圣人生焉。
> 方今之时，仅免刑焉。
> 福轻乎羽，莫之知载；祸重乎地，莫之知避。
> 已乎，已乎，临人以德！
> 殆乎，殆乎，画地而趋！
> 迷阳迷阳，无伤吾行。吾行郤曲，无伤吾足。

李白诗云："我本楚狂人，凤歌笑孔丘。"（《庐山谣寄卢侍御虚舟》）楚狂接舆歌就是"凤歌"，歌中的"凤"指的是孔子，恰如龙代表老子。这首歌曾经出现在《论语·微子》中，其歌词较为简单："凤兮凤兮，何德之衰？往者不可谏，来者犹可追。已而已而，今之从政者殆而！"庄子的改写，不妨稍加琢磨。改写表现在三个方面。①《论语》中只说"今之从政者殆而"，"殆"就是危险，在今天从政是个高风险的行业，但歌里并没有说为什么从政危险。庄子的改写补足了从政危险的理由。首先，"天下有道，圣

255

人成焉；天下无道，圣人生焉。"这是天下无道的时代，在这样的时代里，从政变得高度危险。圣人不可能"求成"，只能"求生"，亦即不可能成就事业，只能保全性命。其次，"方今之时，仅免刑焉。福轻乎羽，莫之知载；祸重乎地，莫之知避。"当今之世，只求免于遭受刑戮。幸福比羽毛还轻，却不知如何摘取；灾祸比大地还重，却不知如何避免。这种改写显然加入了庄子的人生体验。②《论语》中只是劝说孔子的从政之心可以休矣，《人间世》则增加了对孔子的具体批评："已乎，已乎，临人以德！殆乎，殆乎，画地而趋！"算了吧！算了吧！不要在人前炫耀自己的德行；危险啊！危险啊！固执地一条路走到黑。③《论语》中的接舆之歌只是要劝止孔子从政，并没有提示从政之外的处世之道，《人间世》则补充了这一点："迷阳迷阳，无伤吾行。吾行郤曲，无伤吾足。"荆棘啊！荆棘啊！不要妨碍我的行走。绕个弯！绕个弯！不要伤害我的脚跟。庄子对《论语》中接舆歌的再创作，相当成功，既增加了接舆歌的深度，也契合《人间世》的语境。

接舆歌提示的处世之道，就是避世。但是，有两种避世需要有所区别。我们可称之为"楚狂人的避世"和"桃源人的避世"。陶渊明《桃花源记》中描写了一种避世：

> 自云先世避秦时乱，率妻子邑人来此绝境，不复出焉，遂与外人间隔。问今是何世，乃不知有汉，无论魏晋。

生活在桃花源中的这班人，当然是避世的隐士。他们的避世一开始是避乱世，而且避得非常彻底。在空间上，他们去了一个"绝境"，并且从此不再出去，"遂与外人间隔"；在时间上，他们本是秦时之人，隐藏了数百年之久，他们的子孙甚至"不知有汉，无论魏晋"。避到了这种状况，那就不只是避乱，而且是避人；不只是避世，而且是出世了。

楚狂接舆的避世，不同于桃源人的避世。桃源人根本不了解"今夕何夕"，对外界的状况一无所知。楚狂接舆却并不与世隔绝，他以隐士的冷眼旁观，对当今社会了如指掌，他甚至知道孔子进入楚境，特地前去劝说点拨。可见接舆并不是不关心世事，他的避世，并不是找个无人的所在躲起来，遗世独立，闭目塞听。他的避世，是"陆沉"，是"不谴是非，以与世俗处"，也就是说，是不离开这个浑浊社会的避世。既然这个社会已经不可救药，为什么不干脆离开？桃源人的离开不是很好的选择吗？我们是否可以说，庄子其实也不够彻底？恰好相反，楚狂人的避世方式正体现了庄子的彻底性和深刻性。庄子深刻地看到，只要君臣关系在，就"无所逃于天地之间"。纵然是陶渊明笔下的桃源人，他们生活的世界俨然人间仙境，或曰黄金世界，但黄金世界实现之后呢？桃源人最终能逃出君臣关系的罗网吗？这个关键问题，陶渊明避而不谈。毕竟他是诗人，不是哲学家。《桃花源记》对理想世界的描写精彩绝伦，对处世之道的思考却不够深入。所以庄子不主张出世。正因如此，我们不能说庄子的避世是"出世"。

不出世的避世，或不离开沉浊之世的避世，究竟如何可能？按照庄子的思路，这种避世有两种方式。第一种，避开政治中心和权力中心。也就是说，避开"朝"，选择"野"；避开官场，选择民间。在《西游记》中，孙悟空固然神通广大，可以上天入地，翻江倒海，但他并不能真的做到"潜行不窒，蹈火不热"，他只是掌握了"避水诀"和"避火诀"而已。设法不让水火碰到自己，水火之害自然不能加于其身。同样的道理，庄子的避世，是争取逃避到权力无法直接碰到的地方。所谓"天高皇帝远"，民间、田园、山林、江湖、边塞，都是这样的地方。专制权力也有稍微松动的缝隙，只要有了这样的缝隙，便可以作为容身之所。所谓隐士，大概就是一种擅长找到生存缝隙的人。

但是，仅仅是避开权力中心，并不是最佳方案，因为在一个专制的社会里，权力其实无所不在，犹如天罗地网，漏网之鱼终究罕见，毋宁说，每个人都是逃不出如来佛掌心的孙悟空。因此，庄子指出，真正的避世还有第二种：成为一个无用的人。《人间世》的最后一句话说：

　　山木自寇也，膏火自煎也。桂可食，故伐之；漆可用，故割之。人皆知有用之用，而莫知无用之用也。

山木自招砍伐，膏火自招煎熬。桂树可吃，所以被砍；漆树可用，所以被割。庄子说，这些都是有用惹的祸，世人只知道"有用之用"，只有智者才了解"无用之用"。在解读《逍遥游》时，我们已经讨论过"无用之用"的概念了，此处不必赘述。不过在《人间世》的语境中，对"无用之用"的理解会更加到位。《逍遥游》偏于一般性地推崇"无用"，《人间世》则是在君主专制社会的语境中强调"无用"。所谓"无用之用",也就是做一个无用于专制社会的人,不为专制社会所用,不进入危机四伏的权力之域,以达到保全个体生命的目的。一个无用的人,身上没有任何突出的地方,自然弱化了自己的存在感,甚至消解了自己的存在感,从而成为一个隐身人,达到"万人如海一身藏"(苏轼《病中闻子由得告不赴商州三首·之一》)的效果。而这,就是庄子推荐的避世方式。

做一个无用的人,其目的是逃避权力的注意,隐藏自己,保全生命。既然如此,我们就不必拘泥于字面,以为庄子要劝人成为一无所长的人。他只是教人才不外露,收敛锋芒。而且除了才不外露、收敛锋芒,还有很多方式可以隐藏自己,比如装痴卖傻,比如饮酒。阮籍、阮裕、顾荣等人,都曾以饮酒实现庄子的"无用之用":

文帝初欲为武帝求婚于籍,籍醉六十日,不得言而止。钟会数以时事问之,欲因其可否而致之罪,皆以酣醉获免。(《晋书·阮籍传》)

大将军王敦命为主簿。裕以敦有不臣之心,乃终日酣畅,以酒废职。后敦事发,由是得违敦难。(《晋书·阮裕传》)

齐王同召为大司马主簿,同擅权骄恣。荣惧及祸,终日昏酣,不综府事。(《晋书·顾荣传》)

庄子"无用之用"说得以成立的基本前提,是"人命危浅,朝不虑夕"(李密《陈情表》)的乱世和君主专制社会。在 21 世纪的今天,人们可能更肯定李白的"天生我材必有用"。因为在今天,民主已成了全世界的共识,"天下大势,浩浩汤汤,顺之者昌,逆之者亡"(孙中山语),纵然是专制体制或威权体制,也不敢随随便便地倒行逆施,将"民主"二字直接从字典中抹去。在民主社会里,人身安全可以得到基本的保障,不必以"无用"的面具来隐藏自己,全身避害。在民主社会里,每个人都可以自由地发挥自己的才能,让自己成为对社会、对人类有用的人。尽管民主制度尚未覆盖全球,但今天毕竟已经不是两千多年前的那个君主专制社会了,那么,庄子"无用之用"的思想,是不是已经可以封印在历史博物馆中了?

的确,"无用之用"说是庄子为对付君主专制社会而设想出来的养生之道、处世之道,但是,与"心斋"一样,作为一种人生哲学的观点,"无用之用"说本身具有一定的抽象性，可以超出具体时代和特定现实的局限，获得较强的生命力。它的生命力表现在三个方面。①"无用之用"的现实意义是保全性命，得终天年，但它还有一层超越意义，即指向逍遥的生存方式。哪怕保全性命的现实意义消失了，指向逍遥的超越意义仍然可能存在。②即使在21世纪，也并非一切生存方式都要求"有用"，譬如哲学是无用之学，而审美是超功利的活动。我们可以说，当庄子发现生命的"无用之用"时，他已经替后人打开了通往哲学和艺术的门户。③在任何一个时代，人都是社会中的人，都会面临着如何处世的问题。"无用之用"作为一种处世之道，直到今天还有其合理之处。例如"木秀于林，风必摧之"（李康《运命论》），这是古已有之且至今依然的现象，优秀人物遭人嫉恨，也可以视为现代社会中存在的风险，既然有这种风险存在，那么，"无用之用"说就还有用武之地。它至少教导我们，为人做事要谦虚、低调。不引人注目，换来的是，可以不必在意他人的看法。如此，在较低层面上，可以活得轻松；在较高层面上，可能活得逍遥。

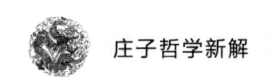

的审美现象,即残缺之美和怪丑之美,因而涉及了现代美学中的"丑"的问题。

道家重自然,自然有两层含义,实在意义的自然即自然界,境界意义的自然即自然而然。因此,说起道家思想对中国美学的影响,通常是在自然的这两层含义展开,其一是对"自然美"的发现,其二是对"天然美"的推崇。"天然美"是中国文学艺术的审美理想。如梁启超评陶渊明:"'自然'是他的理想的天国,凡有丝毫矫揉造作,都认作自然之敌,绝对排除。他做人很下艰苦功夫,目的不外保全他的'自然'。他的文艺只是'自然'的体现。"① 又如,李白诗云,"清水出芙蓉,天然去雕饰"(《经乱离后天恩流夜郎忆旧游书怀赠江夏韦太守良宰》);陆游诗云,"文章本天成,妙手偶得之"(《文章》)。这种追求"天然美"的审美理想显然源于道家,尤其是庄子。说起对自然美的发现,在欧洲的审美史上,是先发现人体美,再发现自然美。主要是由于道家思想的影响,中国对自然美的发现远早于欧洲。《论语》已有"智者乐山,仁者乐水""天何言哉"等说法,这只是用自然比拟道德,而在庄子这里,则发现了真正的自然美。较为抽象的例子是"天地有大美而不言"(《知北游》),较为具体的例子是"山林欤,皋壤欤,使我欣欣然而乐欤"(《知北游》)。庄子对自然美的发现,在魏晋时期被再发现了一次,使山水诗成为重要的文学体裁,随后,山水画在绘画中占据了至高无上的地位。

庄子不只发现了自然美,他还发现了人的美。美学史家常说,中国审美的自觉发生在魏晋时期,晋人的审美眼光向外发现了自然,向内发现了人。晋代的"人物品藻"是对人的审美评价。事实上,庄子早已把自然美和人的美都纳入他的视野之中。他的审美观照不仅及于山水花鸟虫鱼,而且及于人:有冰清玉洁超然世外的姑射神人,有毛嫱、丽姬、西施,还有残缺不全和丑怪不堪的人。《齐物论》说过:"故为是举莛与楹,厉与西施,恢恑憰怪,道通为一。"庄子认为,像厉这样的丑女,也可以与西施同等对待。如前所述,"齐物"的态度通向审美态度,因此庄子这里未说出口的潜台词就是:丑陋如厉者,也可以作为审美对象。但如此一来,庄子就要面对如下理论难题:残缺不全和丑陋的人,如何可能成为审美对象?如果他们是审美对象,那么"审美"岂非变成了"审丑"?

---

① 《梁启超论中国文学》,商务印书馆,2012,第296~297页。

第五章 《德充符》

我们知道，在古希腊，人更是重要的审美对象，希腊人关注的主要是人体美。希腊雕塑是人类艺术的一座高峰，其表现对象都是容貌俊美、身材匀称的男男女女。希腊的美，其最高代表即人体雕塑。人体之美，美在形式。鲍桑葵（Bernard Basanquet）准确地指出："希腊人的真正的审美分析只施及于希腊美中最形式的因素。"[①]形式之所以为形式，其要义有二：其一，它是外形或外观；其二，它是一个完整体，是"多样性的统一"。和谐、比例、匀称、节奏，都是形式美的题中应有之义。既然如此，在古希腊是不存在"残缺美"这种东西的。按照莱辛《拉奥孔》中的说法，希腊雕塑也是与丑为敌的，纵使表现痛苦，也不能显得丑："美就是古代艺术家的法律；他们在表现痛苦中避免丑。"[②]由于古希腊形式美的强大传统，"丑"的现象在西方美学史上很晚才受到关注。1853年，德国学者罗森克兰兹（Karl Rosenkranz）《丑的美学》出版，标志着丑的现象正式进入美学家的视野。反观中国，早在两千多年前，庄子便已发现残缺和丑这两种审美现象，并且探讨了残缺之美和怪丑之美的基本原理。

在《德充符》中，庄子显然认为，残缺和丑可以成为审美对象。审美对象是审美活动所指向的对象，要断定庄子发现了残缺和丑这两种审美现象，首先要证明庄子对残缺和丑的感知是审美活动。换言之，我们必须证明，庄子从残缺和丑的对象中获得了审美经验，或者描述了残缺和丑所产生的审美效应。对审美效应的描述，《德充符》中不仅有之，而且相当精彩。比如兀者王骀：

> 鲁有兀者王骀，从之游者，与仲尼相若。常季问于仲尼曰："王骀，兀者也，从之游者，与夫子中分鲁。立不教，坐不议，虚而往，实而归。固有不言之教，无形而心成者邪？是何人也？"仲尼曰："夫子，圣人也，丘也直后而未往耳！丘将以为师，而况不若丘者乎！奚假鲁国，丘将引天下而与从之。"

兀者就是断足的人。王骀是个残疾人，然而魅力无穷。王骀的职业相传是教

[①] 鲍桑葵：《美学史》，张今译，商务印书馆，1997，第22页。
[②] 莱辛：《拉奥孔》，朱光潜译，人民文学出版社，2000，第11页。

师，据说从他求学的弟子与孔子一样多。他的教育方式非常奇特。"立不教，坐不议，虚而往，实而归"，不教、不议，都是不说话。虽然不说话，弟子们来的时候，带着空空的脑袋，回去的时候，却觉得内心非常充实。这就是所谓"不言之教"。孔子一听，认定王骀是一个"圣人"，决定从他为师，并打算引导鲁国人和天下人都去追随王骀。

在王骀的故事里，孔子成了庄子的代言人，所以他口中的"圣人"，可以理解为道家的圣人。老子也提倡圣人的"不言之教"：

> 是以圣人处无为之事，行不言之教；万物作而不为始，生而不有，为而不恃，功成而弗居。夫唯弗居，是以不去。（二章）

老子说的"教"是教化，当然，也不妨一般性地理解为教育。圣人教化百姓，以无为的态度处世，没有太多的政教号令，让天地万物自然生长，自己只是从旁边协助。"生而不有，为而不恃，功成而弗居"，生养万物却不据为己有，作育万物而不自恃己功，成就功业却不自我夸耀。最后一句是"夫唯弗居，是以不去"，正因为他从不自居其功，不自我夸耀，那功业反倒不会泯灭。这就像《德充符》中的王骀，并不自以为教育了弟子，而弟子却从各地纷纷而来。所以，王骀的故事好似形象化地阐明了老子的"不言之教"。

不过，《庄子》一书并非《老子》的注脚，王骀也不只是"行不言之教"的圣人。在庄子描写的故事里，有老子的话中所没有的东西。教育中当然有"不言之教"的因素，所谓"言传身教"，"言传"之外还有"身教"。艺术教育往往是身教重于言教，学生通过模仿老师的行为来学习。舞蹈家教学，只能让自己动起来，跳起来，舞起来，语言只有辅助之功。佛教传说中"释迦拈花，迦叶微笑"的"以心传心"，也是不言之教的经典例证。释迦的教育是生活中的随机教育，《大梵天王问佛决疑经》云：

> 尔时大梵天王即引若干眷属来奉献世尊于金婆罗华，各各顶礼佛足，退坐一面。尔时世尊即拈奉献金色婆罗华，瞬目扬眉，示诸大众，默然毋措。有迦叶破颜微笑。

有人向释迦献上金婆罗花，释迦临时起意，因地制宜，拈花示众，传授心法，从此开出了"教外别传"禅宗。后人比较熟悉这个佛教传说,倒回去看王骀的教育方式,很自然地将它说成"以心传心"或"心心相印"。文中常季问孔子:"固有不言之教,无形而心成者邪?"释德清注云:"谓教人不见于形容言语,而但以心相印成者耶?"[1]张默生译为:"世间竟有行不言之教,即能心心相印默化而成的吗?"[2]两人均用了"心心相印"之说。然而,王骀的事迹,说的到底是不是"心心相印"的教育方式,是很令人怀疑的。

"以心传心"或"心心相印"的教育方式有一个前提,那就是:在教育者一方,必须有东西可传授,例如释迦要把正法眼藏传递给迦叶;在受教者一方,必须领悟并接受所传授的东西,迦叶的破颜一笑,是他领悟并接受的标志。在释迦和迦叶两个人或两颗心之间,有某种东西实实在在地传递着,好似包裹被空运一般。我们看到,释迦有拈花示众的动作,也有瞬目扬眉的表情,明显有某种意思要表达;他默不出声,却使用了身体语言。众人或默然毋措,或破颜微笑;对于释迦的意思,或是没有领会,或是有所领会。但是,王骀和弟子之间既没有语言的交流,也没有眼神的交换,双方缺乏互动。我们根本看不出王骀要传授什么。弟子们"虚而往,实而归",确实有了很大变化,可是这个变化只是发生在弟子的身上,这里并没有发生从此到彼的包裹的空运。可见,把王骀的影响视为"心心相印"不言之教,未必很准确。

2. 无言之美

把王骀的影响力视为某种教育的效果,不是不可以,但是还不够。在我们看来,王骀的魅力及其对弟子的影响,其实是一种审美效应。即便是教育效果,也是通过审美效应而达成的。在庄子的文本中,王骀并没有做任何事情,严格来说,他不仅没有"言传",甚至没有"身教"。远来谒见求教的弟子们只是看到他而已。王骀静静地存在着。他就像悄悄地在那里开放的一朵花,弟子们待在他的身边,围着他坐了半天,间或绕着他走了几圈,本来空空洞洞的内心不知不觉地充实起来,最后满载而归。什么东西能让人内心充实起来?自然是花的美。美具有安慰的力量,拯救的力量,振奋的力量,充实的力量。美只要存在,不需要行动(语言也是一种行动)。而且王骀这朵

---

[1] 憨山:《庄子内篇注》,崇文书局,2015,第88页。
[2] 张默生:《庄子新释》,新世界出版社,2007,第114页。

花不会凋谢，它的美并不会因为被看而减少，更不会消失，花越被看，美就越多。这就叫"既以与人，己愈多"（八十一章）。而无言之美却引得弟子们络绎不绝地前来，这就叫"桃李不言，下自成蹊"（辛弃疾《一剪梅·游蒋山呈叶丞相》）。教育上的"不言之教"，基于审美上的"无言之美"。

　　审美活动具有本雅明称之为"即时即地性"的特点。即时即地性首先意味着不可重复性、独一无二性。审美经验是不可重复的。审美必然发生在特定的时空中。同一幅画，今天看到的和昨天看到的有所不同，在北京看到的和在纽约看到的又有所不同。即时即地性还意味着身体性。身体是时空中的存在，正是由于审美的身体性，它才被限定在特定的时空中了。因此，审美活动必须由审美主体"亲身"参与，审美必须亲临现场。任何人都不能替自己去游山玩水、看电影、听音乐。审美经验和审美效果不能通过言说而被传达，只能通过感官而被体验。审美并不在语言或意识的层面发生，而在知觉或身体的层面发生。审美经验是活生生的体验，而所谓"体验"，顾名思义，也就是直接用"身体"去"验证"。正因如此，美学其实是一种身体哲学。但是，就知识教育而言，是否亲临现场是无关紧要的。今天的网络教育、远程教育说明，教育未必要有身体层面的交流。看教学视频，一样可以学到知识，甚至只要听讲课录音也就够了。视频已经将教师的身体虚像化了、隔离开来了，而录音则彻底将身体抹杀了。知识有直接知识和间接知识之分，直接知识来源于亲身经验，间接知识来源于道听途说或阅读，在教育活动中所传授的知识，往往是间接知识。事实上，如果都要把人类获取知识的过程亲自重复一遍，那我们要活好几辈子才行。对教育而言，间接知识比直接知识更为重要。然而王骀的"不言之教"，却是必须亲临现场去领略的。我们有理由认为，王骀并不是在传授知识，弟子们在他那里所获得的也不是知识；与其说是知识，不如说是体验，而且是审美体验。至于王骀自己，也因而成了一种审美对象。

　　王骀可能与孔子一样，是个办私学的教育家，哀骀它却不是教师，并且王骀只不过是个残疾人（残疾人未必长得丑），哀骀它却是个丑八怪，然而哀骀它竟然也有着与王骀相似的强大魅力。如果说王骀的影响多少有些教育的因素，似乎并非纯粹的审美效应，那么，庄子对哀骀它魅力的描写，可以视为更纯粹的审美效应：

第五章 《德充符》

> 鲁哀公问于仲尼曰："卫有恶人焉,曰哀骀它。丈夫与之处者,思而不能去也。妇人见之,请于父母曰:'与为人妻,宁为夫子妾'者,十数而未止也。未尝有闻其唱者也,常和人而已矣。无君人之位以济乎人之死,无聚禄以望人之腹。又以恶骇天下,和而不唱,知不出乎四域,且而雌雄合乎前。是必有异乎人者也。寡人召而观之,果以恶骇天下。与寡人处,不至以月数,而寡人有意乎其为人也;不至乎期年,而寡人信之。国无宰,而寡人传国焉。闷然而后应,泛然而若辞。寡人丑乎,卒授之国。无几何也,去寡人而行,寡人恤焉若有亡也,若无与乐是国也。是何人者也?"

恶就是丑,恶人就是丑人,"恶骇天下"就是丑得吓人,丑得惊世骇俗,丑得惊天动地。可是这个丑陋无比的哀骀它,对男女都有无穷的吸引力。男人与他相处,就不想离开他。女人见到他,发誓宁可做他的妾,也不愿嫁与别人为妻。这样的女人竟有十多个。那么,哀骀它到底有什么优点呢?他既没有权位去救济别人的灾难,也没有钱财去喂饱别人的肚子。没有权,没有钱,还没有思想。他经常应和别人,自己却从未倡导什么思想。他的智识不超出人世之外,然而男人女人都来依附他。鲁哀公听说哀骀它的事,觉得此人必有过人之处,就召他前来,果然形貌丑陋,足以惊世骇俗。但是,相处不到一个月,就觉得他有些意思;不到一年,就很信任他。适逢鲁国没有宰相,便以宰相之位相授。哀骀它对此漫不经心,像是答应,又像是推辞。鲁哀公觉得很是惭愧,最终还是把国事委托给他。不料没过多久,哀骀它就悄悄地离开了。鲁哀公若有所失,觉得国中已经没有人能与他共欢乐了。

鲁哀公失去哀骀它之后的表现,近乎失恋。如果只有鲁哀公一个人被哀骀它所吸引,那我们可以说他可能有同性恋倾向。然而,被哀骀它吸引的远不止一人,也不分性别,这就很难说他是恋爱的对象了。况且,爱作为一种意向行为,必是指向某种东西的爱。爱所指向的东西,或曰吸引人的东西,无非真、善、美几种。哀骀它拥有真的力量吗?换言之,哀骀它拥有知识的力量或思想的力量吗?显然没有。他并没有多少知识,也没有什么思想,只是擅长附和别人而已。哀骀它拥有善的力量吗?也没有,因为他好像什么都不做,并没有救灾救难或舍己为人的道德行为。鲁哀公以国事相托,本来他可以有一番作为,成就一些利国利民的事业,然而他不知是不愿做还是没能力

267

做，终究什么都不做。他是个对国家对社会没什么用的人。于是我们只好说，哀骀它拥有美的力量了。众人都是被哀骀它的美所征服。前面说过，美只需存在，不必行动。哀骀它只是作为一个审美对象而存在。

明明是丑八怪，或明明是残疾人，却偏偏具有难以抵御的美，这种情况在《德充符》中还有一些，例如：

> 闉跂支离无脤说卫灵公，灵公说之；而视全人，其脰肩肩。瓮㼜大瘿说齐桓公，桓公说之；而视全人，其脰肩肩。

一个是曲足、驼背、无唇，另一个是颈上长着奇大如盆的肿瘤。不是残缺，就是丑陋。可是卫灵公喜欢前者，齐桓公喜欢后者，所以他们看到形体健全的常人，反而觉得常人的脖子太细了。不过，闉跂支离无脤和瓮㼜大瘿两人，是先说服了卫灵公和齐桓公，先改变了他们的思想，再改变他们的感知方式。这种情况较之王骀和哀骀它的无言之美，略有不同。

庄子对怪丑之美的描写，以《德充符》为中心，在《人间世》和《大宗师》中也都有一些，这一描写伏脉千里。大约从明朝开始，中国文学艺术出现了一种"审丑"倾向。在文学领域，《西游记》中的猪八戒，《水浒传》中的武大郎，《红楼梦》中的刘姥姥，《聊斋志异》中的乔女，还有20世纪鲁迅笔下的阿Q，都是"丑"的形象。例如乔女，"平原乔生，有女黑丑：壑一鼻，跛一足"，这是小说叙述者的说法；乔女自己也说"残丑不如人""妾以奇丑，为世不齿"。根据这三个说法，乔女其人，五官不正，形体残缺，也是其丑无比，恶骇天下的。然而，乔女是《聊斋志异》中最为成功的艺术形象之一。明末清初书法家傅山提出"四宁四毋"说："宁拙毋巧，宁丑毋媚，宁支离毋轻滑，宁直率毋安排。"此处的"支离"显然来自《庄子·人间世》的"支离疏"。支离疏是个残缺不全、其丑无比的人，却可以自食其力，因其残疾严重，政府征兵时逃过一劫，政府征夫时免去劳役，政府赈灾济贫时却领受颇丰。庄子借支离疏这个形象阐明"无用之用"的道理，从此支离疏便成了残缺丑怪的象征。傅山的这种审美取向，一言以蔽之，就是崇尚丑。怪石成为重要的审美对象，与崇尚丑的审美取向密切相关。清代画家郑燮在《板桥题画兰竹》中说："米元章论石：曰瘦，曰绉，曰漏，曰透。可谓尽石之妙矣。东坡又曰：石文而丑。一丑字则石之千态万状，皆以此出。 彼元章但知好之为好，而不知陋劣之中有至好也。"清代批评家刘熙载说："怪石以丑为美，丑到极处，便是美到极处，一丑字丘壑中未易尽言。"①当代作家贾平凹也在他的散文名篇《丑石》中说："以丑为美"，"丑到极处，便是美到极处"。②

需要注意的是，庄子思想影响下的"以丑为美"，与西方美学传统中的"化丑为美"是有所不同的。古希腊的亚里士多德在《诗学》中就考察过化丑为美的现象。但这与其说是关注丑本身，毋宁说是关注艺术作品。化丑为美是指艺术家把生活中本来丑的事物转化成艺术形象，类似于点石成金。化丑为美的"丑"属于自然，"美"属于艺术作品。而中国美学传统的以丑为美，是指生活中丑的事物本身直接就是审美对象。

前面说过，古希腊的人体美，美在外观，美在和谐，美在形式。所以希腊雕塑中没有残缺，没有丑。现在我们可以肯定，庄子笔下的残缺之美和怪丑之美，并不在于形式。范成大诗云："滟滪之石谁劚镌？ 恶骇天下形眇然。"（《滟滪堆》）诗句写瞿塘峡口的礁石，借用了庄子形容哀骀它的"恶骇天下"，用得恰到好处。"恶骇天下"是由于滟滪堆"形眇然"，这礁石并不是一个和谐的形式，甚至是"无形式"。无论是王骀的残缺之美还是哀骀它的怪丑之美，都没有完整的、和谐的形式，都是无形式。显然，他们的美既不是人体美，也不是形式美。那么，他们又是因何而美呢？

第二节　残缺之美与怪丑之美

3. 残缺与整全

形式不完整、不和谐的残疾者为什么会是美的？ 丑为什么会成为审美对象？ 这是真正的美学问题，而庄子已经在《德充符》中明确地提出了这两个问题。 对于残疾人王骀，常季追问"是何人也？"对于丑得惊世骇俗的哀骀它，鲁哀公追问"是何人者也？"庄子不仅提出问题，而且给出回答。 庄子的回答，大体上可分为三个步骤。

---

① 刘熙载：《艺概·书概》。
② 《贾平凹散文精选》，人民文学出版社，2014，第 9 页。

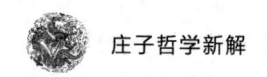

第一个步骤是处理残缺与整全的关系。《德充符》写了好几个残缺不全的人，与其同时，在解释残缺美的过程中，庄子多次提及"全"字。 如："吾是以务全之也。""而况全德之人乎！""形全犹足以为尔，而况全德之人乎！""是必才全而德不形者也。"按照庄子的思路，只要一个人能够转换一个视角，那么残缺也就不再是残缺了。 譬如王骀，常季向孔子请教王骀影响力的由来，孔子解释道：

  自其异者视之，肝胆楚越也；自其同者视之，万物皆一也。 夫若然者，且不知耳目之所宜而游心乎德之和；物视其所一而不见其所丧，视丧其足犹遗土也。

如果着眼于万物相异的一面，那么纵然是自己身上的肝和胆，其间隔也远似楚国和越国；如果着眼于万物相同的一面，那么万物都是一体。 像王骀这样的人，能够"自其同者视之"，能够看到"万物皆一"。 一个能够把万物视而为一的人，自然不见其有所损失。 他看自己丧失的一只脚，犹如失落了一块泥土一般。 王骀"万物皆一"的视域，与《齐物论》中"道通为一""天地与我并生，万物与我为一"的视域是一致的，他显然采取了《齐物论》中"以道观之"的视角。 如前所述，这种视角是整体视角。 所谓残缺，指的是一个整体中缺少了一部分；所谓遗失，是指从一个整体中分离出一部分。 而王骀拥有"齐物"的整体视域，他把天地万物视为一体，他自身就是天地万物的一部分。 天上的云气变成降雨，或降于此，或降于彼，或流入江海，或渗入地底，而水本身不增不减。 天地万物作为一个整体，又能有什么损失呢？ 所以王骀并不觉得自己残缺不全。

叔山无趾也是兀者，他没有脚趾，靠脚后跟走路去向孔子请教。 孔子说，你为人处世不太谨慎，犯了错误，受了刑罚，现在才来求教，不觉得太晚了吗？ 叔山无趾说：

  吾唯不知务而轻用吾身，吾是以亡足。 今吾来也，犹有尊足者存焉，吾是以务全之也。 夫天无不覆，地无不载，吾以夫子为天地，安知夫子之犹若是也！

"犹有尊足者存焉",叔山无趾的这句话,体现了庄子对个体尊严的极大肯定。人身上有着比手足更重要、更尊贵的东西,叔山无趾想要保全它,不料孔子竟然看不到这个"犹有尊足者",令他大失所望。怎样才能看出人身上"犹有尊足者存"呢?这要求整体视域。整体视域的常用象征是天地:"天无不覆,地无不载。"叔山无趾本以为孔子定然拥有天地般的整全视域,殊不知,盛名之下,其实难副。孔子恰似今天那些"只认衣衫不认人"的势利眼,在他眼里,叔山无趾是残缺不全的、有所不足的人。换言之,叔山无趾此人被否定了,他并不是孔子的审美对象。审美关系没有建立起来,庄子只好让叔山无趾走掉了。

王骀和叔山无趾这样的残疾人,为什么可以作为审美对象,形成"残缺之美"?庄子的初步回答是,残缺如果仅仅作为残缺,那是不美的;必须超越残缺,才能把握到残缺之美;作为审美对象的残缺,是以残缺象征整全。这种观点与古罗马斯多葛派哲学家是相似的。法国哲学家吕克·费雷(Luc Ferry)在讲述斯多葛派时指出:"在自然中,也存在一些一眼望去丑陋甚至恐怖的东西。不过,在斯多葛派看来,应该学会超越第一印象,不要停留在不会思索的普通人的眼光上。……如果我们只局限于观察世界的一隅,我们将看不到整体之美,而观看行星令人赞叹的规律运动的哲学家将懂得抬高视野,理解全局的完美,我们自己只是其中微不足道的片段。"[①]不过,斯多葛派对部分-整体的思辨,主要是为了处理个体在宇宙中的位置,甚至是为了解决个体死亡的问题(个体死亡是复归于整体),因此它主要在伦理学上开花结果,而庄子思想却直接塑造了中国艺术的审美观念。

任何艺术作品或审美对象,都不可能表现对象的全部,不可能说出一切,但艺术作品可以用部分象征整体。叶绍翁诗云,"满园春色关不住,一枝红杏出墙来"(《游园不值》),艺术作品或审美对象所展示的是"一枝红杏",然而艺术家想要表现的却是"满园春色"。王安石"浓绿万枝红一点,动人春色不须多"(《咏石榴花》)也是如此。这种以部分象征整体的创作手法,西方文学家和艺术家也大量使用。不过,有意以残缺的局部象征或暗示全体,却是中国文学艺术的主动追求和鲜明特征。刘勰《文心雕龙·

---

① 吕克·费雷:《期望少一点,爱多一点》,李月敏、欧瑜译,复旦大学出版社,2009,第21~22页。

物色》称之为"以少总多,情貌无遗"。关键在于"无遗",无遗就是整全。中国绘画艺术注重保留空白的特点,绝大多数美学家都曾注意到,但是,中国绘画何以要保留空白? 中国艺术家深知"大成若缺"的道理,正因为形象有残缺、有空白,才能更好地暗示全体。中国画家画月,往往不肯把一轮满月如实画出,而是故意让月亮有所"残缺",用诸如"烘云托月"的方法来画它,以残缺象征整全。中国画家画龙,一定让龙见首不见尾,或以一鳞半爪来表现龙的全体。

中国山水画是以局部暗示全体的佳例。西方风景画站在一个固定的地点看风景,只能画出"世界的一隅",中国山水画则采取多角度的动态视点,忽前忽后,忽高忽低,甚至在想象中升上半空俯视、远视山川,"这是全面的客观的看法"。[①] 要看到全体,不仅要移动地看,而且要远观。所以中国山水画特别重视"远"。郭熙《林泉高致》说:"山有三远:自山下而仰山颠,谓之高远;自山前而窥山后,谓之深远;自近山而望远山,谓之平远。"韩拙《山水纯全集》又细化了郭熙的理论:"郭氏谓山有三远,愚又论三远者:有近岸广水,旷阔遥山者,谓之阔远;有烟雾溟漠,野水隔而仿佛不见者,谓之迷远;景物至绝,而微茫缥缈者,谓之幽远。"于是山水画有"三远"说,也有"六远"说。如果不纠缠于技法层面上的细分,则"远"不妨首先就字面意思理解为远景。西方风景画本质上是画近景的,中国山水画本质上是画远景的。画远景并非不要近景,恰好是在与近景、中景的关系中,远景才被很好地展示出来。总之,山水画视野开阔辽远,可以把近景、中景、远景一起表现出来,可以把江山万里一举囊括其中。哪怕画的只是"残山剩水",也往往有"吞吐大荒"的宇宙境界。"意在全体"是中国山水画的基本特征,而这一特征在庄子思想中便已初露端倪。

4. "形骸之内"与"形骸之外"

第二个步骤是区分"形骸之内"和"形骸之外"。申屠嘉也是兀者,与郑子产同师于伯昏无人。郑子产是执政大臣,嫌弃申屠嘉的形体残缺,不愿与他同进同出。申屠嘉说:

---

① 宗白华:《美学散步》,上海人民出版社,2003,第111页。

| 第五章 《德充符》|

> 人以其全足笑吾不全足者多矣，我怫然而怒；而适先生之所，则废然而反。不知先生之洗我以善邪？吾与夫子游十九年矣，而未尝知吾兀者也。今子与我游于形骸之内，而子索我于形骸之外，不亦过乎！（《德充符》）

申屠嘉受刑断腿之后，老是遭人耻笑，觉得非常愤怒，但是到了先生伯昏无人那里，就愤怒全消，恢复常态了。这当然是由于受到了先生的感化。他在先生门下已经19年了，先生好像从来没有感觉到他是残疾人。申屠嘉最后质问郑子产：" 你与我游于形骸之内，看重的应当是内在的德行，但你却在形骸之外衡量我，这不是大错特错吗？"

申屠嘉对"形骸之内"和"形骸之外"的区分，有些类似《逍遥游》中宋荣子的"定乎内外之分"。定乎内外之分，才能无待于外，也才能逍遥。当然，在《逍遥游》那里，首先面对的问题是何谓逍遥及如何逍遥，《德充符》面对的问题却是残缺之美如何可能。"形骸之外"也就是外观、外形。庄子通过形骸之内和形骸之外的区分想要告诉我们，对于一个残疾人而言，所谓外观美、形式美是不存在的；残缺之美的根据只能在形骸之内。这个根据我们不难猜测出来，也就是德，即内在修养。

形骸之内和形骸之外的区别，有人理解为内在之"心"与外在之"形"的区别。这种理解，在学理上属于对庄子哲学的心学诠释范式，在文本依据上大概是由于《庄子》内篇常将"心"与"形"对举，再加上"德"字在字形构造上就天然地与心有关。但是，把心灵看作一种内在的东西，这个传统观念在现代哲学中已经站不住脚了，美国现象学研究者索科拉夫斯基（Robert Sokolowski）指出：

> 现象学做出的一项最为重大的贡献，就是突破了自我中心的困境，击败了笛卡尔主义的教条。现象学表明，心灵是公开的事物，它公开地活动并把自己表现在外，而不是局限于它自己的范围之内。一切都是外在的。"内心世界"概念和"心外世界"概念是不融贯的，……心灵与世界彼此关联。[1]

---

[1] 罗伯特·索科拉夫斯基：《现象学导论》，高秉江译，武汉大学出版社，2009，第12页。

心灵把自己表现于外，成为公开的事物，必定离不开身体。或许是受现象学的影响，西班牙哲学家奥尔特加·加赛特指出："我认为这个时代的任务就在于把情感身体化，把身体跟心灵融合在一起。""身体是对心灵的一种要求，它要求实现自己，而且不仅于此：身体才是心灵的现实。"①这种作为"心灵的现实"的身体，定然不是物理意义的躯体。众所周知，现象学区分了身体与躯体。躯体是物理学的身体，可简称物理身体；身体则是活生生的，是有生命、有灵气的身体，亦即梅洛-庞蒂所说的现象学的身体，简称"现象身体"。在物理意义上，刚刚失去生命的尸体，与身体并无不同，但在现象学意义上，那只是躯体，并不是身体。庄子可能也意识到躯体与身体的区别，所以他让孔子解释哀骀它的魅力时说：

> 丘也尝使于楚矣，适见豚子食于其死母者。少焉眴若，皆弃之而走。不见己焉尔，不得类焉尔。所爱其母者，非爱其形也，爱使其形者也。（《德充符》）

"豚子"是小猪，"眴若"是惊慌的样子，"不得类焉尔"是不与自己同类。一群小猪围着母猪吃乳，不一会儿都惊慌地抛开母猪逃走，因为它们发现母猪已经不像活着的样子了。可见它们之所以爱母亲，不是爱它的形体，而是爱赋予形体的生命。

在小猪吃乳的故事里，"非爱其形也，爱使其形者也"是关键句。陈鼓应把"使其形者"译为"主宰形体的精神"，这种翻译颇有身心二元论的嫌疑。身心二元论者相信精神的主宰性和不朽性，而这种思想大概是从宗教中来的。印度教徒甘地也有类似"非爱其形也，爱使其形者也"的思想，他在给一个弟子的信中指出：

> 我越仔细观察与研究，也就越相信这一点，即承受永别与分离之苦乃是一种最带有欺骗性的感觉。人一旦能意识到这一点，就能摆脱这种痛苦而达到自由的境界。我们之所以热爱朋友，乃是因为我们爱那表现在

---

① 何塞·奥尔特加·加赛特：《关于爱》，姬健梅译，电子工业出版社，2013，第26、28页。

朋友身上的精神。这一点精神往往会依附在人的躯体上。然而，人的躯体会死亡，精神则会永存。我们感到悲哀，乃是因为我们只看到了死亡的躯体，而没有意识到精神的永存。真正的友谊永远为人所颂扬，精神不会与人的躯体一同死亡。①

甘地显然把人的身体等同于躯体了，由于躯体会死亡，所以在甘地看来，人的真正存在便是精神，精神是不朽的、永存的。这种可以与身体分离且独立存在的精神观念，已经被现象学以来的哲学否定了。因此，尽管甘地的说法在形式上与庄子很相似，但我们不能把庄子的"使其形者"理解为甘地的"精神"。

大概正是由于将"使其形者"理解为精神或心灵，人们才推断"形骸之内"指的是心。但是，根据现象学的观念，在躯体之外固然没有心，便是在躯体之内，觅心也了不可得。因此，把"使其形者"理解为生命，比理解为精神或心灵可能要恰当得多。因为按照笛卡尔式的身心二元论，心灵如何作用于身体本身就是一个难题，而将"使其形者"理解为生命，就把这个难题取消了。不妨说，庄子的"形"，相当于躯体。庄子否定了物理性的躯体，肯定了有生命的、活生生的身体，他的哲思隐隐然指向现象学的身体。在庄子大量描写的手艺人的技术行为里，现象身体已经是一个呼之欲出的概念了。

所以"形骸之内－形骸之外"肯定不等于"心－形"。如果"形骸之内－形骸之外"是"心－形"的理解是成立的，那么在眼下这个残缺之美的语境中，就必然要推导出庄子主张"心灵美"的存在了。胡家祥说："在庄子看来，个体最为重要的是心灵的美，而不是形体的美。"②事实上，在残缺和丑这两种审美现象上，庄子既否定了人体美，也不肯定"心灵美"。严格来说，"心灵美"并不是一个美学概念，因为它显然只是用比喻的方式表达一个伦理判断或道德判断。美是感知的对象，而心灵是无形的，不可能是感知的对象，所以无所谓美不美。鲍桑葵指出："按照我们的理解，美是只供感官感知，只供感官想象力的。近代小说中的'美的灵魂'一词显然是一种隐喻。这个隐喻是要说明，观照它的精神品质时所得到的愉快有一定程度的直

---

① 转引自海伦·聂尔宁《美好人生的挚爱与告别》，张燕译，新世界出版社，2010，第8页。
② 胡家祥：《先秦哲学与美学论丛》，中国社会科学出版社，2010，第151页。

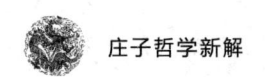

接性，同感官感知美时所得到的愉快的直接性相仿。 希腊哲学所认识的灵魂美，即超感官世界的美也是一种有些类似的隐喻。"①希腊的"灵魂美"只是隐喻，中国的"心灵美"自然也只是隐喻了。

形骸之内和形骸之外的区别，与其说是内在之心和外在之形的区别，不如说是形象与超乎形象的区别。 "形骸之内"约等于形象，"形骸之外"约等于超乎形象。 事实上，清朝学者王懋竑便主张在这个区分里，内、外两字应当互换。 此说有些道理。《大宗师》提到形骸一词，如是说："彼何人者邪？ 修行无有而外其形骸，临尸而歌，颜色不变，无以命之。 彼何人者邪？"在这句话里，"外其形骸"指生命不受世俗礼仪的束缚，得以自由解放，庄子显然对此颇为肯定。 后来王羲之《兰亭集序》也有"放浪形骸之外"的说法。 内、外两字互易之后，原来的句子变成了："今子与我游于形骸之外，而子索我于形骸之内，不亦过乎！"如此一来，更不能把"形骸之内"理解为心了。 而且如此一来，把形骸之内和形骸之外的区别理解为形象与超形象的区别，就更加顺理成章了。 我们未必要改动《德充符》的文字，但我们可以且应当有这样的意识：庄子对形骸之内和形骸之外的区分，是希望我们超出外形、外观，把握超乎形象之外的东西。

冯友兰特别注重"超乎形象之外"，因为他认为真正的哲学都是能"经虚涉旷"的，而经虚涉旷的前提就是"超乎形象"。 在中国哲学史上，名家之所以重要，恰好在于名家的思考初步地开辟了一个超乎形象之外的领域：

> 名家的思想家们揭示出"超乎形象之外"或说"形而上"的存在。 大多数人只思考"形而下"的存在，即现实世界。 他们觉得，现实世界是可见的，因此，表达它时并无困难；在表达时，虽然使用名字，也不觉得那仅仅是"名"。 名家的思想家开始对"名"进行思考，在思维上乃是一大进步，对"名"的思考乃是对"思考"进行思考，它是在一个更高层次上的思维。
>
> 一切"形而下"的事物都有名字，或至少有命名的可能，它们是可以命名的。 老子却指出，除了"可以命名的"之外，还有"无法命名的"。 形而上的事物也并非都无法命名，例如共相，它们是形而上的，

---

① 鲍桑葵：《美学史》，张今译，商务印书馆，1997，第 51~52 页。

却不是"无法命名的"。但从另一方面看，凡"无以命名的"必定是形而上的。道家所说的"道"和"德"便是属于这一类的概念。①

名家的"名"，意即概念，所以冯友兰这里所说的"超乎形象之外"的世界，主要是指概念的世界，他提到道家的"道"和"德"也是首先把它们视为概念的。但是，超乎形象之外的世界，显然不只是概念的世界。我们可以将它一般性地理解为形而上的世界。道和德存在于这个形而上的世界里。一个整全的世界，自然是将形象和超乎形象都包括在内的世界，事实上，对整体、全体的渴慕，本身就是一种形而上的冲动。因此，把形骸之内和形骸之外的区别，理解为形象与超乎形象的区别，与前面提到的残缺和整全有所对应。

在《中国哲学史新编》中，冯友兰用十六字提纲挈领地总结庄子哲学的精神境界："游于逍遥；论以齐物。超乎象外；得其环中。"冯友兰论《庄子》，最重《逍遥游》和《齐物论》两篇，认为它们是"庄之为庄者"②，"得其环中"四字便出自《齐物论》。不过，"超以象外"四个字，却不是庄子的话，它来自晚唐诗论家司空图的《二十四诗品》。《二十四诗品》是道家思想在诗歌美学中的表现，它在中国美学史上的地位，相当于宋朝严羽的《沧浪诗话》，后者标志着禅宗思想进入诗歌美学。司空图用"超以象外"四字，拈出了庄子哲学的基本精神，也几乎一语道破了中国美学的基本精神。"象外"确实是中国美学传统中极为重要的观念。唐代刘禹锡就提出"境生于象外"的美学观点。惠洪《冷斋夜话·象外句》也说："唐僧多佳句。其琢句法，比物以意，而不指言某物，谓之象外句。"苏轼诗云："吴生虽妙绝，犹以画工论；摩诘得之于象外，有如仙翮谢笼樊。吾观二子皆神俊，又

---

① 冯友兰：《中国哲学简史》，赵复三译，天津社会科学院出版社，2005，第83页。
② 尽管我们可以承认《逍遥游》和《齐物论》是整部《庄子》中最重要的两篇，不过事实上，《庄子》内七篇几乎每篇都很重要，而且应当说内七篇都是"庄子为庄者"。根据解读庄子的视角不同，人们的偏重自然有所不同。例如，钟泰认为，"庄子真实学问在《大宗师》一篇"，因为庄子是道家的代表人物，而《大宗师》大体上是一篇道论。周策纵着眼于庄子的个人自由主义，而个人自由首先表现为个体生存，因此他认为《养生主》在内七篇中最为重要。徐复观意在塑造庄子的"心学"并发掘庄子的"艺术精神"，而且他认为"心斋"之心乃是艺术精神的主体，所以他相对不太重视《齐物论》而更重视《人间世》。我们认为从美学的角度看，《德充符》特别值得重视，因为在内七篇的其他文字里，我们只能从文本中推导出庄子的美学思想，而《德充符》基本上让我们直接看到美学思想。

于维也敛衽无间言。"(《王维吴道子画》)"象外"就是超乎形象之外。由于超乎形象之外,因而中国艺术是虚实相生的、充实与空灵兼备的;由于超乎形象之外,所以中国艺术有着明显的形而上特征。 以绘画为例,西方文艺复兴以来的写实主义绘画,其理论背景是科学,而中国绘画尤其是山水画的精神支撑是哲学,尤其是庄子哲学。 吴道子的画技绝妙,但由于不能超出形象之外,所以在苏轼看来,他还只是"画工",比不上"得之于象外"的王维。"超以象外""得之于象外",才是最高超的艺术境界,这种审美观念在庄子的《德充符》中就已经留下明显线索了。

王骀、叔山无趾、申屠嘉等残疾人,还有哀骀它这样的丑人,为什么可以成为审美对象? 庄子提供的第二个回答是,如果把目光盯着形体或形象本身,那么他们确实是不美的,应当去发现超乎形象之外的东西。 残缺之美和怪丑之美,美在形象之外。 这个形象之外的东西也就是叔山无趾所说的"尊足者",在《德充符》的语境中,也就是"德"。《知北游》明确地说:"德将为汝美。"德与道密切相关,德者得也,得道之谓德。 与"道"相似,"德"是一种形而上的东西。 正是形而上的东西使残缺之美、怪丑之美得以成立。

5. 形与德

庄子的第三个步骤,便是区分形与德。 形是形而下的,德是形而上的。《易经·系辞》云:"形而上者谓之道,形而下者谓之器。"故形－德关系,相当于器－道关系。 有德之人,便是体道之人。 在闉跂支离无脤和瓮㼜大瘿两人的故事里,庄子说:"故德有所长,而形有所忘。 人不忘其所忘,而忘其所不忘,此谓诚忘。"意思是,只要有过人的德行,形体上的残缺就会被人遗忘。 如果人们不能忘却应当忘的形体,反而忘掉不应当忘的德行,那才是真正的遗忘。 "德有所长,而形有所忘"是一个重要的命题,它好比一道河床,规定了未来中国美学的流向。 庄子的命题在美学中先是演变为东晋顾恺之的"传神"论,再发展为宋代的"写意"论。 传神论处理的是形－神关系,写意论处理的是形－意关系,这两种关系与庄子处理的形－德关系,结构完全相同。 在形－德、形－神、形－意这三对关系中,后一个关系项都是更重要的,形都是次要的,是可以被"忘"的。

顾恺之传神论的核心命题是"以形写神",主张绘画的目的是通过形去传达神。 所以顾恺之说"手挥五弦易,目送归鸿难"(刘义庆《世说新语·巧艺》），手挥五弦即弹琴的动作，这属于形的领域，相对容易描绘，而琴师目送归雁的神态，则是无形的，因此难以把握。然而绘画正是要通过有形的东西去传达无形的东西。由于绘画旨在传神，所以顾恺之说："四体妍蚩本无关于妙处，传神写照正在阿堵中。"（刘义庆《世说新语·巧艺》）形体的美丑无关紧要，至关重要的是神，而传神的关键在点睛。传神论的"神"，是客观对象的神，而写意论的"意"，则是艺术家主观的意了。宋代写意论的代表是三大诗人，即梅尧臣、欧阳修、苏轼。欧阳修论梅诗云："古画画意不画形，梅诗咏物无隐情。忘形得意知者寡，不若见诗如见画。"（《题盘车图》）苏轼题画诗云："论画以形似，见与儿童邻。赋诗必此诗，定知非诗人。"（《书鄢陵王主薄所画折枝二首》）欧、苏在诗中都明确要求重意不重形。梅尧臣主张，"状难写之景，如在目前；含不尽之意，见于言外，然后为至矣"（欧阳修《六一诗话》）。这是梅尧臣关于诗歌的至高理想，前半句要求写出形象，后半句则要求超出形象之外。这句话可以说是主张"境生象外"，也可以说是主张"意在言外"。

不难看出，宋代诗人的写意论，除了受庄子的形－德关系说的影响，还受到庄子的言－意关系说的影响。庄子的形－德关系和言－意关系，又是基本同构的，可以在此趁便一提。关于言意关系，庄子有两个观点，一是得意忘言，二是言不尽意。《外物》篇说：

> 荃者所以在鱼，得鱼而忘荃；蹄者所以在兔，得兔而忘蹄；言者所以在意，得意而忘言。吾安得夫忘言之人而与之言哉！

早在《周易·系辞上》中就有"书不尽言，言不尽意"的说法，不过在魏晋玄学中，"言不尽意"才成为重要的哲学命题。这一命题，在《庄子·天道》中已经有了萌芽：

> 世之所贵道者书也，书不过语，语有贵也。语之所贵者意也，意有所随。意之所随者，不可以言传也，而世因贵言传书。世虽贵之，我犹不足贵也，为其贵非其贵也。

把"得意忘言"和"言不尽意"两个命题放在一起，似乎是不兼容的，甚至是矛盾的。比较而言，"得意忘言"偏于听，接受；"言不尽意"偏于说，创作。如此两者似乎可以并行不悖了。"得意忘言"的事，几乎每个学生都在做着。学生上课的目的是学习知识，因而重要的是从老师的言语中获取知识，而不必在意老师说话的声音、腔调、发音是否标准、有没有念别字，诸如此类。这就是得意忘言。自然，这也是层次较低的得意忘言。庄子老师言中的"意"，并不是轻易就能"得"到的。因为他的"意"，并不是经验性知识，而是形而上的洞见。"言不尽意"的事，几乎每个人都有过深刻的体验。世上没有不吵架的恋人，而恋人吵架的缘由，往往是微妙的心意不能恰到好处地传达。当庄子说"道不可言，言而非也"（《知北游》）时，他大概是在"言不尽意"的层面上说话的，既然言不尽意，那么自然别指望光用语言去把道表达出来。陆机《文赋》说"恒患意不称物，文不逮意"，这也是从创作的角度说的。"文不逮意"与"言不尽意"所说大致相似。

回到《德充符》的话题，闉跂支离无脤和瓮㼜大瘿这两个丑人何以吸引人，庄子的解释是"故德有所长，而形有所忘"。这里关键在于"忘"字。庄子认为德是不能忘的，而形是可以忘的，这意思与"得意忘言"差不多。因此，关于残缺之美和怪丑之美何以可能的问题，庄子给出的第三个回答是：要用"得意忘言"的方式去感知、去接受，忘记对象的外形，或越过对象的躯体，去把握对象的德。

忘记外形或超越外形，这样的审美活动不可能指向人体美。超越形象之外的东西是德，那么我们应当说，残缺之美或怪丑之美是一种人格美。如果说古希腊人对人的审美表现为欣赏人体美，那么中国人尤其是庄子对人的审美则表现为欣赏人格美。如果说"灵魂美""心灵美"等是伪美学概念，那么人格美就是一个货真价实的美学概念，因为所谓"灵魂美"和"心灵美"并不是感知的对象，而人格美却可以是感知的对象。德是在感知对象上显现出来的，此之谓"德充符"。"符"，是符号、标志、征兆，也可以理解为显现。"德充符"的篇名在形式上，相当于黑格尔的说法："美是理念的感性显现。"[1]在比较通俗的意义上，人格美可以表示为人格魅力，而人格魅力就像艺术魅力一样，是可以活生生地感知到的。人格美超越形体又不离感知，或者说，不离感知又超越形体，因此，残疾人身上有人格美，形体完好的人身

---

[1] 在内容上，庄子的"德"与黑格尔的"理念"当然完全不同。

上也有人格美。给人留下深刻印象的，自然是庄子笔下的那些神人、至人、真人，很多学者都把他们理解为庄子的"人格理想"。李泽厚指出，庄子讲了那么多的寓言，"都只是为了要突出地树立一种理想人格的标本"，"个体存在的形（身）神（心）问题最终归结为人格独立和精神自由，这构成庄子哲学的核心"。①李泽厚甚至把庄子哲学称为"人格本体论"。除了把形神问题等同于身心问题有待商榷，李泽厚的判断还是持之有故的。

庄子对理想人格的塑造，对人格美的追求，在中国美学史上打下深刻的烙印。弘一法师曾教导学生："应使文艺以人传，不可人以文艺传。"这句话表明人格美被看作是中国艺术的最终依据和最高境界。陶渊明为什么被视为中国诗人的最高象征？因为他的诗和他的人达到了完全同一。朱光潜说："大诗人先在生活中把自己的人格涵养成一首完美的诗，充实而有光辉，写下来的诗是人格的焕发。陶渊明是这个原则的典型的例证。"所以，"我们解释了陶渊明的人格，就已经解释了他的诗"。②这真是切中肯綮、一语中的。苏轼为什么那么受人喜爱？因为他富有人格魅力，并且他将这种人格魅力活生生地灌注到作品中。林语堂说："世上有了一个苏东坡，以后再难有第二个像他这样富有个性的人。"③这话略有夸张，然而确实搔到痒处。曹慕樊评论苏轼："说他纵横驰骋，始终走着个性解放的路，似亦不过。"④个性也就是人格。苏轼之文、诗、词的魅力，归根到底是人格的魅力。日本美学家今道友信强调："我仍然坚持艺术欣赏的志向是追求人格美。""人格美是艺术得以产生的基础。""艺术是把树立人格美作为目的的。"⑤这样的观点，只能出自东方美学家之口，而且大概也只有在庄子思想的源泉里饮过水的东方美学家，才能把这个观点说得如此铿锵有力。

人格美是审美概念，而不是道德概念。儒家也有理想人格，梁启超指出："孔学专在养成人格"，"孔子所谓学，只是教人养成人格，什么是人格呢？孔子用一个抽象的名词来表示他，叫作'仁'，用一个具体的名来表示

---

① 李泽厚：《中国思想史论》上，安徽文艺出版社，1999，第189、187页。
② 朱光潜：《诗论》，安徽教育出版社，1997，第232、247页。
③ 林语堂：《苏东坡传》，宋碧云译，万卷出版公司，2013，第3页。
④ 曹慕樊：《庄子新义》，重庆出版社，2005，第246页。
⑤ 今道友信：《关于美》，鲍显阳、王永丽译，黑龙江人民出版社，1983，第136、146页。

他，叫作'君子'"。① 仁是道德概念，孔子的君子是道德人格，庄子的至人或真人则是超道德人格。由于在汉语语境中，"人格"可以做道德和超道德两种理解，因此需要稍作辨析。作为道德概念的人格表现为"人品"，作为超道德概念的人格相当于"个性"。人品是道德概念，故而我们常说"人品高尚"，如郭若虚《图画见闻录》说："人品既已高矣，气韵不得不高；气韵既已高矣，生动不得不至。"气韵生动本是中国绘画美学的最高原则，郭若虚的说法是将儒家道德渗透到绘画美学之中，让道德人格成为艺术的最终依据。这是一种或有意或无意的概念混淆。我们可以说"人品高"，却不能说"人格高"；可以说"人格美"，却不能说"人品美"。事实上，作为艺术美之基础的人格美，是个性而不是人品。

以上所述庄子关于残缺之美与怪丑之美的三个解答，在"残缺美"和"丑"的审美现象中是通用的。不过，在解释哀骀它的人格魅力时，庄子还曾让孔子提出一种说法，即"才全而德不形"。庄子在《德充符》中一共提到"三全"：形全，才全，德全。《德充符》中的残疾人缺乏形全，幸而他们拥有德全，故可作为审美对象。"德"大体上就是人格修养，他们让人欣赏的是人格美。但是，如果一个人故意炫耀自己的修养，那么他也就不美了。庄子的这个看法，在《山木》篇也有显示：

> 阳子之宋，宿于逆旅。逆旅人有妾二人，其一人美，其一人恶。恶者贵而美者贱。阳子问其故，逆旅小子对曰："其美者自美，吾不知其美也；其恶者自恶，吾不知其恶也。"
>
> 阳子曰："弟子记之！行贤而去自贤之心，安往而不爱哉！"

与哀骀它的"恶骇天下"一样，这里的"恶"也就是丑。逆旅人有两个妾，一美一丑，美女被冷落，丑女受宠爱。原因是，"美丽的自以为美，我却不知其美；丑陋的自以为丑，我却不知其丑。"阳子听了逆旅人的话，赶紧告诫弟子：行善事而去掉自我炫耀之心，这样才能到哪里都受到喜爱。在逆旅人的故事里，"自美"和"自贤"，都是自我意识过剩，自负美貌或贤德，所以忍不住自我炫耀。在自我炫耀的过程中，美便隐退了、消失了。

---

① 梁启超：《孔子》，吉林出版集团有限责任公司，2012，第110、24页。

哀骀它显然是一个有"德"而"不自美""不自贤"的人,所以他得到许多人的爱慕,这就叫"才全而德不形"。"才全"可以视为"德全"的替代物,它是不形之于外、不自我炫耀的"德全"。庄子说:"德不形者,物不能离也。"有人格修养而不自我标榜,万物自然不能离他而去。换言之,只要有德并做到德不形,如哀骀它般的丑人也是审美对象,可以产生审美效应,此时"审丑"实为"审美"。一旦丑人开始自炫其人格修养,他就当即从审美世界的空中跌落,摔得半死,变成真丑,这种丑并不是审美对象。逆旅小子说"其美者自美,吾不知其美也",就是说他们不构成审美关系,无人欣赏的美不是美。

庄子这种关于丑的理解是相当深刻的。20世纪欧洲美学家考察丑的问题,也得出与庄子相似的结论。例如鲍桑葵,他对丑的解释从批判克罗齐的观点开始。克罗齐认为美是表现,那么丑就是纯粹的无表现。鲍桑葵认为这是不成立的。他说:"我们要找寻不可克服的丑,主要是在有意识致力于美的表现的范围内去找——一句话,在不忠实和矫揉造作的艺术领域中去找。这里你必然有丑的真正根源——自命是纯表现,而且只有这样才能招致明显而肯定的失败。我认为,自然界的表象也可能具有同样的效果,因而成为真正的丑。"[①]这种对丑的解释,与庄子如出一辙。不过鲍桑葵认为,自然界不会有意识地努力于美的表现,因此自然本身是无所谓丑的;丑都是人为的,与自然无关。当然,一棵树或一朵花并不会矫揉造作,甚至孔雀开屏也不是自我炫耀,但是人有自炫冲动,也会矫揉造作。对人的审美至少有两种:人体美和人格美。如果只能把美分为艺术美和自然美两类,那我们不妨让人体美和人格美归属于艺术美,前者以希腊雕塑和欧洲近代人体油画为代表,后者以《庄子》书中所描写的真人、至人为代表。不过依庄子的倾向,他可能会主张,人格美是自成一类的,人格美、艺术美、自然美三者并列,一起构成美的领域。这正如西方有些美学家,也愿意将人体美独立出来,另成一类,与艺术美、自然美并列。

第三节 审美经验与无情之辩

6. 庄子与斯多葛派

在《德充符》中,庄子生动地描述了审美效应,揭示了残缺之美与怪丑之

[①] 鲍桑葵:《美学三讲》,周煦良译,上海译文出版社,1983,第55页。

美的审美现象，并深刻地解答了两者之所以可能的基本原理，不仅如此，庄子还初步且简略地对审美经验有所说明。与审美效应、审美对象、人格美、残缺美、审丑等术语一样，审美经验也是今天才有的术语，庄子的笔下自然是没有的，不过他关于"与物为春"的言论，让我们感到很可能就是一种审美经验：

> 仲尼曰："死生存亡，穷达贫富，贤与不肖毁誉，饥渴寒暑，是事之变，命之行也；日夜相代乎前，而知不能规乎其始者也。故不足以滑和，不可入于灵府。使之和豫通而不失于兑；使日夜无郤而与物为春，是接而生时于心者也。是之谓才全。"

这段话是孔子为鲁哀公解释"才全"。前面一半的思想，与古罗马的斯多葛派非常相似。斯多葛派认为，最重要的事情就是获得内心宁静，为此首先要划出一道界限，区分"我们能控制的和不能控制的事物"，人力所不能及的，那就"且随它去"。"我们必须充分利用我们所能控制的东西，至于其他的，就顺其自然吧。"①不必为此妨碍了内心平静。譬如地震，属于大自然权力所辖，人类不必说控制地震，就连准确预测地震也无能为力，只能把突如其来的地震及其后果全部接受下来。庄子所列举的"死生存亡，穷达贫富，贤与不肖毁誉，饥渴寒暑"这些东西，都是人力所不能及的。"知不能规乎其始者也"，人类的智力不足以窥测其来源，庄子称之为"命"。申屠嘉向郑子产解释自己断腿时也曾说："知不可奈何，而安之若命，唯有德者能之。"这应当视为斯多葛式的命题，因为庄子要找出"知不可奈何"的界限，也是为了不让它们扰乱本性的平和，入侵自己的心灵。

内心宁静，也就是不动感情。不动感情是斯多葛派的信条，也是庄子的信条。庄子的不动感情，在"庄子妻死"的故事中表现得最明显。妻子刚死的时候，庄子也是很悲痛的，但是想起生死的道理，也就不再悲痛了，冯友兰将这个过程称为"以理化情"。在《德充符》中，庄子主张"有人之形，无人之情"，这八个字似乎正是《德充符》中五六个残疾人和丑人的特点。申屠嘉一开始容易愤怒，师从伯昏无人之后，恢复了平静。王骀自始至终没说过话，没动过情。哀骀它得到那么多人的爱慕，他都无动于衷，鲁哀公对他

---

① 爱比克泰德：《哲学谈话录》，吴欲波等译，中国社会科学出版社，2004，第4页。

何等的宠爱，他竟还弃之而去，不知所踪，可谓无情。事实上，孔子关于"才全"的议论，正是为了解释哀骀它的人格魅力，可见哀骀它至少是个不愿让外界的东西扰乱自己内心平静的人。换言之，是个无情的人。《德充符》的最后一段是庄子与惠子的"无情之辩"：

> 惠子谓庄子曰："人故无情乎？"
> 庄子曰："然。"
> 惠子曰："人而无情，何以谓之人？"
> 庄子曰："道与之貌，天与之形，恶得不谓之人？"
> 惠子曰："既谓之人，恶得无情？"
> 庄子曰："是非吾所谓情也。吾所谓无情者，言人之不以好恶内伤其身，常因自然而不益生也。"
> 惠子曰："不益生，何以有其身？"
> 庄子曰："道与之貌，天与之形，无以好恶内伤其身。今子外乎子之神，劳乎子之精，倚树而吟，据槁梧而瞑，天选子之形，子以坚白鸣！"

这段话没有太多难懂的字眼，大意是：惠子问，人难道是无情的吗？庄子说，是。惠子问，如果无情，那么怎么能称为人？庄子说，道给了人容貌，天给了人形体，怎么不能称为人？惠子问，既称为人，怎能没有感情？庄子说，你说的情，不是我说的情。我所说的无情，是说不应以好恶之情内伤其身，而应顺任自然给予的，不用人为的力量有所增益。惠子问，不去人为增益，怎么能保存自己的身体？庄子说，道给了人容貌，天给了人形体，不以好恶之情内伤其身。现在你驰散心神，耗费精力，倚着树干高谈阔论，靠着几案闭目昏睡。天赋予你完全的形貌，你却自鸣得意于坚白之论！

按照西方古希腊以来的思想传统，人是理性的动物；人之所以为人，在于理性。这也是斯多葛派的看法，他们之所以主张不动感情，是由于诸如愤怒等激情支配人的时候，使理性失去了自我掌控的功用。人应该用理性控制感情，这是斯多葛派所主张的不动心。在西方思想史上，直到浪漫主义之父卢梭那里，才发现了情感的力量。卢梭的第一原理是"我感故我在"[①]，而不

[①] 卢梭说："我存在着，我有感官，我通过我的感官而有所感受。这就是打动我的心弦使我不能不接受的第一个真理。"（卢梭：《爱弥儿》，李平沤译，商务印书馆，2001，第383页）

是理性主义者笛卡尔的"我思故我在"。卢梭之后，逐渐有人把情感视为人之为人的东西。中国的儒家严于人禽之辨，按照儒家的思路，人之为人也在理性，不过这是道德理性。孔子是情理并重的，不过从历史发展看，儒家的道德理性越来越压抑人情。压抑既久，必生反弹。于是晚明兴起了一股浪漫主义思潮，情感受到空前的重视，如汤显祖主张"人生而有情"。但是，根据庄、惠的对话，庄子既不主张人之所以为人在理性，也不主张人之所以为人在情感。他说："道与之貌，天与之形，恶得不谓之人？"据此我们可以判断，庄子似乎认为，只要拥有人的身体，那就是人了。身体是人之为人的标志。

在这一点上，斯多葛派与庄子大不相同。爱比克泰德以宙斯的口气说："这肉体不是你自己的，它只不过是由泥土巧妙合成的。虽然我不能赋予你肉体，但是我们却将我们自己的某些部分赋予了你，即选择和拒绝的能力、欲求和回避的能力，或者简言之，即运用外部表象的能力。"[①]所谓运用外部表象的能力，也就是理性能力。在庄子，人由于道与之貌，天与之形，即被天道赋予了身体而成为人。在斯多葛派，身体不过是泥土的合成，人由于被神明赐予了理性而成为人。

此前庄子解释残疾人和丑人的魅力，说"有尊足者存"，说"非爱其形也"，说不要"索我于形骸之外"，说"德有所长，而形有所忘"，凡此种种，都可说是肯定了德而否定了形，而现在在"无情之辩"中，却又肯定了形，这似乎是个矛盾。但这只是表面的矛盾。我们看到，第一，《德充符》中前面出现的人物都是身体残缺或形容丑怪的人，最后在"无情之辩"中以完整的身体与之形成对比。庄子想说的是，那些形体不全的人都能通过人格修养，而变得魅力无穷，以德补形之不足，惠子倒是生来形体完全，可惜并不懂得如何对待身体，把自己弄得心力交瘁、狼狈不堪。如果说残缺之人已然"忘形"，那么惠子代表的辩者则需要"忘情"。忘情才能养生，而养生在此地即"养身"，即保养身体。所以惠子问，"不益生，何以有其身？"第二，《德充符》中所说的"形"有两种，一种是（物理性的）躯体，另一种是（现象学的）身体。庄子否定的是前者，肯定的是后者。王骀断足，好像掉了一块泥土般，被砍下来的脚就不再是脚了，这就像爱比克泰德把身体视为泥

[①] 爱比克泰德：《哲学谈话录》，吴欲波等译，中国社会科学出版社，2004，第3页。

土的合成，换言之，把身体视为物理性的躯体。"形"，在王骀等人那里是被否定的，在惠子这里却是被肯定的。

但是，身体是活生生的、有感觉的身体，而身体又是人之为人的标志，那岂不是说，人生来就有感情吗？惠子大概也是主张"人生而有情"的，因此他质问"人而无情，何以谓之人？"这一质问，其实很有道理。但是庄子强调，他所说的"无情"，意思是"不以好恶内伤其身，常因自然而不益生"。如果说惠子的"情"具有先天性，那么庄子的"情"就具有后天性。惠子的"情"是与生俱来且挥之不去的，庄子的"情"却是必欲去之而后快的。在展开无情之辩前，庄子曾说："有人之形，无人之情。有人之形，故群于人，无人之情，故是非不得于身。"是非不得于身，才能实现养生，也才能活得逍遥。是非的心灵对应物是好恶。好恶当然是情感。有了是非，就有好恶；有了好恶，就会伤身。庄子为了养生，才主张"有人之形，无人之情"的。无情，与其说生来如此，不如说是追求的目标。无情也是修养的结果。无情实即无心，无情实即忘情。

庄子重身体，斯多葛派重心灵（理性、自由意志）。庄子是为免伤害身体、不得逍遥，所以主张无情。斯多葛派是担心激情淹没理性、丧失自由，所以主张不动感情。一重身体，一重心灵（理性），这又导致了庄子哲学不同于斯多葛派的一面。这个不同表现于"才全"那段话的后面一半："使之和豫通而不失于兑；使日夜无郤而与物为春，是接而生时于心者也。""和"是和顺；"豫"是愉悦；"兑"即"悦"；"郤"即隙，"日夜无郤"指日夜没有间断；"春"是万物欣欣向荣之意，"与物为春"，就是以充满生机的心态对待事物。"接"是与物相接。关于这句话的白话翻译，很难找到令人满意的，方勇的翻译较为平易："这就能够使心灵安适顺畅，而不失去愉悦之情，使这种心情能够保持日夜不间断，而与万物同游于春和之中，这就是在与物境接触时，只是客观地反映它而不带任何成心。"[①]庄子描述的这种"与物为春"的经验，与今天所说的审美经验颇为相似。斯多葛派区分了自己能控制的和不能控制的，实现了不动情感、内心平静，似乎就达到目的了。庄子却不然。他区分了自己能控制的和不能控制的，把不能控制的归之于"命"，在这之后，他并不是逗留于心如止水，而是让生命解放出来，去欣赏

[①] 方勇：《庄子》，中华书局，2011，第89页。

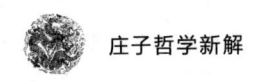

自然,与自然共鸣,在审美经验中享受生命的欢欣。

最早把"与物为春"和审美经验联系起来的可能是徐复观。在《中国艺术精神》中,徐复观将《德充符》的"与物为春"和《大宗师》的"与物有宜"合并起来,表明它们是一种"美的观照的体验",亦即审美经验;在这种经验中,实现了人与物的"共感"。他说:

> "与物有宜","与物为春",正说的是发自整个人格的大仁,亦即是能充其量的共感。李普斯们所提出的感情移入说的共感,乃当美的观照时所呈现的片时的共感。李普斯在美的观照的体验中所说的共感,毕竟不是植根于观照者的整个人格之上。所以奥德布李特要求把感情编入于特定的意识层,以求得感情的确实性。同时,在美的领域中,感情有其价值;而作为感情价值的,乃是期待意识编入的全体性。这虽然较感情移入说前进了一步,但仍不若庄子的共感,乃从整个人格所发出的共感;其中实有仁心的活动,所以感到"与物有宜","与物为春"。这是最高的艺术精神与最高的道德精神,自然地互相涵摄。①

徐复观的这段话颇有见地,也颇多主观臆断和学术偏见,有必要稍加澄清。①任何一次审美活动都是短暂的,即徐复观所谓"片刻的共感",但任何真正的审美活动,都是审美主体以整个人格投入的活动。"须作一生拼,尽君今日欢",真正的爱情,把整整一生都作为赌注押在片刻的两情相悦之上了。真正的审美也是如此。正因如此,审美活动本身或许是短暂的,但它产生的影响却可能是持久的。审美经验,是一种"瞬间即永恒"的经验。没看到这一点,使徐复观对审美活动的理解不太到位。②李普斯的"感情移入",是否真如徐复观所说,"毕竟不是植根于观照者的整个人格之上"?答案是否定的。因为"移情"这一概念本身就意味着将对象生命化和人格化。"当移情作用完成时,我们自己的人格就与对象完全融合一致了。"②③徐复观大概是把《德充符》篇名的"德"字,与道德的"德"混淆起来了。如前所述,庄子的人格是美学概念,儒家的人格才是道德概念。然而徐复观

---

① 徐复观:《中国艺术精神》,华东师范大学出版社,2001,第55页。
② 李斯托威尔:《近代美学史评述》,蒋孔阳译,安徽教育出版社,2007,第40页。

| 第五章 《德充符》 |

是新儒家，按照新儒家的思维定式，总想把庄子的艺术人格合并到儒家的道德人格中去。 这段文字中两次提到"仁"字，说明徐复观以孔子吞并庄子的意向。 ④在考察"心斋"概念时，徐复观认为心斋之心是艺术精神的主体，而这里又主张美的观照"发自整个人格的大仁"，"其中实有仁心的活动"，那么，艺术精神的主体就是"仁心"了？ 如此一来，徐复观自诩的"庄子再发现"，岂非适得其反，把庄子思想埋没到孔子思想之中？ 以上所述徐复观的主观臆断和学术偏见，显然取决于他自己的思想立场："中国文化本位"的立场使他认定中国古代思想高于西方现代美学；新儒家立场又使他用儒家思想去吞并庄子思想。 尽管如此，徐复观把"与物为春"理解为审美经验，这是可以接受的；把"与物为春"理解为人与物的共感，也是可以接受的。

庄子与斯多葛派一样，追求内心宁静，也主张不动感情；同时，庄子与斯多葛派一样，追求"天人合一"。 不过，斯多葛派的天人合一，是通过理性达到天人合一。 他们认为宇宙本身有着"逻各斯"，即"世界理性"，通过与逻各斯保持一致，根据逻各斯指导自己的生活，就能实现最大的幸福。 庄子的天人合一，是通过审美达到天人合一。 在审美过程中，人与物实现了"共感"，亦即实现了物我同一。 这种在审美过程中实现的物我同一，庄子称之为"与物同春"。 与物同春显然是一种愉悦的情感，是一种生命的欢欣。 《知北游》说："山林欤，皋壤欤，使我欣欣然而乐欤！"这就是一种与物为春的情感。 《秋水》说："儵鱼出游从容，是鱼之乐也。"这也是一种与物为春的情感。 如此我们就不难理解，为什么庄子明明主张"无情"，可是阅读《庄子》与《老子》，产生的印象完全不同。 《老子》的世界的确是一个"天地不仁"的无情世界；而《庄子》的世界，一方面有人间的焦虑、不安、恐惧等负面的情感，另一方面有自然的鸢飞鱼跃，生机盎然。 虽然都推崇自然，老子的自然近于抽象的自然，大体上是自然的规律，庄子的自然则是具体的活生生的自然；老子的目光更多朝向政治，并缺乏庄子那种与物为春的情怀。

最后让我们来小结一下。 《德充符》可以视为一篇美学论文。 在这篇文字中，庄子发现了残缺之美和怪丑之美，即发现了新的审美现象或审美对象；它们之所以是审美对象，是因为它们产生了审美效应，庄子对审美效应有丰富的描述；一篇真正的美学论文，必须有问题并有回答，有描述且有解释，而在《德充符》中，庄子确实解释了残缺之美和怪丑之美的基本原理；最后，庄子

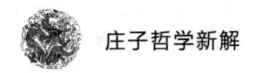

还有对"与物为春"之状态的描写，类似于对审美经验的洞察。作为审美经验，"与物为春"是一种生命的欢欣，是一种愉悦的情感。审美是一种感觉、感受、感动的过程，无动于衷的审美经验是不存在的。

既然庄子对审美经验已有所洞察，那么在逻辑上，他就不可能反对一切情感。无情，对于伦理行为和认知行为或许是合适的，对于审美活动却是不相宜的。庄子并非认为人在本质上就是"没有感情的动物"，而是强调要去除一些不必要的情，才能实现养生，实现逍遥。"知其不可奈何，而安之若命"，也是为了排除不必要的情感，而且庄子说，这只有"有德者"才能做到。对于形体残缺丑陋的人，庄子说要"忘形"；对于形体完全的人，庄子说要"无情"或"忘情"。无论是"忘形"还是"无情"，都是要突出、推崇"德"。庄子所要排除的情感，是导致了是非的情感，是好恶之情。如果预先有了好恶之情，我们就无法以客观的心态对待事物，审美经验就不可能发生。所以，"无情"是"与物为春"的前提。忘却消极的情感恰好是为了实现积极的情感。

第六章
《大宗师》

尽管《庄子》内七篇在编排顺序上，并不沿着一个循序渐进的推理性程序前进，但是把《大宗师》放在《德充符》之后，还是有一种思路的连贯性。《德充符》论德，《大宗师》论道。所谓"大宗师"，也就是"道"了。庄子是道家思想的两大代表人物之一，然而在内七篇中，对"道"的论述其实并不多；不少地方提到"道"了，也只是点到为止，如《养生主》中庖丁说了句"臣之所好者道也，进乎技矣"，却没有展开道论。在内七篇中，《大宗师》难得地对道加以正面论述，因此钟泰认为："庄子真实学问在《大宗师》一篇。所谓'大宗师'者何也？曰：道也。……明道也，真人也，大宗师也，名虽有三，而所指则一也。特以其本体言之，则谓之道；以其在人而言之，则谓之真人，谓之大宗师耳。"[①]

不过，说是"正面论述"道，其实正面论述也颇稀罕，甚至始终在回避正面论述。因为我们早已清楚：作为论述的对象，"道不可言，言而非也"（《知北游》），"知者不言，言者不知"（《天道》）；作为论述的媒介，"书不尽言，言不尽意"（《易经·系辞上》）。恰似画家画不出概念，庄子也说不出道本身。法国有一绘画名作《自由引导人民》，出自浪漫主义画家德拉克洛瓦之手，完成于1830年。画风相当"浪漫"：在硝烟弥漫的战场上，竟然出现了一个上身赤裸的美貌女子，一手执长枪，一手高举三色旗帜。德拉克洛瓦显然是用这个半裸的女人象征自由女神，将自由形象化，表示人民

[①] 《钟泰学术文集》，上海人民出版社，2012，第151~152页。

为自由而战。庄子也是通过对人的描述来暗示道的。《逍遥游》中的姑射神人、许由，《齐物论》篇中的南郭子綦，《养生主》篇中的庖丁，《达生》篇中的痀偻丈人、吕梁丈夫、梓庆等，都是道的具体化、道的肉身化。《大宗师》篇的主题是"道"，因而这种"道成肉身"的现象就更为集中了。

　　道必须在人身上得以显现、体现。正如"体验"就是用身体去经验，所谓"体道"，也就是用身体去体现、实现道。这相当于"道成肉身"。方东美在阐释老子之道时首先使用了"道成肉身"一语。他说："圣人者，道之具体而微者也，乃道体之当下呈现，是谓'道成肉身'。"①之后沈清松在论述老子之道时，用了"取得身体"或"成为身体"的说法："所谓实现，也就是取得某种形式的身体。'道'自我开显为身体，因而展开了一个存有的领域。"②在探讨庄子《大宗师》的道论时，沈清松也直接采纳了"道成肉身"一语。我们认为，"道成肉身"这件衣服，老子也可以穿，然而不是太大就是太小，庄子穿着更合身。

　　道由身体来体现，并成为人的"境界"，因此《大宗师》论道，主要描述"体道境界"。人人都处于某种境界之中，但要能"体道"，却须"真人"。真人是在天人关系的框架内获得界定的，涉及天人关系问题。纵然是真人，也并非生来就道成肉身，而是需要觉悟、需要修炼、需要工夫，才能体道，为此《大宗师》也说了一些修道的方法与悟道的过程。何谓真人，以及天人关系如何，何谓境界，以及如何提升境界，这些都是本章要处理的问题。

第一节　天人之际

1. 真人与真知

　　庄子论道，与老子有所不同。比较而言，老子较多把道作为一种实存，对道本身加以客观的说明，例如"反者道之动，弱者道之用"。庄子却很少论述作为实存的道，取而代之的是描述了许多得道之人的言谈举止，呈现体道境界。自然，老子的道有客观的一面，也有主观的一面，故而老子之道也能

---

① 方东美：《原始儒家道家哲学》，中华书局，2012，第157页。
② 沈清松：《沈清松自选集》，山东教育出版社，2005，第286页。

第六章 《大宗师》

被肉身化，但是老、庄的体道境界，气象迥异。例如，老子的体道之人老谋深算，大智若愚；庄子的体道之人翛然尘外，飘飘欲仙。老子强调得道之人与婴儿、女性的相似性，在庄子这里完全没有。而《德充符》和《大宗师》中那些残缺丑怪的得道之人，在老子那里也没有。如果我们不过多纠缠于细节，那么大体上可以说，老子的体道之人是"圣人"，庄子的体道之人是"真人"。

在《逍遥游》中，"逍遥"是由至人、神人、圣人来体现的，庄子还详细地描写了"姑射神人"的形象，令人心驰神往。《齐物论》中也高度赞赏"游乎尘垢之外""参万化而一成纯"的圣人。但是在《大宗师》中，至人、神人、圣人都被合并于"真人"了。"神人"不免令人想起道教的神仙，宗教意味多而哲学意味少；"圣人"则容易让人联想到儒家的理想人物，政治意味多而哲学意味少。这两者都不太适合作为庄子的体道之人。儒家的圣人有两种，其一是政治圣人如尧舜禹汤文王周公，其二是文化圣人如"儒家五圣"①。但文化圣人为数极少，而且他们谈论的主要问题也是"修身齐家治国平天下"，所以"圣人"基本上就是政治圣人。孟子说"人皆可以为尧舜"，荀子说"涂之人可以为禹"。后来干脆变成只要是君王就都是圣人了，如李白诗句"圣主恩深汉文帝，怜君不遣到长沙"（《巴陵赠贾舍人》），杜甫诗句"圣人筐篚恩，实欲邦国活"（《自京赴奉先县咏怀五百字》）。老子学说中大讲"君人南面之术"，其"圣人"也散发着浓厚的政治气味。"圣人"被政治化了，那是由于"道"本身不离政治。庄子的"道"却超乎政治，因此以"圣人"来体道，不太切合。"至人"也许好些，但孟子也说过："规矩，方圆之至也。圣人，人伦之至也。"（《孟子·离娄上》）可见儒家的"圣人"也有几分"至人"的意味。况且《天下》说："不离于真，谓之至人。"明明把"真"视为至人的规定。如此一来，"真人"就成了最佳选择了。

儒家重"善"，道家重"真"。当然严谨地说，是庄子重"真"。先秦儒家文献中很少出现"真"字，便是《老子》中的"真"也不过才两三个，然而，在《庄子》中"真"字开始密集出现，据统计共有 65 个，有复合词如"真人""真知""真君""真宰"等，也有很多单独使用的"真"字。庄子

---

① 即至圣孔子、复圣颜回、宗圣曾参、述圣子思、亚圣孟子。

293

的"真",有何意味? 西方哲学对"真"有两种主要的划分。 第一种是康德以来的常见做法,哲学被分为认识论、伦理学、美学,分别对应着真、善、美。 知识求真,道德求善,艺术求美。 此"真"亦即"真理"。 但庄子的"真"并不是认识论意义的"真",不是真理。 第二种划分是19世纪末以来价值哲学崛起之后的做法,哲学被分为存在论、认识论、价值论三块,在这种划分中,三个哲学领域都有"真":①存在论的真或生存的真(本真);②认识论的真或认识的真(真理);③价值论的真或情感的真(真诚)。 在庄子哲学中,"真"不是认识论的"真理",而是存在论(或生存论)的"本真"。

《田子方》中有一个画家的寓言,可以说明庄子的真:

> 宋元君将画图,众史皆至,受揖而立,舐笔和墨,在外者半。 有一史后至者,儃儃然不趋,受揖不立,因之舍。 公使人视之,则解衣盘礴羸。 君曰:"可矣,是真画者也。"

庄子写"真画者",其意不在"真画者",而在乎"真人"。 宋元君认可的这个"真画者",如果我们不考虑他的职业,那他就是一个"真人"了。 "真"表现于他的行为方式。 宋元君召集画师,画师们纷纷前来拜见,接受了宋元君的拱手答礼,便各就各位,润笔调墨,准备作画。 不难想象他们毕恭毕敬正襟危坐的样子。 来的画师很多,还有一半在外面没有座位。 这时有一个迟到的画师,儃儃然而来,优哉游哉的,见了宋元君也"不趋"。 "趋"就是快步而行。 见了国君快步上前拜见乃是起码的礼仪。 而这个画家竟然"不趋",可见他如何的傲然不羁。 他见过宋元君后,一看没有位置可坐,也不排队了,干脆回宾馆去。 宋元君派人前去窥视,只见他脱了衣服,光着身子,随随便便地盘腿而坐,无拘无束,实在洒脱。 宋元君由此断定他是"真画者"。 换言之,他是一个本真的画家。 这个"真",跟认知无关,跟情感无关,只跟行为举止有关。 这画家的行为,不拘礼仪,自然洒脱。 一叶知秋,从某种行为方式可以透显出整个生存方式。 所以,"真人"也就是本真地生存的人。

《大宗师》中也有"真知"之说:"且有真人而后有真知。"这"真知"显然不是认识论意义的真理。 认识论意义的真理是"客观"的,与人无关。 当然,也得有一个"主体"去认识客体并发现真理,但这主体是"大我",无人称，无人身，所以认识论意义的真理根本不需要以"真人"为前提。毕达哥拉斯定理也可以由其他人来发现。真理一旦被发现，对于所有的人都是真理。存在论意义的真知却与人有关，并且与个体、与"小我"有关。例如耶稣说："我就是道路、真理、生命；若不藉着我，没有人能到父那里去。"（《约翰福音》14:6）这句话如果由其他人道出，就毫无意义了；正因为出自耶稣之口，它才成了毫无疑问的"真理"。耶稣就是道路、真理、生命，这由他的"道成肉身"来保证。耶稣是上帝之子，他是通达上帝的唯一道路，因而只有在他身上才能见到上帝。在这个意义上，他可以说"我就是道路、真理、生命"。庄子的"真知"虽非宗教性真理，但它也必须由"道成肉身"来保证。最佳实例是"轮扁斫轮"故事中开头的对话：

> 桓公读书于堂上，轮扁斫轮于堂下，释椎凿而上，问桓公曰："敢问，公之所读者何言邪？"
> 公曰："圣人之言也。"
> 曰："圣人在乎？"
> 公曰："已死矣。"
> 曰："然则君之所读者，古人之糟粕已夫！"（《天道》）

圣人即真人；圣人之言，自然是真知。在轮扁看来，语言本身是不可信的，"圣人之言"必须由圣人的肉身存在来保证。死亡便是身体的不在场，圣人之死使圣人之言失去了担保，于是圣人之言沦为"古人之糟粕"。后面轮扁还有一句解释，"古之人与其不可传也死矣"，意思是说，圣人对道的体悟一如他斫轮的体验，是不可言传的，一旦身体不在场，道也就随之隐匿了，恰似手艺也会因手艺人的去世而失传。

轮扁阐明的这个"道理"，对佛教也是有效的。释迦牟尼"即身成佛"，一生勤勉，说法传道，说法的"真理性"自有释迦牟尼的身体在场为之作保。禅宗"拈花一笑"的故事表明，只要说者和听者身体在场，那么就算不说话也能达到传法的目的。历来都把"拈花一笑"解读为"以心传心"，这肯定是片面的，因为真正的"以心传心"也就是今天的所谓"意念传送"，身体是否在场是无所谓的，然而"拈花一笑"却以身体在场为前提。释迦牟尼入灭之后，身体在场的前提条件消失了，于是佛教徒也面临着轮扁所揭示的问题:"圣人之言"可能会沦为"古人之糟粕"。 佛陀弟子仰仗记忆,诵出经典。 佛经以"如是我闻"开始,这不只是为了表明记忆的准确无误,更是为了营造释迦牟尼仍然在场的氛围。 让释迦牟尼"虚拟在场",这是不得已而为之的做法。 但它恰似寺庙中佛像的存在,对修行者有益。 "如是我闻"四字产生的效应是,诵读经文者俨然也身在现场,亲耳聆听佛陀的教诲。

但是,假如人还没死呢? 身体仍然在场呢? 那就必须由说话人的境界来保证。 "道成肉身"此时意味着"道"成为身体所呈现的境界。 境界有高低。 例如禅宗的惠能与神秀,境界一高一低。 据《坛经》记载,禅宗五祖弘忍让弟子们写偈语呈上来看,如果偈子表明弟子已然开悟,便要传他衣钵,让他做禅宗六祖。 神秀写了一个:"身是菩提树,心如明镜台。 时时勤拂拭,莫使惹尘埃。"慧能只是寺里砍柴碓米的行者,也不识字,然而根性大利,听人诵读此偈,便知神秀未悟,自己请人代为书写了一个:"菩提本无树,明镜亦非台。 本来无一物,何处惹尘埃。"众人看了慧能的偈语,大为震惊,互相感叹道:"奇哉! 不得以貌取人,何得多时,使他肉身菩萨。"换言之,只有"肉身菩萨"才能写出这样的偈语。 "肉身菩萨"亦即"道成肉身",说明了慧能境界之高。 总之,真知以真人之境界为担保,所以庄子说"有真人而后有真知"。

真知与说者有关,也与听者有关。 《老子》说过:"上士闻道,勤而行之;中士闻道,若存若亡;下士闻道,大笑之。 不笑不足以为道。"(四十一章)"道"即是真知,真知需要悟性,上士、中士、下士代表悟性的高低层次。 悟性最高的上士,闻道之后"勤而行之",也就是努力将道身体化。 对于下士这种缺乏悟性的人,真知是外在于他的。 认识论的真理靠"解",存在论的真知靠"悟"。 "解"是理解,认识论的真理作用于人的理智,并没有进入人的内心,因而接受者可以"无动于衷"。 "悟"是开悟,即开显生命新境界之悟,故而存在论的真知能作用于人的存在,改变人的存在。 知道了哥白尼的"日心说"和牛顿的"三大定律",并不会使我们的生活发生明显变化或转折,但是,开悟却会对生活产生重大影响,能够使人"变化气质",或者说,能够提升人的境界。

认识论的真理是关于"物"的知,以科学知识为代表;存在论的真知是关于"道"的知,以宗教思想和中国哲学为代表。 科学知识哪怕研究人,也要将人变成"物",这是科学知识的本性决定的。 唯有哲学才能把人当人来对待。不过西方哲学与科学乃是孪生兄弟,生来就带有认识论的基因。西方哲学意在求知,力图把存在性的真知表达为科学性的真理。在这个意义上,中国哲学似乎更能代表存在论的真知。关于物的知是理智之知,其载体是语言及各种符号;关于道的知是体验之知、领悟之知,只可意会不可言传。英国哲学家迈克尔·波兰尼(Michael Polanyi)将前者称为明确知识或"名言知识",将后者称为"默会知识"(Tacit Knowledge)或"非名言知识"。庄子的真知,明显具有"默会知识"或"非名言知识"的特征。《知北游》中的"道不可言,言而非也",这是"非名言";《大宗师》中两次提到"相视而笑,莫逆于心",这是"默会";《外物》篇说"蹄者所以在兔,得兔而忘蹄。言者所以在意,得意而忘言",忘言而得意,可谓不折不扣的"默会知识"。然而,庄子的真知只是属于默会知识这个类,而不等于默会知识。默会知识是人人都可以有的,关于道的真知却唯有真人才能获得。既然"有真人而后有真知",那么,要想了解何谓道,先得明白何谓真人。

  真人究竟是什么样的人? 在正式解读《大宗师》之前,先来看两个历史人物。汉武帝时期有个杨王孙,"学黄老之术",属于道家人物,"及病且终,先令其子,曰:'吾欲裸葬,以反吾真,必亡易吾意。'……"(《汉书·杨王孙传》)杨王孙病中留下遗言,希望死后能被裸葬,让儿子一定不要违背他的意愿。这里的"真",亦即"本真","以反吾真"就是希望返回到自己本来。按照道家的观点,人本来是自然之子,所以"反吾真"也就是返回自然。① 杨王孙之子无法接受,敦请杨王孙的友人劝说他改变主意。友人致信王孙,谈了一通儒家的道理,说"棺椁衣衾"是办丧事必不可少的,这是圣人早已定下的礼制。王孙却回信表示裸葬意在反对儒家的厚葬,纠正社会的不正之风。在儒家思想占据主流的时代,杨王孙此举可谓惊世骇俗。在这个世界上,杨王孙可能只有两个知己,但都与他异代不同时,一个是庄子,另一个是陶渊明。庄子这个人,在思想和行为上都与世俗价值观保持距离。《列御寇》中写到"庄子将死,弟子欲厚葬之",庄子表示反对,他连棺椁都不要了,不惧"为蝼蚁食",与"裸葬"也相差无几了。陶渊明说:"裸葬何必恶,人当解意表。"(《饮酒》十一)陶渊明能理解杨王孙,因为他知道死亡

---

① 在《大宗师》中,也有"反其真"的说法。子桑户死了,孟子反和子琴张相和而歌:"嗟来桑户乎!嗟来桑户乎!而已反其真,而我犹为人猗!"

297

就是回归自然。苏轼评陶渊明："欲仕则仕，不以求之为嫌；欲隐则隐，不以去之为高；饥则叩门而乞食，饱则鸡黍以迎客；古今贤之，贵其真也。"（《东坡题跋·书李简夫诗集后》）陶渊明的"真"，也是"本真"。杨王孙只在临终时才做了一回真人，而陶渊明可以说终生都是真人。杨王孙在临终时写下了一个漂亮的句子，而陶渊明用整整一生写出了一篇精彩的文章。

陶渊明是真人，因而有真知。真知是关于道的知，通俗且简单地说，便是关于人生意义的领悟。陶渊明有不少深刻的人生体悟。比如，关于生活："少无适俗韵，性本爱丘山。误落尘网中，一去三十年。羁鸟恋旧林，池鱼思故渊。……久在樊笼里，复得返自然。"（《归园田居》其一）"种豆南山下，草盛豆苗稀。晨兴理荒秽，带月荷锄归。道狭草木长，夕露沾我衣。衣沾不足惜，但使愿无违。"（《归园田居》其三）关于隐居："结庐在人境，而无车马喧。问君何能尔，心远地自偏。"（《饮酒》其五）关于人生的归宿："众鸟欣有托，吾亦爱吾庐。"（《读山海经》其一）"托身已得所，千载不相违。"（《饮酒》其四）关于死亡："纵浪大化中，不喜亦不惧。应尽便须尽，无复独多虑。"（《形影神赠答诗》）"有生必有死，早终非命促。"（《拟挽歌辞》其一）"死去何所道，托体同山阿。"（《拟挽歌辞》其三）

如前所述，真知作为存在性的知，会作用于人的存在，会变化气质，会对人的生活产生重大影响。真知是一种"觉悟""开悟"。悟前与悟后的世界，天差地别。陶渊明就有这样的觉悟，例如："归去来兮，田园将芜胡不归？既自以心为形役，奚惆怅而独悲？悟已往之不谏，知来者之可追。实迷途其未远，觉今是而昨非。"（《归去来兮辞·并序》）一旦觉悟了"今是而昨非"，就意味着生活随之发生重大的转变。陶渊明"迷途知返"，从"仕"转向"隐"，进入了人生的全新境界。此外，陶渊明的"真知"也是"意会知识"。如"好读书，不求甚解；每有会意，便欣然忘食"（《五柳先生传》），"此中有真意，欲辨已忘言。"（《饮酒》其五）

陶渊明可谓庄子的再来人。陶渊明的生活，足以为庄子的"真"下定义。庄子的"真"，是本真，也是天真。此天真并非儿童式的天真无邪。儿童式的天真，由儿童的单纯与成人的复杂对比而来，庄子的天真却源于世俗与超世俗的对比。《渔父》篇说："礼者，世俗之所为也；真者，所以受于天也，自然不可易也。故圣人法天贵真，不拘于俗。"礼是世俗所作为的，真是秉受于自然的，是自己如此而不可改变的。阮籍有一名言："礼岂为我设邪！"他会"青白眼"，见了礼法之士就翻白眼。陶渊明也颇有不拘礼俗的一面：

> 渊明不解音律，而蓄无弦琴一张，每酒适，辄抚弄以寄其意。贵贱造之者，有酒辄设。渊明若先醉，便语客："我醉欲眠，君可去。"其真率如此。郡将尝候之，值其酿熟，取头上葛巾漉酒，漉毕，还复著之。（萧统《陶渊明传》）

真率也就是天真。所以王维诗云："陶潜任天真，其性颇耽酒。"（《偶然作》）试比较阮籍的蔑视礼教与陶渊明的不拘礼俗，便会发现阮籍的言行举止颇有"震惊"效果，似乎有意与世俗对抗，而陶渊明的言行举止虽然也"古怪"，但并无对抗意识，看来火气全无，一如庄子的"不谴是非，以与世俗处"。而且陶渊明似乎无意为之，不失自然。因而"天真"一词不能形容阮籍，只能用来形容陶渊明。如何判断一个人是不是"真人"？超越世俗、合乎自然就是判断标准，"天"是真的标准，故称"天真"。"法天贵真"就是以天真为圭臬。

2. 天人相分

真的概念中蕴含着"天"的概念，而天又是与"人"相对的概念，因此《大宗师》谈真人，要从天与人的关系说起。与"人"相较，庄子显然更重视"天"。实际上，瑞士庄学家毕来德曾经断言："庄子使用'天'的频率远远超过'道'，而'天'对他来说有一种更核心的意义，可以说'天'乃是他思想核心上的概念。在我看来，他是从他自己思想深处萃取出这一概念的，而这一概念指的是活动的一种机制。"[1]根据这个说法，"天"在庄子思想中比"道"还重要。据统计，《庄子》一书中"天"字出现了650余次，频率之高，无与伦比。不过，毕来德的判断虽然不无见地，却也略有夸张。"天"的概念固然相当重要，毕竟不可能取得比"道"更核心的地位，否则我们就要把庄子从道家名单中剔除了。再则，"天"并非与"道"不相干的概

---

[1] 毕来德：《庄子四讲》，宋刚译，中华书局，2009，第36页。

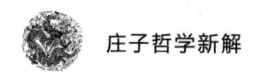

念。 天即自然，其实在意义是自然界（天地），其境界意义是自然而然（无为），而真人就是师法自然的人，想要活得自然而然的人。 与此同时，真人又是"道成肉身"的人。 在真人身上，"天"和"道"被联系起来了。

天与人是对偶概念，因此，《大宗师》篇以探讨天、人的关系开始：

> 知天之所为，知人之所为，至矣！ 知天之所为者，天而生也；知人之所为者，以其知之所知以养其知之所不知，终其天年而不中道夭者，是知之盛也。
>
> 虽然，有患。 夫知有所待而后当，其所待者特未定也。 庸讵知吾所谓天之非人乎？ 所谓人之非天乎？
>
> 且有真人而后有真知。 ……

陈鼓应的版本分段比较细致，上面的引文被分为三段，便于阅读，但我们应当将它总起来看作一段，才能把意思连贯起来。 这是《大宗师》的第一段话，也是《大宗师》篇中难度较高的一段话。 这段话有如下几个要点。

（1）庄子第一句话就说，知道哪些属于天然，哪些属于人为，是认识的极致。 仿照《逍遥游》篇"小大之辩"的说法，不妨说这是"天人之辨"。"辩"是辨别，区分。 不过，"天之所为"和"人之所为"到底是怎样的呢？ 庄子并没有进一步的说明。 《马蹄》篇有一段话，或许可以提供具体的例证：

> 夫马，陆居则食草饮水，喜则交颈相靡，怒则分背相踶。 马知已此矣。 夫加之以衡扼，齐之以月题，而马知介倪、闉扼、鸷曼、诡衔、窃辔。 故马之知而态至盗者，伯乐之罪也。

马生活在陆地上，吃草饮水，高兴时交颈相摩，发怒时转身相踢。 马所知道的仅此而已。 等到给它加上车衡颈扼，装上额前佩饰，马就懂得了利用折断车轭、曲颈脱扼、抵触车幔、吐掉口勒、咬断缰绳等手段与人对抗。 所以马的心智和神态变得就如盗贼一样，这都是伯乐的罪过啊！ 马自然而然地生存于天地之间、草原之上，"蹄可以践霜雪，毛可以御风寒"（《马蹄》），这是"天之所为"。 而伯乐之流给马加上了轭、扼、幔、衔、辔等车马被具之物,这是"人之所为"。庄子认为,区分天然的和人为的,这是知的极致。

(2)"知天之所为者,天而生也",大意是,知道了天之所为,那就按照天的方式而生活。换言之,自然而然地去生活。至于人之所为呢,在于以智力之所知的,去保养智力所不能知的,做到"终其天年而不中道夭"。这是"知之盛",即知识的精彩表现。大概就是说,用人的智力去解决有害于生命的问题或回避不利于生命的东西,譬如不能误食毒草而夭折,尽可能地好好活下去,但人寿几何,却在人力之外,是人所不能预先知道的。"天年"一词表明人的寿命由自然所决定,非人力所能及。所以说这是"以其知之所知以养其知之所不知"。"知之盛"表现为"终其天年而不中道夭",可见庄子所说的知并不是认识论意义的知识,而是生存论意义的知识,是关乎生命、生活的知。

(3)庄子认为,一般知识所认为的天人之分未必足够明确,"庸讵知吾所谓天之非人乎？所谓人之非天乎？"比如说,你以为你可以做到享尽天年,但焉知这不是你的误判？说不定由于你不擅长养生已导致折了寿算,而你却茫然无知。又比如,《马蹄》篇写道,"伯乐善治马",为世人所称道,然而伯乐的治马手段其实残害了马的"真性",造成"马之死者已过半矣",而世人却被蒙在鼓里。马被伯乐之流一"治",被套上了种种鞍具,就懂得利用鞍具与人对抗,而我们或许还以为马的天性如此,不知道是伯乐治马才导致如此。这就是天人之辨的难处。然后庄子接着说,"且有真人而后有真知"。这是说,只有靠真人(的真知)才能真正区别开属于天的和属于人的。但是,陈鼓应把"且有真人而后有真知"这个句子从前面断开,作为另一段话的第一句,就使得"只有真人才能区分天、人"的意思隐而不显了。

为什么只有真人才能实现"天人之辨"？这是由于真人属于"天"。"天"是"真人"的规定性。真人就是那种"与天为徒"的人,区别于"与人为徒"的人。"与天为徒"和"与人为徒"的说法,曾在《人间世》出现过,在那里,还加上了"与古为徒"之说,共同构成颜回用来劝谏卫君的三种方法。但在《大宗师》中,只有"与天为徒"和"与人为徒"两个说法,而且意义似乎更深邃了些:

> ……故其好之也一,其弗好之也一。其一也一,其不一也一。其一与天为徒,其不一与人为徒,天与人不相胜也,是之谓真人。

301

这句话也颇为难解，其难点有二：①"其一"和"其不一"指的是什么？②"天与人不相胜"该怎么理解？ 释德清注云："其一，谓天人合一。"①既然"其一"是天人合一，那么"其不一"就是天人不合一了。 张默生也说："天与人不相胜而相合，也就是'天人合一'。"②陈鼓应基本上接受了释德清和张默生对两个难点的解读，把这段话译为白话文："（天和人是合一的，）不管人喜好或不喜好，都是合一的。 不管人认为合一或不合一，它们也都是合一的。 认为天和人是合一的就和自然同类，认为天和人不合一的就和人同类。 把天和人看作不是互相对立，这就叫作真人。"

然而，"天人合一"的解释似乎与《大宗师》开头的"天人之辨"有了矛盾。 的确，庄子哲学的主导精神是"天人合一"，《齐物论》中"天地与我并生，而万物与我为一"这句话最为典型，然而天人合一只是庄子哲学的主导精神或总体特征，不见得庄子每次提到天人关系都主张"天人合一"。 事实上在《庄子》中，把天与人相对立的情况还不少。 例如，"眇乎小哉，所以属于人也；謷乎大哉，独成其天。"（《德充符》）"牛马四足，是谓天；落马首，穿牛鼻，是谓人。"（《秋水》）"凫胫虽短，续之则忧；鹤胫虽长，断之则悲。"（《骈拇》）"此以人养养鸟也，非以鸟养养鸟也。"（《至乐》）就在《大宗师》中，也有两个明显的例子。 其一是以天人相分为前提说明真人："不以心损道，不以人助天，是之谓真人。"其二是以天人相分为前提说明"畸人"：

　　子贡曰："敢问畸人？"
　　曰："畸人者，畸于人而侔于天。 故曰：天之小人，人之君子；天之君子，人之小人也。"

畸人就是奇人，特立独行的人，与众不同的人，不合世俗的人。 我们可以把它视为真人的另一种称呼。 "畸于人而侔于天"，亦即"异于世俗人而合于自然"。 庄子关于畸人的界定，明明是把天和人加以区分、对比。 那么在同一《大宗师》篇中，庄子难道竟会有"天人合一"和"天人相分"的两种思想

---

① 憨山：《庄子内篇注》，崇文书局，2015，第108页。
② 张默生：《庄子新释》，新世界出版社，2007，第130页。

| 第六章 《大宗师》|

吗？这似乎是不可能的。由于"天人相分"或"天人之辩"的证据更充分，因此我们选择了它。实际上，不管"其一"和"其不一"的意思是什么，"与天为徒"和"与人为徒"的区别都是很明显的。

说《大宗师》主张天人相分，还有一个例证，即"游方之外"与"游方之内"的区分。这个区分与"畸人"的天人相分就在同一个对话中，全文如下：

> 子桑户、孟子反、子琴张三人相与友曰："孰能相与于无相与，相为于无相为；孰能登天游雾，挠挑无极，相忘以生，无所穷终！"
> 三人相视而笑，莫逆于心，遂相与友。
> 莫然有间，而子桑户死，未葬。孔子闻之，使子贡往侍事焉。或编曲，或鼓琴，相和而歌曰："嗟来桑户乎！嗟来桑户乎！而已反其真，而我犹为人猗！"子贡趋而进曰："敢问临尸而歌，礼乎？"
> 二人相视而笑曰："是恶知礼意！"
> 子贡反，以告孔子曰："彼何人者邪？修行无有而外其形骸，临尸而歌，颜色不变，无以命之。彼何人者邪？"
> 孔子曰："彼游方之外者也，而丘游方之内者也。外内不相及，而丘使女往吊之，丘则陋矣！彼方且与造物者为人，而游乎天地之一气。彼以生为附赘县疣，以死为决肒溃痈。夫若然者，又恶知死生先后之所在！假于异物，托于同体；忘其肝胆，遗其耳目；反复终始，不知端倪；芒然仿徨乎尘垢之外，逍遥乎无为之业。彼又恶能愦愦然为世俗之礼，以观众人之耳目哉！"
> 子贡曰："然则夫子何方之依？"
> 孔子曰："丘，天之戮民也。虽然，吾与汝共之。"
> 子贡曰："敢问其方？"
> 孔子曰："鱼相造乎水，人相造乎道。相造乎水者，穿池而养给；相造乎道者，无事而生定。故曰：鱼相忘乎江湖，人相忘乎道术。"
> 子贡曰："敢问畸人？"
> 曰："畸人者，畸于人而侔于天。故曰：天之小人，人之君子；人之君子，天之小人也。"

303

天与人的区分，是在一个比较抽象的层次，而"游方之外"和"游方之内"的区分，则是在比较具体的层次。层次虽然不同，区分的原则却是一致的。人是世俗的，天是超世俗的；"游方之内"是世俗的，"游方之外"是超世俗的。孟子反和子琴张"与造物者为人，而游乎天地之一气"，这说明他们与天地并生，与自然为伍，与天为徒。孔子是"游方内者也"，又自称"天之戮民"，"戮"即刑罚，"天之戮民"即"天所惩罚的人"，也不妨理解为"天所离弃的人"，这说明他囿于社会之内，与人为徒。孟子反和子琴张生存于"天界"或超世俗世界，孔子和子贡生存于"人界"或世俗世界。世俗世界依"礼"而运作，所以孔子称之为"世俗之礼"。像孟子反和子琴张这种畸人，"登天游雾，挠挑无极"，"芒然彷徨乎尘垢之外，逍遥乎无为之业"，如何能为世俗之礼所束缚！畸人的超凡脱俗，翛然尘外，正印证了《渔父》篇的说法："圣人法天贵真，不拘于俗。"畸人和圣人，都是真人。孔子说"外内不相及"，这本身就是天人相分的表现。孔子又说"天之小人，人之君子；天之君子，人之小人"，这是更进一步的天人对立了。

3. 天人合一

即使我们说庄子哲学的精神是"天人合一"，那也必须懂得了什么是天、什么是人，方才谈得上天人合一。再则，笼统地谈论"天人合一"并无多大的意义，天人合一并不是天与人五五平分、机械相加。天人合一有两种："天合于人"和"人合于天"。我们通常认为，中西文化在哲学上的分别表现为，中国哲学以"天人合一"为特色，西方哲学以"主客二分"为特色。然而西方哲学也有"天人合一"的追求。西方传统哲学占主流地位的真理观是符合论真理，所谓符合，也就是主观与客观的符合，具体地说是陈述与事实的符合。这可以视为在认识领域的"天人合一"。只是在古代，认识是主体去符合客体，而在康德实现"哥白尼式的革命"（Copernicus Revolution）之后，认识变成了主体去规定客体，或客体来符合主体。用中国哲学的术语来说，这是"天合于人"的天人合一。人是主要的，天是次要的。人成了主体，天成了客体。这是主体性哲学的基本特征。但是，西方哲学家逐渐认识到，认识毕竟以主客二分为前提，认识的主客体统一是有限的、残缺的、抽象的统一，而审美是前认识、前主客二分的活动，因而较之认识，审美是更本源、更完整、更充分的主客体的统一。德国美学家李普斯的"移情"，是物

第六章 《大宗师》

我同一，也是天人合一。李普斯认为："审美的快感可以说简直没有对象，审美的欣赏并非对于一个对象的欣赏，而是对于一个自我的欣赏。"①审美不是审物，而是审人，如此审美对象不过是审美主体的"对象化"，这显然是"天合于人"。移情说背后有西方近代主体性哲学的基础，有必要在现象学的基础上加以改造。

中国哲学基本上没有认识领域的"天人合一"，只有生存方面的天人合一。生存主要有道德的生存与审美的生存两种，前者以儒家为代表，后者以庄子为代表。无论是儒家还是道家的天人合一，都是"人合于天"的天人合一。天是主要的，人是次要的。譬如庄子说的"天地与我并生，而万物与我为一"，可以理解为审美的天人合一。这种天人合一也是"人合于天"。"天地与我并生"说的是"人生天地间"，"万物与我为一"说的是"人也是万物之一"，两者都不把"我"视为"主体"，相应地，天地或万物也就不是"客体"。②因此，在庄子哲学中，人是不被高看的，甚至是被否定的：

> 今之大冶铸金，金踊跃曰："我且必为镆铘"，大冶必以为不祥之金。今一犯人之形，而曰"人耳人耳"，夫造化必以为不祥之人。特犯人之形而犹喜之。若人之形者，万化未始有极也，其为乐可胜计邪？（《大宗师》）

大冶比喻自然或天，大冶所铸之金比喻人。这个比喻很好地表明天是主动的，人是被动的；天是主要的，人是次要的。铁匠开始铸造人形，金属便从炉里跳出来说："我是人了！我是人了！"这明显是兴奋过头了。人类一旦走出自然界，就逐渐遗忘了自己的来路，忘了自己本是自然的一部分，变得自我意识过剩了。在庄子看来，人并不高于自然。唯有否定或消解过分的自我

---

① 引自朱光潜《西方美学史》，江苏人民出版社，2015，第541页。
② 当然，美学中素有"审美主体"和"审美客体"的说法，这是从认识活动借来的。美学在成立之初，就把审美视为一种低级的、感性的认识活动，因此美学研究不能不依托于认识论。审美主体和审美客体的观念形成之后，就沿用至今，难以改变了。充其量用"审美对象"替换"审美客体"，然而换汤不换药。审美是"前主客二分"的活动，本来不应当有主体、客体这种主客二分的说法，但是，审美活动中毕竟确实可以分出主、客两个部分。因此，审美主体和审美客体的概念还是可以使用的，只要意识到审美活动不等于认识活动即可。

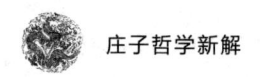

意识，做到了"吾丧我"，才能将人合于天，成为真人。

庄子区分天、人，并且肯定天、否定人，或者褒扬天、贬低人，要求"人合于天"。这使人想起荀子对庄子的指责："庄子蔽于天而不知人。"（《荀子·解蔽》）荀子这个说法令人纳闷。首先，儒家思想不也强调"天人合一"吗？叶秀山指出，儒家和道家"究其根源说，也许竟起源于儒家之祖先崇拜和道家之自然崇拜，而两家又都归于'天人合一'，只是在对'天'的理解上各有不同，而将'人'自身的特点——'思'，化于'天'、'地'之间。"[①]既然都是"天人合一"，而且都是"人合于天"的"天人合一"，何以只有庄子"蔽于天而不知人"？其次，庄子"蔽于天而不知人"，这是说他为"天道"所蒙蔽，以至于否定"人道"，无视人类的尊严吗？叶秀山大概就是这么看的：

> 道家反对"人伪"，主张"绝圣弃智"，取消"仁"、"义"、"名分"诸种框框，在"破"的方面，很有些劲头，颇有点胡塞尔把一切"（自然）经验""括起来"的气概，但古代道家没有进一步问："括起来"以后，还为"人""剩下"什么？道家的心目中，取消了一切"人伪"，剩下的为"自然"、"天成"，大家都返"朴"归"真"，人就成了"绝智"、"绝识"，"无知"、"无识"的"鸟（禽）兽"，"人"没有了，故道家的思想归于"无"，不是说马、牛、羊没有了，而是"人"（伪）没有了。"无"为"无伪"、"无名"、"无为"。而因其"无"，才"有"，"有""自然"、"天成"。马、牛、羊"摆脱"了"人"（为）的"控制"，才真的是马、牛、羊。这样，道家的"去伪存真"，这个"真"，不是"真人"，如果硬要说是"真人"，则也是"皈依了""自然"的"人"，与"鸟兽""游"，与"万物""齐"。道家言"道"、"德"、"性"，"万物"皆有自己的"德"、"性"，而唯有"人"没有自己的"德"和"性"，故有"天道"而无"人道"，有"天性"（"人"只有"天性"），而无"人性"。"人"失去了"自己"，故"齐""生"、"死"，在这里，海德格尔的"Dasein"的一切

---

① 叶秀山：《美的哲学》，世界图书出版公司，2010，第27页。

本源之度（"历史性"、"死"、"烦"等）统统没有了意义。①

叶秀山的以上说法，大体上是在胡塞尔、海德格尔现象学的基础上重新阐发荀子"蔽于天而不知人"的论题，应当说是很有见地的。

但是，在我们看来，荀子对庄子的批判是不成立的，而叶秀山的观点也是可商榷的。正如叶秀山所说，儒家和道家对"天"的理解有所不同。甚至在儒家内部，对天的理解就有些差异。先秦哲学家大体上在四种意义上使用"天"，即意志之天、道德之天、物质之天、无为之天。孔子和孟子的"天"是意志之天或道德之天，荀子的"天"则有物质之天的意义。荀子也讲"天人相分"，这里的"天"是物质意义的自然。荀子说："天行有常，不为尧存，不为桀亡。应之以治则吉，应之以乱则凶。强本而节用，则天不能贫；养备而动时，则天不能病；循道而不忒，则天不能祸。……故明于天人之分，则可谓至人矣。"（《荀子·天论》）"天行有常"，常就是秩序或法则，自然的运行是有法可循的。荀子要人"明于天人之分"，是为了"制天命而用之"（《荀子·天论》），亦即利用自然法则为人类服务。但庄子的"天"既不是孔孟的意志之天或道德之天，也不是荀子的物质之天，庄子的天是"无为之天"，即作为境界的天。当然，庄子的天也有实在的意义，即自然界，但《庄子》内七篇从未谈什么"天行有常"之类。天行有常，是在认知和实用的意义上说的，其意在于利用自然。庄子讲天人相分，却是要人在生存的意义上去师法自然、在审美的意义上去欣赏自然。

需要指出的是，荀子的"明于天人之分"，并不能导致西方科学意义上的认识自然。荀子要人去把握天的"常"，确乎有些认识的意味，但这种认知还是为了实用，并非"无所为而为"的纯认知。所以荀子说："唯圣人为不求知天。"（《荀子·天论》）"明于天人之分"也不可能走向征服自然和改造自然，因为荀子要人认清"天行有常"，不是为了与天"争"，而是为了"应"天、"循"道，为了能"参"。"应"是适应，"循"是遵循，"参"是配合。人要适应天、遵循天、配合天的运行。所以天人相分最终还是通向天人合一，而且是"人合于天"的天人合一。荀子的天人相分说不过是一个小波澜，并不能翻动儒家天人合一的汪洋大海，这正如他的"性恶论"归根到

---

① 叶秀山：《美的哲学》，世界图书出版公司，2010，第25~26页。

底与儒家主流的"性善论"并不冲突。荀子的"天"固然有物质之天的意思，但他毕竟是儒家的代表人物，按照儒家的基本立场，"天"必然还是意志之天或道德之天。因此"天行有常"的"常"，作为法则或秩序，并不能理解为科学意义的自然规律，多数情况下，指的还是伦理道德的行为规范，所以他说："天有常道矣，地有常数矣，君子有常体矣。"(《荀子·天论》)

庄子的"人"与荀子"明于天人之分"的"人"也大相径庭。荀子的"人"是一般意义的人，亦即"人类"。然而庄子所否定的"人"，并不是一般意义的人，不是"人类"，而是"人为"，亦即叶秀山所说的"人伪"，而这个"人为"或"人伪"有特定的所指，即儒家的礼俗和仁义道德。《大宗师》强调"方内"与"方外"之分，前者就是儒家的礼俗世界，而庄子要超越方内世界，"游方之外"。《大宗师》有"意而子见许由"的寓言，许由指责尧对意而子的教化，认为那是"黥汝以仁义，而劓汝以是非"，这无异于说，尧用仁义是非毒害人。《大宗师》还讲体道功夫"坐忘"，要求把礼乐和仁义都忘掉。然而荀子是儒家。"仁义"是对人的规定，"礼乐"则是实现仁义的手段，这是儒家的基本观点。荀子作为儒家，当然要维护礼乐文化和仁义道德，因此他批判庄子"蔽于天而不知人"。

荀子对庄子的批判，应当说是儒家立场的必然结果。《论语》中有"子路问津"的记载，长沮、桀溺两位隐士劝孔子放弃入世，选择避世。孔子回答："鸟兽不可与同群，吾非斯人之徒与而谁与？天下有道，丘不与易也。"(《论语·微子》)在孔子看来，当隐士就是"与鸟兽同群"，而他认为应当"与人同群"，尽人的责任，去改变社会。后来宋朝王义山诗云："鸟兽不可与同群，人道无亏方是人。"(《和康节天意为人二吟》)这诗句把孔子的意思说得更明确了，"与鸟兽同群"就是有亏人道。但这显然只是先入之见。隐士们逃避政治，不等于逃避人生。陶渊明不是活得更为本真吗？不一定是隐士，任何人都有亲近自然的欲求。杜甫诗云，"舍南舍北皆春水，但见群鸥日日来"(《客至》)，"一重一掩吾肺腑，山鸟山花吾友于"(《岳麓山道林二寺行》)，"细雨鱼儿出，微风燕子斜"(《水槛遣心二首》)，这些诗句所描写的生活岂非也是"与鸟兽同群"？然而亲近自然的生活不是更丰富、更人性化吗？荀子"蔽于天而不知人"的批评，与孔子和王义山如出一辙。这种做法是立场决定是非、屁股决定脑袋，我们未必要接受荀子的断言。

事实上，庄子对"人"的了解相当深刻也相当高明，绝非荀子所说的"不知人"。他早已明了，理想的人性是自由，理想的生存是逍遥，理想的状态是洒脱，而自由、逍遥、洒脱都在仁义道德之外。《庄子》一书往往调侃孔子的浅陋。庄子喜欢设置某些情境，每一个情境都打开一扇窗户，让孔子看到一个陌生的世界，见到前所未见的人，听到前所未闻的道理（或者让孔子自己领悟一种全新的道理），令孔子自惭形秽，或心生向往。《秋水》篇说："井蛙不可以语于海者，拘于虚也；夏虫不可以语于冰者，笃于时也；曲士不可以语于道者，束于教也。"这里"曲士"恐怕可以约等于以孔子为首的儒家。庄子对孔子的"开导"，正如时下一首流行音乐所唱的："生活不止眼前的苟且，还有诗和远方的田野。"①庄子对于"人为"或"人伪"的否定，就好比对井底之蛙的否定，这又有何不可呢？这样的否定，非但不是贬低人，反而是对人的解放。

在现代意义上，庄子所否定的"人"，还可以理解为"过剩的自我意识"。如前述的那块铁匠所炼的"金"，就是自我意识过剩。自我意识过剩，其结果就是自我中心主义，就人类而言则是"人类中心主义"。人类中心主义以为，人是自然的目的，自然是为人服务的，如此人就可以将自己的尺度施加于自然，而征服自然、改造自然、奴役自然便是题中应有之义了。用哲学术语来说，人类是"主体"，自然是"客体"。人类中心主义的态度，把自然视为人类的客体、手段、工具，缺乏对自然应有的尊重，必然会对自然造成破坏。譬如古人已经注意到"焚林而畋，竭泽而渔"的现象，秦观《李训论》说："焚林而畋，明年无兽；竭泽而渔，明年无鱼。"不过古人的技术能力不高，其破坏自然的程度也相对有限。西方世界现代化之后，开始将科学与技术相结合，形成了前所未有的巨大力量，于是自然也遭到了前所未有的惨烈破坏。今天的环境问题如生态失衡、大气污染、气候变暖等，就是人类中心主义的态度加上科学技术的手段造成的。庄子虽然没有预见人类今天面临的环境问题，但他作为一个"诗人哲学家"，本能地质疑"人是万物的尺度"这一人类中心主义的态度；他以一个"诗人哲学家"的敏锐眼光，对人类奴役自然的行为深有感触，深感忧虑。庄子所批判的"伯乐治马""落（络）马首，穿牛鼻""以己养养鸟"等，就是典型的奴役行为。庄子还对

---

① 出自许巍演唱的《生活不止眼前的苟且》，高晓松作曲作词。

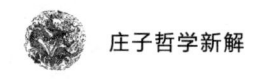

"机械"即科学性技术持明确反对态度:

> 子贡南游于楚,反于晋,过汉阴,见一丈人方将为圃畦,凿隧而入井,抱瓮而出灌,滑滑然用力甚多而见功寡。子贡曰:"有械于此,一日浸百畦,用力甚寡而见功多,夫子不欲乎?"
>
> 为圃者仰而视之曰:"奈何?"曰:"凿木为机,后重前轻,挈水若抽,数如泆汤,其名为槔。"为圃者忿然作色而笑曰:"吾闻之吾师,有机械者必有机事,有机事者必有机心。机心存于胸中则纯白不备。纯白不备,则神生不定;神生不定者,道之所不载也。吾非不知,羞而不为也。"
>
> 子贡瞒然惭,俯而不对。(《天地》)

子贡说的"槔",就是"桔槔",其实是一种非常简单的汲水器具和灌溉方式,春秋战国时期已被大量使用,至今农村中还有少量存在,但由于它利用了杠杆原理,故不妨视之为科学性技术。庄子说,"有机械者必有机事,有机事者必有机心","机"可以理解为投机取巧,人所耍的小聪明。小聪明不是大智慧,凭着小聪明是不可以见道的。故《大宗师》讲修道功夫,有"黜聪明"之说。可以推想,在庄子看来,今天的科学和技术也不过是人类的小聪明罢了。"机心存于胸中则纯白不备"云云,显见是以机械对使用者的心理造成的不良影响为由,来反对使用机械的。

但我们还可以有不同的解读。庄子对"机械"的质疑与否定,与他对人的理解有关,或者说,与他的人性预设有关。庄子推崇的是艺术性技术,即"技艺",如庖丁解牛、轮扁斫轮、梓庆削木为鐻,反对的是科学性技术,即"机械"。艺术性技艺也就是手工艺,其行为主体是身体,身体可视为自然层面的人。科学性机械却把手解放出来,脱离了身体,也就是脱离了自然,因此是庄子所反对的。换言之,手工艺基于"天",机械却只有"人"没有"天"。故而通过手艺可以见道,机械却让人遗失了道。

或许有人说,庄子对"机械"的否定,使得中国文化再也发展不出科学来,这是莫大的损失。确实,中国传统文化没有开辟出科学的维度,但这是整个中国文化造成的,是儒道释三家共同造成的,并非庄子一人的过错。再则,没有科学到底是不是"过错",其实难说。科学技术是一把双刃剑,能

第六章 《大宗师》

造福人类，也能为祸人间。两次世界大战之后，西方思想家深刻地意识到了科技的负面性，用梁启超的话说，"欧洲人做了一场科学万能的大梦，到如今却叫起科学的破产来。这便是最近思潮变迁一个大关键了"。① 这话说得夸大了些，科学大概是不会"破产"的，至少迄今尚未破产，况且"科学"和"技术"其实是两个概念，但在20世纪上半叶，科技的负面意义确实前所未有地凸显出来。梁启超的话说了整整一百年，这一百年来，人类的科技日新月异。今天对科技的反省，已不只是欧洲人，而是全人类了，而且今天的反省只有更严重、更深切。仅就科技的负面意义而言，难道我们不可以说庄子早已有了先见之明？

再来看叶秀山对道家（庄子）的评论。叶秀山对庄子之哲学取向的把握比较准确，不过他有一个预设的思维前提，人是非自然或超自然或反自然的存在者，这其实是西方近代主体性哲学的预设。在这个预设中，返回自然就是放弃人的地位或尊严，"皈依了自然的人"就不再是"人"了。因而叶秀山说庄子哲学中只有"天道"而无"人道"，有"天性"而无"人性"，使得"人失去了自己"；庄子的"真人"，在叶秀山看来竟然"不是人"。然而，东西方文化的人性预设是不同的。日本画家东山魁夷说："有人类是反自然的存在和人类是自然之中的生物的一种这种不同的说法。"② 主张"人类是反自然的存在"，西方哲学家的最佳代表是康德；主张"人类是自然中的生物之一"，中国哲学家的最佳代表是庄子。康德认为人是超自然或反自然的存在，庄子却认为人就是自然之子，是万物之一，反自然或超自然的人则是片面的、偏执的人，甚至就不再是"人"了。这两种人性预设都是有道理的，或者不妨说是相辅相成的。比较而言，康德的人性预设重精神，庄子的人性预设重身体。人是精神，也是身体。精神是反自然或超自然的，身体则是自然本身。人具有自然和超自然的双重性。因此，以西方主体性哲学的人性预设来发展荀子"蔽于天而不知人"，批判庄子对"人"（儒家的仁义礼乐和"过剩的自我意识"）的否定，是不太妥当的。事实上，海德格尔现象学对主体性哲学的反思，对科学技术的批判，岂非也与庄子有几分相通之处？

总之，我们可以说，庄子既讲"天人相分"，也讲"天人合一"。当他

---

① 梁启超：《欧游心影录 新大陆游记》，东方出版社，2006，第20页。
② 东山魁夷：《美与游历》，诸葛蔚东译，花山文艺出版社，2001，第90页。

311

着眼于真人与普通人的外部区别时，强调天人相分。真人"与天为徒"，不同于"与人为徒"，这是天人相分。真人洞悉人与天的区别，并让自己取法于天。但真人毕竟也是人，人取法于天，亦即"以人合天"，这是天人合一。庄子的"天人合一"建立在"天人相分"的基础之上。

第二节　道成肉身

4. 目击而道存

真人是"与天为徒"的人，也是"道成肉身"的人。"道成肉身"之说，来自基督教，H. H. 法默（H. H. Fanmer）对此有一个表述："在耶稣基督里，上帝进入历史，换上血肉之躯，住在我们当中，启示他自身，这一启示是唯一的、最后的、完全充分的，对人类的拯救是必不可少的。"[①]上帝为拯救人类而显现世间，是为耶稣。腓力曾向耶稣恳求，如能将上帝显现给他看，他就满足了。耶稣回答："腓力，我与你们在一起这么久了，你还不认识我吗？一个人看到了我，就是看到了父。你怎么还说'请给我们看看父'呢？"（《约翰福音》14：9）耶稣是"道成肉身"，是神与人的合一。耶稣就是上帝。

不过庄子的"道成肉身"，自然不同于基督教的"道成肉身"。其不同有三：①基督教的"道"就是上帝，上帝是实有的，庄子却是无神论者，庄子的道并非实在，而是境界；②基督教的道成肉身也就是上帝道成肉身为耶稣，耶稣兼具神性与人性，而庄子笔下的成道者，纵然写得宛如神仙，其实还是人，只不过是"真人"；③基督教的上帝只能肉身化为耶稣一人，具有唯一性、排他性，而庄子的"道"可以肉身化为许多人，包容了多元性。

既然都是"道成肉身"，则两者必有共同之处，它就是耶稣说的"一个人看到了我，就是看到了父"，用庄子的语言来说则是"目击而道存"。《田子方》中有一个温伯雪子，他有一句名言："吾闻中国之君子，明乎礼义而陋于知人心。"这自然是对儒家的批判。孔子早就想去拜访他，可是当真见了

[①] 约翰·希克：《上帝道成肉身的隐喻》，王志成、思竹译，江苏人民出版社，2000，第13页。

他却一言不发。子路追问其故。孔子说："若夫人者，目击而道存矣，亦不可以容声矣！"这个温伯雪子，我一见到他，便明白道就体现在他身上，也就不用多说了。温伯雪子能让人"目击而道存"，那他显然就是"道成肉身"的人。《大宗师》中的真人也是如此。例如：

> 南伯子葵问乎女偊曰："子之年长矣，而色若孺子，何也？"曰："吾闻道矣。"

这个问答表明，道体现于身体之上，表现于相貌之上，可以作用于人的感官。女偊大概就是所谓"鹤发童颜、仙风道骨"的人，让人一看即知他是得道真人。

所以，庄子的道虽然"不可说"，但是"可以看""可以见"。换言之，道不可言说，却可以直接感知。这是从"接受者"的角度说的。我们知道，道不可说，但可以领悟，可以践行，可以修炼。通过践行修炼的工夫，道得以体现于人的身体，是为"道成肉身"。道取得了身体，又作用于"接受者"的感官。感官必是身体的感官，因此，道出现在身体之间。前面曾用佛教"拈花一笑"为例，说明在佛陀和迦叶身体在场的状态下，纵然不说话，佛法也能被传递。孔子见温伯雪子的情况也是如此，"目击而道存矣，亦不可以容声矣！"这两个事例都是身体互动，只看不说。

面对一个体道者仿佛面对一件艺术作品。艺术经验是一种身体经验，它要求身体的在场，"身临其境"。不必说以身体为媒介的表演艺术，就说造型艺术吧。我们不可能通过观看建筑的照片来实现真正的欣赏，唯有亲自在建筑里面走一走，甚至在里面住几天，才能获得真正的建筑艺术经验。雕塑虽是"瞬间静止"的造型艺术，但如能绕着雕像转一圈，将会看得更多，使雕塑经验更为丰富、更为充实。甚至绘画也是如此，绘画的复制品是难以替代原作的，我们需要与绘画作品面对面地接触。作为语言艺术，文学似乎是纯精神、纯心灵的艺术，但文学语言也会作用于人的感官，文学作品的描写也需要读者"设身处地""感同身受"，换言之，需要虚拟的或隐喻的身体经验。而且艺术经验的特点就是可以看、不可说，只可意会不可言传。所有这些，都说明艺术经验与"目击而道存"的经验具有高度的相似性。

徐复观在《中国艺术精神》中认为，庄子的"道"就是"艺术精神"，体道经验与艺术创作经验（和审美经验）大同小异，就此而言，体道者相当于今天的艺术家。这个观点基本上可以接受。前面我们曾用宋元君的画家和诗人陶渊明例示真人，在今天看来，最符合庄子"真人"概念的形象恐怕就是艺术家了。徐复观也说："庄子所要求、所期望的圣人、至人、神人、真人，如实地说，只是人生自身的艺术化罢了。"①不过，如果"道"就是"艺术精神"，那么体道的真人其实可以分为两种情况：一种是作为艺术家，去创造艺术品，如梓庆削木为鐻；另一种是真人自身也成了艺术品，如姑射神人，借用尼采的话说："人不再是艺术家，而成了艺术品。"②徐复观似乎将这两种情况笼统看待，并未分别论述。

为什么要区分这两种情况？因为庄子的道具有双重性，既是可见的，又是不可见的。一方面，"目击而道存"，这说明道是可见的；另一方面，道又是不可见的。庄子明确地说："夫道，有情有信，无为无形；可传而不可受，可得而不可见。"（《大宗师》）这岂不是一个矛盾？但是只要区分了艺术家和艺术品，这个矛盾就能得以化解。如果真人是艺术家，那他自然看得见作品，因为艺术家就是自己作品的第一个观众。他的作品呈现了道，对观众或接受者来说道是可见的。如果真人是艺术品，那么他只能"被看"。艺术品看不见自己，恰似舞蹈演员在舞台上是看不见自己的。虽然道"不可见"，但真人对道仍会有一种体会，如同舞台上的演员可以根据对自己身体的感知、与其他演员的互动和观察台下观众的反应，对作品有一种貌似间接却相当确切的把握。这其实就是道"有情有信，无为无形"的特征。道没有作为、没有形迹，亦即"不可见"，但道仍然是真实而有信验的，因为道"可得"，得道的真人对道自然能够有一种"知"。这种"知"并不是理智的认知，而是身体的经验。至于道"可传而不可受"，这应当是对"接受者"而言。接受者"目击而道存"，看到真人身体所呈现的道，道也就被传递了，但道不可言说，因而"可传而不可受"。道与身体的关系是如此密切，所以毕来德甚至认为，"大宗师"并非一般解庄者所主张的"道"，而是身体："身体，才是我们真正的宗师。"③这是一个值得重视的观点。

---

① 徐复观：《中国艺术精神》，华东师范大学出版社，2001，第34页。
② 尼采：《悲剧的诞生——尼采美学文选》，周国平译，北岳文艺出版社，2004，第6页。
③ 毕来德：《庄子四讲》，宋刚译，中华书局，2009，第40页。

第六章 《大宗师》

在《大宗师》中,庄子关于真人的直接描绘,共有四小段:

何谓真人?古之真人,不逆寡,不雄成,不谟士。若然者,过而弗悔,当而不自得也。若然者,登高不栗,入水不濡,入火不热,是知之能登假于道者也若此。

古之真人,其寝不梦,其觉无忧,其食不甘,其息深深。真人之息以踵,众人之息以喉。屈服者,其嗌言若哇。其耆欲深者,其天机浅。

古之真人,不知悦生,不知恶死;其出不欣,其入不距;翛然而往,翛然而来而已矣。不忘其所始,不求其所终;受而喜之,忘而复之。是之谓不以心捐(损)道,不以人助天,是之谓真人。若然者,其心志忘,其容寂,其颡頯;凄然似秋,暖然似春,喜怒通四时,与物有宜而莫知其极。

古之真人,其状义而不朋,若不足而不承;与乎其觚而不坚也,张乎其虚而不华也;邴邴乎其似喜也,崔崔乎其不得已也,滀乎进我色也,与乎止我德也,广乎其似世也,謷乎其未可制也,连乎其似好闭也,悗乎忘其言也。……天与人不相胜也,是之谓真人。

这四段对真人的描写中,出现了两个"道"字,三个"天"字。其中有一个是合成词"天机",所以可以说有两个"道"字,两个"天"字。庄子似乎用天和道两个关键词来规定真人。天与道是什么关系呢?毕来德认为道不太重要,天特别重要。我们认为这个说法过于在意统计数字了。即便道字在《庄子》一书中出现的次数远不及天,道也仍然是庄子哲学的核心概念。《大宗师》篇曾借许由之口赞叹:"吾师乎!吾师乎!赍万物而不为义,泽及万世而不为仁,长于上古而不为老,覆载天地刻雕众形而不为巧。"这句话与篇名"大宗师"直接相关,明显是以"道"为"师"。不过它并没有"宗师"并用,于是有一种说法,主张"大宗师"并不是笼统地指道,道其实只是"师"。"大宗师"的"宗"则是天。王博认为:"人是天的后裔,天也就理所当然地成为人的'宗'。这里,我们看到了作为篇名的'大宗师'中'宗'字的着落。原来它指的就是天,而和作为'师'的道不同。"[①]《天

[①] 王博:《庄子哲学》,北京大学出版社,2011,第95页。

下》中有"以天为宗""不离于宗,谓之天人"的说法,便是证据。 这不失为一说。 不管是不是以天为宗、以道为师,我们至少可以说天与道在概念的级别上是相当的、在意义上是相近的。 所以《大宗师》篇以道为师,而《渔父》篇说"法天贵真"。《齐物论》往往道与言并提,《大宗师》往往道与天并提。 最为重要的是这句话:"不以心损道,不以人助天,是之谓真人。"以心损道,类似于《齐物论》篇中的"成心"遮蔽了整体视域;以人助天,类似于《刻意》篇中的"导引之士,养形之人,彭祖寿考者"希望延年益寿,不肯安享天年。 显然,以人助天是损害道的,以人合天则是近乎道的。

也许这天与道相近的地方就在于,天是境界,道也是境界。 天之境界,即自然无为的境界,而自然无为的境界,也就接近道的境界了。 所以这四段对真人的描写,都是对真人之境界的描写,借以呈现作为境界的道。 沈清松说:

> 吾人之所以不惮其烦地讨论这几段文字,因为它实际上提供了一套真人的"精神现象学",而且具体呈现真人在身体、心理、生死、处世为人上之境界,大不同于黑格尔精神现象学对意识成长的各层面貌的抽象呈现。 从庄子如此具体呈现真人的种种境界,犹如以真人为"道成肉身",或方东美所谓"道征",在身体、心理、生死、处世为人诸层面,体现了道。 ……《大宗师》所写的是真宰经灵台而发用,又逐层返回经验我诸层次,加以转化提升,使成为道的体现,以身体、行为及精神境界来彰显道。 方东美以"道征"称呼老子所谓"圣人",若用以称呼庄子所谓"真人",亦十分妥帖。
>
> 由此可见,有真人而后有真知,真人由于体道,能回溯其存在至道本身,并借以转化自我,体现大道,因而对道有真知,始可以言道。 何谓道? 即真人之真知所体现者也。 然自另一方面言之,谁是真人? 真人就是那能体道、知道、体现道、成为"道征"的人。 由此可见,真人和道有"诠释上的循环"的关系。[①]

沈清松说,《大宗师》篇"以身体、行为及精神境界来彰显道",这个判

---

① 沈清松:《沈清松自选集》,山东教育出版社,2005,第 409~410 页。

断完全正确。这其实也是庄子论道的基本方式。譬如《逍遥游》通篇并无一个"道"字,其实几乎处处与道相关①,关于"姑射神人"的著名段落,就是"以身体、行为及精神境界来彰显道"。需要说明的是,"境界"并不是虚无缥缈的东西,而是落实于身体之上的,是之谓"道成肉身"。真人,并不是一种理想中的幻影般的存在,而是现实的、有肉体的、活生生的人。因此,姑射神人"肌肤若冰雪,绰约若处子"的身体状态描写并不是可有可无的。以上四段关于真人的描写中,有些关键句:"其寝不梦,其觉无忧,其食不甘,其息深深。"——这是身体,也是境界。"其心志(忘),其容寂,其颡頯;凄然似秋,暖然似春,喜怒通四时,与物有宜而莫知其极。"——这是身体,也是境界。"登高不栗,入水不濡,入火不热。"——这只能理解为境界,而不能理解为实在,否则庄子的思想就不是哲学,而是神话了。"不知悦生,不知恶死。"——这也只能是境界,即真人勘破生死的境界。

庄子的道是境界。如果不把道理解为境界,很多语句就很难解释得通。例如"登高不栗,入水不濡,入火不热"这句话,"登高不栗"四字让人想起《田子方》篇"不射之射"的寓言。列御寇善射,他拉满弓时,肘上可以放杯水,第一箭才射出,第二箭已跟着出手,两箭都准确地命中目标。他射箭时就像个木头人,精神专一,动作镇定。然而伯昏无人不以为然,说"是射之射,非不射之射也"。然后把列御寇带上高山绝顶,面临悬崖,"登高山,履危石,临百仞之渊,背逡巡,足二分垂在外,揖御寇而进之。御寇伏地,汗流至踵"。伯昏无人趁机点拨了一番道理,大意是,至人是"登高不栗"的,列御寇的修行还差得远了。"登高不栗"是由于心中不存在恐惧,这自然是长期修行之后获得的境界。纵使这种境界非常人所能及,我们也可以调动自己的日常经验去推知它:大多数人或多或少都有点恐高症,但经过锻炼,也可以或多或少地克服恐高症。但"登高不栗"不难理解,而其后的"入水不濡,入火不热"就超乎常识、超乎经验了。世上有"登高不栗"之人,却无"入水不濡,入火不热"之人。然而"登高不栗,入水不濡,入火不热"是个排比句,三个短句表达了大致相同的意思,"入水不濡,入火不热"与"登高不栗"的性质相同,只是程度有所提高罢了。打个比方,说一个女子"貌若桃花",这是写实性的比喻,桃花是生活中的习见之物;而说一

---

① 这也正是我不同意毕来德说庄子哲学中"天"比"道"具有更核心地位的主要原因。

个女子"貌若天仙",则是虚构性的夸张,表达的程度明显地提高了,因为世上并无天仙,从未有人见过天仙。然而无论是"貌若桃花"还是"貌若天仙",其实质大致相同,无非都是形容女子的美貌。同理,"登高不栗"是境界,"入水不濡,入火不热"也是境界。

再比如"昔者子呼我牛也,而谓之牛,呼我马也,而谓之马"(《天道》)。这应当是在陈述一种精神境界,我们不能过于"脚踏实地"地理解它,只看其字面意思。否则就会像荀子那样,指责庄子"蔽于天而不知人";或者像叶秀山那样,认为庄子哲学只有"天道"没有"人道",得出"人失去自己"的误判。呼牛呼马也无所谓,这是不是有悖人道或"失去自己"了呢?当然不是。《应帝王》篇说泰氏"一以己为马,一以己为牛",然而"未始入于非人",并没有陷入失去人性的状态。庄子的意思是说,别人批评我也好,表扬我也好,我都不会在意。这是一种境界,相当于《逍遥游》中的宋荣子:"举世而誉之而不加劝,举世而非之而不加沮。"

境界有高低之分。宋荣子的境界不如列子,列子的境界又不如至人、神人、圣人。列子"御风而行",姑射神人"乘云气,御飞龙,而游乎四海之外",说的也都不是现实,而是境界,只是他们的境界要比"呼牛呼马"高。至人、神人、圣人即真人,代表庄子哲学中的最高境界。只有这种最高的境界,才能充分地体现道,完全地实现"道成肉身"。

现在我们回顾此前读过的《庄子》内篇,可以发现每篇都有作为境界的道,只是或实写或虚写、或详写或简写罢了。《逍遥游》中的姑射神人和许由,实现了逍遥的生存,我们也可以说,他们达到了逍遥的境界。逍遥是一种生存方式,也是一种生存境界。在研读《齐物论》时,我们曾经把"道"阐释为"整体视域"和"终极视域",这"视域"有几分认识的意义,也有几分生存的意义。就生存意义而言,视域其实也是境界,"整体视域"大致就是"宇宙境界",而"终极视域"可理解为"至高境界"。《养生主》中庖丁"技近乎道",也就是由技术向上提升,进入道的境界。《人间世》中颜回的"心斋"和《齐物论》中南郭子綦的"吾丧我"一样,都是修行的境界,这种境界以"忘我"为标志。《德充符》的"德"是"道"的具体化,那些形容丑陋的残疾人,"德有所长而形有所忘",他们拥有"怪丑之美",也是由于境界,恰似王国维所说:"有境界则自成高格"(《人间词话》)。最后,《大宗师》中的真人,也是境界的肉身化,这种境界的突出特征是"以人合天"和"勘破生死"。

庄子的道,是作为境界的道,这一点已经没有疑问了。境界总是人的境界,因此沈清松指出真人和道有着"诠释上的循环"。这有些类似于海德格尔所揭示的此在和存在的"诠释学循环"(The hermeneutic circle)。然而沈清松认为,庄子的道固然是境界,却并非只是境界。"真人与道虽有'诠释上的循环'之关系,但这并不表示真人就是道,或可将道视为真人体验之境界。所谓'境界形上学'之说,并不妥当。……真人并非道自身,道亦非只是真人的境界形态而已。"他提供的最大理由是:凡人都是有死的,纵然真人可以修炼到超越生死的境界,那也不意味着真人实际上无生死,而道却是不生不死的。①沈清松区分了作为境界的道和道自身,质疑"境界形上学",亦即质疑牟宗三把道家哲学视为"境界形态的形而上学"的观点,我们必须就这个问题略作剖析。

5. 境界形上学

方东美在研究道家哲学时发现,西方哲学如巴门尼德和柏拉图从"有"开始,是为"本体论",老子哲学却从"无"开始,建立了"超本体论"。②这应当说颇有见地,但是"超本体论"概念带有一种语感,让人觉得老子哲学乃至中国哲学"超越"于西方哲学,其价值远在西方哲学之上,有几分民族主义的色彩。傅伟勋也有"超形而上学"之说,以彰显庄子哲学的卓越贡献。他认为:"庄子确是人类思想史上第一个提示超形而上学与形而上学所以一体两面而又可合可分的终极道理的超等哲学家。如说一般形而上学家执'有'而老子亦有执'无'之嫌,则庄子算是以'无无'彻底突破有无二执的超形上学家了,早于印度的龙树五百年。"③若依此说,庄子超越了西方的形而上学家,在中国哲学家中超越了老子,在印度哲学家中超越了龙树,是为人类之"超等哲学家",或曰首席哲学家。这显然是夸大其词。而且傅伟勋的评价标准与其说来自哲学本身,不如说来自佛教哲学。在我们看来,方东美的"超本体论"其实仍属于"本体论",傅伟勋的"超形而上学"也仍属于"形

---

① 沈清松:《沈清松自选集》,山东教育出版社,2005,第409~410页。
② 方东美:《原始儒家道家哲学》,中华书局,2012,第179页。
③ 傅伟勋:《从西方哲学到禅佛教》,三联书店,1996,第393页。

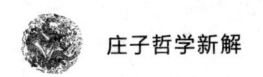

而上学"。较之方东美的"超本体论"和傅伟勋的"超形而上学",牟宗三的"境界形上学"对诠释庄子哲学似乎更为可取。

在《中国哲学十九讲》中,牟宗三用了三讲来讨论道家的"境界形态的形而上学"。"境界形态的形而上学",是相对于"实有形态的形而上学"而言。西方传统形而上学是典型的实有形态的形而上学,儒家的形而上学则兼有实有形态和境界形态,而道家的形而上学则是境界形态的:"境界形态是对着实有形态而言,假如把道家义理看成是一种形而上学,那它便是一个境界形态的形而上学。"①那么何谓境界?牟宗三解说如下:

> 境界形态的"境界"翻成英文很难。实有形态的"实有"我们可以翻成 Being。实有形态的形上学就是依实有之路讲形上学(Metaphysics in the Line Being)。但是境界形态就很麻烦,英文里边没有相当于"境界"这个字眼的字。或者我们可以勉强界定为实践所达至的主观心境(心灵状态)。这心境是依我们的某种方式(例如儒道或佛)下的实践所达至的如何样的心灵状态。依这心灵状态可以引发一种"观看"或"知见"(Vision)。境界形态的形上学就是依观看或知见之路讲形而上学(Metaphysics in the line of vision)。我们依实践而有观看或知见,依这观看或知见,我们对于世界有一个看法或说明。这个看法所看的世界,或这个说明所说明的世界,不是平常所说的既成的事实世界(如科学所说的世界),而是依我们的实践所观看的世界。②

牟宗三的《中国哲学十九讲》发表于1983年,以上说法是把老子和庄子连在一起说,老庄哲学都是境界形态的形而上学,而且此书是从老子的"无"开始讲境界形上学的,在篇幅上老子大约是庄子的两倍。但是在1963年出版的《才性与玄理》一书中,牟宗三却把老庄分开说,认为老子哲学是实有形态,庄子哲学是境界形态。若是把儒、道、释作为三大思想系统加以比较,那么老庄哲学不妨合起来说,不过,倘若着眼于庄子哲学,我们感到假如牟宗三维持前说,或许更能凸显庄子哲学的特色。老子的道固然也有境界之意,但它

---

① 牟宗三:《中国哲学十九讲》,上海世纪出版集团,2005,第101页。
② 牟宗三:《中国哲学十九讲》,上海世纪出版集团,2005,第103页。

往往意指宇宙秩序或规律,庄子的道却并无这层意涵。比较而言,老子的道偏于客观,庄子的道偏于主观。因此,说庄子哲学是境界形态的形而上学,似乎才是严丝合缝的。

问题在于,庄子的道只是境界形态吗?在作为境界的道之外,还有"道自身"吗?境界是主观的,所以我们还可以这样问:庄子的道是不是客观的存在?在某些地方,庄子的道似乎就是客观存在,例如《庄子·庚桑楚》说:"夫春气发而百草生,正得秋而万宝成。夫春与秋,岂无得而然哉?天道已行矣。"意思是,春天气息勃发百草生长,秋天庄稼成熟果实累累。春天与秋天,难道无所遵循就能如此吗?这是自然之道运行的结果啊。此处"天道"近乎自然法则,而自然法则当然是客观的。我们可以说《庚桑楚》乃是杂篇,不能直接视为庄子本人的思想,但《大宗师》篇也有如下言论:

> 夫道,有情有信,无为无形;可传而不可受,可得而不可见;自本自根,未有天地,自古以固存;神鬼神帝,生天生地;在太极之先而不为高,在六极之下而不为深,先天地生而不为久,长于上古而不为老。(《大宗师》)

一些学者认为,这段话是《大宗师》中最重要的言论,因为它是关于道的最直接、最明确的说明,而且它似乎表明道是一种"客观存在"。沈清松主要也是根据这段话来表明"道自身"不是境界,因而庄子的道不只是境界。

《大宗师》的这段道论,在"自本自根"四字之前,"道"比较容易解读为境界,但在"自本自根"四字以后,好像就很难视之为主观的境界了。乍一看,"自本自根"之后的文字在《庄子》内七篇中也是相当奇特的,因而需要一番分析。

其一,道是否有"超时空性"?"在太极之先而不为高,在六极之下而不为深,先天地生而不为久,长于上古而不为老",这似乎是说道的"超时空性"。道不在时空之内,这就有些类似于康德哲学的"物自体"或"自在之物"(Thing-in-itself)了。但是,康德的物自体在人的认知能力之外,处于"彼岸世界",而庄子的道则是可以感知、领悟、践行的,属于"此岸世界",可见道不可能是物自体。通读《庄子》内七篇,我们发现庄子也很少说道是超时空的。"以游无穷""游乎四海之外"云云,其实还在时空之

321

内。"道无处不在"是说道的遍在性,即遍在于一切空间之中。假如《大宗师》篇突然标榜道的"超时空性",这是相当突兀的。因此,我们不能把"在太极之先""在六极之下""先天地生""长于上古"等说法理解为超越于时空、在时空之外,而应当理解为在时空之内、遍在于时空。换言之,道是无时不在、无处不在的。如此一来,我们就未必要把道视为客观存在了。道无时不在、无处不在,正如美无时不在、无处不在。但美并不是现成的,而是需要人去发现的,这发现也并不是完全被动的,就像在路边捡起一块小石子。唯有在审美者的欣赏活动中,美才会出现。所以我们不能说美是客观的。在类似的意义上,我们也不能说道是客观的。

其二,道是否有"实体性"?"自本自根……自古以固存",所谓"自本自根"就是以自身为原因,沈清松将它解释为"自因"。自因是斯宾诺莎用来说明实体(Substance)的,实体以自身为原因,空诸依傍,独立自存。道以自身为原因,没有什么东西能生出道,因此是"自古以固存"的永恒存在。然而《庄子》内七篇没有任何言论表明道是实体。沈清松一方面把"自本自根"理解为"自因",另一方面,在同一篇文章中,他又强调道不是实体:"如果将道视为实体,那就是将道予以'物化',视为存有者或形器之物矣。"[1]这其实是对"自因"说的自我否定。"自本自根……自古以固存",只能理解为道的非派生性和本源性,本源性亦即终极性,庄子从时间方面说明道的终极性。我们完全可以把道理解为终极视域,而不是终极实在,如亚里士多德的第一推动者。

其三,道是否有"超自然性"或"创造性"?"神鬼神帝,生天生地",这似乎是说道的"超自然性"。"神"即"生","神鬼神帝"即生鬼生帝,不仅生鬼生帝,而且生天生地。天地就是自然,道生天生地,说明道是超自然的存在。这有些近似于基督教的上帝了。庄子历来是推崇取法自然的,若说突然主张道的"超自然性",这明显违反了思想的融贯一致原则(Principle of Coherence)。所以道具有"超自然性"之说是不可接受的。"神鬼神帝,生天生地"又似乎表明道的"创造性"。我们知道世界和人都是上帝创造的,上帝就是创造性本身。在西方文化中,称呼一个人为"创造者",近乎将他誉为"小上帝"。道是否也具有上帝般的创造性呢?换言

---

[1] 沈清松:《沈清松自选集》,山东教育出版社,2005,第412页。

之，道是不是造物主呢？ 这是个问题。

一般来说，庄子并没有主张世界或宇宙是道创造的，庄子对宇宙生成论不感兴趣。 道并不是老子的"万物之母"，也不是基督教的超自然的造物主。《大宗师》说："吾师乎！ 吾师乎！ 韰万物而不为义，泽及万世而不为仁，长于上古而不为老，覆载天地刻雕众形而不为巧。"这句话的重点不在于道创造世界，而在于赞美道的品格，或道的境界，即"自然无为，功成不居"。若是在《老子》中，这便是"圣人"的品格了："圣人处无为之事，行不言之教；万物作而不为始，生而不有，为而不恃，功成而弗居。"（二章）《大宗师》中得道之真人女偊向南伯子葵介绍"道"："其为物也，无不将也，无不迎也，无不毁也，无不成也。 其名为撄宁。"道之"为物"，其实是"无为"，即顺其自然，不将不迎，或成或毁，这完全是把道描述为境界了。 况且"撄宁"两字明显是形容主观境界的。 由此看来，我们仍然可以把"神鬼神帝，生天生地"的"生"视为境界形态的"生"。 它是"不生之生"。 就如同《逍遥游》中的姑射神人，"其神凝，使物不疵疠而年谷熟"，神人并没有实际的作为，但她的境界可以使农作物不受灾害，年年五谷丰登。

以上分析，似乎否认了"道自身"的存在，只承认作为境界的道，这种做法是不是有些武断？ 其实未必，倘若我们借助现象学的观点，就会发现即使我们不否认"道自身"，也可以对它不置可否，因而把庄子的道论理解为"境界形而上学"，还是很有说服力的。 现象学一开始便区分了两种东西：存在与现象。 存在是超越之物，现象是内在之物。 胡塞尔说："超越之物（非实项的内在之物）我不能够利用，因而我必须进行现象学的还原，必须排除一切超越的假设。""现象学的还原就意味着，所有超越之物（没有内在地给予我的东西）都必须给以无效的标志。"①现象学的领域是内在性的领域，而这也就是意识的领域。 例如，蒋捷《虞美人·听雨》："少年听雨歌楼上，红烛昏罗帐。 壮年听雨客舟中。 江阔云低、断雁叫西风。 而今听雨僧庐下，鬓已星星也。 悲欢离合总无情。 一任阶前、点滴到天明。"作为超越之物，雨只有一种，可称之为"雨自身"，但是作为内在之物，雨却可以有无数种，随意识状态的不同而不同。 例如杜甫有时满怀欣喜地说"好雨知时节，当春乃发生"（《春夜喜雨》），有时满腹悲苦地说"床头屋漏无干处，雨脚如麻未

---

① 胡塞尔：《现象学的观念》，倪梁康译，人民出版社，2007，第6、7页。

断绝"(《茅屋为秋风所破歌》)。诗人蒋捷关心的不是"雨自身",而是意识中显现的雨,故而雨自身被还原掉了。少年的雨,中年的雨,老年的雨,其况味完全不同,这种内在性的领域才是诗的领域。胡塞尔所说的"超越",既不是"超越时空"的超越,也不是"超越自然"的超越,而是"超越意识"的超越。按照现象学还原的做法,"道自身"作为超越之物被悬搁起来,或用胡塞尔的比喻,被加上括号,"道自身"被括起来之后,剩下的就是作为境界的道了。

这个思路,与牟宗三的"境界形上学"确实比较接近。何谓境界?牟宗三说,境界是"实践所达至的主观心境(心灵状态)",境界总是主观的境界,由意识的状态所决定。何谓境界形上学?牟宗三说:"在道家,实有层和作用层没有分别,此一义涵着另一义,就是道家只有'如何'(How)的问题,……道家只有如何(How)的问题,没有'是什么'(What)的问题。这个就是因为道家的'实有'和'作用'没有分别。"①这个实有层就是存在,作用层相当于现象。在现象学看来,并不是存在与现象"没有分别",而是存在被加上了括号,存而不论了。按照现象学的思路,"道自身"并没有被否定、被取消,只是被搁置,即便有"道自身",它也是存而不论的。因此,现象学显然有助于阐释"境界形上学",在我们看来,现象学还能弥补牟宗三境界说之不足。

中国最早提出境界说的学者是王国维,他的境界说是文学境界说,其代表作为《人间词话》(1908)。王国维揭橥"境界"一词,令20世纪的中国学者大为倾倒,趋之若鹜。20世纪40年代,宗白华在一些关于中国书画的论文中提出一种艺术境界说("艺境"),冯友兰则在《新原人》中提出一种人生境界说。冯友兰将人生境界分为从低到高的四个层次:自然境界,功利境界,道德境界,天地境界。20世纪60年代,牟宗三在《才性与玄理》中提出一种哲学境界说,其殊胜之处在于,将道家哲学的特色命名为"境界形态的形而上学"。王国维的文学境界说、宗白华的艺术境界说、冯友兰的人生境界说、牟宗三的哲学境界说,是20世纪最重要的四种境界说。除这四大家之外,中国学者谈境界者简直不计其数。近年来,更有一些学者将中国的境界说和胡塞尔的现象学联系起来。

---

① 牟宗三:《中国哲学十九讲》,上海古籍出版社,2005,第100~101页。

早在 1986 年,叶嘉莹就写了一篇名为《从现象学到境界说》的随笔,文中提道:"所谓'境界',实在乃是专以意识活动中之感受经验为主的。所以当一切现象中之客体未经过吾人之感受经验而予以再现时,都并不得称之为'境界'。像这种观念,与我们在前文所提出的艾迪论现象学时所说的'现象学所研究的既不是单纯的主体,也不是单纯的客体,而是在主体向客体投射的意向性活动中主体与客体之间的关系以及其所构成的世界'之说,岂不是也大有相似之处。"①在《唐宋词十七讲》一书中,叶嘉莹提到现象学约有 10 次,可见她对于以现象学诠释境界说,颇为热衷。遗憾的是,叶嘉莹既非哲学家,亦非现象学家,她在诗词讲解过程中提到的现象学观点,主要是为了帮助解读作品,并未进展到理路融合和理论创新的地步。张世英对现象学理论的研读较为深入,并且积极地以现象学诠释境界说,提出了一种"境界哲学",见于《哲学导论》一书。张世英实际上是将境界理解为胡塞尔的"生活世界"。无独有偶,叶秀山也曾借用胡塞尔的"生活世界"说明宗白华的意境或境界:

"意境"、"境界"是什么?"意境"、"境界"就是"世界",就是我们"生活的世界"。"世界是物质的","人本也是物质的"。"人"与"世界"的关系本也是"物质的关系"。但人又是有思想、有意识的。人正是以这种有思想、有感情、有意识的血肉之躯来和"世界"打交道的。"世界"养育我们,给我们以物质的资源。"世界"也是我们"研究"的"对象"。我们以科学的、逻辑的概念系统来"把握"这个"对象"。然而,"对象"的世界在"我"之"外",供我生活的世界则在"我"之"内",成为"我"的"延伸"。而真正说来,"世界"既不在我之外,也不在我之内,而恰恰是"我"在"世界"之中。在这个根本的、本源的意义下,所谓"世界",它既不仅仅是我生活的"环境",也不仅仅是我科研的"对象"。这种"世界",我们中国人有一个很好的词,叫作"境界"。中国的"境界",很难译成欧洲的语言。胡塞尔、海德格尔想说一种既非纯物质的、又非纯思想的"世界",费了许多的笔墨,才让人懂得他们的意思。而中国的"境界",

---

① 叶嘉莹:《词学新诠》,北京大学出版社,2008,第 8~9 页。

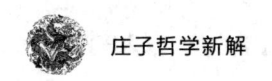

虽不能够完全等同于他们要说的，但总是相当接近他们的意思了。①

胡塞尔的生活世界与中国人的境界，确实非常相似，不过仍然有一些微妙的差别。生活世界是普遍的视域或共同的世界，因而是"主体间性"（Inter-subjectivity）的世界，而境界往往是个体的境界。换言之，生活世界是"我们"的世界，境界往往是"我"的境界。生活世界是"意向性"的世界，因而不离主观，但它又是主体间性的共同世界，所以虽然不离主观毕竟偏于客观，而境界往往偏于主观。牟宗三就把境界称为主观的心境。然而，主观的心境或心灵状态可能瞬息万变，也比较私人化，因此牟宗三的境界不免带有几分心理主义的色彩。再则，牟宗三的境界是道家"圣人"的境界，它是圣人实践工夫的对应物，是修行的结果，是属于圣人个体的，不具有主体间性。但是，庄子的某些言论表明，"道"作为境界具有几分主体间性的意味。例如"鱼相造乎水，人相造乎道。……鱼相忘乎江湖，人相忘乎道术"（《大宗师》），人相造乎道，也就是说，人与人在道中相处，或曰共同生活于道的世界里，这表明道可以是一种"主体间性"的境界，并非只是个体的"主观的心境"。方东美似乎对此有所意识："庄子所谓的精神转变，不是一个人的转变，而是整个世界的转变，是整个世界里面共同生活的人作共同的精神转变。"②一旦"整个世界里共同生活的人作共同的精神转变"，那就意味着这些人都共同生活在道的境界里，此即《大宗师》所说的"人相忘乎道术"的境界。作为主体间性的境界，"道"与胡塞尔的生活世界是相当接近的。牟宗三的境界说缺乏主体间性的维度，有必要以现象学的观点加以扩展和补充。

我们不能像牟宗三那样把境界理解为主观心境或心理状态，我们也未必一定要将境界等同于胡塞尔的生活世界，假如把"生活世界"的意义加入"境界"概念，我们不妨称之为"生存境界"，如此方能避免牟宗三境界说心理主义的嫌疑和过于主观的缺陷。

生存境界虽然不是心灵状态，却仍与意识有关。拙著《艺术原理新论》曾尝试通过现象学的意向性理论理解境界概念，指出意向性理论"没有无对象的意识"的命题与佛教唯识宗的"境不离识"之说是相似的："在佛教术语

---

① 《叶秀山文集·散文随笔卷》，重庆出版社，2000，第109页。
② 方东美：《原始儒家道家哲学》，中华书局，2012，第238页。

中，这种不脱离意识、呈现于意识之中的世界被称为'境'或'境界'。凡有意识，即有境界。人的境界不可能外在于人的主观意识，不但不能离开，而且是'唯识所变'。也就是说，意识的不同导致了境界的不同；意识或意向发生了变化，则境界也随之发生变化；假如意识的层次提高了，则境界也相应地提高了。"①用现象学的概念来说，境界不是实在之物，而是一种"意向性"的存在；它或者是意象性客体（如王国维和宗白华所说的呈现于艺术作品中的境界），或者是意向性世界（如冯友兰所说的人生境界）。意向性客体必是意向活动或意向行为的客体，而境界必是意识的境界或人的境界。德国哲学家费希特有一句名言，"你是什么样的人，你便选择什么样的哲学"，我们也可以说：你是什么样的人，你便显示什么样的境界。这种境界，我们称之为生存境界。

世上的人形形色色，生存境界也是多种多样、多姿多彩的。金钱，对不贪财的人没什么意义；美景，忧心忡忡的人往往视而不见；音乐，乐盲只能听而不闻。随着意识状态不同，世界展开不同的面貌。世界发生了变化，那是由于意向发生了变化。如此我们就解释了牟宗三所说的情况：境界会使人形成某种观看或知见（这大体上就是我们所说的"视域"），这看法所看的世界，并不是"既成的事实世界"。生活世界不是事实世界，而是意义世界。事实世界是单一的，意义世界却是多样的。同一事物，对于不同的人具有不同的意义，就算是对于同一个人，其意义也将随着时间和场合的不同而不同。正如"太阳只有一个"，但"太阳每天都是新的"（赫拉克利特语）。苏轼诗云，"横看成岭侧成峰，远近高低各不同"（《题西林壁》），作为"既成事实的世界"，庐山只有一个，但是横看、侧看、远近高低地看，这些意向的改变使庐山呈现出形态各异的景象，以至于"横看成岭侧成峰，远近高低各不同"。

苏轼说，"不识庐山真面目，只缘身在此山中"（《题西林壁》），这里面自然寄托着他的人生感慨、他的佛学修养。不过我们不妨把"庐山真面目"比喻为"道自身"。对庐山游览者而言，"庐山真面目"之有无，可以说是无所谓的，因为它相当于胡塞尔所说的"超越之物"，必须给以无效的标志。即便有庐山真面目，那也只能在"横看成岭侧成峰，远近高低各不同"之中显现出来。同理，道自身是否存在，其实可以不予考虑，即便有道自

---

① 郭勇健：《艺术原理新论》，学林出版社，2008，第148页。

身，我们也只能通过真人的生存境界来把握它。

在诠释《齐物论》时，我们曾经把庄子的道理解为"整体视域"，以苏轼的这首《题西林壁》为例，这整体视域难道不就是对"庐山自身"或"庐山真面目"的把握吗？或许是的。不过，须知"视域"并不是实在，"整体视域"也不是一个固定的视角。假如苏东坡可以借助今人的直升飞机飞临庐山上空，他也还是把握不到庐山的"整体"，因为俯瞰的视角仍然只是一个视角。整体视域不是固定的视角，而是变化的、流动的视角。横看、侧看、远眺、近观、俯瞰、仰望，所有这些视角都是有意义的，都是有所见的，整体视域并不在这些视角之外，而是不执着拘泥于任何一个视角。整体视域就寓于横看、侧看、远眺、近观、俯瞰、仰望等视角之中，恰如"庐山自身"就在"横看成岭侧成峰，远近高低各不同"之中。

第三节　勘破生死

6. 死亡与哲学

在《大宗师》篇对真人境界的种种描绘中，突出了"勘破生死"或"超脱生死"的境界。真人"不知悦生，不知恶死"这八个字，在《大宗师》中用多个叙事展开，加以具体而深入的阐发。提及勘破生死，我们立即想到《齐物论》中的"齐生死"，不过这是认识上的勘破生死，属于"齐是非"之一种。比较而言，"齐生死"是庄子的生死观，"勘破生死"或"超脱生死"是真人的生存境界。不过《齐物论》还提到了"死生无变于己"的至人，这也是在境界意义上的勘破生死。总的来说，《齐物论》篇对认识上的齐同生死谈得多，境界上的勘破生死谈得少。《大宗师》则相反。《大宗师》的勘破生死当然也有认识上的意思，但更多的却是实践上的勘破生死。

所有的哲学都要面对死亡的问题，甚至就是从死亡问题开始的。西方哲学史上只有极少数哲学家声称不必思考死亡，最著名的就是斯宾诺莎，他在《伦理学》中说："自由的人绝少想到死；他的智慧，不是死的默念，而是生的沉思。"[①]然而西班牙哲学家乌纳穆诺（Miguel de Unamuno）正确地指出，

[①] 斯宾诺莎：《伦理学　知性改进论》，贺麟译，上海人民出版社，2009，第188页。

当斯宾诺莎如是说时,他其实仍然在思考死亡问题,只是希望自己将它忘掉罢了。斯宾诺莎的这个说法,可能受到古希腊哲学家伊壁鸠鲁的影响。与伊壁鸠鲁一样,斯宾诺莎把生和死视为不相干的两种事物,这应当说是不究竟的看法。生与死是一体两面,活着同时就在死去,死亡就内在于生命之中。因此,没有哪一种"生的沉思"不包含着"死的默念"。乌纳穆诺宣称"我们的哲学萌发于我们对生命本身的感知"[①],正因为如此,"灵魂不朽"便成了乌纳穆诺哲学的根本问题。

中国的儒家也讲"不朽",不过儒家的"三不朽"都是在世俗领域的不朽,并无超世俗的追求。这是儒家的至圣孔子早已定下的路线。孔子是不愿意思考也不谈论死亡的。有一次学生季路问他鬼神的事,孔子反问:"未能事人,焉能事鬼?"季路又问关于死亡的事,孔子答曰:"未知生,焉知死?"(《论语·先进》)意思是,如果连"生"都没有弄清楚,又怎么能够知道"死"呢?但是孔子没有想到,生命是以死亡为背景的,生与死是共在的,假如我们没弄清楚死亡的意义,那么我们也不能明白生命的意义。所以一种不考虑死亡的思想是不深刻的,它缺少生命的一个维度,也缺乏思想的一个维度,即哲学的形而上维度。我们只好把孔子称为思想家,而不能称之为哲学家。倘若以其对中国文化影响之深刻和广泛而论,孔子堪称伟大,尽管如此,孔子思想中死亡问题的缺席,致使中国古代文化缺少超现实、超世俗的指向和终极关怀的精神,这一点是毫无疑问的。"死亡"是哲学产生的契机,也是宗教发生的源头。宗教的诞生,归根到底都是为了解决人生的根本问题——生死问题。每个大宗教都有关于死亡的教义。基督教的精髓就在十字架上,就在耶稣死亡的时刻;佛教的最大关切就是生死,最高境界则是涅槃。孔子思想的绝对性影响,对中国文化造成的后果是,"哲学思想的平易,宗教情操的淡薄"[②]。

儒家思想传统是不深刻的,也是不周全的,它先是需要依附于一个专制制度,后是需要道家和佛教前来补充;由于欠缺生命的至关重要的一个维度,它甚至是不真实的。一种不真实的思想,不可能成为生活的真正基础。譬如说,爱情是幸福生活的重要源泉,是婚姻生活的基础。爱情最容不得半点虚

---

① 乌纳穆诺:《生命的悲剧意识》,段继承译,花城出版社,2007,第5页。
② 朱光潜:《诗论》,三联书店,1998,第83页。

假，虚假的爱情一旦被戳穿，便会导致"家破人亡"，让人"痛不欲生"，还不如从来就没有过爱情。但如何考量爱情的真假？那绝对不是儒家的原则所能奏效的。按照儒家片面的"生"之原则，"食、色，性也"（《孟子·告子上》），生命的第一原理乃是欲望，随之而来的第二原理便是繁殖。欲望和繁殖能够成为衡量爱情的尺度吗？若以儒家思想为安身立命之本，那便只能强调"不孝有三，无后为大"（《孟子·离娄上》），只能把"传宗接代"作为人生的头等大事，而这里是根本没有爱情的立足之地的，因此，儒家思想只能导致"无爱之婚"，导致"爱情之死"。

鲁迅说："我只很确切地知道一个终点，就是坟。"（《写在〈坟〉后面》）托尔斯泰也说："如果一个人学会了思考，不管他思考的是什么，他总会想到他自己的死亡的。"[①]世上唯一放之四海而皆准、丝毫不受时间影响、绝对的和自明的真理便是：人必有一死。这一命题并非只是对前人之死的观察和归纳，经验性的归纳不足以让我们得出自明的真理。对死的经验固然有一部分来自外经验，即看到、听说他人之死，更重要的是，它是一种在自身之内直接体验到的经验。我们直接体验到时间在一点点过去，身体在一点点老去，生命在一点点走向死亡。我们直接体验到死亡是一种随时降临的可能性。我们直接体验到不愿意失去自己、爱人和亲人的强烈感情。因此，对死的经验是一种"内经验"，近乎原初直观。"人必有一死"也是我们在几乎所有大思想家那里都能够发现的命题，因此，可以确信它是"究竟真实"，将它作为哲学的第一原理。以此，唯有与这一"究竟真实"有必然联系的命题，才可能是真实的命题。譬如，佛陀认为人生的真相是"生、老、病、死"，因而强调"无常"。"人生无常"是个正确的判断；但佛陀对付无常的办法即"无我"，却显然走过了头，因为"人皆有死"恰好说明了"我"之有死，"无我"不能与"人皆有死"同时成立。譬如，"人人生而平等"，这是西方民主制度的依据。但"人人生而平等"的思想根源，未必就是人们通常认为的"上帝面前人人平等"，倘如此，则无异于说明"平等"观仅限于基督教文化圈。事实上，"人人生而平等"必须立足于"人人皆有一死"的原初直观，才能站得住脚，成为一种真实的和普适的价值观。

---

① 转引自威廉·巴雷特《非理性的人——存在主义哲学研究》，杨照明、艾平译，商务印书馆，1999，第 143 页。

第六章 《大宗师》

苏格拉底或柏拉图为何把哲学视为"习死之术"？照柏拉图《斐多》中的说法，死亡就是灵魂脱离肉体，而哲学家力图摆脱肉体及肉体的欲望，专注于过一种灵魂的生活，在隐喻的意义上，学习哲学就是练习死亡。但这个问题除了伦理的解释，还应当有一种逻辑的解释。哲学研究和哲学生活之所以要从死亡意识发端，还因为在死亡概念的母腹中，孕育着一个四胞胎：时间，自我，必然，命运。生命之舟沿着时间之河向前漂流，死亡是一次不可避免的搁浅。死亡总是自我的死亡。死亡是一种必然。死亡是人甩不掉、逃不脱的命运。在这个意义上，光是"人必有一死"这个命题，就可以推导和延伸出哲学这门学问了。

死亡是完全个人的事情。没有人能替代自己去死。我们只能以个体的身份、以自己的本来面目独自去面对死亡；面对死亡也就是面对自我。以下引用的这段话，出自短篇小说《伊凡·伊里奇之死》，它是托尔斯泰从死亡出发的思考所得出的最重要的洞见之一，也是全部俄罗斯小说中最精彩的篇章之一，同时还是20世纪存在主义哲学的一个基本出发点：

> 他在基泽韦捷尔的逻辑学著作里读到这样一种三段论：盖尤斯是人，凡人都要死，因此盖尤斯也要死。他始终认为这个例子只适用于盖尤斯，绝对不适用于他。盖尤斯是人，是个普通人，这个道理完全正确，但他不是盖尤斯，不是普通人，他永远是个与众不同的特殊人物。①

三段论推理是绝对正确的，因为它的结论已包含在前提之中。但是三段论对将要面对死亡的人是无效的。因为三段论推理只能处理一般的状况，而死亡总是个体的死亡。每个人在一生中都或多或少曾见过他人的死亡，但每个人也都坚信此事不会发生在自己身上：死的不会是我，我一定是个例外。我是例外，因为我独一无二、与众不同。托尔斯泰的立足点始终是"与众不同的特殊人物"，始终是感性具体的、无限丰富的个体自我。他要考察的死，首先是个体的死。托尔斯泰的这段话和这篇《伊凡·伊里奇之死》，深刻地影响了海德格尔，在《存在与时间》中海德格尔也说："只要死亡'存在'，它

---

① 《托尔斯泰小说系列·克鲁采奏鸣曲》，草婴译，外文出版社/上海远东出版社，1997，第208页。

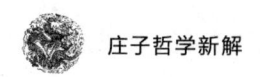

依其本质就向来是我自己的死亡。"①死亡的形而上意义是，它让人意识到"存在就是个体存在"。

　　死亡让人面对自己，让人反思自己的生活是否合适，因此，死亡是衡量生命质量的最佳试金石。这就是为什么悲剧的主人公一般来说总是要死的。不死不足以衬托他的伟大和高贵。我们常说，不在活得长久，而在活得辉煌。有人编了个关于浪漫主义的故事。说上帝给每一个人分配了一捆木柴，人的一生，就是燃烧完这一捆木柴的过程。一般的人往往倍加珍惜这捆木柴，让它慢慢地烧，烧个七八十年。浪漫主义者却不是这样，他们往往用七八年，甚至用七八个月就烧完了这捆木柴。与其苟延残喘，在无声无息中走完这漫长的生涯，不如在短暂的一生中让生命燃烧得热烈而辉煌。这就是英国浪漫主义诗人拜伦（G. G. Byron）所说的："情愿把光荣加冕在一天，不情愿无声无臭的过一世。"

　　日本有一谚语："花是樱花，人是武士。"在花中樱花是最好的，在人中武士是最好的。樱花是日本人最喜爱的花，可想而知它的非常之美，但它的盛开期很短暂，热烈地一下绽放了，便突然飘落消逝。日本人的武士道精神认为，人的死亡具有和樱花一样的美，生命的最辉煌灿烂的瞬间就是死亡的瞬间。生命的顶点也即是死亡。或许是这种武士道精神的潜移默化，导致日本文人的自杀率世界第一。自杀的往往是日本最杰出的作家，如有岛武郎、芥川龙之介、川端康成、太宰治、三岛由纪夫。其中三岛由纪夫的自杀，最具事件性和仪式感。三岛由纪夫赴死之心由来已久，他预先选定了日子，准备了一把名刀，邀请了一位朋友当"介错"。到了那一天，三岛祈祷沐浴更衣之后，带了几个学生到自卫队司令部搞了一次"政变"，发表了一场演讲，最后跪地剖腹自杀。他严格遵循程序，在腹部上直着下刀之后，又忍着剧痛，将刀横过来切了一道。此时三岛已经痛彻心扉了，只能用眼光示意介错人，于是那人挥刀砍向三岛的颈部，然而此君实在笨拙，第一刀居然没有将头颅砍下，徒然加重了三岛临终的痛苦，只好再来一刀，终于人头落地。整个过程惊心动魄。小说家莫言评论三岛由纪夫时曾经指出："从他的头颅落地那一刻起，一道血光便把他的全部作品照亮了，从此三岛的文学便不朽。""三岛

---

① 海德格尔：《存在与时间》，陈嘉映、王庆节译，三联书店，1999，第276页。

是个有七情六欲的凡人，但最后那一刀使他成了神。"①

无论是拜伦还是三岛由纪夫，他们的死都是个体的死，他们的生也都是个体的生。我们于此又发现了儒家错失死亡问题的一大原因。儒家关注社会，关注群体，儒家的"人"总是群体中的人。孔子的最高道德理想即人性规定是"仁"，而"仁"字的构成是"二人"。《中庸》说"仁者人也"，郑玄注："人也，读如相人偶之人，以人意相存问之言。"可见孔子和儒家一开始便将人置于人伦关系之中。这种人性观自有其独到之处，例如它避免了西方现代人所要面对的孤独问题，也不需要让人去苦苦寻觅生存的意义。但它毕竟没有达到"存在就是个体存在"的哲学层次。儒家思想也讲"舍身成仁"和"杀生取义"，然而成仁取义是为伦理道德而死，为群体而死。死者无非是成为了"忠臣""孝子""节妇""烈女"，但这些都是抽象的和一般的概念，个体的意义在这种观念中并没有被意识、被肯定。"牺牲小我成就大我"是儒家取义成仁死亡观所预设的思维前提。这个思维前提在今天已经难以成立了。群体是由个体组成的，从这个事实推出的结果，不应是个体为群体牺牲，而应是群体为个体服务。举例来说，教育的目的难道不就是发展个性吗？个体是人类发展的目标。个体的生命是绝对的，任何以群体的名义牺牲个体的行为都是不义的。

一般而言，道家比儒家更经常思考死，因为道家的出发点是"养生"，而养生在某种意义上就是"无死地"和"莫之伤"，就是避免偶然死。老子讲"出生入死"，庄子讲"方生方死"，死亡和面对死亡对于老、庄是生命中的重大事件。也许主要就是由于正视死亡，使得道家思想较之儒家思想更为深刻，更为形而上，因而哲学味也更浓。而较之老子，死亡问题对于庄子尤为痛切。傅伟勋指出："印度佛教移植中土以前，没有一位中国思想家像庄子那样，认真探讨过生死问题。"②在庄子的人生处境中，死亡是随处可见的，甚至是随时降临的，犹如达摩克利斯之剑（The Sword of Damocles）悬于头顶，因此他有感而发："死生亦大矣！"（《德充符》）死亡问题对于庄子哲学也有特别的重要性，原因有三。①死亡总是个体的死亡，而庄子被誉为中国古代的"个人自由主义者"，是中国古代最注重个体的哲学家。②庄子没

---

① 莫言：《会唱歌的墙——莫言散文选》，人民日报出版社，1998，第209~210、211页。
② 傅伟勋：《死亡的尊严与生命的尊严》，北京大学出版社，2006，第92页。

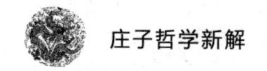

有"灵魂不朽"的观念,他的哲学中也没有上帝的位置。③庄子比其他古代哲学家都要更关注身体,而身体必是有血有肉的存在,必有生老病死的问题。

相信灵魂不朽的人不怕死。柏拉图对话《斐多》中的苏格拉底自愿饮鸩而亡,从容就义,那是由于他深信灵魂不朽。信仰上帝的人更不怕死。显克维奇(Henryk Sienkiewicz)的小说《你往何处去》中的基督徒,在暴君尼禄的斗兽场上夷然无惧,欣然葬身狮吻,把为上帝而死视为至高幸福。庄子既没有灵魂不朽的观点,也没有上帝保证永生的设想,如此一旦身体衰亡,世界就要归于虚无。这便需要一种观点,形成一种态度,达到一种境界,将人从虚无中拯救出来。

7. 勘破生死的三个概念

如何达到超脱生死的境界?这需要一种功夫,与这种功夫相关的是三个概念:命,藏,忘。但这三个概念并非关于死亡的知识,而是生存论的概念,它们都有动词的意味,甚至都是动作。"命"字当然是名词,不过作为勘破生死之境界的一种功夫,它出自某种决定或某种选择,应当被理解为"知命"或"认命"或"安命"。

庄子认为生死穷通都是"命"。"命"这个概念,在《人间世》中已经出现了:

> 天下有大戒二:其一命也,其一义也。子之爱亲,命也,不可解于心;臣之事君,义也,无适而非君也,无所逃于天地之间。

"戒"是法则,此处相当于伦理规范。伦理规范有二:基于自然的"命"和基于社会的"义"。子女爱父母,这是"命",是无法解释的;臣子事君主,这是"义",是无法逃避的。"命"有"不得不然"的含义。《人间世》还说:"知其不可奈何而安之若命,德之至也。"《德充符》中有一个相同的观点:"知不可奈何而安之若命,唯有德者能之。"何谓命?《德充符》给出了一个实例和一个界说。实例是,"游于羿之彀中,中央者,中地也;然而不中者,命也"。后羿是神箭手,走进后羿弓箭射程的中央,一定会被射中,然而就有人没被射中,这是命。以此例看来,命,是命中注定的、不可预料的。界说是,"知不能规乎其始者也"。命,是人的智力所不能达到的，人的力量所不能改变的，让人无可奈何的东西。《大宗师》的最后一章，可视为"命"的具体说明：

> 子舆与子桑友，而霖雨十日。子舆曰："子桑殆病矣！"裹饭而往食之。至子桑之门，则若歌若哭，鼓琴曰："父邪！母邪！天乎！人乎！"有不任其声而趋举其诗焉。
>
> 子舆入，曰："子之歌诗，何故若是？"
>
> 曰："吾思夫使我至此极者而弗得也。父母岂欲吾贫哉？天无私覆，地无私载，天地岂私贫我哉？求其为之者而不得也！然而至此极者，命也夫！"

子桑或许是庄子的化身，他们都是生存艰辛的穷人，而且都是穷哲学家。《人间世》对"当今之世，仅免刑焉"的描写让人心惊，《大宗师》这段对穷困的叙述则让人心酸。不过是下了几天的雨，子桑就无力举炊了，可见他家里是"箪瓢屡空"的。儒家的"复圣"颜回，也是个穷光蛋，不过他"一箪食，一瓢饮，在陋巷，人不堪其忧，回也不改其乐"（《论语·雍也》）。穷苦，穷苦，"穷"就是"苦"，颜回居然"不改其乐"，那是有原因的，他毕竟还有"一箪食，一瓢饮"。子桑却没有颜回那样"优越"的条件，他只好在家里饿着肚子"若歌若哭"。他可能体力不支，所以唱得有气无力；也许悲痛欲绝，所以唱得不成曲调。一边唱歌一边冥思苦想，希望明白生活如此穷苦窘迫的缘故。然而探寻而不可得，最后只能认定"然而至此极者，命也夫"。"极"就是极致，此处可解为"绝境"。当人身处绝境之中追寻陷入绝境的理由，百思而不得其解时，"命"的观念就自然而然地出现在脑中。

庄子的"命"，在中国古代哲学术语中相当于"定数"。《红楼梦》中"自古穷通皆有定，离合岂无缘"，说的就是定数，所以汉语中有"命中注定"的成语。显然，在生死穷通的问题上，庄子哲学属于命定论（Determinism）。命定论颇有听天由命的消极意味。从马克思主义的视角看，在阶级社会中，命定论还可能被统治阶级利用来实现其统治、压迫和奴役的目的。例如"龙生龙，凤生凤，老鼠儿子会打洞"，这是命定论的通俗表述，它的含义之一是，被奴役者生来就是被奴役的，而且永远都是被奴役的。然而，庄子的"命"字，基本上没有这种社会学意义或政治学意义，它是一个生存论的概念，是对于个体的"哲学的慰藉"。西方人陷入绝境、走投无路时，还有最后一根救命稻草，那就是上帝。上帝成了人绝处逢生的最后希望。中国人在同样的状况中却没有上帝前来拯救，没有任何希望，只能听天由命。不过听天由命的态度，仍然给出了一条退路，那就是把自己交给"天"、交给自然。这不是希望，而是无奈，然而它也能带来心理的安慰，化解生存的痛苦。

《庄子》一书多次提到人们对于死亡或死者的态度，如《养生主》篇的"老聃死"，《至乐》篇的"庄子妻死"，《大宗师》篇有"孟孙才，其母死"等好几个故事，那些死者的遗属或师友，有些人痛哭流涕，有些人居丧不哀，有些人甚至临尸而歌，态度虽有种种不同，要之不过两类：哭和不哭。哭和不哭的标准是什么？命。如果是"死于非命"，那是难以接受的，号啕大哭，伤心欲绝，都是人之常情。如果是"终其天年"，那就只有接受，不必过分悲痛，纵然心中难过，也得节哀顺变。所以我们不能像惠子那样，仅仅因为庄子妻死，而他却"鼓盆而歌"，就指责他无情无义。庄子妻应当是自然死，而非偶然死；是终其天年，而非中道夭折。是以庄子只有"认命"：

> 人且偃然寝於巨室，而我噭噭然随而哭之，自以为不通乎命，故止也。（《至乐》）

这句话是庄子用"气"解释了生死的道理之后说的。不过，在表达顺序上固然是"气"在"命"之前，在事实上，庄子是在"认命"之后，才构思了一套用"气"解释生死的理论。比较而言，关于"命"的知是生存之知，关于"气"的知是理智之知。"知命"属于真知，所以《德充符》说"知不可奈何而安之若命，唯有德者能之"，"有德者"大致也就是《大宗师》中的真人了。"认命"是一种生存的选择，可以减轻或弱化人的痛苦。所以《养生主》和《大宗师》都有相似的说法："得者，时也，失者，顺也；安时而处顺，哀乐不能入也。"这大概相当于鲁迅《野草·墓碣文》所说的"于无所希望中得救"。

然而，鲁迅"于无所希望中得救"，是由于他的生存方式是"反抗绝望"。这一方面源于鲁迅的先天气质，另一方面也因为他受了西方思想的影响。鲁迅推崇裴多菲、拜伦、雪莱、普希金等"立意在反抗，指归在动作"

的"摩罗诗人"。鲁迅选择了反抗，庄子却不主张反抗。庄子用"命"的概念，划出了天和人之间的绝对界限，根据这个概念，人力不可能胜过天工。"认命"，或用庄子的话说，"安时而处顺"，在庄子这里乃是一种哲学智慧、一种谦卑态度。西方人对上帝谦卑，中国人对自然谦卑。人若有希望，就爱反抗；若无希望，就得接受。西方人常反抗，中国人常接受。接受命运是庄子的人生态度，也是庄子留给中国人的哲学遗嘱。这份遗嘱，倒有三分类似于尼采所说的"爱你的命运"。接受是通盘的接受、全然的接受。《齐物论》篇的"齐万物"，便是主张人对世界的全然接受。《大宗师》篇则强调人应当全然接受命运，不仅接受穷通祸福，而且接受生老病死。《大宗师》说："死生，命也；其有夜旦之常，天也。"死和生都是命中注定的，就像黑夜和白天的交替，无非自然现象。所以最明智的选择，便是接受大自然给予的一切：

> 子祀、子舆、子犁、子来四人相与语曰："孰能以无为首，以生为脊，以死为尻，孰知死生存亡之一体者，吾与之友矣。"四人相视而笑，莫逆于心，遂相与为友。
>
> 俄而子舆有病，子祀往问之。曰："伟哉，夫造物者，将以予为此拘拘也！曲偻发背，上有五管，颐隐于齐，肩高于顶，句赘指天。"阴阳之气有沴，其心闲而无事，跰𨅨而鉴于井，曰："嗟乎！夫造物者又将以予为此拘拘也！"
>
> 子祀曰："女恶之乎？"曰："亡，予何恶！浸假而化予之左臂以为鸡，予因以求时夜；浸假而化予之右臂以为弹，予因以求鸮炙；浸假而化予之尻以为轮，以神为马，予因以乘之，岂更驾哉！且夫得者，时也，失者，顺也；安时而处顺，哀乐不能入也。此古之所谓县解也，而不能自解者，物有结之。且夫物不胜天久矣，吾又何恶焉？"
>
> 俄而子来有病，喘喘然将死，其妻子环而泣之。子犁往问之，曰："叱！避！无怛化！"倚其户与之语曰："伟哉造化！又将奚以汝为，将奚以汝适？以汝为鼠肝乎？以汝为虫臂乎？"（《大宗师》）

在子祀、子舆、子来、子犁的对话中，疾病、残疾和死亡都被坦然地接受下来。这种接受并非浑浑噩噩的接受，而是了悟人生的接受；并非听天由命的窝囊和颓废,而是勘破生死的超脱和达观。一个人何以能够勘破生死? 道理说来也简单:第一步是"知命"或"认命",不是抗拒死亡而是接受死亡。第二步就是让自己返回到自然之中,或藏身于自然。以上对话出现了"造物者""造化""化"等字眼,它们并非上帝般的存在,而是自然的别名。人是自然的"被造者",因此,人的生老病死都取决于自然;人是自然的"部分",整体决定部分的意义,因此人的意义取决于自然,或者说,取决于如何对待自然。在自然的整体视域中,生与死都不过"大化"的运作流行。一个人出生了,大自然并没有增加什么;一个人死去了,大自然也没有损失什么。

因此,庄子处理死亡问题的第二个概念是:藏。藏身于自然。《大宗师》另一章说:"夫藏舟于壑,藏山于泽,谓之固矣。然而夜半有力者负之而走,昧者不知也。藏大小有宜,犹有所遁。若夫藏天下于天下而不得所遁,是恒物之大情也。"这个说法,语言上和思想上都很有庄子特色。"山"一说为"汕",即渔网。把小舟藏于山谷里,把渔网藏在深泽中,可以说很安全了,然而半夜里有个大力士把它背走了,沉睡中人却一无所知。把小东西藏在大地方固然适宜,但仍不免遗失。若是把天下藏于天下,那就无所遗失了,这是万物恒存不变的真实情况。"藏天下于天下而不得所遁",这是一种智慧,也是一种境界。苏轼大概就是从这句话中受到启发,写下了《前赤壁赋》关于"造物者之无尽藏"的那段著名议论。不过这里的"天下"可以理解为自然,也可以理解为社会。如果理解为社会,那么"藏天下于天下"主要指处世方式。庄子主张"游世",推崇"无用"。"无用"就是和光同尘,"万人如海一身藏"。如果理解为自然,那我们就可以把"藏天下于天下"置于死亡问题的语境中。在庄子看来,人本来属于自然,如此把人藏身于自然,也就意味着"藏天下于天下",其结果就是"不得所遁"。《大宗师》还说:"故圣人将游于物之所不得遯而皆存。""遯"即"遁","不得遯"亦即"不得遁";"游于物之所不得遁",也就是将自己藏身于大自然。在《达生》篇中,这叫作"圣人藏于天":

夫醉者之坠车,虽疾不死。骨节与人同而犯害与人异,其神全也。乘亦不知也,坠亦不知也,死生惊惧不入乎胸中,是故遻物而不慴。彼得全于酒而犹若是,而况得全于天乎? 圣人藏于天,故莫之伤也。

醉者"死生惊惧不入乎胸中",这是真人超脱生死境界在日常经验中的一个例示。 真人或圣人"莫之伤",表层意义是不受到外物的伤害,深层意义则是不为生死问题所困扰。 之所以能够如此,是由于真人或圣人"藏于天"。 此"天"是境界之天,也是实在之天。 作为实在之天,"藏于天"亦即藏身于自然。 藏身于自然就"不得所遁",无所遗失。 人的生是自然,死也是自然。 生与死都在自然之中。 自然无所得,无所失;不生不灭,不增不减。如果能够"藏于天",则死亡不过是"反其真"罢了。 死亡的困扰就此被化解于无形。

庄子对于如何化解死亡的困扰,有一个明确的答复:"夫大块载我以形,劳我以生,佚我以老,息我以死。 故善吾生者,乃所以善吾死也。"(《大宗师》)大块即大地,是自然的具体化。 大自然用形体让我寄托,用生活让我劳苦,用老年让我安逸,用死亡让我休息。 所以,那妥善安排我的生命的自然,也必妥善安排我的死亡。 完全不用为自己的死亡操心、烦扰、痛苦、恐惧,因为"善吾生者,乃所以善吾死也",把自己交给自然就好了。

在谈论"游方之外"时,孔子也涉及"方外之士"对生死的态度。 "彼方且与造物者为人,而游乎天地之一气。 彼以生为附赘悬疣,以死为以死为决疣溃痈。 夫若然者,又恶知死生先后之所在!"这里"为人"乃是"为偶","造物者"和"天地"都是自然,方外之士与大自然为伍,与日月星辰山川草木为友。 "与造物者为人,而游乎天地之一气",也就是藏身于自然。 如此一来,他们对生死的看法便与方内之士拉开距离了。 世人大都贪生怕死、悦生恶死,他们却把生看成多余的赘瘤,把死看成如脓疮溃破一般,换言之,生近乎痛苦,死则是解脱。 庄子还用了"县(悬)解"一词,意即解除倒挂之苦。 无论是"决疣溃痈"还是"悬解",不都表明了死亡乃是"反其真"吗? 庄子未必故意做反论,他的比喻可能只是为了强调,方外之士与众不同,他们"不知悦生,不知恶死"。 "又恶知死生先后之所在",此先后不是时间的先后,而是价值的先后,意思是说,生未必比死更有价值。

藏身于自然,把部分纳入整体,我们就获得了研读《齐物论》时所说的整体视域。 在这样的整体视域中,"知死生存亡之一体",生与死实在是再正常不过的事情了。 死亡之所以成为人的一大难题,无非是由于人出于自我保存的本能而拒绝死亡,拒绝死亡则是由于害怕死亡,害怕死亡使自我消失,使世界化为虚无。 但是,一旦把人纳入自然之中,我们便会意识到死亡并不是

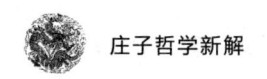

消失，而是变化；世界也并没有因个体死亡而沦为虚无，世界只是一直处在不息的流动过程中。鲁迅说过这样一段话：

> 过去的生命已经死亡。我对于这死亡有大欢喜，因为我借此知道它曾经存活。死亡的生命已经朽腐。我对于这朽腐有大欢喜，因为我借此知道它还非空虚。（《野草》题辞）

鲁迅的话中有佛教哲学的概念，也有庄子哲学的精神。虽说蕴有庄子哲学的精神，却也与庄子颇有不同。鲁迅是战士，庄子是哲人。鲁迅的"大欢喜"饱含生命的奋发昂扬，庄子的"安时处顺"体现精神的宁静超然。鲁迅的境界好比金刚怒目，庄子的境界有如菩萨低眉。尽管有如许差异，他们都不回避死亡，而且他们都认为，死亡不等于虚无。

为了能够坦然地接受死亡，有必要预先准备死亡。死亡是回归自然，而在未死之前，就得将自己藏身于自然。庄子让人返回到自然，带来的后果是：不是人取消了意识，而是世界拥有了身体。"以无为首，以生为脊，以死为尻"，"知死生存亡之一体"，这样的言论当然是隐喻，它似乎在说，自然是一个大身体，生死都是这个身体的组成部分。"浸假而化予之左臂以为鸡，予因以求时夜；浸假而化予之右臂以为弹，予因以求鸮炙；浸假而化予之尻以为轮，以神为马，予因以乘之，岂更驾哉！""以汝为鼠肝乎？以汝为虫臂乎？"这种说法似乎不能用"天人合一"四字简单地打发了事。它当然是天人合一的体现，不过，它的天人合一也可以有以下两种理解。

一种是唯物论的天人合一，即人的躯体分解为物质元素，回归于自然。李长之说，道教从"自然"概念出发，"发现了世界之物质的方面，就是人类也不过是物质世界的一种组合"，如李白诗句所说："腾转风火来，假合作容貌。"[①]但是稍加考量，李长之说的是"道教"而非"道家"。李白诗句所体现者应当也是道教的思想，甚至是佛教的思想（佛教有地水火风四大和合之说），而非庄子的思想。《大宗师》也有一个说法："假于异物，托于同体。"成玄英疏："水火金木，异物相假，众诸寄托，共成一身。"陈鼓应译："借着不同的元素，聚合而成一个形体。"在我们看来，这种理解显然不

[①] 李长之：《道教徒的诗人李白及其痛苦》，天津人民出版社，2015，第62页。

能切合庄子的哲学理路。"异物"并非不同的物质元素。就人而言,物质元素只能合成"躯体",不能形成"身体"。就自然而言,说自然是物质元素的组合,这只是科学家式的机械自然观,而非艺术家式的生物自然观。庄子当然是艺术家型的哲学家。庄子的人,是有骨有肉的活生生的身体,是庖丁解牛、轮扁斫轮、梓庆削木为鐻的身体,庄子的自然,是鸢飞鱼跃、生意盎然、灵气往来的自然,无论是人还是自然,都绝非死气沉沉的物质。

另一种是现象学的天人合一,即世界分有了人的特点,拥有了肉身。按照梅洛-庞蒂在《眼与心》(1961)中的观点,世界之所以拥有肉身,是由于知觉世界的主体乃是身体,知觉活动"把身体借给世界",从而有了"世界之肉"。在此基础上,形成了后期梅洛-庞蒂的"肉的存在论"。庄子当然不了解梅洛-庞蒂的知觉现象学或身体现象学,不过他对死亡问题的思考,似乎无意中也触及了"世界之肉"的现象学本体论。人被嵌入自然,自然因而被肉体化了,成为隐喻的"身体",如此自然也成了有生命的、有灵气的自然。这样的自然才能成为审美的对象,才能成为精神的寄托,也才能最终将人从死亡的虚无中拯救出来。

庄子关于死亡问题的第三个概念是"忘"。在《大宗师》中,"忘"字也写成"外"字。"忘"或"外"不仅仅是关于死亡问题的,它首先是一种修道功夫。通过修行,人可以得道,使道体现于身体。修道是一个过程,这个过程贯穿着"忘"的功夫。这个过程还有一些次第或步骤,如颜回的"坐忘",经历了层层递进的三个步骤:忘礼乐,忘仁义,忘自己。① 一般认为,《大宗师》的"坐忘"和《人间世》的"心斋"是同一性质的功夫。由于"坐忘"的对话者也是孔子和颜回,有些学者甚至主张这章文字应当移至《人间世》,与"心斋"的对话放在一起。徐复观就是把"心斋"和"坐忘"合并起来考察的,合并于何处? 徐复观认为两者均为"美的观照"。

庄子哲学颇为青睐"忘"字,《大宗师》中除了"坐忘",还有"鱼相忘乎江湖,人相忘乎道术"的著名说法。在解读《齐物论》时我们已经详细分析过"吾丧我"的"丧"即"忘",此处不妨简单处理,点到为止。何谓坐

---

① 按照庄子《大宗师》的原文,颜回修行三步骤的顺序是忘仁义、忘礼乐、坐忘。但许多学者认为礼乐应当在仁义之前,这是有道理的。忘礼乐、忘仁义、忘自己,这三个步骤是自外而内、由浅而深的过程。

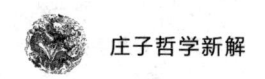

忘？ 颜回说："堕肢体，黜聪明，离形去知，同于大通，此谓坐忘。"徐复观对坐忘有一段分析：

> "堕肢体"、"离形"，实指的是摆脱由生理而来的欲望。"黜聪明"、"去知"，实指的是摆脱普通所谓的知识活动。二者同时摆脱，此即所谓"虚"，所谓"静"，所谓"坐忘"，所谓"无己"，"丧我"。……庄子的"离形"，也和老子之所谓无欲一样，并不是根本否定欲望，而是不让欲望得到知识的推波助澜，以致溢出于各种性分之外。在性分之内的欲望，庄子即视为性分之自身，同样加以承认的。所以在坐忘的境界中，以"忘知"最为枢要。忘知，是忘掉分解性的、概念性的知识活动，剩下的便是虚而待物的，亦即是徇耳目内通的纯知觉活动。这种纯知觉活动，即是美的观照。①

显然，徐复观认为坐忘的关键在于"离形去知"四字，"堕肢体"即"离形"，"黜聪明"即"去知"。这是没问题的。把"聪明"或"知"理解为"分解性、概念性的知识（活动）"，大致也是没问题的。庄子要去掉的"知"或"聪明"，肯定不是《大宗师》开篇所谈的"真知"。不过徐复观把"形"或"肢体"理解为（由生理而来的）欲望，不知有何根据。至少在庄子的文本中找不到直接证据。想来这与他要将"坐忘"解读为"美的观照"有关，自康德和叔本华以来，审美就被视为无功利的活动，故而摆脱欲望才是审美。如此看来，断言"形"或"肢体"是欲望，源于徐复观的先入之见。我们解读《德充符》时曾认为"形"就是躯体，作为物理躯体，有别于现象身体。此处仍然可以如此阐释。说"肢体"就是躯体，不是理所当然吗？坐忘的目的，无非是实现与道合一。与道合一即是以身体道，这身体必定不是物理躯体，为此需要将它还原掉，这正如必须将"分解性、概念性的知识"还原掉，才能获致"真知"。至于"同于大通"这四字，上引徐复观言论并无说明。"大通"，一说就是"大道"，一说是"万物之相通"，或许两说可并行不悖。不过如果选择了"大道"，说在坐忘的境界中与大道融合为一，这种解读似乎更有简洁明快之功。

---

① 徐复观：《中国艺术精神》，华东师范大学出版社，2001，第43~44页。

第六章 《大宗师》

颜回的"坐忘",简言之就是忘掉自己,用庄子的概念则是《逍遥游》中的"无己"或《齐物论》中的"丧我"。如果将"坐忘"的"离形去知"和"丧我"的"形同槁木,心如死灰"稍加比较,我们立即便会发现:"离形"就是"形同槁木","去知"就是"心如死灰"。前面我们曾说"形同槁木,心如死灰"是一种积极的和值得肯定的状态,这是侧重于通过"丧我"获得"真我"或"存在性自我"来说的。但如果从日常生活的角度看,"形同槁木,心如死灰"其实就是近乎死亡的状态。同理,"离形去知"也是近乎死亡的状态。一个人要通过修行进入近乎死亡的状态,才算实现了"坐忘"或"丧我"。可见"坐忘"的功夫也当蕴含着超脱生死的内容。苏格拉底和柏拉图认为学哲学就是"练习死亡",海德格尔也主张本真的生存要"先行到死"(Experiencing the Death First),或许庄子"无己""丧我""坐忘"的修道功夫中,也有着相似的思想。正因为在修行中常常"提前进入死亡状态",才能最终达到至人或真人的"死生无变于己"的境界。

除了颜回的忘礼乐、忘仁义、忘自己三步骤,《大宗师》还让女偊提出一种更为细致的修道次第说。此说共有七个步骤:

> 吾犹守而告之,参日而后能外天下;已外天下矣,吾又守之,七日而后能外物;已外物矣,吾又守之,九日而后能外生;已外生矣,而后能朝彻;朝彻而后能见独;见独而后能无古今;无古今而后能入于不死不生。

"参"即三。此外有两个需要说明的语词:"朝彻"和"见独"。"朝彻",据曹础基说,是一旦豁然贯通;"见独",据徐复观说,即"见道",不过并非老子的客观的道,而是见道以后的精神境界。这段话的大意是:我告诉他具体的持守方法。持守三天之后,就能遗忘天下;持守七天之后,就能遗忘外物;持守九天之后,就能置生死于度外了。一旦置生死于度外,就能"朝彻",即豁然贯通;豁然贯通之后就能"见独",即见道、体悟大道;体悟大道之后,就能不受时间的限制,没有死生的观念。

修道过程的七个步骤是:外天下,外物,外生,朝彻,见独,无古今,入于不生不死。曹础基《庄子浅注》认为,外生的"生","借为性。下文有'不生不死',则此句的'生'字不应解为生死之生而与下文重复。外生即是忘却自己的心性。个人的心性,有是非好恶,是天道所不容的,故应排除在外"。① 此说颇为牵强，理由有三。 ①心性这个概念，或属于儒家，如孟子的"尽心知性"说，或属于佛家，如禅宗的"明心见性"说。 庄子确实爱讲"天性"，但他不可能像宋儒那样谈"心性"。② ②外天下，外物，外生，三个步骤一气呵成，之后便没有"外"字了，可见这三个步骤应当视为一个整体。 修道过程的七个步骤可分为两大阶段，前三个步骤为第一阶段，后四个步骤为第二阶段。 ③将七个步骤分为两个阶段，就不存在"与下文重复"的嫌疑了。 与其说是文字的"重复"，不如说是庄子的"重视"，即对生死问题的高度重视。 两个阶段的最高处，都关乎生死，即"外生"和"入于不死不生"。 "外生"意为遗忘了生命，遗忘了生命也就是无虑于生死，置生死于度外，不再把死亡太当回事了。 一般认为，"不生不死"是对道的形容，换言之，"道自身"是不生不死的。 但是，这七个步骤都是修行过程，也是谈论逐步深入和层层提升的体道境界，不太可能突然从体道境界跳跃到"道自身"。 况且"不生不死"之前还有"入于"二字，"入于不生不死"，当然是指体道之人即真人进入了超越生死的境界。

  第一个阶段即前三个步骤，是"前真人"阶段，越过这个阶段的关卡是"外生"。 对死的恐惧是常人最根深蒂固的恐惧，"不死的渴望"是人类最根深蒂固的渴望，如果一个人连死都不怕了，他的生存境界定然会发生质的突变。 突破生死关口犹如蝴蝶破蛹而出。 于是豁然开朗，然后始能见道；见道即悟道，亦即获得"真知"。 故"朝彻"是步入"真人"阶段之开始。 真人阶段的境界渐次提高，其极致是"入于不死不生"，亦即超脱生死。 "真人"阶段的超脱生死，较之"前真人"阶段的无虑生死，显然层次更高，因为前者还是人为的、有意的、费力的，后者则是自然无为的，也是洒脱自在的。 前者是"艰难的一跃"，后者是"逍遥的散步"。 超脱生死的人，也就是"丧我""无己"的真人。 其实应当说，唯有"丧我""无己"的真人，才能实现超脱生死。 恐怕也只有超脱生死的真人，才能真正实现庄子理想的逍遥境界吧。 此前我们说过，逍遥之人是道的象征或道的隐喻，现在我们还可以说，是道的肉身化。 在勘破生死的境界里，在逍遥的生存中，"道"终于

---

① 曹础基：《庄子浅注》，中华书局，2010，第 79 页。
② 当然，当代中国学界有不少"庄子心性论"的说法，心性论亦即"心性之学"，这显然属于庄子诠释的"心学模式"。 心学模式是"以儒解庄"的结果，为本书所不取。

全然地获得了身体，就在真人身上，向我们呈现出来。

　　总之，我们对《大宗师》的论述过程始于真人，也终于真人。始于如何认识真人，终于如何成为真人。这是一个"道成肉身"的故事。这故事中发生的事情，有点类似古希腊以来西方哲学的历程，始于苏格拉底的"认识你自己"，终于尼采的"成为你自己"。"认识"只关乎理性、心灵、意识，"成为"则关乎生存、关乎身体。尽管此前西方哲学家也或多或少地讨论过身体，但那都只是附带性的、可有可无的。自尼采开始，身体才真正进入西方哲学家的视野，甚至居于视野的中心。

| 第七章 |
《应帝王》

如果我们把《庄子》内七篇视为一个整体，那么《应帝王》篇便是庄子哲学的结束语。结束于何处？为政之道。一般认为，《应帝王》表达了庄子的政治理想。《庄子》一书始于《逍遥游》，一开始便是北冥有鱼、大鹏图南，那是极其玄远、超然、宏大的哲学起点，而它的终篇却是人类社会的现实政治，仿佛姑射神人降落于人间、来到了眼前。没有了距离，也就可能丧失了美。我们不禁怀疑庄子哲学的这个句号似乎画得不够圆满。不过，不少庄学研究者不这么看。例如钟泰认为，庄子哲学是"内圣外王"之说，"《大宗师》，明内圣也。""《应帝王》，明外王也。"[1]钟泰的《中国哲学史》中介绍庄子，仅提及《大宗师》《齐物论》《养生主》《应帝王》四篇。《大宗师》在前，《应帝王》在后，一内圣，一外王，好似一对括号，括起了庄子哲学。照此说来，庄子哲学如果不以《应帝王》结束，那才是不完整的。

不过"内圣外王之道"说是有缺陷的，虽然此说的最早出处是《庄子·天下》，但已被高度儒家化了，因而与其说属于庄子，不如说属于儒家。用"内圣外王之道"显然不足以阐释庄子哲学。譬如《逍遥游》和《齐物论》，是冯友兰所说的"庄之为庄者"，但它们到底是内圣还是外王呢？恐怕只能说既非内圣，亦非外王。不只是《逍遥游》和《齐物论》，应当说内七篇全都如此。首先，庄子的人生理想是逍遥，因此他选择的生存方式是"隐"，而拒绝了"仕"，这是我们在解读《逍遥游》时强调过的。一个决

---

[1] 《钟泰学术文集》，上海人民出版社，2012，第80、103页。

定"终身不仕"的人，怎么会去当帝王或辅佐帝王？ 其次，庄子对"救世"不抱任何希望，只希望"救己"，这是我们在解读《人间世》时强调过的。一个对救世毫无希望毫无热情的人，他的哲学怎么可能是"内圣外王之道"？

儒家化了的"内圣外王"，又被表述为"成己成物"。 "成己"就是内圣，"成物"就是外王。《中庸》说："诚者，非自成己而已也，所以成物也。 成己，仁也；成物，知也。 性之德也，合内外之道也。"庄子恐怕做到"成己"就"而已"了，不会再去"成物"。 事实上，庄子哲学中的"成己"也就是"成物"，或者说"成物"被并入"成己"了。 如用徐复观的说法，庄子的道是"艺术精神"，而庄子所成就的是"艺术的人生"。 我们也可以说，成为艺术家是"成己"，创作艺术品是"成物"，而这两件事，在艺术家这里其实就是一回事。 如果非要说"帝王"的话，那么道家人物的"做自己"也就是"当帝王"。 不过这自然是隐喻的帝王，是没有权力、没有国土、没有臣民的帝王，是在个体自由意义上的帝王。

因此，《应帝王》是内七篇中相当奇特的一篇。 就庄子哲学的精神而言，其实完全不需要有一篇《应帝王》，然则何以又有了这么一篇呢？ 这有两种可能。 其一，可能是郭象的作为。《庄子》三十三篇，包括内七篇都是郭象编排的，如果郭象从外篇和杂篇中搜寻些材料来拼凑成一篇《应帝王》，那当然是易如反掌之事。 如此便使整个庄子学说既有"内圣"，又有"外王"，满足了郭象会通儒道的哲学追求。 但是，目前通行的《庄子》只有这么一个郭象版，因此这个猜测无法证明。 其二，也可能是庄子本人愿意对政治发表一些看法。

方东美不用"内圣外王"，而用"回向人间世"来解读庄子哲学。《逍遥游》中有一句话："天之苍苍，其正色邪？ 其远而无所至极邪？ 其视下也，亦若是则已矣。"庄子在想象中采取了大鹏自高空往下看的视角。 方东美评论道："这一段不是平常散文里面的闲文字，而是庄子哲学上面一个极重要的转捩点。 这个转捩点就是说：一个精神解放的哲学家，同时还要过一种平易近人的生活。 就好像一个人坐飞机，飞到再高，还是要回到地面加油；尽管一个哲学家达到一种极高的境界，他也要回到现实世界上面来。"[1]此说似可接受。 庄子确实是个一边"独与天地精神往来"，一边"不谴是非，以

---

[1] 方东美：《原始儒家道家哲学》，中华书局，2012，第 231 页。

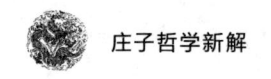

与世俗处"的人。既然庄子达到极高的境界后还要"回向人间世",那么庄子哲学谈论政治也是合情合理的。

第一节　为政之道

1."应"的意义

关于《应帝王》的篇名,一个难点是"应"字究竟何意？其答案可谓众说纷纭,归纳起来,主要有以下四种。

最简单的解释是,"应"即应答或回应。曹础基《庄子浅注》的本篇导读就说:"本篇是回答帝王如何治天下的,故名'应帝王'。"如此解说,简洁明了,毫无疑义,其优点是取消了不必要的联想发挥。不过,按照此说,"应帝王"似乎就是"回应帝王之问",然而细察《应帝王》的几个问答,都不是帝王问道家人物答,而是道家人物问道家人物答。如此我们就得将"应答帝王"修改为"回应如何当帝王的问题"。但这样一改,何不干脆将"应帝王"理解为"当帝王"？流沙河就是这么主张的,他说:"'应'实际上就是'当','应帝王'的意思就是当一个帝王。"①但是,流沙河把"应"解为"当",既没有提供学理上的依据,也没有在《庄子》文本中找出其他的旁证,似乎只是对于单个字眼的一种主观的判断。如此我们还不如坚持"应帝王"是"回答帝王如何治天下",只是不必让帝王来问。

第二种解释源于郭象。郭象题注云:"夫无心而任乎自化者,应为帝王也。"如此,"应"就是应当或应该。按照此说,一个具有道家修养的人就应当为帝王。但这大概只是"以儒解庄"的郭象及后世儒生的想法,庄子本人肯定不会认为道家人物应当为帝王。在《逍遥游》中,庄子让许由断然拒绝了尧的"让天下",还说姑射神人"其尘垢秕糠,将犹陶铸尧舜者也,孰肯分分然以物为事",可见治理天下这类烦琐俗事,根本就不被庄子的道家人物放在眼里。《让王》篇也有类似的说法:

故曰:"道之真以治身,其绪余以为国家,其土苴以治天下。"由此

---

① 流沙河:《庄子闲吹》,中信出版社,2010,第203页。

观之，帝王之功，圣人之余事也，非所以完身养生也。今世俗之君子，多危身弃生以殉物，岂不悲哉！凡圣人之动作也，必察其所以之与其所以为。今且有人于此，以隋侯之珠弹千仞之雀，世必笑之，是何也？则其所用者重而所要者轻也。夫生者，岂特隋侯之重哉！

"土苴"，意即残渣。这段话说，道的真实作用是"治身"，亦即养生，其剩余部分用来治理国家，其残渣部分则用来治天下。假如有人用"隋侯之珠"去射高飞的麻雀，世人一定笑他愚蠢，因为他所用的东西非常贵重，而所图的东西却非常轻贱。然而，生命岂不是比隋侯之珠更贵重？老子曾有一问："名与身孰亲？身与货孰多？得与亡孰病？"（四十四章）意思是，名声与生命哪一个更亲近？生命与财货哪一个更重要？获得名利与失去生命，哪一个更有害？这一问，堪比莎士比亚的"哈姆雷特之问"。不过庄子的选择，并无哈姆雷特的犹豫。在庄子看来，生命比整个天下还要贵重。因此，为了天下而放弃生命或忽略养生，都是本末倒置的、得不偿失的。养生才是正事，才是当务之急，"帝王之功，圣人之余事也"。照此思想倾向，道家人物显然不太乐意去当帝王。

说"应帝王"是"应为帝王"，似有几分主动承担责任的意味。但这种积极主动去"平治天下"的念头属于儒家，不属于庄子。庄子笔下的人物只会"逃避责任"，不会"承担责任"。因为在他们看来，"做自己"才是至关重要的，而且"治天下"与"做自己"两者不可得兼。《德充符》篇的哀骀它，就是个想做自己的人，鲁哀公把国事托付给他，他却不置可否，而后不辞而别。《让王》整篇都是逃避帝王责任的逸事。其中有几个道家隐士，如北人无择，被"让天下"了，竟觉得受到莫大的侮辱，干脆投水自尽了。这种行为太过极端，而且有违养生精神，必然为庄子所不取，但这种极端的行为体现出坚定不移的人生选择：道家人物对于"天下"避之唯恐不及，往往就连"圣人之余事"也是嫌弃的。这样的人，如何可能主动去"承担帝王的责任"？显然，"应帝王"的"应"，不能解为应该或应当。

第三种解释出自释德清。释德清延续并发展了郭象的思路，以"内圣外王之道"诠释庄子哲学。《大宗师》篇题注云："其篇分内外者，以其所学，乃内圣外王之道。谓得此大道于心，则内为圣人；迫不得已而应世，则外为帝王。乃有体有用之学，非空言也。……其《大宗师》，……是为全体

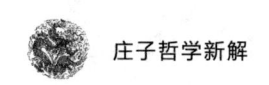

之大圣,意谓内圣之学,必以此为至极,则所谓得其体也。若迫不得已而应世,则可为圣帝明王矣。故次以《应帝王》,以终内篇之意。"《应帝王》篇题注云:"若圣人时运将出,迫不得已而应命,则为圣帝明王;推其绪余,则无为而化,绝无有意而作为也。"①按照此说,"应"是应世或应命。然则何谓"应世"或"应命"呢?自然就是"应世运(时运)"或"应天命"了。这令人想起帝王"应天命"而起,建立新朝代,而得天下之后,随即声称"奉天承运"。

对释德清的以上说法,我们有三点质疑。①释德清是佛教高僧,且被誉为"明末四大高僧"之一,但他用"内圣外王之道"去诠释庄子,仍有"以儒解庄"的明显意图。这自然是由于在明朝末年,儒道释三家合流已成为学术之常态。然而,无论是"以佛解庄"还是"以儒解庄",所看到的恐怕都不是庄子的本来面目。②释德清似乎以为,只有强调"外王",才能使庄子思想显得"有用",而不是"空言"。这个看法代表了中国文化所固有的实用主义立场。苗力田曾说,中国文化和哲学的特点是"重现世、尚事功、学以致用",西方文化和哲学的特点是"重超越、尚思辨、学以致知"。②这是比较准确的概括。释德清是僧人,本该重超越才对,然而,释德清却也"重现世、尚事功、学以致用",这无非是中国文化的特质使然。不过耶稣说:"我实在告诉你们,没有先知在自己家乡被人悦纳的。"(《路加福音》4:24)反过来说,越是伟大的人物,就越是站在民族精神的对立面。庄子是中国实用主义文化传统的一个例外。在我们看来,"空言"恰恰是庄子思想之长处,它使庄子哲学迥异于儒家的"经世致用之学",也有别于老子的"君人南面之术"。③若依释德清的解释,《应帝王》很有可能成为"黄老之术",成为"帝王师"的枕边书。释德清之说,或者让道家人物自己"应天命"当帝王,或者让道家人物做帝王师。可是,道家人物不是旁观者吗?怎么就成了参与者了?纵然释德清加上"迫不得已"的修饰词,也还是有违庄子哲学的主导精神。

第四种解释出自钟泰。钟泰与郭象相似,实行"以儒解庄"的方法,他甚至认为庄子其实是儒家而非道家;与释德清一样,钟泰力主庄子哲学乃是

---

① 憨山:《庄子内篇注》,崇文书局,2015,第 101~102、130 页。
② 转引自赵林《西方哲学讲演录》,高等教育出版社,2009,第 23 页。

"内圣外王之道",而且他也以为《大宗师》是内圣而《应帝王》是外王。然而,钟泰既不认为"应"是应该或应当,也不认为"应"是应世或应命。他主张"应"读去声。 按照钟泰的读庄方法,"以儒解庄"还须建立在"以庄解庄"之上,为此,必须在《庄子》文本中寻找"应"字的正确解读。 他找到三个"应"字,即《齐物论》中的"枢始得其环中,以应无穷",《知北游》中的"其用心不劳,其应物无方",《应帝王》本篇中的"至人之用心若镜,应而不藏,故能胜物而不伤"。 因此,"应帝王"的"应",是顺应或因应。 "'帝王之功,圣人之余事',亦应之而已矣,故曰'应帝王'也。"[1]按照此说,道家人物不是积极主动地去当帝王,而是消极被动地去当帝王;道家人物并不太把帝王当回事,只是随随便便地当一回帝王。

钟泰之说有两个优点。 在方法上,"应帝王"的"应"字,确实应当在《应帝王》篇和《庄子》一书中寻找文本依据或旁证。 在观点上,庄子哲学也确实一贯强调顺应或因应,换言之,将"应"解为顺应或因应,符合思想融贯一致原则。 比较而言,释德清的"应世"或"应命"就没有什么文本依据,而且思想层次不高,甚至显得相当俗气。 不过钟泰之说也有一个缺点,它坚持"内圣外王"的诠释方向,并没有避开郭象和释德清的误区(他自己当然不认为是"误区"),还是让道家人物当了帝王。 然而根据我们对庄子哲学的理解,"道家人物当帝王"是不可能的;纵然如郭象强调的"无心而任自然"地当帝王,或如释德清强调的"迫不得已"地当帝王,或如钟泰强调的把当帝王视为"圣人之余事",也都是不可能的。

庄子不可能让道家人物去当帝王,充其量让他们对帝王之道或为政之道提出某些原则性的建议。 并且他们绝非积极主动地甚至想方设法地跑到帝王跟前去献计献策,而是在悠游自在的状态中突然被人问了这类问题,才不得已而答之。 庄子的人生选择是"终身不仕,以快吾志",不愿出仕,而当了隐士。 虽是隐士,却非"岩穴之士",而是"结庐在人境"的隐士,所以还是生活在人世间。 既然生活在人世间,而人世间是摆脱不了政治的,那他当然也可以对为政之道发表看法。 但他的立场始终是旁观,而非介入;他的选择始终是说,而不是做。 这正如一个人可以谈论教育,但他未必去当教师;可以热议足球,但他未必去踢球。 因此庄子议论为政之道,这并不意味着庄子

---

[1] 《钟泰学术文集》,上海人民出版社,2012,第103页。

哲学就是儒家的"内圣外王之道",也不意味着庄子让他的隐士去从政,甚至去当帝王。因此,我们最好抛弃"内圣外王之道"这个只会对庄子哲学构成干扰的诠释路径。

在以上四种解说中,只有第一种解说可以不让道家人物当帝王,因此,对于"应帝王"之"应"字的意义,我们选择了曹础基的解说,也就是"应答"或"回应"。"应帝王"就是"应答帝王之道"或"应答为政之道"。或者说得更详细点,是"应人之请,回答帝王为政之道"。但曹础基对"应"字的解读过于简单,我们可以在他的基础上稍作复杂化。这种应答或回答,并不是积极主动的行为,而是被人问了,不得已而为之,因而是当下的、随机的发生。因此,应答或回答本身就是一种"因应",是一种"随波逐流"或随机应变。这样理解,就能够解释天根问无名人的以下对话:

> 天根游于殷阳,至蓼水之上,适遭无名人而问焉,曰:"请问为天下。"
>
> 无名人曰:"去!汝鄙人也,何问之不豫也!予方将与造物者为人,厌,则又乘夫莽眇之鸟,以出六极之外,而游无何有之乡,以处圹垠之野。汝又何帠以治天下感予之心为?"
>
> 又复问。
>
> 无名人曰:"汝游心于淡,合气于漠,顺物自然而无容私焉,而天下治矣。"

同是无名人,前后的态度差别很大。天根问无名人治理天下的事,无名人的第一反应是不太高兴,"何问之不豫也","不豫"就是不快。无名人骂天根是"鄙人",即鄙陋之人,这人太浅薄无知了,竟然用治理天下这种无聊俗事来烦自己。一个被问到治天下之事就如此反感的人,你若想让他当帝王,那肯定是找错了对象。但是,"请问为天下"和"让天下"有所不同。天根并不是儒家的尧或舜,要将天下让给无名人,所以无名人也不必回避他、逃离他。天根继续询问,无名人也并没有拒绝作答。这个一来一回的对话过程是很有意味的。道家人物一听到"治天下"的问题,总是先否定它,但如果对方继续请教,他也不反对,也愿意就政治问题发表几句看法。可见,应答行为本身就蕴含"顺应"或"因应"之意义。这里所说的顺应或因应,其动作主体是无名人。这场对话是无名人随顺了天根谈论治理天下的请求，因为随缘而行是道家的生存方式，随机点化是道家的教育方式。

但是，钟泰及其他一些学者主张"应"是顺应或因应，其动作主体是帝王，其所指有二：①帝王"内圣"功夫有成，既已"成己"，则可乘势向外"成物"；②帝王治理天下最好是顺应自然，无为而治。第一个所指属于儒家学说，我们应当放弃这种理解。第二个所指属于道家学说，我们不妨接受下来。只要不用儒家那套"内圣外王之道"强加于《应帝王》，我们确实应该承认，"应"是庄子所推崇的帝王之道或为政之道。如此，"应"就有两层意义：就形式说，是应答或回应，即回答关于为政的问题；就内容说，是顺应或因应，顺应或因应乃是帝王之道的基本原则。

2. 有为与无为

庄子在《应帝王》中谈为政，还是遵循他一贯的言说方式，先否定，再肯定。关于为政之道，庄子先否定儒家的方式，再肯定道家的方式。《应帝王》前半篇有四个对话，基本上是循序渐进的。我们先看第一个对话：

> 啮缺问于王倪，四问而四不知。啮缺因跃而大喜，行以告蒲衣子。
> 蒲衣子曰："而乃今知之乎？有虞氏不及泰氏。有虞氏其犹藏仁以要人，亦得人矣，而未始出于非人。泰氏其卧徐徐，其觉于于。一以己为马，一以己为牛。其知情信，其德甚真，而未始入于非人。"

第一个对话在形式上有两个突出特点。第一，对话中留有很多空白。啮缺问王倪"四问而四不知"的"四问"，到底是什么问题，文本中并没有给出任何说明。张默生、陈鼓应等学者都认为，这四问都在《齐物论》中，即，一问"知物之所同是乎？"二问"知子之所不知邪？"三问"物无知邪？"四问"知利害乎？"的确，《齐物论》有个对话直接写了"一问三不知"，至于"知利害乎"，是在其他地方问的，为凑足"四问"而被合并过来。但这只是张默生、陈鼓应等学者对文本空白的填充，啮缺的"四问"到底是不是这四个问题，当然是有疑问的。既然《应帝王》篇是庄子的政治哲学，那么啮缺的问题也该是关于为政之道的，或是接近于为政之道的，可是《齐物论》中的那些问题，基本上属于纯哲学问题，未必就是啮缺在《应帝王》篇所要提出的

353

问题。没有疑问的只是王倪回答了"不知"。而啮缺似乎领悟了"不知"之答的深意，所以非常高兴，跑去告诉蒲衣子，蒲衣子便发表了一通关于政治的观点。这就是对话的第二个突出特点：迂回。照理说这个对话应当是啮缺问王倪答，可是庄子并没有让王倪直接言说帝王之道或为政之道，而是让蒲衣子代王倪作答。

庄子为什么要绕一个圈子，让对话过程如此迂回曲折，这是值得思考的问题。我们认为，这个迂回代表了道家人物的一个姿态：不愿意介入政治；纵然是谈论政治，也不愿意直接地谈论，必须先有一个否定的表示，才能接下去谈论。总体上看，这个对话也有着与"天根问无名人"相同的结构：先否定，再肯定。"四问而四不知"可视为一个否定，而"蒲衣子曰"之后的话可视为一个肯定。这个否定的姿态并不是拐弯抹角、忸怩作态，而是必不可少的。道家人物又不是接受"禅让"，何必忸怩作态？它是表明庄子基本立场的姿态。

为何一定要有这个姿态？这是由于庄子谈政治，必然会遇到一个在老子那里不存在的麻烦。老子的道本来就有"君人南面之术"的维度，庄子的道却没有这一维度。我们曾经指出，比较而言，老子哲学偏于政治哲学，庄子哲学偏于艺术哲学。所以政治哲学其实并不是庄子的强项。庄子自然也有政治哲学，但是总的来说，庄子在政治问题上只是对老子思想的一些阐释性发挥，并没有独辟蹊径或别开生面的突出贡献，也不如老子的思想"实用"，正因如此，中国历代帝王推崇的是《老子》而非《庄子》。《庄子》是生命之书、生活之书，而政治不过是生活的一个方面罢了。而且庄子哲学的基本取向就是为隐士的生存方式做论证，隐士乃拒绝出仕的人，当然也是不愿当帝王的人。然而在《应帝王》中，庄子又要谈论帝王之道或为政之道。这本身已颇勉强了，庄子只能"应"之。他总是设计一些道家人物被问的情境，使他的谈论政治成为应人之请、迫不得已、姑妄言之的行为。

不仅如此，庄子理想中的政治当然是道家式的政治，这就必然要求帝王具有道家人物的修养或境界，甚至变成道家人物，这就不只是"勉强"，而且根本与他的哲学立场相"矛盾"。中国历史上确实有个别想当隐士的帝王，如南唐后主李煜。李煜给自己取了个"钟山隐士"的号，并写有《渔父》词两首，其中有云："一壶酒，一杆纶，世上如侬有几人？"完全是飘然出尘的世外高人的形象。然而这个一心想做隐士的李煜还是当了皇帝。作为艺术家或文学家，李煜堪称伟大，而作为帝王，李煜可谓既弱智又无能。李煜的例子说明，一个帝王拥有道家的修养，未必是好事，甚至可能是坏事。帝王将相与道家隐士，简直是势不两立的两类人。因此，庄子谈政治，不得不用迂回的或间接的方式来谈。恰似老庄在谈论道之前，要先声明"道不可言，言而非也"，庄子在谈论政治之前，也得先表示否定。

就此而言，第一个对话前的"四问而四不知"是非常重要的，应当将它放大开来，覆盖《应帝王》中的四个对话。本篇关于为政之道的对话恰好有四个，但未必每个对话前面都有一个否定的姿态，因此我们不妨推测，第一个对话中的"四问而四不知"是代表四个对话的总体否定姿态。

现在看第一个对话的内容。对话的内容可析为两个层次。在第一个层次上，我们可以说，这是将儒家与道家的政治思想加以比较，并对儒家政治思想加以否定，因为对话中提到有虞氏"藏仁以要人"。"仁"是儒家思想，所以有虞氏是儒家人物。"藏"是存留，"藏仁"是心中怀有仁义，"藏仁以要人"即标榜仁义以笼络人心。蒲衣子对此加以批判，认为有虞氏虽然也能得到人心，但"未始出于非人"，即"未能超越那失去人性的状态"。意思是说，即使靠仁义能够暂时赢得人心，仁义本身却是戕害人性的。另一方面，道家人物泰氏安稳地睡去，懵懂地醒来；随人称自己为马，随人称自己为牛。他的知见信实可靠，他的德行不失天真，并且"未始入于非人"，即"未曾陷入那失去人性的状态"。① 表面上看，泰氏如同动物般活着，其实他那动物般的状态是活得简单，活得自在，所以说未曾陷入失去人性的状态。

在第二个层次上，庄子谈政治，严格说来并不是谈政治思想，而是谈为政之道。一些学者认为，"道"有方法之意，②那么"为政之道"也就是治理天下的方法。不过综观《庄子》内七篇，庄子的道极少在"方法"的意义上使用，此处庄子的为政之道也不是具体的方法。如果是具体的方法，庄子的为政之道就变成了老子的"君人南面之术"。庄子的道是境界。方法与境界的关系，勉强打个比方，相当于作为方法的诠释学与作为哲学的诠释学的关系。伽达默尔的诠释学是哲学诠释学。庄子的道，也是哲学之道。庄子的"为政

---

① 此处"未始出于非人"和"未始入于非人"两句，引用了傅佩荣的译文（见傅佩荣《解读庄子》）。陈鼓应和曹础基都把"非人"理解为"外物"，于是"未始出于非人"就是"没有超脱外物的牵累"，"未始入于非人"就是"没有陷入外物的牵累"。
② 例如徐克谦《庄子哲学新探》中就有一章名为"作为道路与方法的庄子之'道'"。

之道"，亦即为政的境界。蒲衣子的说法是在比较两种境界。有虞氏之治是有为境界，泰氏之治是无为境界。有虞氏"藏仁以要人"，当然是有为。泰氏"其卧徐徐，其觉于于"，懒懒散散，随随便便，几乎什么都不干。"一以己为马，一以己为牛"，可以说他很自我，因为他活出了自己，丝毫不为外物所动；也可以说他已忘我，因为他根本不在意他人的看法。我们从这种描述中看到，泰氏活得何等的自由自在。庄子与老子一样，认为最好的政治是无为而治。无为之治是一种为政方式，更是一种生存境界。而且这种生存境界不仅是帝王一个人的生存境界，还是全体百姓的生存境界。"其卧徐徐，其觉于于。一以己为马，一以己为牛。其知情信，其德甚真，而未始入于非人。"这个句子说的是泰氏的生存境界，也是泰氏治下的全体百姓的生存境界。因此，帝王的生存境界也就是百姓的生存境界。如此就印证了我们研读《大宗师》篇时的看法，"道"作为生存境界具有主体间性的意味。

第一个对话为以后的对话定下了纲领：一方面批判儒家的为政之道，另一方面推崇道家的无为而治。第二个对话主要是批判儒家。第三个对话侧重于无为而治。第四个对话既否定儒家又肯定道家。我们不妨按照原文的顺序开始：

> 肩吾见狂接舆。狂接舆曰："日中始何以语女？"
> 肩吾曰："告我：君人者以己出经式义度，人孰敢不听而化诸！"
> 狂接舆曰："是欺德也。其于治天下也，犹涉海凿河而使蚊负山也。夫圣人之治也，治外乎？正而后行，确乎能其事者而已矣。且鸟高飞以避矰弋之害，鼷鼠深穴乎神丘之下以避熏凿之患，而曾二虫之无知？"

这是第二个对话，它在形式上也很有趣。一开始是肩吾去见日中始，得到一些教诲，然后肩吾去拜访狂接舆，将日中始的话告诉狂接舆，引起狂接舆对日中始的评论。照理说，这个对话本该在日中始和狂接舆两人之间展开，但是庄子偏偏让肩吾传话，使日中始没有实际在场。所以这个对话前面虽无否定的姿态，但它依然是一种迂回、间接的对话。

日中始的主张是"君人者以己出经式义度，人孰敢不听而化诸"，做国君的只要凭自己的意思制定法度，老百姓谁敢不听从教化呢？这显然是儒家（和法家）的为政方式。狂接舆批评这种方式"欺德"，也就是扭曲人的天性。这种治理方式就像在大海里凿河,让蚊虫负山,可谓荒谬。如此荒谬的政治,只能失去民心,使老百姓纷纷弃之而去,就像鸟儿高飞以避弓箭之害,鼹鼠深藏地底以避熏凿之害。那该怎么办呢?狂接舆说:"夫圣人之治也,治外乎?正而后行,确乎能其事者而已矣。"圣人治理天下,并不是去统治别人。他先端正自己然后行动,而他的行动,也不过是任人各尽所能罢了。显而易见,这也是抨击儒家(和法家)的有为,褒扬道家的无为。

第三个对话即"天根问无名人",整段话在前面已经引用过了,此处不必重复,只需看看无名人最后给出的建议:

"汝游心于淡,合气于漠,顺物自然而无容私焉,而天下治矣。"

整部《庄子》中有好几处提到"游心",我们已经见过《人间世》篇的"乘物以游心",此外还有与"游心于淡"结构更为相似的句子,如"游心乎德之和"(《德充符》),"游心于物之初"(《田子方》),"游心于无穷"(《则阳》)等。我们将"游心"解读为"把心思寄托于"。此处的"游心于淡",也就是把心思寄托于"淡",或用心于"淡"。"淡"是一种精神境界,要达到这种境界,需要类似"心斋"的功夫,将种种纷乱的念头和多余的情绪去除,所剩者即是"淡"的境界。宋代文人把"淡"视为一种极高的艺术境界,故有"宋人尚淡"之说。宋人尚淡,是由于庄子哲学尚淡。事实上,《刻意》篇曾说:"淡然无极而众美从之。"至于让一个帝王"游心于淡",那自然是要求他不要将自己的主观意志强加于天下。"合气于漠"的"漠",与"淡"相似,所以在汉语中合称"淡漠"。这个"气"在《人间世》中也出现过:"气也者,虚而待物也。"我们将"气"理解为生存的境界或存在的状态。这种境界意义上的"气",在庄子哲学之外可能是比较少见的。"游心于淡,合气于漠",大致就是进入一种虚静无为、顺其自然的境界。"顺物自然"不必解释。"无容私"是道的基本特征,也就是要"公平""公正",不可有主观的偏爱和偏袒。总之,无名人这句话是道家无为而治思想的具体化。君王无为而治,才能使百姓进入自然无为的生存境界,而对政治而言,这是最高境界。

无为而治,从统治者的角度看,也就是推崇"不治"或"无治"。不治或无治并非真的什么都不干,而是没让人意识到他的所作所为,甚而忘记了他的存在。所以《大宗师》说："鱼相忘江湖，人相忘乎道术。"所以《庄子·在宥》说："闻在宥天下，不闻治天下也。"只听说任天下自然地发展，没听说要对天下进行治理。"在宥"的"在"，是任百姓自在。如此帝王之"在"，也便成了"隐在"或"潜在"，其存在感是很弱的，甚至不为老百姓所意识到。因此《老子》说："太上，不知有之。其次，亲而誉之。其次，畏之。其次，侮之。"（十七章）最好的统治者，老百姓甚至不知道他的存在；赢得百姓亲近赞誉的，已经是次一等了；再次的使人畏惧；最次的遭人轻蔑。在今天看来，老庄无为而治的政治理念，很接近于19世纪欧洲的"无政府主义"（Anarchism）。"无政府主义"，音译"安那其主义"，意译"无治主义"。如果照"无政府主义"这个译名，顾名思义，就是不要政府的存在，废除政府的管理机构。如此人们就能享有最大的自由，在这种自由中人们可以自愿结合，建立自治、互助的社会。无政府主义具有乌托邦（Utopia）性质，今人多视之为一种美好的空想，没有实现的可能。然而"无政府"固然不太现实，"弱化政府"却是很有道理的。今天的"民主"就是"主权在民"或"人民做主"，而人民做主自然就要"弱化政府"。应当说，弱化政府力量乃是当今世界各国政治的一种趋势。而老庄无为而治的古老思想，就蕴含着弱化政府这种最新的思潮。

庄子"游心于淡，合气于漠""顺物自然""无容私"的为政之道，不过只言片语，相对较为抽象，柳宗元的寓言散文《种树郭橐驼传》，可作为庄子原则的具体例证：

郭橐驼，不知始何名。病偻，隆然伏行，有类橐驼者，故乡人号之"驼"。驼闻之，曰："甚善。名我固当。"因舍其名，亦自谓橐驼云。其乡曰丰乐乡，在长安西。驼业种树，凡长安豪富人为观游及卖果者，皆争迎取养。视驼所种树，或移徙，无不活，且硕茂，早实以蕃。他植者虽窥伺效慕，莫能如也。有问之，对曰："橐驼非能使木寿且孳也，能顺木之天，以致其性焉尔。凡植木之性，其本欲舒，其培欲平，其土欲故，其筑欲密。既然已，勿动勿虑，去不复顾。其莳也若子，其置也若弃，则其天者全而其性得矣。故吾不害其长而已，非有能硕茂之也；不抑耗其实而已，非有能早而蕃之也。他植者则不然，根拳而土易，其培之也，若不过焉则不及。苟有能反是者，则又爱之太恩，忧之太勤,旦视而暮抚,已去而复顾,甚者爪其肤以验其生枯,摇其本以观其疏密,而木之性日以离矣。虽曰爱之,其实害之;虽曰忧之,其实仇之,故不我若也。吾又何能为哉!"问者曰:"以子之道,移之官理,可乎?"驼曰:"我知种树而已,官理,非吾业也。然吾居乡,见长人者好烦其令,若甚怜焉,而卒以祸。旦暮吏来而呼曰:'官命促尔耕,勖尔植,督尔获,早缫而绪,早织而缕,字而幼孩,遂而鸡豚。'鸣鼓而聚之,击木而召之。吾小人辍飧饔以劳吏者,且不得暇,又何以蕃吾生而安吾性耶?故病且怠。若是,则与吾业者其亦有类乎?"问者曰:"嘻,不亦善夫!吾问养树,得养人术。"传其事以为官戒。

郭橐驼这个人,显然是庄子式的道家人物。首先,他是个脊背严重弯曲的人,这有些类似庄子《德充符》篇中的那些奇形怪状的残疾人。其次,人称之为"橐驼",即骆驼,他也欣然接受,这有些类似《天道》篇"呼我牛也,而谓之牛,呼我马也,而谓之马"和《应帝王》篇的"一以己为马,一以己为牛"。最后,文章的最后说"吾问养树,得养人术",这与《养生主》中文惠君最后说"吾闻庖丁之言,得养生焉",颇为相似。最重要的是,郭橐驼种树"有道",其种树之道与庄子的为政之道几乎完全一致。事实上,柳宗元也有意用"养树"喻"养人"即治理社会,所以文章明确地要"以子之道,移之官理"。

那么,郭橐驼的种树之道,到底如何?最重要的原则是"顺木之天,以致其性",争取让果树"其天者全而其性得",这就是《应帝王》所说的"顺物自然"。但要能顺物自然,种树者必须如庄子所说"游心于淡,合气于漠"。郭橐驼确实做到了种好树培好土之后,便"勿动勿虑,去不复顾",但他弃之不顾,是要"不害其长""不抑耗其实",让其自然生长。不仅如此,郭橐驼还要避免"爱之太恩,忧之太勤",这就相当于庄子的"无容私"。最后郭橐驼总结:"吾又何能为哉!"他不过是实践了道家的无为,只是"泰然任之","让"树自然生长,正如王弼注《道德经》所言:"不禁其性,不塞其源",顺势而为,因势利导,让万物自然生长,这岂非活生生的无为而治?

尽管都是寓言,但柳宗元的风格较为写实,文笔较为平实,不及庄子汪洋恣肆、灵动多变。柳宗元笔下的郭橐驼,就像日常生活中的一个寻常人物,而郭橐驼的种树之道，看起来也没有什么神奇特别之处，似乎很容易做到。但是，这只是一种表面现象。郭橐驼的种树之道几乎是不可学的。文中说，"他植者虽窥伺效慕，莫能如也"，又说"不我若也"，就是说其道不可学，纵使学了也学不到其精髓。"养树"之道既然不可学，以此道去"养人"自然也是做不到的。因此，"以子之道，移之官理"，大概并无现实的可操作性。郭橐驼只是在否定的意义上，指责政府法令滋彰："长人者好烦其令，若甚怜焉，而卒以祸。"官员喜欢发号施令，好像是很怜爱百姓，其实百姓反受其祸。由此可见，庄子政治理想的"无为境界"也是很难实现的，甚至是不可实现的。傅佩荣在解读《应帝王》篇的第三个对话时说：

> 本文展现了有为与无为之间的对照。目的是"天下治矣"，而有为的结果是我们在历史上所见的，无为则从未普遍实施过。或许这不仅仅是统治者一人的修养所能决定的。庄子思想即使无法用来治天下，也可以为个人提出自处之道。①

依此说法，有为境界乃是常态，无为境界则实在罕见。但我们还得继续发问，为什么庄子的无为之治"从未普遍实施过"呢？傅佩荣说，这或许是由于实现无为境界不能仅靠统治者一个人的修养。这个理由不够充分。在我们看来，无为境界难以实现，是由于庄子的道家人物不可能成为统治者。庄子与郭橐驼一样，先是看到有为之治（"长人者好烦其令"）造成的扰民后果，由此逆向推想无为之治的好处。无为之治，在庄子这里是一种境界。他自己其实也从未见过这种政治理想境界。无名人的理想之治是："汝游心于淡，合气于漠，顺物自然而无容私焉，而天下治矣。"注意这个"汝"字，无名人是对天根说话的，但天根并非帝王，亦非官员，而是一个道家人物。按照庄子哲学的倾向，道家人物是不可能从政的，如此无名人的话就只是一个假设了。

但无名人的这个假设并非向壁虚构，不是无根之谈。体道的真人，确实能改变和提升周围人们的境界，恰似一根蜡烛可以点燃另一些蜡烛，使他的个体境界成为"主体间性"的境界。《逍遥游》中的姑射神人，《德充符》中的王骀和哀骀它等人物，都是如此。《大宗师》中"相视而笑，莫逆于心"

---

① 傅佩荣：《解读庄子》，上海三联书店，2011，第91页。

的两对道友，就更是如此了。庄子写得出这种境界，自然是由于在现实中见到过这种境界。庄子自己也是一个体道真人，他的身边也当聚集了一些学道者，因而小范围内的无为境界，庄子想必亲身经历过。庄子大概是从自己师生相处的实况推想出无为而治的境界。

但是，同道之间的思想交流能达到"相视而笑，莫逆于心"的无为境界，"小班制"的教育能够达到"不言之教"的无为境界，并不意味着"治天下"也能达到无为境界。这不仅由于治理天下远为复杂，更是由于治理天下涉及"统治与被统治"的关系，涉及权力问题。思想交流和教育之中没有权力因素，或几乎没有权力因素，起码是较少权力因素。即使如后现代主义者声称"知识即权力"，这权力也是派生的权力，原生的权力存在于政治领域。治理天下本身就意味着已夺取了治理天下的权力。使用权力，统治臣民，治理天下，这本身就是有为。在一个君主专制社会里，让掌权的帝王不使用权力，不发号施令，这不过是个美好的理想。总之，无为之治不是一种现实存在，而是一种理想的境界。

大概正是由于看到这一点，傅佩荣才说："庄子思想即使无法用来治天下，也可以为个人提出自处之道。"或许，发现庄子思想无法用来治天下，才是真正读懂了庄子思想。遗憾的是，傅佩荣在评论第四个对话即"明王之治"的对话时说："问的是'明王'，答的是'圣人'，在此已有'内圣外王'的观念了。"[①]这个评论又把他自己前面的文字涂抹掉了。

第二节　不测之境

3. 壶子的境界

第四个对话是"阳子居见老聃"。有学者考证阳子居实有其人，他就是道家的杨朱，但我们关心的是思想，所以这个考证无关紧要。较为重要的是，对话中出现了"明王之治"的概念，以及"立乎不测"的说法：

阳子居见老聃，曰："有人于此，向疾强梁，物彻疏明，学道不倦。

[①] 傅佩荣：《解读庄子》，上海三联书店，2011，第92页。

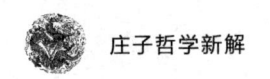

如是者，可比明王乎？"

老聃曰："是于圣人也，胥易技系，劳形怵心者也。且也虎豹之文来田，猿狙之便来藉。如是者，可比明王乎？"

阳子居蹴然曰："敢问明王之治。"

老聃曰："明王之治：功盖天下而似不自己，化贷万物而民弗恃。有莫举名，使物自喜；立乎不测，而游于无有者也。"

阳子居问老聃，有个君王，具有三个突出优点："向疾强梁"，即行事敏捷果断；"物彻疏明"，即辨别事理透彻明达；"学道不倦"，即学道孜孜不倦。那么这个人称得上"明王"吗？老聃说，在圣人看来，这个人虽然很能干，但他形体劳碌、心神不安。再说，虎豹因皮有花纹而招来猎人，猿猴因行动敏捷而被人套上绳索，这样怎么能与明王相比呢？单独看"虎豹之文来田，猿狙之便来藉"，很难明白，必须与下文联系起来才能领会。阳子居进一步请教"明王之治"。老聃说，明王功劳广被天下，却好像与自己无关；教化普及万物，而百姓却不觉得有所依赖。他虽有功德却难以描述，使万物各得其所，而自己"立乎不测，而游于无有者也"。我们看到，在这个"明王之治"的描述中，"明王之治"和"明王"被重叠起来了，"明王之治"的境界也就是"明王"的境界，反之亦然，这就再次证明了，庄子的境界具有主体间性的维度。此处老聃是庄子的代言人，庄子关于"明王之治"的大部分说法，与《老子》第二章非常相似："圣人处无为之事，行不言之教；万物作焉而不辞，生而不有，为而不恃，功成而弗居。"不过其中"立乎不测，而游于无有者也"一句，应当说是庄子自己新增的思想。明王的特点是"立乎不测"，而之所以能"立乎不测"，则是由于他"游于无有"。"虎豹之文来田，猿狙之便来藉"便是暴露自身的特长，没能"立乎不测"，因而达不到明王之治的境界。

那么，何谓"立乎不测"？释德清说："因上言明王立乎不测，以无为而化，庄子恐世人不知不测是何等境界，为何等人物。故特撰出个壶子，乃其人也；即所示于神巫者，乃不测之境界也。"[1]《应帝王》篇有个壶子的故事，一般认为，正如释德清所言，这个篇幅较长的故事是为了例示明王的"不

---

[1] 憨山：《庄子内篇注》，崇文书局，2015，第138页。

测之境界",因此,我们且来研究壶子的境界:

> 郑有神巫曰季咸,知人之死生存亡,祸福寿夭,期以岁月旬日,若神。郑人见之,皆弃而走。列子见之而心醉,归,以告壶子,曰:"始吾以夫子之道为至矣,则又有至焉者矣。"
>
> 壶子曰:"吾与汝既其文,未既其实,而固得道与?众雌而无雄,而又奚卵焉!而以道与世亢,必信,夫故使人得而相汝。尝试与来,以予示之。"
>
> 明日,列子与之见壶子。出而谓列子曰:"嘻!子之先生死矣!弗活矣!不以旬数矣!吾见怪焉,见湿灰焉。"
>
> 列子入,泣涕沾襟以告壶子。壶子曰:"乡吾示之以地文,萌乎不震不正,是殆见吾杜德机也。尝又与来。"
>
> 明日,又与之见壶子。出而谓列子曰:"幸矣!子之先生遇我也,有瘳矣!全然有生矣!吾见其杜权矣!"
>
> 列子入,以告壶子。壶子曰:"乡吾示之以天壤,名实不入,而机发于踵。是殆见吾善者机也。尝又与来。"
>
> 明日,又与之见壶子。出而谓列子曰:"子之先生不齐(斋),吾无得而相焉。试齐(斋),且复相之。"
>
> 列子入,以告壶子。壶子曰:"吾乡示之以太冲莫胜,是殆见吾衡气机也。鲵桓之审为渊,止水之审为渊,流水之审为渊。渊有九名,此处三焉。尝又与来。"
>
> 明日,又与之见壶子。立未定,自失而走。壶子曰:"追之!"列子追之不及。反,以报壶子曰:"已灭矣,已失矣,吾弗及已。"
>
> 壶子曰:"乡吾示之以未始出吾宗。吾与之虚而委蛇,不知其谁何,因以为弟靡,因以为波流,故逃也。"
>
> 然后列子自以为未始学而归。三年不出,为其妻爨,食豕如食人,于事无与亲。雕琢复朴,块然独以其形立。纷而封哉,一以是终。

壶子是列子的老师。列子认识了一个叫季咸的巫师,此人会看相,测知人的生死存亡祸福寿夭,可以精确到年月日,故称神巫。列子对神巫的能力心醉神迷,连自己的老师都不太满意了。他本来以为壶子老师道术高深,但

363

神巫季咸似乎又更胜一筹了。壶子让列子请神巫来给他看相。他对神巫四见而四变，故称"壶子四现"。这四现是："示之以地文"，"示之以天壤"，"示之以太冲莫胜"，"示之以未始出吾宗"。四次显现四种境界，一次比一次高深，一次比一次难以把握。第一次让神巫误以为断绝生机了；第二次让神巫看到生机开始萌动了；第三次显示动静不定、不生不死的境界，让神巫无法做出判断；最后一次"示之以未始出吾宗"，"宗"，或许是天，或许是道，总之壶子显示了不离本源大道的状态，并且"虚与委蛇"，随顺对方，随机应变，让神巫无从捉摸，只好转身而逃。曹础基说："作者以此说明'可测'的破产，反证必须'立乎不测'。"①列子这才意识到自己从老师那里根本没学到东西，便告辞回家，闭关修炼，终于学有所成，返璞归真，超然世外。张默生对这个故事颇为赞赏："本段是本篇聚精会神之作，在全篇中理趣最深，……善治天下的人，亦当以壶子为法，体大道之无为无形，处于神妙不测之境，以默化群生。否则亦当如列子之猛然醒悟，回头是岸。"②

但我们不宜对这段"壶子四现"的"理趣"过度诠释。如果过度诠释了，就可能将壶子的"立乎不测"与法家的帝王之"术"联系起来。法家的帝王之术包括法、术、势三部分。法即法令；势即权势；术则是心术，亦即君主控制其臣下的技巧。法是公开的，赏罚有法可依；术是隐秘的，藏于帝王心中，不能被人察觉。"法莫如显，而术不欲见。"（《韩非子·难三》）依韩非子之说，那些"操术以御下"的帝王，也是"立乎不测"的。然而，庄子所说的"立乎不测"，是境界而非方法，是形而上的"道"而非形而下的"术"，与韩非子那玩弄权术操纵臣下的帝王之"术"毫无相同之处。

壶子故事蕴含的所谓"理趣"，简言之，就是"深藏不露"。此前的对话中，老聃曾指责"虎豹之文来田，猿狙之便来藉"的露才扬己，以为不及明王之治的"立乎不测"，可见"立乎不测"意味着将自己隐藏起来。常人需要将自己隐藏起来，是为"无用之用"，如此方能做到不夭斧斤、物无所害；帝王也需要将自己隐藏起来，是为"立乎不测"，如此方能实现顺其自然、无为而治。但庄子文中用了"虚与委蛇"一词，因此可将"虚"字强调一下，称之为"深藏若虚"。这是老子的说法：

---

① 曹础基：《庄子浅注》，中华书局，2010，第89页。
② 张默生：《庄子新释》，新世界出版社，2007，第157页。

第七章 《应帝王》

> 孔子适周,将问礼于老子。老子曰:"子所言者,其人与骨皆已朽矣,独其言在耳。且君子得其时则驾,不得其时则蓬累而行。吾闻之,良贾深藏若虚,君子盛德容貌若愚。去子之骄气与多欲,态色与淫志,是皆无益于子之身。吾所以告子,若是而已。"孔子去,谓弟子曰:"鸟,吾知其能飞;鱼,吾知其能游;兽,吾知其能走。走者可以为罔,游者可以为纶,飞者可以为矰。至于龙,吾不能知其乘风云而上天。吾今日见老子,其犹龙邪!"(《史记·老子韩非列传》)

孔子问礼于老子,未必是历史的事实,但司马迁所编出来的两人的话,却有一种思想的真实性,而且显示出量身定制的用心。老子对孔子的教诲,共有四句话,句句都透出道家的精神。其一,孔子痴迷于"礼",希望继承以往圣人制礼作乐的传统,而老子与《庄子·天道》中的轮扁一样,不相信以往的"圣人之言",因为他们"人与骨皆已朽",没有身体在场的确证,圣人之言的真理性是要打问号的。其二,老子与《庄子·人间世》中的楚狂接舆一样,劝孔子在天下无道时不妨"蓬累而行",随波逐流。其三,老子劝孔子隐藏自己,切忌露才扬己。其四,老子劝孔子放弃过多的欲望与过大的志向,注重养生。老子的四句话中,与此处话题关系密切的是第三句:"良贾深藏若虚,君子盛德容貌若愚。"

财货外露,招来盗贼;才智外露,招来嫉妒。所以良贾深藏若虚,君子大智若愚。这其实是明哲保身。与"随波逐流"一样,"明哲保身"在今天已经成为贬义词,但是在先秦,它们至少都是中性词,事实上还常常是褒义词。《诗经》中有"既明且哲,以保其身"的诗句,为儒家所推崇。而对道家而言,明哲保身就是养生和处世的主要方式。试看魏末晋初的竹林七贤,他们接受了道家思想,可是大都并没有领略道家养生的精髓。他们在险恶的政治环境中挣扎浮沉,压抑苦闷,然而并不深自收敛,反而锋芒毕露。例如嵇康"锻铁",借以逃避政治,本是好事,却非要对前来拜访的钟会不理不睬,以致招来杀身之祸,没能明哲保身。[①]就此而言,嵇康的境界恐不及陶

[①] 《晋书·嵇康传》载:"初,康居贫,尝与向秀共锻于大树之下,以自赡给。颍川钟会,贵公子也,精练有才辩,故往造焉。康不为之礼,而锻不辍。良久会去,康谓曰:'何所闻而来?何所见而去?'会曰:'闻所闻而来,见所见而去。'会以此憾之。……"

渊明。要之,要明哲保身,就得深藏若虚。优秀的商人把财货隐藏起来,表面看起来什么都没有。"深藏",把东西藏得很深,让人看不到,仿佛不存在,是为"若虚"。商人的"深藏"相当于帝王的"立乎不测",而"若虚"则相当于"游于无有"。帝王也许不需要明哲保身,但在庄子看来,为了能够"在宥天下",让百姓自由自在,安居乐业,帝王必须降低自己的存在感(这与韩非子的"势"恰好相反),压抑"长人者好烦其令"的欲望,削弱权力对百姓的过分干预,这也是"深藏若虚"。

帝王要收敛自己的威势,限制自己的权力,才能做到老子的"深藏若虚"或庄子的"立乎不测",这是很难实现的,因而是一种很高的境界,我们不能将它理解为后世那些昏君的生活状态。后者"生于深宫之中,长于妇人之手",生在皇家,从小被"藏"在宫中,与人世间脱节,因而根本不识稼穑之艰,不知民间疾苦。他们当皇帝,或许也"无为",然而那是昏庸无能,是无能为力,绝对不是明王之治的无为境界。

老子不仅要人深藏财货和才智,而且已经有把自己隐藏起来的想法了,他最后实践了自己的想法,出了函谷关,世人"莫知其所踪",因而司马迁说:"老子,隐君子也。"孔子眼中的老子,深不可测,就像龙一样,他感叹道:走兽可以用网捉回来,游鱼可以用丝线钓起来,飞鸟可以用弓箭射下来,至于老子这样的人,犹如乘着风云而上天的龙,是人所不可测知的。游于高空之上、隐于云雾之中的龙,与庄子想象的"立乎不测""游于无有"的帝王,何其相似乃尔。

庄子"立乎不测"的境界,也就是老子"深藏若虚"的境界。因此《应帝王》篇的下一段中随即出现了"虚"字:

> 无为名尸,无为谋府;无为事任,无为知主。体尽无穷,而游无朕。尽其所受乎天,而无见得,亦虚而已。至人之用心若镜,不将不迎,应而不藏,故能胜物而不伤。

这段话可视为《应帝王》的宗旨所在,同时也颇能凸显庄子哲学的风格。"尸"是"主";"无为名尸",就是不要做名声的承担者。"无朕"是无迹。"藏",不是隐藏,而是留存。这段大意是说,不要追求名声,不要推崇谋略,不要承担责任,不要耗费心智。要体会无穷无尽的变化,遨游无迹无象的境界。承受保全自然赋予的本性，而不必有所增益，只是让自己虚而待物就好了。至人之用心有如镜子，一任外物的来去，既不迎也不送，只反映而不留存，因而能够承受万物的变化而没有任何损伤。

庄子揭橥的为政之道，要言之，不过虚静无为而已。所以庄子说，"亦虚而已"。《人间世》讲过"虚而待物"，这是臣子保全自己的处世之道，而在《应帝王》中，"虚而待物"也是帝王的为政之道。虚，此前庄子曾以气为喻，气随风而动，仿佛无实体，无定形。现在庄子又以镜为喻，"至人之用心若镜"，是庄子最著名的比喻之一。在《天道》中，庄子后学也有类似的比喻："水静犹明，而况精神！圣人之心静乎！天地之鉴也；万物之镜也。"这是把"圣人之心"比作天地万物的镜子，此喻是静态的，着眼于心之"体"。而《应帝王》说的是"至人之用心"，用心是动作，此喻是动态的，着眼于心之"用"。我们已经知道，道家思想尤其是庄子哲学把本体层与作用层合二为一了，从作用讲本体，从境界讲存在，因此"至人之用心若镜"才是地道的庄子风格。庄子的帝王，并非心如止水，映照万物，他只是事来顺应、因势利导而已。顺应或因应，是为政之道的要义。

当然这两个"镜喻"都在中国思想史上留下了痕迹。"圣人之心"的静态比喻，可能影响了禅宗的神秀。神秀主张"身是菩提树，心如明镜台"，心这块镜子是静止不动的，因此要时时拂拭，不让它落满尘埃。"至人之用心若镜"的动态比喻，可能影响了禅宗的惠能。惠能主张"本来无一物，何处惹尘埃"。心就在"用"中呈现出来，而不是在"用"之外或之后还有一个心之"体"，在这个意义上，惠能强调"本来无一物"。看来，庄子的"用心若镜，不将不迎，应而不藏"，与惠能的"本来无一物，何处惹尘埃"有相似之处。按照庄子的说法，"心"是顺物而动且随机显现的。物来了，心随之呈现了；物走了，心也随之隐匿了。这叫"应而不藏"。所以有物才有心，无物则无心。

明代哲学家王阳明主张"心外无物"，这大概是将庄子的意思反其道而用之。《传习录》中的"山中观花"，便是"心外无物"的绝佳例子：

> 先生游南镇。一友指岩中花树问曰："天下无心外之物，如此花树，在深山中自开自落，于我心亦何关？"先生曰："你未看此花时，此花与汝心同归于寂；你来看此花时，则此花颜色一时明白起来，便知此花

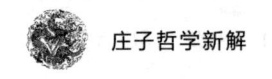

不在你的心外。"①

照王阳明的说法，花与心是同时呈现的，当然两者也是"同归于寂"的，因此可以说"心外无物"。但毕竟是"心外无物"，心在物前，心是物的根据。有心才有物，无心则无物。这是着眼于"心体"的说法，与王阳明的心学立场有关。我们常常用王阳明的"山中观花"作为现象学意向性概念的中国实例，其实庄子的"至人之用心若镜"可能是更好的例子。庄子不必预先设定一个"心体"，正如现象学不必预先设定超越的存在。在庄子这里，心只是当下显现而已，此之谓"无心"。应物无心的帝王，也就处于"游于无有"之境了。

《庄子》书中的这两个"镜喻"，苏轼都接受了。苏轼的两个诗句，分别对应两个"镜喻"。"静故了群动，空故纳万境。"（《送参寥师》）——这主要着眼于心之"体"，心本身静止不动，如镜子般"客观地"反映万物。"人似秋鸿来有信，事如春梦了无痕。"（《正月二十日与潘郭二生出郊寻春忽记去年是日同至女王城作诗乃和前韵》）——这主要着眼于心之"用"，"梦"就是心的作用，而"事"则突出了动态性。心之所对，就其静态而言是物，就其动态而言是事。物来顺应，应而不藏。"静故了群动，空故纳万境"，明显受到禅宗的影响。"事如春梦了无痕"，则是典型的庄子哲学境界。

4. 浑沌的寓言

在《应帝王》中，最具庄子特色的要算本篇最后一个寓言：浑沌寓言。浑沌寓言可以与《逍遥游》的鲲化为鹏寓言、《齐物论》中的庄周梦蝶寓言相提并论。元代陶宗仪曾转述作乐府的方法，曰"凤头、猪肚、豹尾"，我们或许可以将这六字转赠给庄子的三个寓言。《庄子》内七篇以鲲鹏寓言开始，可谓"凤头"；以浑沌寓言结束，可谓"豹尾"。

> 南海之帝为儵，北海之帝为忽，中央之帝为浑沌。儵与忽时相与遇于浑沌之地，浑沌待之甚善。儵与忽谋报浑沌之德，曰："人皆有七窍

---

① 王阳明：《传习录》，中州古籍出版社，2011，第 346 页。

以视听食息，此独无有，尝试凿之。"日凿一窍，七日而浑沌死。

浑沌寓言，当然是政治哲学的寓言。儵、忽、浑沌三者都是帝王。儵和忽都是迅疾的意思，迅疾代表有为。浑沌则代表无为。不过较之儵和忽，"凿"字更是一种有为，"凿"字的语感，颇有强加其上的权力意志的意味。浑沌被儵和忽强行凿窍而死，象征无为之治被有为帝王所破坏。一般认为，庄子这个寓言表明帝王之道或为政之道，当以自然纯朴为上。这自然是正确的判断。不过我们从中还可以看出，庄子对于那些"有为之主"破坏了人类生活的自然纯朴，是深感惋惜和痛心的。

浑沌是帝王的境界，也是帝王治下的百姓生活的境界，这种境界存在吗？我们认为它只是一种理想的境界，类似于庄子所说的"无何有之乡"，在现实中是不存在的。当然，"无何有之乡"作为一种意向性空间，对于逍遥的人而言是存在的，只是并非物理存在罢了。同样的道理，浑沌境界在现实中不存在，在历史上也不存在，但是对于庄子这种向往自然纯朴的道家人物也还是有某种实在性的。不过，有些学者对浑沌境界作实在的解读，认为它是历史上曾经有过的政治状态。例如古老的《击壤歌》，可视为浑沌境界的类似物：

日出而作，日入而息。
凿井而饮，耕田而食。
帝力于我何有哉！

这首《击壤歌》始见于东汉王充的《论衡》。西晋皇甫谧在《高士传》和《帝王世纪》两书中都记载了此诗的来历。三种记载在文字上略有出入，其中《帝王世纪》最为详尽："帝尧之世，天下大和，百姓无事，有八、九十老人击壤而歌：'日出而作，日入而息，凿井而饮，耕田而食，帝何力于我哉？'"《高士传》中说的是"帝何德于我哉？"无论如何，此歌唱的是"帝尧之世"。尧是儒家的圣王。在庄子看来，尧已开始用仁义去规训人，斫丧人的天性了，因此把《击壤歌》视为浑沌境界的类似物，是不太妥当的。

不过，《击壤歌》中"帝力于我何有"这个说法，确实与庄子的"无为之治"有几分相似。无为之治就是统治者尽量少作为，少出台政策，少发号施令，而只是因势利导、顺势而为，让百姓都感觉不到统治者的存在。这也就是"帝力于我何有"之感了。在庄子看来，最好的政治是"无为而治"，也就是"无治"；最好的帝王是不让人感觉到的帝王，也就是"无有"。有意思的是，《应帝王》谈论为政之道和帝王之道，可是庄子探讨了半天，得出的结论是，最好的政治是"无治"的政治，最好的帝王是"无有"的帝王。

浑沌寓言不仅是《应帝王》的结语，也是《庄子》内七篇的结语。在对内七篇的解读即将结束之际，我们不妨脱离政治的语境，在一个较为抽象的层面上看"浑沌"。如此我们便发现，"此处的浑沌，既可喻'有物混成，先天地生'的道体，即必囊括大块，体物而不遗。……复次，此段亦可作道家的'宇宙发生论'看"。[①] 不过张默生的这个说法，似乎把庄子哲学读成了老子哲学。庄子哲学不应从宇宙发生论的角度去解读，我们也不能把庄子的浑沌读成老子的"万物之母"。但浑沌确实可视为道的隐喻。"浑沌"境界也就是"道"的境界。浑沌开窍了，意味着道遗失了。在《齐物论》中我们说过，道是终极视域，也是整体视域。浑沌，正是庄子在终极视域中所看到的世界，它是庄子为人类生活所设置的一个终极尺度。浑沌也是一个综合性的整体。浑沌不可开窍，象征着这个整体不可以被分解性的心智所拆散。就此而言，"浑沌"可以与《天地》篇中的"象罔"连起来看：

黄帝游乎赤水之北，登乎昆仑之丘而南望。还归，遗其玄珠。使知索之而不得，使离朱索之而不得，使吃诟索之而不得也。乃使象罔，象罔得之。黄帝曰："异哉，象罔乃可以得之乎？"

这个寓言里的"玄珠"，通常被视为"道"的隐喻。黄帝把"道"遗失了，派"知""离朱""吃诟""象罔"去找回来。"知"即理智，代表知性之人；"离朱"是视力很好的人；"吃诟"是口才很好的人。总之此三者都是聪明才智之士，但他们都无法获得"道"。因为这些聪明才智对"道"的寻找，必然是将"道"拆散开来，如同儵与忽帮浑沌开窍，其实是帮了倒忙，把浑沌给害死了。最后"道"被"象罔"找着了。"象罔"为什么能得道？成玄英疏云，"罔象，无心之谓"。"无心"才不会拆散或破坏"道"这个

[①] 张默生：《庄子新释》，新世界出版社，2007，第158页。

| 第七章 《应帝王》 |

整体。"无心"才能得道。"象罔"是浑沌境界的主观对应物。

徐复观说，庄子的道是"艺术精神"，因此我们还可以从艺术的角度理解浑沌。浑沌具有整一性、不可分割性，汉语中有"浑然一体""浑然天成"等说法。而浑然一体、浑然天成、浑然天真、浑然自成、浑然之气等，都是中国艺术所追求的境界。南宋张炎的《词源》有一则著名评论："吴梦窗词，如七宝楼台，眩人眼目，碎拆下来，不成片段。"当然这句话是对吴梦窗词的批评，"七宝楼台"也是贬抑性的比喻，但后来的现代美学家将它"断章取义"地使用了。"七宝楼台，碎拆不成片段"，这个说法表示完整的艺术品或审美经验具有有机统一性、不可分割性，我们不可以用理智或知性去破坏它。把七宝楼台拆散，也就是为浑沌凿窍。"浑沌"就像一件艺术品，或一次审美经验，不能对之加以肢解拆分的剖析。艺术家对自己的创作过程往往是"浑然不知"的。戴叔伦《怀素上人草书歌》写怀素"醉来为我挥健笔"，创作完成之后，"人人细问此中妙，怀素自言初不知"。为什么"不知"？因为（书法）艺术创作首先是一种身体经验，而身体经验乃是前语言的经验，是无法言说的，所以不能不是"浑沌"的；还因为作品浑然天成，而言说只能从某个角度切入，只能从个别局部开始，并且只能将"七宝楼台，碎拆不成片段"。陆游有"文章本天成，妙手偶得之"（《文章》）的诗句。黄庭坚《题李汉举墨竹》说："如虫蚀木，偶尔成文。吾观古人绘事，妙处类多如此。所以轮扁斫车，不能以教其子。"黄庭坚"如虫蚀木，偶尔成文"的比喻，非常生动地说明了艺术作品"浑然天成"的特征；而"轮扁斫车，不能以教其子"，这个来自《庄子》的例子，又非常有力地证明了"怀素自言初不知"的艺术创作经验。

在《应帝王》篇中，也有一个与"浑沌"相似的境界，那就是列子的境界。列子的境界并不是帝王的境界，而是道家人物的境界。列子经历了"壶子四现"事件的震撼之后，决定回家闭关修行。"三年不出，为其妻爨，食豕如食人。于事无与亲，雕琢复朴，块然独以其形立。纷而封哉，一以是终。""爨"是炊；"食"即"饲"；"于事无与亲"是对事情没有偏私；"雕琢复朴"是从雕琢复归到朴素；"块然"是"如土块然"；"纷而封哉"，指在纷扰的世事中守住真朴的本性；"一是以终"是终身如此。整句话的大意是：他足不出户，帮助妻子烧火做饭，喂猪就像伺候人一样。对于世事无所偏私，抛弃雕琢复归真朴，超然独立于尘世之外，在纷扰的人世间固

371

守本真，就这样终生如此。列子境界的关键词"朴"，与"浑沌"相近。描绘"朴"的词语中有个"块然"，像土块一样，或像大地一样，令人想起了庄子的"形同槁木，心如死灰"，或者"呆若木鸡"，这些说法与"浑沌"也是很接近的。"浑沌"和"朴"都是庄子所肯定的境界。

有所不同的是，"浑沌"象征人类或整个社会的生存境界，"朴"却是个体修行所能够达到的生存境界。浑沌境界被凿窍而破坏了。随着七窍的开凿，人类脱离了浑沌境界，仿佛从伊甸园中被驱逐出来了。浑沌本来是完整圆满的至高境界，或终极境界，凿窍则是一种堕落。从浑沌境界堕落可视为庄子对人类历史的隐喻。而列子的修行，不是堕落而是提升，是老子所说的"复归于朴"（二十八章）。《庄子·山木》也说："既雕既琢，复归于朴。"为了达到"朴"的境界，列子必须尽弃雕琢，或者说超越雕琢。若要直观地理解这种"既雕既琢，复归于朴"或"雕琢复朴"的境界，我们不妨想象一下汉霍去病墓石刻，那是中国古代雕塑的最高境界。《庄子·天道》说："朴素而天下莫能与之争美。""朴"是生存境界，也是艺术境界或审美境界。作为一种审美境界，"朴"和前面提到的"淡"都是后来中国艺术家所推崇的。中国艺术家追求"淡"的过程，与列子一样，也是"复归于朴"。例如苏轼论写作："凡文字，少时须令气象峥嵘，采色绚烂。渐老渐熟，乃造平淡。其实不是平淡，绚烂之极也。"（《与二郎侄书》）

列子要"雕琢复朴""复归于朴"，他走的是一条回归之路。如果说人类整体的历史发展是堕落的，那么个体在这个人类总体堕落的过程中，却未必随着一起沉沦。如果说整个社会是不可救药的，那么至少可以争取从中救出自己。当然这是我们的解读，庄子自己从未说过这样的话。他大概也从未预见，他当年孤军奋战所开辟的拯救之路，在今天被称作审美之路，或艺术之路。庄子是两千多年前的审美主义者。他未必会认同陀思妥耶夫斯基所说的"美拯救世界"，但他可能会认同"美拯救自我"。

| 结语 |
从心灵哲学到身体哲学

本书的基本定位是对《庄子》内七篇（自然也要适当参考外篇和杂篇）进行哲学性质的解读。进行哲学性质的解读，这首先意味着它是一种现代解读，因为"哲学"这一学科是19世纪末20世纪初才进入中国的，并在20世纪成为现代教育体制中的一个"专业"。有了哲学这一现代学科，我们才能返回去说古代中国的"玄学""理学"等是哲学，例如1903年，王国维就说："哲学为中国固有之学"，"夫哲学者，犹中国所谓理学云尔"。[①] 我们也才能使用"庄子哲学"的说法进行哲学性质的解读，这也意味着本书不是传统注释式的学问。中国传统学问推崇孔子所说的"述而不作，信而好古"（《论语·述而》），所以注释式学问非常丰富。对《庄子》进行注释式的解读，历史上已有很多，如郭象注、成玄英疏、郭庆藩集释等，今天我们已经很难在这方面有什么突破了。事实上我们应当把庄子注释作为研究的材料，而非研究本身。对《庄子》文本进行逐字逐句的讲解，这种传统的"讲经"方式的解读，也为本书所不取。最后，进行哲学性质的解读，还意味着本书并不是"国学"。

自从20世纪90年代以来，中国的"国学热"已经有20余年了，我们自然而然地使用"国学"这个概念，但它其实是一个很成问题的概念。现代意义上的学术，是按照问题、研究对象和研究方法分类的，而不是按照国别、地域来分类的。所以，"国学"并不是学术概念，而是日常用语，它是在一个

[①] 王国维：《哲学辨惑》，载聂振斌编《中国现代美学名家文丛·王国维卷》，浙江大学出版社，2009，第14页。

373

特定的历史时期和特定的思想状态下产生的"观念"。日本江户时期（1603～1867）的本居宣长提出了"国学"概念，以之与中国文化或"儒学"对抗。其后，19世纪末20世纪初在中国出现的"国学"概念，又被用来与"西学"对抗。但当时明确使用"国学"一词的并不多见。清末为与西学对抗而提出的"中学"，以及五四运动前后的"国故"，大概就是"国学"概念的起源。可见"国学"概念有着浓郁的民族主义色彩。不仅如此，"国学"的历史背景是清末的"中学为体，西学为用"的观念。"中学为体，西学为用"这一命题中的"西学"是西方的技术，如船坚炮利等，"中学"则是孔孟之道，这是当时中国学者用来抵御西方文化的意识形态。因此，"国学"的领域固然相当广阔，但它的核心是孔孟之道。且不说孔孟之道在现代社会早已不合时宜，就本书而言，我们对庄子哲学的诠释，可以说是竭力要使之区别于孔孟之道。

争取让庄子诠释具有哲学品质，是本书所要处理的最大难点。之所以很难，一是由于对作者的思维能力有所要求，二是由于本书的研究对象是两千多年前的文本。尽管我们也不妨说"玄学""理学"等中国传统学问是"哲学"，但这只是"以今视昔"的做法，"玄学""理学"之类，毕竟不能严丝合缝地等同于哲学。况且王国维也曾指出，"吾国古书，大率繁散而无纪，残缺而不完，虽有真理，不易寻绎，以视西洋哲学之系统灿然，步伐严整者，其形式上之孰优孰劣，固自不可掩也"。[1] 一般来说，两千多年前的中国思想文献只是潜在地具有哲学因素，有如矿产般埋藏在地底下，为了让这种潜在的哲学因素凸显出来，有必要使用现当代的西方哲学观点去激活它们。这是一种沙里淘金般的行为。事实上，自胡适撰写《中国哲学史大纲》（1919）以来，中国的哲学史家都是这么做的。庄子诠释也是如此，只是"以庄解庄"不会让一种庄子诠释自动地具有哲学品质。诠释者不站在某个哲学立场、不使用某种哲学观点是不可能的，问题仅在于使用什么哲学观点，以及用得好不好。

本书使用了一些现象学的观点去解读庄子哲学。这在今天，已不是多么新奇的做法。早在20世纪60年代，徐复观在《中国艺术精神》中就用胡塞

---

[1] 王国维：《哲学辨惑》，载聂振斌编《中国现代美学名家文丛·王国维卷》，浙江大学出版社，2009，第16页。

尔现象学的"纯粹意识"去解读庄子"心斋"之"心"。20世纪70年代，方东美在讲老子的"道相"时也说："在此地我要用广义的现象学来看。但是这个现象学不是黑格尔的意义，而是胡塞尔哲学的一种意义。"①不过，徐复观和方东美的著作距今已半个世纪左右了，当时他们对于现象学的了解应当说还是比较有限的。譬如他们只谈胡塞尔现象学，而不谈海德格尔现象学。20世纪90年代之后，已有不少中国学者比较庄子与海德格尔，正是由于看到两者之间具有一定的可比性。今天中国学者谈论庄子哲学，如果不多少借助一些海德格尔的观点，那似乎是不可想象的。况且现象学是一种具有集体创造性质的哲学派别，杰出的现象学家除了胡塞尔和海德格尔，还有伽达默尔、梅洛-庞蒂、萨特、列维纳斯等人。这些现象学家的理论和观点，对于诠释庄子哲学都是可以借鉴的。当然，说庄子哲学具有现象学维度，这或许不会有太大的问题，但要说《庄子》的全部文本都具有现象学的意义，那显然是不可能的。我们只能顺应文本，不必也不能将现象学的观点强加于其上。

之所以将本书命名为"庄子哲学新解"，是由于本书的主要工作是运用现象学的一些观点将庄子哲学解读为身体哲学，这应当是一个比较新颖的诠释范式。以往占据主流地位的是"心灵哲学"范式。当然"心灵哲学"是一个现代概念，而且这里是为了与"身体哲学"概念相对而使用的。中国传统哲学中的称呼是"心学"，或称"心性之学"。胡家祥说："庄学更应看作是心学，是心灵澄明之学。甚至可以说，一部《庄子》，几乎全是'游心'物外的产物，其特殊魅力和深远影响都本于此。"②把庄子哲学视为"心学"，这应当说是20世纪庄学诠释领域中占据主导地位的观点。在庄子诠释史上，心学范式的始作俑者或许算是支遁，即以佛教心灵哲学的视角去看待庄子。但真正的心学诠释范式要等到儒家心学产生并形成巨大影响之后。儒家的心学渊源于孟子，形成于陆九渊，完成于王阳明。在20世纪的现代新儒家这里，"心学"以现代学术的面目复活。新儒学的心学倾向，也辐射到庄子诠释领域，逐渐形成了庄子诠释的"心学范式"。

新儒家大都愿意给道家哲学一个地位，然而这个地位一定是低于儒家的。在他们的思想系统中，必然是儒家为主，道家为辅。不仅如此，新儒家往往

---

① 方东美：《原始儒家道家哲学》，中华书局，2012，第207页。
② 胡家祥：《先秦哲学与美学论丛》，中国社会科学出版社，2010，第183页。

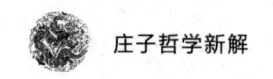

是"以儒解庄"。例如牟宗三对道家哲学的理解,大概是数一数二的,甚至是最深刻最有哲学意味的,但是,他也仍然无法跳出新儒家的固有立场。牟宗三把儒道释三家的思想系统称为"纵贯系统",认为它们都处于终极形态的层次,并无高低之分,尽管如此,他还是认为:"'纵贯系统'一词用在儒家最为恰当。所以我们虽然以这个词语来概括三教,但实际上是以儒家作标准。"①可想而知,如果诠释庄子以儒家为标准,必定会有解释不充分和评价不到位的地方,也必然会有将庄子哲学的独特性消融于儒家思想的倾向。

以钟泰为例。钟泰虽然不是一般所说的"新儒家"②,但他也是"以儒解庄"的一大代表。钟泰指出:"窃蔚《庄子》一书,一'游'字足以尽之。"这里"窃蔚"就是"窃以为"。把"游"字视为庄子思想的核心所在,或许问题不大。除了钟泰,王叔岷也有类似的观点。不过,既然"游"是庄子思想之核心,那就意味着只该庄子有此核心,其他思想家是没有的,然而,钟泰同时又说:"庄子之言游,与孟子之言游,意略同矣。"③如此一来,钟泰就把庄子思想的独特性完全消解了。

以儒解庄的一个特点,是将庄子哲学也视为"内圣外王之说"。1948年,冯友兰在《中国哲学简史》中论"中国哲学的精神",指出:"按照中国传统,圣人应具有内圣外王的品格,中国哲学的使命就是使人得以发展这样的品格。因此,中国哲学讨论的问题就是内圣外王之道;这里的'道'是指道路,或基本原理。""既然哲学所探讨的是内圣外王之道,它自然难以脱离政治。在中国哲学里,无论哪派哲学,其哲学思想必然也就是它的政治思想。"④冯友兰把"内圣外王之道"作为中国哲学的普遍话题,其实是新儒家立场所带来的观点,因而是很成问题的。我们知道,佛教哲学是中国传统哲学的重要组成部分,隋唐佛学与魏晋玄学、宋明理学三者,堪称中国古代思想中最具哲学意味的学说,但是,隋唐佛学显然不是什么"内圣外王之道"。在先秦诸子中,冯友兰的这个说法放在孔子、孟子、荀子等人的身上基本上是

---

① 牟宗三:《中国哲学十九讲》,上海世纪出版集团,2005,第328页。
② 一般认为,20世纪的现代新儒家有三代:第一代以梁漱溟、熊十力、冯友兰、钱穆等人为代表;第二代以唐君毅、牟宗三、徐复观、方东美等人为代表;第三代以刘述先、杜维明、余英时等人为代表。
③ 《钟泰学术文集》,上海人民出版社,2012,第7页。
④ 冯友兰:《中国哲学简史》,赵复三译,天津社会科学院出版社,2005,第7~8页。

合适的，放在庄子身上就未必合适了。我们说过，"内圣外王之道"这个说法出自《庄子》一书，但它的意义却已被儒家化了。因此，用"内圣外王之道"去解读庄子，其实质就是"以儒解庄"。以"内圣外王之道"去解读庄子，必然会突出庄子哲学的政治哲学维度，而这将严重偏离庄子哲学的"精神"。我们认为，老子思想作为"君人南面之术"，的确颇有"内圣外王"的意味，老子的"哲学思想必然也就是它的政治思想"，庄子哲学却完全没有"君人南面之术"的性质。庄子也讨论政治，比如在《应帝王》篇中也提出一种政治理想，但庄子的政治学说与老子的"无为而治"十分接近，可以说只是"以明老子之术"（司马迁语），并无多大的独创性。政治哲学并非庄子哲学的核心，甚至并非"庄之为庄者"。庄之为庄者，正如徐复观在《中国艺术精神》中所揭示的，表现于艺术哲学方面。

由于庄子哲学中"外王"的因素比较薄弱，因此，用"内圣外王之道"解读庄子，定然会偏向"内圣"一面。换言之，"内圣外王"之说，很容易将庄子哲学导向"内圣"，且主要是导向"心学"。如陈鼓应说："'内圣外王'的理想是庄子首先提出的，而庄子'内圣'之学，无论其心学、气论以及天人之学，都对后代哲学产生了无可比拟的影响，可以说庄子的'内圣'之学决定了中国哲学史的主要内涵和方向。"[1]即如徐复观，虽然他的庄子诠释不提"内圣外王"，但他先把庄子的道解释为"艺术精神"，这本身就已然颇具心学色彩了；再用胡塞尔的"纯粹意识"概念去诠释庄子"心斋"之"心"，"心学"的意味就更突出了。尽管陈鼓应才明确提出"庄子的心学"，但徐复观对"心"的强调已经为陈鼓应做好了铺垫。本书认为，徐复观和陈鼓应是20世纪庄子诠释的心学范式的两个主要代表。

20世纪以来的庄子诠释，可以称之为"范式"的，并非只有心学范式一种。还有一种范式，似可称之为"自我学范式"。例如劳思光在《新编中国哲学史》中指出，庄子思想"其要旨在于显现'情意我'之境界，《史记》以为庄子之说大旨宗老子之言，大体无误。但展示情意我之境，及破除形躯我、认知我之理论，庄子皆远胜于老子，故庄子实为道家学说之完成者，并非仅述老子之学而已"。[2]此处出现了形躯我、认知我、情意我三个概念，大

---

[1] 陈鼓应：《庄子今注今译》修订版序，商务印书馆，2012年。
[2] 劳思光：《新编中国哲学史》一卷，广西师范大学出版社，2005，第190页。

致体现了劳思光对"自我"的区分。他用这一自我学模型去解读庄子哲学，也算自成一个诠释范式。在劳思光之前，梁启超的庄子诠释大致也是如此，只是比较简略，不及劳思光深入细致罢了。因此，如果说心学范式的主要代表是徐复观和陈鼓应，那么自我学范式的代表则是梁启超和劳思光。不过，自我学范式的影响不如心学范式来得广泛，而且梁启超和劳思光的自我大致就是心灵，在这个意义上，自我学范式可以并入心学范式。

心学范式的一个具体表现是，把庄子的"逍遥游"理解为"心游"，亦即精神的、心灵的"游"。这种理解是如此的普遍，以至于那些未必有意识地属于心学范式的研究，也自然而然地使用"心游"或"游心"一词。例如刘笑敢说："庄子并不是真的要寄身于世外，他所谓逍遥游只是心之游，即'心游'。""逍遥游的主体是心灵，所游之处是幻想中的无何有之乡。逍遥游的实质即思想在心灵的无穷环宇中遨游飞翔。"①徐克谦也指出："庄子所说的'游'，通常都是指精神上、心灵上的'游'，也就是庄子所说的'游心'。"②的确，《庄子》一书中出现了好几个"游心"，但这并不意味着他的逍遥游就是"心游"。"心游"完全可能是一个心理主义的概念，完全可以被理解为主观的、心理的幻想。本书反对"心游"说，认为逍遥游的主体并非"心灵"。庄子的"游"，是生存意义的"游"，而非精神上、心灵上的"游"。生存意义的"游"，是身心合一的"游"。

心学范式的另一个突出表现是，把庄子的"养生"理解为"养心"或"养神"。持这种理解的学者也是为数甚多，有周策纵、陈鼓应、王博等人。在本书第三章研读《养生主》时，对"养心"说和"养神"说已有所辩驳。我们认为养生就是保全生命和保养生命，与其说是"养心"或"养神"，不如说是"养身"。此外，如将鲲鹏转化解读为"心灵转化"（爱莲心），特别注重庄子"心斋"之心并以之为"艺术精神的主体"（徐复观），把《大宗师》篇理解为"内圣"之说（释德清、钟泰）等，也都是心学范式的表现。

本书认为，庄子哲学的心学诠释路径，不失为有趣的视角，然而总体上看，庄子哲学显然并不是心学，理由有二。第一，尽管《庄子》一书"心"字甚多，但"心"往往是形而下的经验之心，如《逍遥游》中骂惠子"夫子犹

---

① 刘笑敢：《庄子哲学及其演变》，中国人民大学出版社，2010，第151、152页。
② 徐克谦：《庄子哲学新探》，中华书局，2006，第147页。

有蓬之心也夫",如《齐物论》中的"日以心斗""近死之心"。再者,"心"往往是负面意义的,如《列御寇》说"凡人心险于山川",如《天地》说"有机械者必有机事,有机事者必有机心"。又如《齐物论》中的"成心",庄子必欲去之而后快,不可能让人去"养"。显然,庄子并不把心视为价值之源;在庄子,道才是价值之源。关于这一点,《大宗师》的"不以心损道",说得再清楚不过了。就此而言,庄子哲学不可能是"心学"。第二,身、心二者,庄子明显地把砝码放在身的一边。梁漱溟指出:"道家与儒家,本是同样地要求了解自己,其分别处,在儒家是用全副力量求能了解自己的心理,如所谓反省等。道家则是要求能了解自己的生理,其主要的功夫是静坐。"[①]孙隆基也说:"在中国文化传统中,儒家正是'心学',道家则可以说是一种'身学'。"[②]儒学偏于心理学、心学,道家之学偏于生理学、身学;在道家中,庄子哲学尤其偏于身学。

比较而言,庄子哲学的心学诠释范式,已成气候,甚至在国外,也有类似心学诠释的研究成果,如美国学者爱莲心的《向往心灵转换的庄子:内篇分析》。"心学"是中国传统哲学的术语,为了将国外的研究成果也囊括进来,不妨将它扩大为"心灵哲学"。至于与心学相对的"身学",也不妨扩大为"身体哲学",使之与今天的语境相容。庄子哲学的身学诠释范式,迄今尚未形成,但已经有了一种趋势。如上引梁漱溟的观点,尽管非常粗疏,但已有从身学角度诠释《庄子》的苗头。特别值得一提的是瑞士汉学家毕来德,他的《庄子四讲》可以说是迄今为止最接近于身学诠释的文本。举例来说,我们一般认为,内七篇中的《大宗师》是一篇道论,而所谓"大宗师"也就是"道",但是毕来德并不这么认为,他主张:"身体,才是我们真正的宗师。"[③]这个观点是革命性的。毕来德的《庄子四讲》在庄子哲学的心学诠释范式之外,提示了身体哲学的诠释方向。

此外,美国学者森舸澜(Edward Slingerland)的专著《为与无为——当现代科学遇上中国智慧》,也是一部值得重视的著作。此书认为,中国古代思想家提供的"中国智慧",有助于纠正西方近代以来过于注重"离身心智"

---

① 梁漱溟:《朝话》,百花文艺出版社,2008,第126页。
② 孙隆基:《中国文化的深层结构》,广西师范大学出版社,2008,第16页。
③ 毕来德:《庄子四讲》,宋刚译,中华书局,2009,第40页。

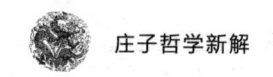

(Disembodied Mind)的传统。森舸澜研究了孔子、孟子、荀子、老子、庄子五个中国哲人的"无为"思想，并认为"无为"思想中有着今天西方认知科学所强调的"涉身心智"（Embodied Mind）。"近来西方思想太专注离身的理性，而涉身的自发性——及自发性所代表的那种独一无二的紧张关系——却被人遗忘。"后者是中国古代思想家致力研究的领域，"培养涉身心智才是他们的兴趣所在，他们希望通过身体修炼、形象演练、音乐、礼仪和反思来达到这一目的"。① 森舸澜的观点言之成理。其他欧美学者在考察东亚思想时，也发现身体是东亚思想关注的焦点：

> 灵魂优越于身体的柏拉图基督教传统的趋向表现在这样的事实上：直到19世纪的叔本华和尼采，以及后来的梅洛-庞蒂以后，欧洲的思想家们才开始发展扩大到身体的哲学。相比之下，在东亚思想中，无论是根据孔子教导中对礼仪程式的强调，道家中吐纳功夫、意守丹田和体质技能的发展，还是禅宗里的联系静坐、步行和其他的体育活动来看，身体一直是哲学反映的焦点。②

东亚思想在提到"心"时，也与欧美思想大不相同："中文和日文中的'心'这个词的意义比英文中严格理智意义的'mind'既广又窄。这个词提出了与人们可以叫作深邃的'身体的智慧'相一致的方面。"③所谓"身体的智慧"，在森舸澜的用语中相当于"涉身心智"。中国思想是东亚思想的母体；日本思想和韩国思想，均可视为中国思想的分支。总的来说，中国古代哲学确实比西方传统哲学更重视身体。早在古希腊，西方哲学就发展出离身的理性概念了，这种离身的理性概念，导致了笛卡尔之后西方哲学的身心二元论。但是中国传统哲学基本上没有纯粹离身的理性观念，因此比较而言，西方哲学强调离身心智，中国哲学凸显涉身心智。不过，森舸澜是把儒家和道

---

① 森舸澜：《为与无为——当现代科学遇上中国智慧》，史国强译，现代出版社，2018，第214~215页。
② 罗伯特·索罗门、凯瑟琳·希金斯主编《从非洲到禅：不同样式的哲学》，俞宣孟、马迅等译，上海人民出版社，2003，第43~44页。
③ 罗伯特·索罗门、凯瑟琳·希金斯主编《从非洲到禅：不同样式的哲学》，俞宣孟、马迅等译，上海人民出版社，2003，第51页。

| 结语　从心灵哲学到身体哲学 |

家合在一起考察的。如上所述，在中国哲学内部，儒家偏于心，道家偏于身，庄子尤其是古代身体哲学的重镇。森舸澜将庄子与孔子、孟子、荀子、老子并置于"无为"概念之下，这对庄子哲学的特点有所遮蔽。

本书将庄子哲学解读为一种身体哲学，并非仅受毕来德和森舸澜的影响。① 我们也并非刻意标新立异，故作惊人之语。事实上，只要专注于解读《庄子》的文本，自然便会发现其中颇有身体哲学的思想。概言之，作为身体哲学的庄子哲学，有两个主要表现：一是"道成肉身"的思想，二是关于技艺的描写。

先秦时期，除了道家思想，儒家思想也关注身体，但道家思想区别于儒家思想的关键，在于它对身体的关注是一种形而上的关注，亦即"道成肉身"。在某种意义上，儒家也有"道成肉身"的思想，但儒家的道是"先王之道"，是政治之道，而并非形而上或终极性的哲学之道。因此，说老庄有身体哲学的思想是恰如其分的，说孔孟有身体哲学的思想就未必贴切了。不过，老子和庄子的身体哲学又有很大的不同。例如老子的身体哲学富有性的意味，德国汉学家汉斯－格奥尔格·梅勒（Hans-Georg Moeller）把老子的道称为"性之道"，他指出："道也是生育性之道。如此一来，在其中就有性的维度，《老子》中许多诗意的意象都直接或间接地与性有关。"②庄子的道并无生育和性的意味，相应地，他的身体哲学并无性的维度。庄子的身体哲学聚焦于技艺中的身体经验。这是庄子哲学最为独特之所在，也是"庄之为庄者"。

技艺是"手工艺"，不是说的，也不是想的，而是做的。技艺涉及的不是"我思"的问题，而是"我能"的问题。在《知觉现象学》中，梅洛－庞蒂指出，"我能"是胡塞尔未刊稿中经常使用的术语。"我能"是一种行为意向性或身体意向性，它是原初的意向性。因此梅洛－庞蒂认为："意识最初并不是'我思……'，而是'我能……'。"③这是对笛卡尔"我思故我在"的意识哲学的一种拨乱反正。后来英国画家温特沃斯（Nigel Wentworth）

---

① 森舸澜的书 2018 年 1 月才有中译本，而我的论文《养神并非养神——庄子"养生"本义复原》（《南开学报》2015 年第 2 期）和《心学还是身学——论徐复观对庄子的误读》（《南开学报》2017 年第 3 期）都已经注意到建构庄子诠释的身学范式之可能性。

② 汉斯－格奥尔格·梅勒：《〈道德经〉的哲学：一个德国人眼中的老子》，刘增光译，人民出版社，2010，第 27 页。

③ 梅洛－庞蒂：《知觉现象学》，姜志辉译，商务印书馆，2001，第 183 页。

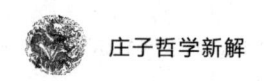

将梅洛-庞蒂的观点运用于绘画现象学的研究,他指出:"在生活-身体的层面上,人类主体与其说是'我思考',不如说是'我能够'。这样,生活-身体超越了传统的心灵与肉体的区别。"[①]庄子也有类似的观念。例如《达生》篇说:

> 工倕旋而盖规矩,指与物化而不以心稽,故其灵台一而不桎。

"倕"是传说中尧之时的一个能工巧匠;"盖"是胜过;"稽"是计量;"指与物化",字面意思是手指和对象之间没有距离,技巧达到极致,可以随物而化;"不以心稽"是任凭身体经验运作,不用意识活动去干扰;"灵台"是心;"桎"通窒,即窒塞。倕信手画出的圆与方,胜过用圆规与矩尺描出的,手指随事物一道变化而不须意识判断,所以他心灵专一而没有窒碍。"指与物化而不以心稽",这里的"指"是身体的具体化。庄子所描述的工艺活动,可以印证梅洛-庞蒂"我能"先于"我思"的哲学观点。

技艺或工艺,是艺术的前身,而"工倕旋而盖规矩"则使人想到唐朝大画家吴道子。吴道子画艺高超,神乎其技,故有"画圣"之誉,他的绘画技艺表明,"工倕旋而盖规矩",并非庄子编造出来的神话:

> 朱景玄云:"有旧家人尹老八十余,尝云:见吴生画中门内神,圆光最在后,一笔成。当时坊市老幼,日数百人,竞候观之。缚阑。施钱帛与之齐。及下笔之时,望者如堵。风落电转,规成月圆,宣呼之声,惊动坊邑。或谓之神也。"(《太平广记》卷第二百一十二画三)

吴道子画神像背后的圆光,不必规矩等工具,"风落电转,规成月圆",这是如何可能呢?意识是不管用的,只有靠身体本身的运作才行。我们不难猜测,这个神像是比较高大的。倘若只是咫尺小画,其作画过程便不太具有表演性和可看性,更不可能"日数百人,竞候观之","望者如堵"。因此神像背后的圆光,也就比较大,不可能只动动手指,而是要使用手臂才能画出,大致是刚好以吴道子的手臂为半径,如此方能一笔而成,画出圆形。画家并

---

① 温特沃斯:《绘画现象学》,董宏宇、王春辰译,江苏美术出版社,2006,第14页。

不是用心灵作画,而是用身体作画。吴道子作画,为了充分调动身体经验,甚至请"剑圣"裴旻舞剑,以助画意,此事成为中国绘画史上的美谈。但如果不从身体的角度解读,我们便很难明白吴道子看了裴旻舞剑之后,何以能够"挥毫益进"。

庄子是明确地把身体与终极存在联系起来的哲学家,也是中国第一个大量描述身体经验的哲学家,因此,把庄子哲学解读为身体哲学,可谓顺理成章。与此同时,庄子描绘的身体经验,又多是技艺的经验。在庄子生活的时代,艺术尚未成为一种独立的文化形式,还不知"为艺术而艺术",当时的艺术,主要是以技艺的形式出现。庄子对技艺的考察,在今天看来,大致可以视之为对艺术的考察。身体哲学和艺术哲学,在《庄子》书中是统一的。

我们知道,黑格尔主张美学应当是艺术哲学。黑格尔之后,美学一度被等同于艺术哲学。但直到今天,美学和艺术哲学之间的关系还是没有完全理清。为了避免不必要的纠纷,我们暂时合称之为"美学或艺术哲学"。徐复观着眼于庄子思想的美学或艺术哲学维度,把庄子思想读成了心学,其集中表现是特别关注"心斋"之心,并将道视为"艺术精神"。本书也着眼于庄子思想的美学或艺术哲学维度,却把庄子思想读成了身体哲学,照此解读,庄子的道乃是真人身体所呈现的境界;这境界是生存境界,也是艺术境界或审美境界。为什么同是关注美学或艺术哲学,一个属于心灵哲学,另一个属于身体哲学?这当然是由于对美学的理解有所不同。

综观美学的发展史,我们发现美学一共有四个名称。第一个名称是"感性学",这是鲍姆嘉通用一个希腊文的词语对他所构想的新学科的命名。美学作为感性学与逻辑学相对。第二个名称是"审美学",这主要是由康德开创的美学传统,依此传统,美学主要研究审美经验、审美判断,研究美感与快感的区别,等等。第三个名称是"艺术哲学",这是谢林和黑格尔开创的美学传统,但以黑格尔影响更大。黑格尔认为美学应当研究艺术,而且是"美的艺术"。第四个名称就是"美学"。19世纪末,日本学者中江兆民将法国思想家维隆(Eugene Veron,1825~1889,又译名欧仁·佛隆)的著作译为《维氏美学》出版,这是汉字文化圈中首次出现"美学"一词。"美学"亦即"美的学问"或"美的哲学",它可以上溯到古希腊柏拉图《大希庇阿斯篇》中对"美是什么"的追问。美学这个概念很快被日本学界接受并被输入中国,随即成为中国通用的概念。但是,在美学(柏拉图)、感性学(鲍姆

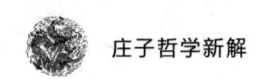

嘉通)、审美学(康德)、艺术哲学(谢林和黑格尔)之外,美学还可以有第五种理解,即身体哲学。拙著《日本之美——东山魁夷绘画艺术研究》中曾说:"美学作为'感性学',这意味着美学即是身体哲学——只是当时还没有'身体哲学'这种哲学形式罢了。""把美学视为身体哲学,较之鲍姆嘉通命名的'感性学'有一个优势。作为感性学的美学生来具有认识论的色彩。因为鲍姆嘉通是对照研究理性认识的逻辑学,设想出研究感性认识的感性学。在他看来,美学是一种低级的认识论。而作为身体哲学的美学,则可以在存在论的意义上加以理解,突破认识论哲学的框架。"①

美学就是一种身体哲学。这种"作为身体哲学的美学",与时下流行的"身体美学"有所交叉,但并不等同。"身体美学"是美学的一个分支,而"作为身体哲学的美学"则是美学本身,是对美学的重新定义。"身体美学"是对美学的扩展或丰富,而"作为身体哲学"的美学则是美学的新生。当然,"作为身体哲学的美学"目前也还只是一种学术趋势,尚未真正建立起来。但是,我们在法国现代哲学家梅洛-庞蒂和中国古代哲学家庄子的著述中,都可以看到"作为身体哲学的美学"的一些萌芽,它们都是我们今后建设"作为身体哲学的美学"的学术资源。这正是本书一方面把庄子哲学诠释为身体哲学,另一方面把庄子哲学诠释为美学的原因。如果我们有了"美学即身体哲学"的观念,那么《庄子》一书中丰富的美学思想,都可以拿来为"作为身体哲学的庄子哲学"做论证。

---

① 郭勇健:《日本之美——东山魁夷绘画艺术研究》,学林出版社,2013,第21、23页。

图书在版编目(CIP)数据

庄子哲学新解 / 郭勇健著. -- 北京：社会科学文献出版社，2018.11（2019.4 重印）
ISBN 978-7-5201-3660-0

Ⅰ.①庄… Ⅱ.①郭… Ⅲ.①庄周（约前369-前286）-哲学思想-研究 Ⅳ.①B223.55

中国版本图书馆 CIP 数据核字（2018）第 232898 号

庄子哲学新解

著　　者 / 郭勇健

出 版 人 / 谢寿光
项目统筹 / 任文武　周雪林
责任编辑 / 周雪林

出　　版 / 社会科学文献出版社·城市和绿色发展分社（010）59367143
　　　　　　地址：北京市北三环中路甲29号院华龙大厦　邮编：100029
　　　　　　网址：www.ssap.com.cn
发　　行 / 市场营销中心（010）59367081　59367083
印　　装 / 天津千鹤文化传播有限公司

规　　格 / 开　本：787mm × 1092mm　1/16
　　　　　　印　张：24.5　字　数：413 千字
版　　次 / 2018 年 11 月第 1 版　2019 年 4 月第 2 次印刷
书　　号 / ISBN 978-7-5201-3660-0
定　　价 / 88.00 元

本书如有印装质量问题，请与读者服务中心（010-59367028）联系

▲ 版权所有 翻印必究